**CNB
805** 다니엘서 본문 중심의 정확한 주해
언약의 성취자 메시아 중심의 해설

KB208413

언약의 관점에서 본 다니엘서

황 원 하

2018년

교회와성경

지은이 | 황원하

• 고신대학교 신학과(B.A.)
• 고려신학대학원(M.Div.)
• University of Pretoria(Th.M., Ph.D., 신약학 전공)
• 고신대학교, 고려신학대학원 외래교수 역임
• 현재, 대구 산성교회 담임목사로 재직 중

저서
• The theological role of signs in the Gospel of John
   (Saarbrucken: VDM Verlag Dr. M ller, 2008)
• 「40일간의 성경여행」(공저, SFC, 2009)
• 「설교자를 위한 마가복음 주해」(CLC, 2009)
• 「요한문헌 개론」(역서, CLC, 2011)
• 「요한복음 해설노트」(SFC, 2011)
• 「목회서신 주해」(교회와 성경, 2014)
• 「마태복음」(총회출판국, 2014)
• 「갈라디아서 주해」(교회와 성경, 2015)
• 「하이델베르크 요리문답 해설」(교회와 성경, 2015)
• 「담임목사가 되기 전에 알아야 할 7가지」(공저, 세움북스, 2016)
• 「응답하라 신약성경」(세움북스, 2016)
• 「교회의 직분자가 알아야 할 7가지」(공저, 세움북스, 2017)
• 「요한복음」(SFC, 2017)
• 「성도가 알아야 할 7가지」(공저, 세움북스, 2018)
• 「베드로전서 해설」(교회와 성경, 2018)
• 그밖에 다수의 연구 논문

언약의 관점에서 본 다니엘서

CNB 805

언약의 관점에서 본 다니엘서

A Commentary on the Book of Daniel
by Wonha Hwang

Copyright ⓒ 2018 Wonha Hwang
Published by the Church & Bible Publishing House

초판 인쇄 ㅣ 2018년 8월 20일
초판 발행 ㅣ 2018년 8월 27일

발행처 ㅣ 교회와성경
주소 ㅣ 경기도 평택시 특구로 43번길 90 (서정동)
전화 ㅣ 031-662-4742
등록번호 ㅣ 제2012-03호
등록일자 ㅣ 2012년 7월 12일

발행인 ㅣ 문민규
지은이 ㅣ 황원하
편집주간 ㅣ 송영찬
편집 ㅣ 신명기
디자인 ㅣ 조혜진

───────────────────────────────

총판 ㅣ (주) 비전북출판유통
주소 ㅣ 경기도 고양시 일산서구 송산로 499-10 (우) 10212
전화 ㅣ 031-907-3927(대) 팩스 031-905-3927

───────────────────────────────

저작권자 ⓒ 2018 황원하

Printed in Seoul of Korea

CNB카페 ㅣ http://cafe.daum.net/C.N.B.(교회와 성경)

언약의 관점에서 본 다니엘서

A Commentary on the Book of Daniel

2018년

교회와성경

CNB 시리즈
서 문

CNB The Church and The Bible 시리즈는 개혁신앙의 교회관과 성경신학적 구속사 해석에 근거한 신·구약 성경 연구 시리즈이다.

이 시리즈는 보다 정확한 성경 본문 해석을 바탕으로 역사적 개혁 교회의 면모를 조명하고 우리 시대의 교회가 마땅히 추구해야 할 방향을 제시함으로써 교회의 삶과 문화를 창달하는 것을 그 목적으로 하고 있다.

따라서 이 시리즈는 진지하게 성경을 연구하며 본문이 제시하는 메시지에 충실하고 있다. 그렇다고 이 시리즈가 다분히 학문적이거나 또는 적용이라는 의미에 국한되지 않는다. 학구적인 자세는 변함 없지만 궁극적으로 하나님의 나라를 지향함에 있어 개혁주의 교회관을 분명히 하기 위해 보다 더 관심을 가진다는 의미이다.

본 시리즈의 집필자들은 이미 신·구약 계시로써 말씀하셨던 하나님께서 지금도 말씀하고 계시며, 몸된 교회의 머리이자 영원한 왕이신 그리스도께서 지금도 통치하시며, 태초부터 모든 성도들을 부르시어 복음으로 성장하게 하시는 성령께서 지금도 구원 사역을 성취하심으로써 창세로부터 종말에 이르기까지 거룩한 나라로서 교회가 여전히 존재하고 있음을 그 무엇보다도 중요하게 여기고 있다.

아무쪼록 이 시리즈를 통해 계시에 근거한 바른 교회관과 성경관을 가지고 이 땅에 진정한 그리스도인의 삶과 문화가 확장되기를 바라는 바이다.

시리즈 편집인

김영철 목사, 미문(美聞)교회 목사, Th.M.
송영찬 목사, 기독교개혁신보 편집국장, M.Div.
오광만 목사, 대한신학대학원대학교 교수, Ph.D.
이광호 목사, 실로암교회 목사, Ph.D.

머리말

다니엘서는 해석하기가 매우 까다롭다. 그래서 해석을 포기하거나, 다양한 해석이 등장하거나, 심지어 통속적이고 억지스러운 견해들이 도출되기도 한다. 실제로 나는 어릴 때부터 지금까지 다니엘서 설교를 들어본 적이 별로 없으며, 간혹 설교를 들었을 때 희한하게 해석하는 것을 보았다. 그리고 나 자신도 다니엘서를 일부분만 간혹 설교했을 뿐이다.

어떤 이들은 내가 구약학을 전공하지 않았기에 다니엘서 해석에 어려움을 겪지 않았을까 생각할 것이다. 하지만 나는 신약학자로서 오히려 다니엘서 해석에 큰 이점을 가지고 있다. 이는 내가 다니엘서에 많이 나오는 신구약 중간사를 다년간 연구했고, 다니엘서가 상대적으로 많이 인용된 복음서들과 요한계시록을 오랫동안 공부했기 때문이다.

특별히 나는 성경 전체를 언약의 관점, 곧 구속사의 관점에서 보는 해석학적 훈련을 한 효과를 다니엘서를 연구하면서 톡톡히 보았다. 따라서 이 책에 제시된 나의 다니엘서 해석은 타당하다고 생각한다.

나는 다니엘서를 언약의 관점에서 보았다. 이를 통하여 나는 유대인들이 바벨론에 포로로 잡혀간 것이 하나님과 맺은 언약을 파기했기 때문이라는 사실을 강조했고, 하나님이 다니엘을 통하여 백성들에게 심어준 소망이 언약의 성취자이신 메시아의 오심이라는 사실을 드러냈다.

따라서 이 책을 읽는 독자들은 내가 일관된 언약 신학의 관점을 시종 유지하면서 본문을 해석하는 것을 보게 될 것이다.

나는 산성교회에서 수개월간 다니엘서를 설교했으며 설교한 이후 원고를 보강해서 이 책을 출간했다. 그래서 이 책과 더불어 산성교회 홈페이지(ssc.or.kr)에 있는 나의 설교 동영상을 들으면 좋을 것이다.

언제나 나의 설교를 듣고 은혜를 받아주는 산성교회 성도들에게 감사한다. 교회를 위한 신학 서적을 출판하는 '교회와 성경'(CNB)의 송영찬 목사님과 직원들에게 감사한다. 나를 위해 기도해 주는 사랑하는 가족(아내 김숙경, 아들 황현준)에게 감사한다.

아들 현준이의 13번째 생일(8월 22일)을 축하하면서 …
2018. 8. 22.
황 원 하

차 례

언약의 관점에서 본 다니엘서

제1부 _ 다니엘의 생애 주요 사건

제1부 _ 다니엘의 생애 주요 사건 《

다니엘서는 거시구조(macro-structure)적으로 볼 때 전반부와 후반부로 나뉜다. 전반부는 1-6장으로 여기에는 다니엘의 생애에 일어난 주요 사건이 기록되어 있다. 그리고 후반부는 7-12장으로 여기에는 다니엘이 본 환상들(visions)이 언급되어 있다. 1-6장에는 다니엘이 바벨론에 포로로 잡혀 온 일부터 시작해서 그가 머나먼 이국땅에서 고위급 정치인이자 왕의 책사로 있으면서 유다 백성이 하나님을 믿는 자로서의 정체성을 유지하고 신앙의 지조를 지키는 데 큰 역할을 함으로 하나님의 언약이 회복되는 일에 기여한 일이 기록되어 있다.

1-6장에서 다니엘은 두 개의 나라를 경험한다. 1-5장에서 그는 바벨론의 고위 관료로 지냈으며, 6장에서 그는 바벨론이 페르시아에게 점령당했지만, 페르시아의 총리가 되어 직무를 수행한다. 특히 1-6장에서 다니엘은 왕의 꿈을 해석해 줌으로 큰 공적을 쌓는 동시에 하나님이 언약 백성에게 주시는 메시지가 무엇인지를 드러낸다. 여기서 하나님은 그분의 백성을 향한 언약을 회복해 주실 것이고 그들이 하나님의 영원한 나라에 상속자로 참여할 것이라고 약속해 주신다.

다니엘 _ 1장

다니엘은 뜻을 정하여

다니엘 1장에는 남 왕국 유다가 바벨론에 의해 패망한 일과 유다 백성 중 일부가 바벨론에 포로로 잡혀간 일이 기록되어 있다. 유다 백성이 비극적인 상황을 맞이한 것은, 표면적으로 볼 때 초강대국 바벨론이 주변 나라를 정복해 가는 과정에서 발생한 일이다. 하지만 그 이면에는 하나님의 뜻이 담겨 있는데, 유다 백성이 하나님의 말씀을 순종하지 않고 하나님과의 언약을 파기했기 때문에 그에 따른 징계를 받은 것이다. 하지만 하나님은 유다를 버리지 않으셨다. 하나님은 다니엘이라는 신실한 일꾼을 준비하셨고, 그의 희생적이면서도 모범적인 삶을 통하여 유대인들이 바벨론에 거주하는 동안 하나님을 기억하며 신앙을 유지하게 하셨다. 그리하여 하나님이 그들과 맺은 언약이 회복될 것이라는 희망을 품게 하셨다.

| 성경본문 |

1:1 유다 왕 여호야김이 다스린 지 삼 년이 되는 해에 바벨론 왕 느부갓네살

이 예루살렘에 이르러 성을 에워쌌더니

1:2 주께서 유다 왕 여호야김과 하나님의 전 그릇 얼마를 그의 손에 넘기시매 그가 그것을 가지고 시날 땅 자기 신들의 신전에 가져다가 그 신들의 보물 창고에 두었더라

1:3 왕이 환관장 아스부나스에게 말하여 이스라엘 자손 중에서 왕족과 귀족 몇 사람

1:4 곧 흠이 없고 용모가 아름다우며 모든 지혜를 통찰하며 지식에 통달하며 학문에 익숙하여 왕궁에 설 만한 소년을 데려오게 하였고 그들에게 갈대아 사람의 학문과 언어를 가르치게 하였고

1:5 또 왕이 지정하여 그들에게 왕의 음식과 그가 마시는 포도주에서 날마다 쓸 것을 주어 삼 년을 기르게 하였으니 그 후에 그들은 왕 앞에 서게 될 것이더라

1:6 그들 가운데는 유다 자손 곧 다니엘과 하나냐와 미사엘과 아사랴가 있었더니

1:7 환관장이 그들의 이름을 고쳐 다니엘은 벨드사살이라 하고 하나냐는 사드락이라 하고 미사엘은 메삭이라 하고 아사랴는 아벳느고라 하였더라

1:8 다니엘은 뜻을 정하여 왕의 음식과 그가 마시는 포도주로 자기를 더럽히지 아니하리라 하고 자기를 더럽히지 아니하도록 환관장에게 구하니

1:9 하나님이 다니엘로 하여금 환관장에게 은혜와 긍휼을 얻게 하신지라

1:10 환관장이 다니엘에게 이르되 내가 내 주 왕을 두려워하노라 그가 너희 먹을 것과 너희 마실 것을 지정하셨거늘 너희의 얼굴이 초췌하여 같은 또래의 소년들만 못한 것을 그가 보게 할 것이 무엇이냐 그렇게 되면 너희 때문에 내 머리가 왕 앞에서 위태롭게 되리라 하니라

1:11 환관장이 다니엘과 하나냐와 미사엘과 아사랴를 감독하게 한 자에게 다니엘이 말하되

1:12 청하오니 당신의 종들을 열흘 동안 시험하여 채식을 주어 먹게 하고 물을 주어 마시게 한 후에

1:13 당신 앞에서 우리의 얼굴과 왕의 음식을 먹는 소년들의 얼굴을 비교하여 보아서 당신이 보는 대로 종들에게 행하소서 하매

1:14 그가 그들의 말을 따라 열흘 동안 시험하더니

1:15 열흘 후에 그들의 얼굴이 더욱 아름답고 살이 더욱 윤택하여 왕의 음식을 먹는 다른 소년들보다 더 좋아 보인지라

1:16 그리하여 감독하는 자가 그들에게 지정된 음식과 마실 포도주를 제하고 채식을 주니라

1:17 하나님이 이 네 소년에게 학문을 주시고 모든 서적을 깨닫게 하시고 지혜를 주셨으니 다니엘은 또 모든 환상과 꿈을 깨달아 알더라

1:18 왕이 말한 대로 그들을 불러들일 기한이 찼으므로 환관장이 그들을 느부갓네살 앞으로 데리고 가니

1:19 왕이 그들과 말하여 보매 무리 중에 다니엘과 하나냐와 미사엘과 아사랴와 같은 자가 없으므로 그들을 왕 앞에 서게 하고

1:20 왕이 그들에게 모든 일을 묻는 중에 그 지혜와 총명이 온 나라 박수와 술객보다 십 배나 나은 줄을 아니라

1:21 다니엘은 고레스 왕 원년까지 있으니라

| 본문해설 |

유다 백성이 바벨론에 잡혀감 (1-7절)

1:1 유다 왕 여호야김이 다스린 지 삼 년이 되는 해에 바벨론 왕 느부갓네살이 예루살렘에 이르러 성을 에워쌌더니

1:2 주께서 유다 왕 여호야김과 하나님의 전 그릇 얼마를 그의 손에 넘기시매 그가 그것을 가지고 시날 땅 자기 신들의 신전에 가져다가 그 신들의 보물 창고에 두었더라

1:3 왕이 환관장 아스부나스에게 말하여 이스라엘 자손 중에서 왕족과 귀족 몇 사람

1:4 곧 흠이 없고 용모가 아름다우며 모든 지혜를 통찰하며 지식에 통달하며 학문에 익숙하여 왕궁에 설 만한 소년을 데려오게 하였고 그들에게 갈대아 사람의 학문과 언어를 가르치게 하였고

1:5 또 왕이 지정하여 그들에게 왕의 음식과 그가 마시는 포도주에서 날마다 쓸 것을 주어 삼 년을 기르게 하였으니 그 후에 그들은 왕 앞에 서게 될 것이더라

1:6 그들 가운데는 유다 자손 곧 다니엘과 하나냐와 미사엘과 아사랴가 있
었더니
1:7 환관장이 그들의 이름을 고쳐 다니엘은 벨드사살이라 하고 하나냐는 사
드락이라 하고 미사엘은 메삭이라 하고 아사랴는 아벳느고라 하였더라

다니엘서는 "유다 왕 여호야김이 다스린 지 삼 년이 되는 해에"라는 문
구로 시작된다(1절). 유다 왕 여호야김은 주전 609-597년에 재임했기에 그
가 다스린 지 3년이 되는 해는 주전 606/605년이다. 이스라엘은 솔로몬이
죽은 후 남북으로 분열되어서 북쪽은 이스라엘이 되었고, 남쪽은 유다가
되었다. 북 왕국 이스라엘은 주전 722년에 앗수르에 의해 멸망했는데, 그
들은 솔로몬 이후 다윗 왕조를 배신했으며, 따라서 국가의 정통성을 상실
했고, 윤리적으로도 심각한 문제를 가지고 있었다. 즉 그들은 하나님의 말
씀에 불순종하여 하나님의 진노를 샀다.

반면에 남 왕국 유다는 다윗왕국의 정통성을 이어받았고 말씀을 순종하
는 일을 열심히 하여서 조금 더 유지가 되었으나, 결국 그들도 하나님 앞에
서 죄를 범하여 징계를 받게 되었다. 주전 606/605년에 바벨론 왕 느부갓
네살은 예루살렘 성에 이르러 성을 에워쌌다. 당시 예루살렘 성은 함락하
기가 쉽지 않았다. 하지만 본문에 전쟁이 있었다는 언급이 없는 것으로 보
아 느부갓네살은 매우 쉽게 성을 점령한 것 같다. 아마도 유다 내부에 배
신자나 첩자가 있어서 성문을 열어 주었거나, 유다가 바벨론의 가공할 만
한 군사력 앞에서 겁을 먹고 항복했을 것이다.

2절은 유다의 패망이 하나님의 심판이라는 사실을 분명히 보여준다.
"주께서 유다 왕 여호야김과 하나님의 전 그릇 얼마를 그의 손에 넘기시

매"라는 문구는 유다의 패망이 단순히 허술한 군사력 때문이거나 왕의 실정 때문이 아니라는 점을 가르쳐준다. 물론 양 국가의 물리적인 힘 차이가 분명히 존재했다. 당시에 바벨론은 너무나 강했고 유다는 허약하기 짝이 없었다. 하지만 궁극적으로 유다가 패망한 것에는 하나님의 오묘한 뜻이 담겨 있었다. 하나님은 선지자들을 보내서 유다의 앞날에 대하여 충분히 말씀하셨다. 하지만 그들은 말씀을 무시해 버렸다.

하나님께서 유다 왕 여호야김과 하나님의 전 그릇 얼마를 느부갓네살의 손에 넘기시자, 느부갓네살은 그것을 가지고 시날 땅(바벨론, 현재 이라크 바그다드에 해당) 자기 신들의 신전(마르둑 신과 그의 아들 나부 신)에 가져다가 그 신들의 보물 창고에 둔다. 이것은 느부갓네살의 습성인데, 그는 어떤 나라를 정복하면 그 나라 신들의 신전에 있는 신의 형상이나 기물을 빼앗아서 자기 신들의 신전에 가져다 놓았다. 하지만 하나님은 형상이 없으시다 보니 그는 성전에서 그릇 얼마를 가져간다. 그래서 그는 정복당한 나라의 신들을 자기 신들에게 복속시킨다.

그렇다면 하나님께서 유다를 망하게 하신 이유는 무엇인가? 하나님은 왜 바벨론이 유다를 정복하도록 허락하시고, 유다 왕 여호야김을 포로로 잡혀가게 하시며, 심지어 하나님 자신의 성전 안에 있는 그릇 얼마를 느부갓네살이 전리품으로 가져가게 허용하셨는가? 이것은 하나님이 사랑하셔서 선택하신 백성들이 수치를 당하는 일인 동시에 하나님 자신이 모독을 받으시는 일이었다. 그러나 하나님은 그러한 불명예스러운 일을 감수하시면서 그런 일을 허용하셨다. 우리는 이것을 언약의 관점에서 이해해야 한다. 즉 이것은 하나님과 인간이 맺은 언약에 심각한 문제가 발생했다는 신호이다.

하나님은 일찍이 이스라엘 백성들에게 말씀하셨다. 하나님은 레위기 26:33에서 "내가 너희를 여러 민족 중에 흩을 것이요 내가 칼을 빼어 너희를 따르게 하리니 너희의 땅이 황무하며 너희의 성읍이 황폐하리라"라고 경고하셨고, 레위기 26:39에서 "너희 남은 자가 너희의 원수들의 땅에서 자기의 죄로 말미암아 쇠잔하며 그 조상의 죄로 말미암아 그 조상같이 쇠잔하리라"라고 예언적으로 말씀하셨는데, 이제 그 일이 이루어진 것이다 (참고_ 신 4:27; 28:64). 원래 이 말씀은 이스라엘이 시내 산에서 세워진 언약에 불순종하면 패망할 것이라는 뜻이다. 하지만 북 이스라엘과 남 유다가 불순종하여 하나님의 언약을 저버리므로 이런 상황에 직면했다.

유다 사람들은 하나님께서 느부갓네살을 통하여 자신들을 심판하신 것을 이해하기가 쉽지 않았을 것이다. 그들은 선택받은 민족으로서 자부심을 가지고 있었는데, 하나님이 이방인을 심판의 도구로 사용하신 것을 보며 큰 충격을 받았을 것이다. 하지만 하나님은 이방인이나 불신자나 심지어 짐승이나 무생물체를 통해서도 일하신다는 사실을 알아야 한다. 우리는 에스라의 말을 기억해야 한다. "우리 조상들의 때로부터 오늘까지 우리의 죄가 심하매 우리의 죄악으로 말미암아 우리와 우리 왕들과 우리 제사장들을 여러 나라 왕들의 손에 넘기사 칼에 죽으며 사로잡히며 노략을 당하며 얼굴을 부끄럽게 하심이 오늘날과 같으니이다"(스 9:7).

당시에 몇 단계에 걸쳐서 가나안 땅에 하나님의 심판이 시행되었다. 그들은 이방인들에 의하여 침략을 당했으며 거대한 전쟁을 겪으면서 엄청난 피해를 보았다. 그들이 당한 고통의 정점은 주전 586년에 예루살렘이 파괴되고 성전이 불타버린 사건이었다. 따라서 그들은 모든 영역에서 완전한 패배를 경험했다. 그리하여 하나님과 그들 사이에 존재하던 언약 관계는 완전히 끝나버린 것 같았다. 참으로, 그들이 물리적으로나 경제적으로 어려움을 겪은 것은 말할 것도 없지만, 특히 그들이 믿는 여호와 하나님이 모독을 받게 된 것은 대단히 뼈아픈 일이었다.

필시 우리는 이 세상을 살면서 일어난 일의 표면만을 보지 않도록 주의해야 한다. 세상의 주관자요 역사의 운용자는 하나님이시다. 모든 일은 하나님의 목적과 계획에 따라 진행된다. 곧 하나님의 허락과 뜻이 없으면 어떠한 일도 일어나지 않는다. 이에 대하여 예수님은 다음과 같이 말씀하셨다. "참새 두 마리가 한 앗사리온에 팔리지 않느냐 그러나 너희 아버지께서 허락하지 아니하시면 그 하나도 땅에 떨어지지 아니하리라"(마 10:29). 따라서 우리는 자신에게는 물론이거니와 주변에서 일어나는 일들을 보면서 그 안에 내재한 하나님의 뜻을 찾아야 한다.

느부갓네살은 환관장(내시부장) 아스부나스에게 명령을 내리기를 이스라엘 자손 중에서 왕족과 귀족 몇 사람을 잡아 오라고 한다(3절). 이는 식민지국의 엘리트 청년들을 자기 나라에 데리고 간 후 교육을 해서 자기 나라의 일꾼으로 삼으려는 정책이다. 느부갓네살은 매우 총명하고 지혜로웠다. 그는 비록 남의 나라 국민이라 하더라도 장래가 촉망되는 인재들을 썩히지 않고 발굴하여 훈련을 시켜서 자기 나라의 일꾼으로 만들려고 했다. 실제로 바벨론이 주변 나라들을 정복하여 통합하고 느부갓네살이 그 나라들을 유지하려면 많은 인재가 필요했다.

4절에는 느부갓네살 왕이 포로로 잡아간 유다 백성이 누구인지가 기록되어 있는데, "흠이 없고 용모가 아름다우며 모든 지혜를 통찰하며 지식에 통달하며 학문에 익숙하여 왕궁에 설 만한 소년"이라고 되어 있다. 이들은 외모와 내면 모든 분야에서 뛰어났으며, 따라서 장래가 유망해 보였는데, "소년"이라고 했기에 14-15세 정도 되었을 것이다. 느부갓네살 왕은 이들을 포로로 잡아다가 "갈대아 사람의 학문과 언어"를 가르치게 하였는데, 이것은 바벨론의 학문과 언어를 가르치게 했다는 뜻이다. 왕은 민족과 인종에 구애받지 않고 인재를 길러내려고 했다.

느부갓네살 왕은 또한 포로로 잡아간 소년들에게 왕의 음식을 먹게 하였고, 왕이 마시는 포도주를 마시게 하여서 3년을 기르게 하였으며, 그 후에 왕 앞에 서게 하였다(5절). 따라서 느부갓네살 왕은 유다 소년들에게 바벨론의 학문과 언어뿐만 아니라 바벨론의 음식과 문화까지 익히게 하여 이들을 완전한 바벨론 국민으로 만들려고 했다. 더욱이 3년이라는 기간은 유다 소년들을 바벨론 사람으로 변모시키기에 충분했다. 느부갓네살은 자체 교육 시스템을 운용하고 있었을 것이다. 그는 정치, 경제, 문화, 군사뿐 아니라 교육에도 큰 관심이 있었다.

바벨론에 잡혀 온 유다의 소년 중에는 네 명의 특출한 젊은이가 있었다. 그들은 다니엘, 하나냐, 미사엘, 아사랴였다(6절). 환관장은 그들의 이름을 고쳐서(개명해서) 다니엘은 벨드사살, 하나냐는 사드락, 미사엘은 메삭, 아사랴는 아벳느고라고 하였다(7절). 이렇게 외국인들의 이름을 자기 나라식 이름으로 바꾸어 주는 것은 그들이 모국을 잊어버리고 새로운 나라의 국민으로 거듭나게 하는 데 필요한 절차였다. 이렇게 바벨론 왕 느부갓네살은 지혜로워서 외국의 엘리트 가능성이 있는 소년들을 자기 나라의 인재로 양성하는 데 지대한 관심이 있었다.

다니엘이 뜻을 정함 (8-16절)

1:8 다니엘은 뜻을 정하여 왕의 음식과 그가 마시는 포도주로 자기를 더럽

히지 아니하리라 하고 자기를 더럽히지 아니하도록 환관장에게 구하니

1:9 하나님이 다니엘로 하여금 환관장에게 은혜와 긍휼을 얻게 하신지라

1:10 환관장이 다니엘에게 이르되 내가 내 주 왕을 두려워하노라 그가 너희 먹을 것과 너희 마실 것을 지정하셨거늘 너희의 얼굴이 초췌하여 같은 또래의 소년들만 못한 것을 그가 보게 할 것이 무엇이냐 그렇게 되면 너희 때문에 내 머리가 왕 앞에서 위태롭게 되리라 하니라

1:11 환관장이 다니엘과 하나냐와 미사엘과 아사랴를 감독하게 한 자에게 다니엘이 말하되

1:12 청하오니 당신의 종들을 열흘 동안 시험하여 채식을 주어 먹게 하고 물을 주어 마시게 한 후에

1:13 당신 앞에서 우리의 얼굴과 왕의 음식을 먹는 소년들의 얼굴을 비교하여 보아서 당신이 보는 대로 종들에게 행하소서 하매

1:14 그가 그들의 말을 따라 열흘 동안 시험하더니

1:15 열흘 후에 그들의 얼굴이 더욱 아름답고 살이 더욱 윤택하여 왕의 음식을 먹는 다른 소년들보다 더 좋아 보인지라

1:16 그리하여 감독하는 자가 그들에게 지정된 음식과 마실 포도주를 제하고 채식을 주니라

8절의 "다니엘은 뜻을 정하여 왕의 음식과 그가 마시는 포도주로 자기를 더럽히지 아니하리라 하고 자기를 더럽히지 아니하도록 환관장에게 구하니"라는 문구는 1장 전체에서 가장 밝게 빛나는 부분이다. 원래 유대인들은 음식에 굉장히 민감하여서 아무 음식이나 먹지 않았다. 그들은 율법이 금지하는 음식을 먹지 않았으며, 부정한 방식으로 만들어진 음식도 먹지 않았다. 이러한 유대인들의 엄격한 습성은 지금도 여전한데, 그들은 언제나 엄선된 재료와 엄격한 절차를 거쳐서 만들어진 음식, 곧 '코셔'(kosher)라고 표기된 음식만 먹는다.

당시에 바벨론 왕의 음식과 포도주는 최고 좋은 것이었다. 하지만 다니

엘과 친구들은 그것을 거부했다. 왜 그들은 그러한 진귀한 음식을 거부했는가? 이에 대해서 몇 가지 견해가 있다.

첫째, 바벨론 왕의 음식이 유대의 율법에 근거할 때 부정한 음식이기 때문에 먹지 않았다는 견해가 있다. 당시에 바벨론 사람들은 돼지고기를 먹었는데, 이것은 율법에서 먹어서는 안 되는 음식으로 규정되어 있었다. 그리고 그들이 음식을 만드는 과정 역시 율법과 무관했을 가능성이 높았다. 그들은 율법을 몰랐기에 자기들의 방식으로 음식을 만들었을 것이다. 그리하여 다니엘과 친구들은 바벨론 음식을 먹지 않았다는 것이다. 하지만 포도주는 율법에서 금하지 않았는데도 불구하고 그들이 마시지 않았기 때문에 이 견해를 받아들이기가 쉽지 않다.

둘째, 바벨론 왕의 음식이 우상에게 바쳐졌던 것이거나 혹은 이방 사제에게 축복을 받았던 것이기에 다니엘과 친구들이 먹지 않았다는 견해가 있다. 하지만 그들은 채소를 먹었는데, 채소가 우상에게 바쳐지지 않았다는 증거가 없다. 더욱이 바벨론의 모든 음식이 우상에게 바쳐졌다는 명확한 증거도 찾을 수 없다. 따라서 이 견해를 받아들이기가 어렵다. 이후에 다니엘은 바벨론 음식을 부분적으로 먹은 것으로 보인다(참고 _ 10:3). 물론 그는 유대인이기에 율법이 허용하는 음식을 율법이 허용하는 방식으로 만들어서 먹었을 것이다.

셋째, 그들이 건강을 위해서 채식을 하고 물을 마셨다는 견해가 있다. 설혹 채소를 먹고 물을 마시면 건강해질 수 있다는 견해를 받아들인다 하더라도(여기서 채식이 건강에 좋다는 사실을 말하려는 것은 아니다) 성경 본문이 과연 그런 건강한 식이요법을 증명하려고 이 사실을 말했겠는가? 더욱이 다니엘과 친구들은 목숨을 걸고 왕의 음식과 포도주를 거부했는데, 그 이유가 겨우 건강을 유지하기 위해서였겠는가? 따라서 이 견해는 전혀 설득력을 가지지 않는다.

넷째, 가장 타당한 견해로, 다니엘과 그의 친구들이 왕의 음식을 거부한 것은 그들의 건강과 지혜와 학식이 향상되는 것이 느부갓네살 왕이나 바벨론의 신들에 의해서가 아니라 하나님의 놀라운 능력에 의해서라는 것을 보여주려고 했다는 견해가 있다. 즉 그들은 생명과 직결되는 음식에 있어서, 왕의 음식을 거부함으로써 자신들이 포로기 동안 누구를 의지하며 살아야 하고, 누가 그들의 생명과 구원을 보장해 줄 수 있는지를 입증하려고 했다는 것이다. 일반적으로 사람들은 좋은 음식을 먹으면 튼튼해지고 오래 살 것으로 생각하지만, 다니엘과 친구들은 그들의 생명을 궁극적으로 다스리고 계시는 분은 하나님이라는 사실을 드러내고 싶어 했다.

이제 겨우 10대 중반의 청소년들이 이러한 결단을 내리기는 쉽지 않았을 것이다. 다니엘과 그의 친구들은 낯선 나라에 포로로 잡혀 와서 무시무시한 압박과 엄청난 부담을 가지고 있는데다가, 포로로 끌려 온 처지에 왕의 명령을 어겼다가 자칫하면 목숨을 잃을 수도 있었지만 뜻을 정하고 행동으로 옮기고자 했다. 그들은 자신들의 목숨을 아까워하지 않았다. 그들은 하나님이 그들의 생명의 근원이시기에 그들의 생사를 결정하신다는 사실을 믿었다. 또한, 그들은 하나님이 두려워해야 할 유일한 대상이라고 여겼기에 바벨론 왕의 명령을 거부할 수 있었다.

우리는 다니엘서 전반에서 다니엘과 친구들의 결단력과 용기가 대단하다는 것을 절감한다. 다니엘의 세 친구인 사드락과 메삭과 아벳느고는 왕의 신상에 절하지 않으면 풀무불에 떨어질 것이라는 경고에 조금도 무서워하지 않는다(참고 _ 3장). 그리고 다니엘은 기도하면 사자 굴에 떨어질 것이라는 위협을 받지만 조금도 주저하지 않고 기도한다(참고. 6장). 우리는 다니엘서에 드러난 이들의 의지와 결단과 용기와 단호함에 감탄한다. 믿음의 절개가 이 정도는 되어야 하지 않겠느냐는 도전과 자극을 받는다. 그래서 이들은 신앙인의 참된 전형이요 모범이 된다.

한글성경 개역개정판에서 9절의 "하나님이 다니엘로 하여금 환관장에게 은혜와 긍휼을 얻게 하신지라"라는 문구는 이해하기가 쉽지 않다. 이 문구를 쉽게 서술하자면, '하나님께서 다니엘이 환관장의 은혜와 긍휼을 입게 하셨다'가 된다. 즉 하나님이 환관장을 감동하셔서 다니엘에게 은혜와 긍휼을 베풀게 하셨다는 것이다. 이에 한글성경 공동번역은 문장의 의미를 살려서 "하느님께서는 다니엘이 내시부 대신의 사랑과 귀염을 받게 해주셨다"라고 번역한다(참고 _ NASB: "Now God granted Daniel favor and compassion in the sight of the commander of the officials").

하나님은 우리가 옳은 일에 뜻을 정하면 은혜와 긍휼을 입게 하신다. 물론 여기서 옳은 일이란 인간의 고집과 아집에 근거한 것이 아니며, 자신의 관점에서 옳게 보이는 일도 아니다. 그것은 하나님이 옳게 여기시는 증거가 분명히 확인되는 옳은 일이다. 하나님은 신앙의 지조를 지키는 자를 구원하신다. 혹시 그가 이 땅에서 위기를 모면하지 못한다 하더라도 걱정할 것이 없다. 하나님은 하늘에서 그에게 영원한 생명을 주실 것이다. 예수님은 다음과 같이 약속하셨다. "누구든지 사람 앞에서 나를 시인하면 인자도 하나님의 사자들 앞에서 그를 시인할 것이요 사람 앞에서 나를 부인하는 자는 하나님의 사자들 앞에서 부인을 당하리라"(눅 12:8-9).

다니엘의 말을 들은 환관장(보호자, 청지기)은 두려워한다(10절). 그는 자기 목숨이 위태로워질 것을 걱정한다. 환관장은 다음과 같이 말한다. "내가 내 주 왕을 두려워하노라 그가 너희 먹을 것과 너희 마실 것을 지정하셨거늘 너희의 얼굴이 초췌하여 같은 또래의 소년들만 못한 것을 그가 보게 할 것이 무엇이냐 그렇게 되면 너희 때문에 내 머리가 왕 앞에서 위태롭게 되리라." 느부갓네살 왕은 민족과 인종을 초월하여 인재를 발굴하고 그들을 양성하여 자기의 종으로 사용하는 일에 지대한 관심이 있었고, 환관장은 그 업무를 책임지고 있었는데, 만일 그것이 실패로 돌아가면 환관장은 왕의 분노를 사서 죽임을 당할 수도 있었다.

이에 다니엘은 "환관장이 다니엘과 하나냐와 미사엘과 아사랴를 감독하게 한 자"에게 말한다(11절). 여기서 "환관장이 … 감독하게 한 자"라는 표현은 환관장 아래에서 유다 소년들을 맡아 보살피고 교육을 실시하는 하급 관리를 지칭한다. 다니엘은 친구들과 함께 비록 그들이 왕이 주는 품질 좋은 음식과 포도주를 마시지 않고 채소와 물만 마신다고 하더라도 다른 동료보다 훨씬 건강하게 보이고 튼튼해 질 수 있다는 강한 자신감(확신)을 느끼고 있었다. 그렇기 때문에 그는 의지를 굽히지 않고 환관장에게 간청하며 감독하는 자에게 부탁하여 뜻을 관철한다.

다니엘과 그의 친구들은 바벨론의 언어와 학문을 배웠다. 그들은 그것을 공부하거나 안 한다고 해서 그들의 생사가 좌우되지는 않는다고 생각했다. 그리고 그들은 바벨론의 학문을 익히더라도 유대의 율법을 어기지 않을 것이며, 유대인으로서의 정체성이 바뀌지도 않을 것으로 생각해서 이런 일을 거부하지 않았다. 하지만 그들은 음식에 대해서는 전혀 다른 태도를 가졌다. 음식은 생명에 직결된다. 그래서 그들은 자신들의 생사와 흥망을 책임지는 이가 바벨론 왕이나 바벨론의 우수한 문화적 혜택이 아니라 오직 살아 계셔서 역사하시는 하나님이시라는 사실을 드러내고 싶어 했다. 이에 그들은 음식에 대하여 단호하게 뜻을 정했다.

12-15절에는 10일간의 시험이 기록되어 있다. 다니엘은 자신과 친구들이 10일 동안 채소만 먹고 물만 마시게 해 달라고 부탁한다(12절). 채소와 물은 정결한 음식이며 검소한 음식이다. 그들은 채소와 물에 일체의 부정이 틈탈 수 없다는 사실을 알았으며, 특히 충분한 영양 공급이 없어도 하나님이 그들을 보호하셔서 그들의 얼굴에 윤기가 나게 하실 수 있다고 굳게 믿었다. 그들은 10일 후에 "당신 앞에서 우리의 얼굴과 왕의 음식을 먹는 소년들의 얼굴을 비교하여 보아서 당신이 보는 대로 종들에게 행하소서"라고 함으로 용기와 믿음을 보여준다(13절). 실제로는 채소와 물만 먹으면서 10일을 보내는 것이 최상의 음식을 먹으면서 10일을 보내는 것에 비교할 때 좋아질 리가 만무했다. 하지만 다니엘은 전능하신 하나님의 개입을 믿었다.

그래서 감독하는 자는 그들의 말대로 10일 동안 시험을 해 보았다(14절). 10일은 음식이 신체에 어떤 영향을 미치는지를 검사하는 데 충분한 기간이 된다. 감독하는 자가 10일 후에 보니 그들의 얼굴이 더욱 아름답고 살이 더욱 윤택하여 왕의 음식을 먹는 다른 소년들보다 더 좋아 보였다(15절). 분명히, 이것은 채식과 물 마심의 결과가 아니다. 이것은 전적으로 하나님이 은혜를 베푸신 결과이다. 하나님은 자연 질서를 존중하시지만, 때로 초자연적인 역사를 일으키신다. 특히 하나님의 뜻대로 살기로 다짐하는 자에게 하나님은 놀라운 은혜를 베푸신다. 실로, 다니엘 1장은 우리가 뜻을 정하고 하나님을 신뢰할 때 하나님이 역사하신다는 것을 보여준다.

그리하여 감독하는 자는 그들에게 지정된 음식과 마실 포도주를 제하고 채식을 주었다(16절). 이러한 모습은 이방인조차 다니엘과 그의 친구들을 향한 하나님의 특별한 은혜와 능력을 인정했다는 뜻이다. 우리는 이 기사를 읽으면서 하나님이 사람들에게 영광을 받으시는 과정에서 하나님이 세우신 사람이 어떤 역할을 한다는 사실을 발견할 수 있다. 하나님은 스스로 영화로운 분이시지만, 하나님이 세우신 일꾼의 수고로 많은 사람이 하나님께 영광 돌리는 것을 기뻐하신다. 따라서 우리는 세상에서 선행의 빛을 비추어 하나님이 사람들로부터 영광을 받으시게 해야 한다. 이에 대해 예수님은 다음과 같이 말씀하셨다. "이같이 너희 빛이 사람 앞에 비치게 하여 그들로 너희 착한 행실을 보고 하늘에 계신 너희 아버지께 영광을 돌리게 하라"(마 5:16).

다니엘과 친구들의 결단과 시행은 바벨론에 포로로 잡혀 온 동료 유대인들에게 시사하는 바가 컸다. 그들은 하나님이 그들을 보존해 주실 것이라는 믿음의 바탕 위에서 강한 의지와 굳은 신념을 가져야 했다. 그러할 때 하나님은 초자연적인 역사를 시행하셔서 바벨론 포로기 동안 그들을 지키시고 보호하시며, 언젠가 그들이 다시금 고향 땅으로 돌아갈 수 있게 해 주실 것이었다. 한편, 그가 바벨론에서 지내는 내내 채소만 먹고 물만 마신 것은 아니다. 10:3을 참고할 때, 그는 바벨론 음식 일부(고기를 포함하여)를 먹었다. 하지만 그는 율법에 근거한 정결한 음식만 먹었음에 틀림없다. 그리고 율법에 포도주는 금하지 않기에 마셨다. 하여튼 다니엘서에서 확연히 목격할 수 있듯이, 다니엘의 믿음은 포로기 내내 절대로 변하지 않는다. 그리하여 그는 모든 유대인의 본보기가 된다.

왕의 일을 하게 됨 (17-21절)

1:17 하나님이 이 네 소년에게 학문을 주시고 모든 서적을 깨닫게 하시고 지혜를 주셨으니 다니엘은 또 모든 환상과 꿈을 깨달아 알더라
1:18 왕이 말한 대로 그들을 불러들일 기한이 찼으므로 환관장이 그들을 느부갓네살 앞으로 데리고 가니

1:19 왕이 그들과 말하여 보매 무리 중에 다니엘과 하나냐와 미사엘과 아사
랴와 같은 자가 없으므로 그들을 왕 앞에 서게 하고
1:20 왕이 그들에게 모든 일을 묻는 중에 그 지혜와 총명이 온 나라 박수와
술객보다 십 배나 나은 줄을 아니라
1:21 다니엘은 고레스 왕 원년까지 있으니라

하나님께서는 네 소년에게 놀라운 은혜를 베풀어 주셨다. "하나님이 이
네 소년에게 학문을 주시고 모든 서적을 깨닫게 하시고 지혜를 주셨으니
다니엘은 또 모든 환상과 꿈을 깨달아 알더라"(17절). 한글성경 공동번역은
이 구절을 다음과 같이 번역한다. "이 네 젊은이는 하느님의 도우심으로
글공부를 잘해서 전문 지식을 갖추게 되었다. 그중에서도 다니엘은 어떤
환상이든지 꿈이든지 다 풀 수 있는 재능을 받았다." 여기서 하나님께서
다니엘과 친구들에게 학문과 지혜를 주셨다는 사실을 주목해야 한다. 그
들은 바벨론에서 최상의 교육을 받았지만, 그들을 탁월하게 만드신 분은
하나님이시지 바벨론의 교육 체계가 아니었다.

특히 "다니엘은 또 모든 환상과 꿈을 깨달아 알더라"는 문구를 통하여
다니엘이 받은 재능이 강조되어 있다. 하나님께서 네 소년에게 뛰어난 지
식과 지혜를 주셨지만, 다니엘에게는 더욱 탁월하고도 독특한 능력을 더
하여 주셨다. 다니엘이 모든 환상과 꿈을 깨달아 알 수 있었다는 말은 선
지자의 은사를 받았다는 뜻이다. 마태복음 24:15에서 예수님은 다니엘을
선지자라고 말씀하셨다("그러므로 너희가 선지자 다니엘이 말한 바"). 따라서 다니
엘이 환상과 꿈을 해석할 수 있는 능력을 하나님에게서 받았다는 것은 그
가 하나님의 계시를 풀어서 전달할 수 있다는 뜻이다. 그리고 이러한 다니
엘의 능력은 다니엘서 전체에서 매우 중요하다.

다니엘 2장에서 다니엘은 느부갓네살 왕의 특별한 꿈을 해석해 주는데, 이 일은 다니엘의 인생과 신분을 바꾸어준다. 그리고 다니엘 4장에서 다니엘은 느부갓네살 왕의 두 번째 꿈을 해석해 주는데, 이렇게 다니엘이 왕의 꿈을 해석해 주는 것은 하나님의 계시를 전달하는 매우 중요한 수단이 된다. 또한 다니엘 5장에서 다니엘은 벨사살 왕 앞에 나타난 신비로운 글자를 해석해 줌으로 하나님의 계시를 밝히 드러내 준다. 게다가 다니엘 7-12장에는 다니엘이 본 환상들(visions)이 나오는데, 이는 다니엘이 받은 재능이 어떻게 극치를 이루는지를 보여준다.

따라서 17절의 마지막 문구는 다니엘 2장과 그 이후를 준비하는 역할을 한다고 볼 수 있다. 하나님이 다니엘에게 이런 재능을 주시고 이후에 느부갓네살의 꿈을 해석하는 일에 사용되게 하신 기사를 읽으면서 우리가 발견하는 것은 이 모든 일의 주인공이 하나님이시라는 사실이다. 우리는 다니엘의 출중한 능력을 보면서 감탄하지만, 그를 이 자리에 있게 하신 분은 하나님이시라는 점을 알아야 한다. 하나님은 다니엘에게 재능을 주셔서, 그를 적절한 때에 사용되게 하시고, 그에 따라 그를 높이신 후, 그를 통하여 유다 백성들의 신앙이 유지되게끔 하셨다.

18절의 "왕이 말한 대로 그들을 불러들일 기한이 찼으므로"라는 문구는 유다 소년들을 잡아다가 엘리트 교육을 하는 기간인 3년이 지났다는 뜻이다. 환관장은 그들을 느부갓네살 왕 앞으로 데리고 간다. 그리고 느부갓네살 왕은 그들과 대화를 나눈다(19절). 이것은 느부갓네살이 유다 소년들과 면담하면서 교육 정도를 평가하는 것을 뜻한다. 느부갓네살 왕은 유다 소년들과 대화를 나누다가 그들 중에 다니엘과 하나냐와 미사엘과 아사랴와 같은 자가 없으므로 그들을 왕 앞에 서게 한다. 이것은 느부갓네살이 네 명의 특출한 소년을 발견하고 그들을 왕궁에서 일하게 했다는 뜻이다. 왕은 그들의 총명함에 반하여 그들을 자신의 측근에 두었다.

느부갓네살 왕은 그들에게 모든 일을 묻는 중에 그 지혜와 총명이 온 나라 "박수와 술객"보다 "십 배"나 나은 줄을 알았다(20절). 느부갓네살 왕이 소년들에게 모든 일을 물어본다는 말은 여러 일에 대한 정책 자문을 구하는 것을 의미한다. 이것은 왕이 네 소년의 탁월함에 감탄하여 그들을 측근에 둔 후 여러 사안에 대해서 더 깊고 포괄적인 대화를 나누는 가운데 정무적 판단과 결정에 도움을 얻었음을 뜻한다. 아마도 네 소년은 왕의 측근에서 비서관으로 일하면서 왕에게 각종 현안에 대하여 자문을 제공했을 것이다. "박수와 술객"은 왕을 보좌하면서 왕에게 신의 뜻(신탁)을 알려주며 꿈을 해석해 주고 별자리 연구 등을 통해서 미래를 예측하는 일을 한 사람들을 가리킨다.

이 구절에서 "십 배"나 낫다는 말은 당시의 관용어로서, 그들이 다른 사람들에 비교할 수 없을 정도로 뛰어났다는 뜻이지, 그것을 정확하게 '10배'라고 볼 필요는 없다. 느부갓네살 왕 옆에 있는 박수와 술객은 바벨론 전역에서 가장 뛰어난 지혜와 지식을 갖춘 자들이었지만, 그들의 지혜와 지식은 다니엘과 그의 친구들이 가지고 있는 뛰어난 지적 능력과 탁월한 지혜에 비교할 바가 되지 못했다. 하나님께서 다니엘과 그의 친구들에게 지혜와 재능을 주신 덕분에 그들은 바벨론에서 가장 뛰어난 일꾼들이 되었다. 그리하여 그들은 느부갓네살 왕의 총애를 받으면서 지내게 되었다.

다니엘 1장은 "다니엘은 고레스 왕 원년까지 있으니라"는 언급으로 끝난다(21절). 고레스 왕은 페르시아(바사)의 고레스 왕을 가리키는데, 그는 주전 539년에 왕이 되었기에 그의 '원년'은 주전 539년이다. 예레미야 25:11-12에는 이런 말씀이 있다. "이 모든 땅이 폐허가 되어 놀랄 일이 될 것이며 이 민족들은 칠십 년 동안 바벨론의 왕을 섬기리라 여호와의 말씀이니라 칠십 년이 끝나면 내가 바벨론의 왕과 그의 나라와 갈대아인의 땅을 그 죄악으로 말미암아 벌하여 영원히 폐허가 되게 하되." 그리고 예레미야 29:10에는 이런 말씀이 있다. "여호와께서 이와 같이 말씀하시니라 바벨론에서 칠십 년이 차면 내가 너희를 돌보고 나의 선한 말을 너희에게 성취하여 너희를 이 곳으로 돌아오게 하리라." 이는 이스라엘의 포로기가 70년임을 알려준다. 따라서 1:21은 다니엘이 포로기 전체기간인 70년을 살았음을 시사한다.

한편, 다니엘 10:1에는 다니엘이 고레스 왕 3년에 환상을 본 일이 기록되어 있다. "바사 왕 고레스 제삼 년에 한 일이 벨드사살이라 이름한 다니엘에게 나타났는데 그 일이 참되니 곧 큰 전쟁에 관한 것이라 다니엘이 그 일을 분명히 알았고 그 환상을 깨달으니라." 따라서 어떻게 보면 1:21과 10:1이 서로 모순되는 것처럼 보인다. 분명히 1:21에는 다니엘이 고레스 왕 원년까지 있었다고 되어 있는데, 10:1에서 그가 고레스 왕 3년에 환상을 보았다는 것은 성경 기록의 신뢰성을 훼손하는 것 같다. 하지만 21절은 다니엘이 고레스 왕 원년까지 직급을 가지고 있으면서 유다 백성이 귀환하는 일에 일조했음을 암시하는 것이고, 10:1에서 그가 고레스 왕 3년에 환상을 보았다는 말은 그가 그때 은퇴를 했든지 그렇지 않든지 간에 여전히 활동하고 있었다는 뜻이다(참고. 10:1의 해설). 따라서 이 구절과 10:1의 언급은 잘 조화된다.

1장의 첫 번째 구절은 이스라엘의 절망적인 상황을 보여주었다. 바벨론에 의해 유다가 패망하고 그들 가운데 가장 총명하고 유망한 소년들이 바벨론에 포로로 잡혀간 일은 유다의 암울한 미래를 예견하게 했다. 하지만 1장의 마지막 구절은 이스라엘의 희망을 보여준다. 다니엘이 고레스 왕 원년까지 있었다는 말은 하나님이 유다를 버리지 않고 회복시켜 주실 것을 암시한다. 실제로 고레스 왕이 통치를 시작하면서 이스라엘 백성은 고국으로 돌아간다. 그리하여 하나님이 예언하신 것이 그대로 성취된다. 따라서 다니엘 1장은 다니엘서 전체의 축소판이다.

그렇다면 유다 백성들이 고국으로 돌아갈 수 있었던 이유는 무엇인가? 그것은 솔로몬의 기도가 응답받았기 때문이다. 솔로몬은 열왕기상 8:50에서 다음과 같이 기도했다(참고 _ 왕상 8:46-53). "주께 범죄한 백성을 용서하시며 주께 범한 그 모든 허물을 사하시고 그들을 사로잡아 간 자 앞에서 그들로 불쌍히 여김을 얻게 하사 그 사람들로 그들을 불쌍히 여기게 하옵소서." 하나님은 택하신 백성을 여전히 사랑하신다. 그리하여 그들이 회복되는 것을 바라신다. 하나님은 오래전 솔로몬에게 유다의 회복을 위해 기도하게 하셨으며, 지금 다니엘을 적절하게 사용하셔서 유다 백성이 이방 나라에서 신앙을 버리지 않게 만드신다.

그러면 솔로몬의 기도와 다니엘의 처신은 무엇을 의미하는가? 그것은 하나님이 주권적으로 언약을 회복시키실 것이라는 사실을 보여준다. 하나님의 성품 자체를 고려할 때 하나님은 사람이 잘못을 뉘우치면 용서해 주시고 회복시켜 주시는 분이다. 하나님은 그분의 백성을 영원히 버리지 않으신다. 비록 그들이 잘못해서 하나님과 맺은 언약을 깨뜨렸다 하더라도 하나님은 그 언약 파괴의 대가를 자신이 지급하심으로 언약을 회복할 수 있게 하신다. 하나님의 독생자 예수 그리스도께서 십자가에서 돌아가신 일은 바로 그러한 언약의 회복을 위한 것이었다.

| 본문이 우리에게 주는 교훈 |

1 _ 유다 백성이 바벨론에 포로로 잡혀간 이유는 무엇인가? 비록 세속 역사가들은 바벨론의 군사력이 유다보다 훨씬 강했기 때문에 유다의 패망이 단지 바벨론의 군사 정복 사업 때문에 일어난 자연현상이라고 보겠지만, 성경은 구속 역사를 말하기에 사건 이면에 존재하는 하나님의 뜻을 함의한다. 그래서 우리는 유다가 하나님의 심판을 받았기 때문에 바벨론에 포로로 잡혀갔다고 이해할 수 있다. 즉 유다는 하나님과 맺은 언약을 깨뜨렸으며, 이에 하나님은 유다가 하나님과 맺은 언약을 파기한 것에 대한 대가로 바벨론의 느부갓네살 왕을 사용하셔서 유다를 부끄럽게 하신 것이다. 이것은 하나님이 언약을 얼마나 중요하게 여기셨는지를 보여준다.

2 _ 타락하고 패악한 유다가 바벨론에 의해서 정복당하는 모습을 보면서 우리는 하나님의 말씀에 순종해야 하며 죄를 짓지 말아야 한다는 사실을 깨닫는다. 하나님은 말씀을 순종하는 자를 사랑하시고 그에게 복을 내려 주신다. 하지만 하나님은 말씀을 순종하지 않는 자에게는 따끔하거나 혹은 매서운 징계를 내리신다. 말씀을 순종하는 것은 신자의 의무이다. 우리가 짓는 죄는 무엇인가? 우리는 얼마나 순결하고 거룩한가? 우리는 죄를 지은 후 통렬히 회개하는가? 필시 우리는 회개할 때 참된 회개와 거짓된 회개를 구분해야 하는데, 참된 회개란 자신의 죄에 대한 진정한 뉘우침과 더불어 회개의 열매를 맺어서 실제로 삶이 바뀌는 것을 포함한다.

3 _ 다니엘과 세 친구는 뜻을 정했다. 그리고 그들은 뜻을 정한 후에 내어놓고 그것을 실천했다. 그들은 누가 자신들을 구원하고 보호하시는지를 동료 유대인들과 그들을 압제하는 이방인들에게 보여주고자 했다. 곧 그들은 이방 문화와 이방 신들을 섬기도록 강요당하는 현실 앞에서 오직 여

호와가 그들의 왕이시며 구원자이시며 보호자이신 것을 입증해 보이려고
했다. 오늘날 우리는 이들의 결단과 실천을 주목해야 한다. 우리는 하나
님이 우리를 구원하시며 지키신다는 사실을 조금도 의심하지 말고 받아
들여야 한다. 그리고 그에 걸맞게 살아가야 한다. 세상의 문화와 음식과
권력이 우리를 보존하게 해 주는 것이 아니다. 오로지 하나님이 우리를 지
키신다. 따라서 오직 하나님만 의지해야 하며, 오직 하나님만 두려워해야
한다.

4 _ 다니엘 1장의 마지막 구절은 다니엘이 이방 나라에서 오랫동안 지
냈음을 보여준다. 다니엘은 느부갓네살, 벨사살, 그리고 다리오 치하에서
지냈다. 바벨론의 왕들은 계속해서 바뀌었고, 심지어 바벨론이 메대-바사
(페르시아)에 의해서 정복당했어도 다니엘은 여전히 건재했다. 이것은 하나
님이 이스라엘을 여전히 사랑하신다는 사실을 상징적으로 보여주며, 하나
님이 이스라엘과 맺으신 언약을 기억하셔서 비록 그들이 그 언약을 깨뜨
렸지만 하나님이 친히 회복시켜 주실 것을 기대하게 한다. 그리고 이러한
언약의 회복은 예수 그리스도가 이 땅에 오셔서 십자가를 지심으로 성취
되었다. 비록 우리가 이 땅에서 사는 동안에는 완전한 언약 회복의 은덕을
누리지 못하지만 그리스도 안에서 그러한 복은 이미 확보되었으며 장차
그 나라에서 실현될 것이다.

다니엘 _ 2장

하나님이 한 나라를 세우시리니

다니엘 1:17에는 "다니엘은 또 모든 환상과 꿈을 깨달아 알더라"라는 말씀이 있다. 다니엘이 이러한 특별하고도 놀라운 재능을 하나님으로부터 받은 것은 다니엘 2장을 준비하게 한다. 다니엘 2장에서 다니엘은 느부갓네살 왕의 꿈을 해석해 준다. 그리고 이러한 꿈 해석을 통하여 하나님이 메시아를 통하여 영원한 나라를 세우실 계획을 하고 있다는 사실(복음)이 드러난다. 다니엘 2장에는 세상 나라가 흥망성쇠를 계속하던 중 하나님이 세우시는 나라가 도래할 것이라는 암시가 담겨 있다. 하나님의 나라는 메시아를 통해서 세워지는데, 메시아는 하나님과 우리 사이에 맺어진 언약의 중보자인 동시에 언약의 성취자로서 우리를 하나님 나라의 백성이 되게 하신다. 따라서 다니엘 2장은 메시아적 어조를 강하게 가진다.

그런데 다니엘 2:4부터 7:28까지는 아람어로 기록되어 있으며, 나머지 부분은 히브리어로 기록되어 있다. 아람어로 기록된 2-7장은 교차대칭구조로 되어 있으며, 이를 다음과 같이 정리할 수 있다.

A. 네 나라의 흥망과 하나님 나라의 도래 (2장)
  B. 세 친구의 신실함과 그들을 구원하시는 하나님 (3장)
    C. 느부갓네살의 낮아짐 (4장)
    C′. 벨사살의 낮아짐 (5장)
  B′. 다니엘의 신실함과 그를 구원하시는 하나님 (6장)
A′. 네 나라의 흥망과 하나님 나라의 도래 (7장)

이 구조를 보면, 시작 지점인 2장(A)과 끝 지점인 7장(A′)은 바벨론을 비롯한 네 나라의 흥망과 하나님 나라의 도래로 채워져 있으며, 그 안쪽의 3장(B)과 6장(B′)에는 세 친구들과 다니엘이 보여준 신실함과 그들을 구원하시는 하나님에 관한 서술이 있고, 가운데 4장(C)과 5장(C′)에는 바벨론 왕 느부갓네살과 벨사살이 철저히 낮아지는 모습이 언급되어 있다. 그러므로 아람어로 기록된 2-7장은 언어의 변화에 따른 유의미한 메시지를 던져준다. 곧 세상 나라는 흥망이 일시적이고 제한적이지만 하나님의 나라는 영원하며 패망하지 않는다. 그리고 하나님의 백성들은 신실함을 견지해야 하며 그렇게 할 때 하나님의 구원을 얻는다. 또한 이방 왕들은 유다 백성의 강대함을 자랑하지만 하나님의 전능하심 앞에 무릎을 꿇을 수밖에 없다.

| 성경본문 |

2:1 느부갓네살이 다스린 지 이 년이 되는 해에 느부갓네살이 꿈을 꾸고 그로 말미암아 마음이 번민하여 잠을 이루지 못한지라
2:2 왕이 그의 꿈을 자기에게 알려 주도록 박수와 술객과 점쟁이와 갈대아 술사를 부르라 말하매 그들이 들어가서 왕의 앞에 선지라
2:3 왕이 그들에게 이르되 내가 꿈을 꾸고 그 꿈을 알고자 하여 마음이 번민하도다 하니

2:4 갈대아 술사들이 아람 말로 왕에게 말하되 왕이여 만수무강 하옵소서 왕께서 그 꿈을 종들에게 이르시면 우리가 해석하여 드리겠나이다 하는지라

2:5 왕이 갈대아인들에게 대답하여 이르되 내가 명령을 내렸나니 너희가 만일 꿈과 그 해석을 내게 알게 하지 아니하면 너희 몸을 쪼갤 것이며 너희의 집을 거름더미로 만들 것이요

2:6 너희가 만일 꿈과 그 해석을 보이면 너희가 선물과 상과 큰 영광을 내게서 얻으리라 그런즉 꿈과 그 해석을 내게 보이라 하니

2:7 그들이 다시 대답하여 이르되 원하건대 왕은 꿈을 종들에게 이르소서 그리하시면 우리가 해석하여 드리겠나이다 하니

2:8 왕이 대답하여 이르되 내가 분명히 아노라 너희가 나의 명령이 내렸음을 보았으므로 시간을 지연하려 함이로다

2:9 너희가 만일 이 꿈을 내게 알게 하지 아니하면 너희를 처치할 법이 오직 하나이니 이는 너희가 거짓말과 망령된 말을 내 앞에서 꾸며 말하여 때가 변하기를 기다리려 함이라 이제 그 꿈을 내게 알게 하라 그리하면 너희가 그 해석도 보일 줄을 내가 알리라 하더라

2:10 갈대아인들이 왕 앞에 대답하여 이르되 세상에는 왕의 그 일을 보일 자가 한 사람도 없으므로 어떤 크고 권력 있는 왕이라도 이런 것으로 박수에게나 술객에게나 갈대아인들에게 물은 자가 없었나이다

2:11 왕께서 물으신 것은 어려운 일이라 육체와 함께 살지 아니하는 신들 외에는 왕 앞에 그것을 보일 자가 없나이다 한지라

2:12 왕이 이로 말미암아 진노하고 통분하여 바벨론의 모든 지혜자들을 다 죽이라 명령하니라

2:13 왕의 명령이 내리매 지혜자들은 죽게 되었고 다니엘과 그의 친구들도 죽이려고 찾았더라

2:14 그 때에 왕의 근위대장 아리옥이 바벨론 지혜자들을 죽이러 나가매 다니엘이 명철하고 슬기로운 말로

2:15 왕의 근위대장 아리옥에게 물어 이르되 왕의 명령이 어찌 그리 급하냐 하니 아리옥이 그 일을 다니엘에게 알리매

2:16 다니엘이 들어가서 왕께 구하기를 시간을 주시면 왕에게 그 해석을 알려 드리리이다 하니라

2:17 이에 다니엘이 자기 집으로 돌아가서 그 친구 하나냐와 미사엘과 아사

라에게 그 일을 알리고

2:18 하늘에 계신 하나님이 이 은밀한 일에 대하여 불쌍히 여기사 다니엘과 친구들이 바벨론의 다른 지혜자들과 함께 죽임을 당하지 않게 하시기를 그들로 하여금 구하게 하니라

2:19 이에 이 은밀한 것이 밤에 환상으로 다니엘에게 나타나 보이매 다니엘이 하늘에 계신 하나님을 찬송하니라

2:20 다니엘이 말하여 이르되 영원부터 영원까지 하나님의 이름을 찬송할 것은 지혜와 능력이 그에게 있음이로다

2:21 그는 때와 계절을 바꾸시며 왕들을 폐하시고 왕들을 세우시며 지혜자에게 지혜를 주시고 총명한 자에게 지식을 주시는도다

2:22 그는 깊고 은밀한 일을 나타내시고 어두운 데에 있는 것을 아시며 또 빛이 그와 함께 있도다

2:23 나의 조상들의 하나님이여 주께서 이제 내게 지혜와 능력을 주시고 우리가 주께 구한 것을 내게 알게 하셨사오니 내가 주께 감사하고 주를 찬양하나이다 곧 주께서 왕의 그 일을 내게 보이셨나이다 하니라

2:24 이에 다니엘은 왕이 바벨론 지혜자들을 죽이라 명령한 아리옥에게로 가서 그에게 이같이 이르되 바벨론 지혜자들을 죽이지 말고 나를 왕의 앞으로 인도하라 그리하면 내가 그 해석을 왕께 알려 드리리라 하니

2:25 이에 아리옥이 다니엘을 데리고 급히 왕 앞에 들어가서 아뢰되 내가 사로잡혀 온 유다 자손 중에서 한 사람을 찾아내었나이다 그가 그 해석을 왕께 알려 드리리이다 하니라

2:26 왕이 대답하여 벨드사살이라 이름한 다니엘에게 이르되 내가 꾼 꿈과 그 해석을 네가 능히 내게 알게 하겠느냐 하니

2:27 다니엘이 왕 앞에 대답하여 이르되 왕이 물으신 바 은밀한 것은 지혜자나 술객이나 박수나 점쟁이가 능히 왕께 보일 수 없으되

2:28 오직 은밀한 것을 나타내실 이는 하늘에 계신 하나님이시라 그가 느부갓네살 왕에게 후일에 될 일을 알게 하셨나이다 왕의 꿈 곧 왕이 침상에서 머리 속으로 받은 환상은 이러하니이다

2:29 왕이여 왕이 침상에서 장래 일을 생각하실 때에 은밀한 것을 나타내시는 이가 장래 일을 왕에게 알게 하셨사오며

2:30 내게 이 은밀한 것을 나타내심은 내 지혜가 모든 사람보다 낫기 때문이 아니라 오직 그 해석을 왕에게 알려서 왕이 마음으로 생각하던 것을 왕에

게 알려 주려 하심이니이다

2:31 왕이여 왕이 한 큰 신상을 보셨나이다 그 신상이 왕의 앞에 섰는데 크고 광채가 매우 찬란하며 그 모양이 심히 두려우니

2:32 그 우상의 머리는 순금이요 가슴과 두 팔은 은이요 배와 넓적다리는 놋이요

2:33 그 종아리는 쇠요 그 발은 얼마는 쇠요 얼마는 진흙이었나이다

2:34 또 왕이 보신즉 손대지 아니한 돌이 나와서 신상의 쇠와 진흙의 발을 쳐서 부서뜨리매

2:35 그 때에 쇠와 진흙과 놋과 은과 금이 다 부서져 여름 타작 마당의 겨 같이 되어 바람에 불려 간 곳이 없었고 우상을 친 돌은 태산을 이루어 온 세계에 가득하였나이다

2:36 그 꿈이 이러한즉 내가 이제 그 해석을 왕 앞에 아뢰리이다

2:37 왕이여 왕은 여러 왕들 중의 왕이시라 하늘의 하나님이 나라와 권세와 능력과 영광을 왕에게 주셨고

2:38 사람들과 들짐승과 공중의 새들, 어느 곳에 있는 것을 막론하고 그것들을 왕의 손에 넘기사 다 다스리게 하셨으니 왕은 곧 그 금 머리니이다

2:39 왕을 뒤이어 왕보다 못한 다른 나라가 일어날 것이요 셋째로 또 놋 같은 나라가 일어나서 온 세계를 다스릴 것이며

2:40 넷째 나라는 강하기가 쇠 같으리니 쇠는 모든 물건을 부서뜨리고 이기는 것이라 쇠가 모든 것을 부수는 것 같이 그 나라가 뭇 나라를 부서뜨리고 찧을 것이며

2:41 왕께서 그 발과 발가락이 얼마는 토기장이의 진흙이요 얼마는 쇠인 것을 보셨은즉 그 나라가 나누일 것이며 왕께서 쇠와 진흙이 섞인 것을 보셨은즉 그 나라가 쇠 같은 든든함이 있을 것이나

2:42 그 발가락이 얼마는 쇠요 얼마는 진흙인즉 그 나라가 얼마는 든든하고 얼마는 부서질 만할 것이며

2:43 왕께서 쇠와 진흙이 섞인 것을 보셨은즉 그들이 다른 민족과 서로 섞일 것이나 그들이 피차에 합하지 아니함이 쇠와 진흙이 합하지 않음과 같으리이다

2:44 이 여러 왕들의 시대에 하늘의 하나님이 한 나라를 세우시리니 이것은 영원히 망하지도 아니할 것이요 그 국권이 다른 백성에게로 돌아가지도 아니할 것이요 도리어 이 모든 나라를 쳐서 멸망시키고 영원히 설 것이라

2:45 손대지 아니한 돌이 산에서 나와서 쇠와 놋과 진흙과 은과 금을 부서뜨린 것을 왕께서 보신 것은 크신 하나님이 장래 일을 왕께 알게 하신 것이라 이 꿈은 참되고 이 해석은 확실하니이다 하니

2:46 이에 느부갓네살 왕이 엎드려 다니엘에게 절하고 명하여 예물과 향품을 그에게 주게 하니라

2:47 왕이 대답하여 다니엘에게 이르되 너희 하나님은 참으로 모든 신들의 신이시요 모든 왕의 주재시로다 네가 능히 이 은밀한 것을 나타내었으니 네 하나님은 또 은밀한 것을 나타내시는 이시로다

2:48 왕이 이에 다니엘을 높여 귀한 선물을 많이 주며 그를 세워 바벨론 온 지방을 다스리게 하며 또 바벨론 모든 지혜자의 어른을 삼았으며

2:49 왕이 또 다니엘의 요구대로 사드락과 메삭과 아벳느고를 세워 바벨론 지방의 일을 다스리게 하였고 다니엘은 왕궁에 있었더라

| 본문해설 |

느부갓네살 왕이 꿈을 꿈 (1-6절)

2:1 느부갓네살이 다스린 지 이 년이 되는 해에 느부갓네살이 꿈을 꾸고 그로 말미암아 마음이 번민하여 잠을 이루지 못한지라

2:2 왕이 그의 꿈을 자기에게 알려 주도록 박수와 술객과 점쟁이와 갈대아 술사를 부르라 말하매 그들이 들어가서 왕의 앞에 선지라

2:3 왕이 그들에게 이르되 내가 꿈을 꾸고 그 꿈을 알고자 하여 마음이 번민하도다 하니

2:4 갈대아 술사들이 아람 말로 왕에게 말하되 왕이여 만수무강 하옵소서 왕께서 그 꿈을 종들에게 이르시면 우리가 해석하여 드리겠나이다 하는지라

2:5 왕이 갈대아인들에게 대답하여 이르되 내가 명령을 내렸나니 너희가 만일 꿈과 그 해석을 내게 알게 하지 아니하면 너희 몸을 쪼갤 것이며 너희의 집을 거름더미로 만들 것이요

2:6 너희가 만일 꿈과 그 해석을 보이면 너희가 선물과 상과 큰 영광을 내게
서 얻으리라 그런즉 꿈과 그 해석을 내게 보이라 하니

다니엘 2장은 "느부갓네살이 다스린 지 이 년이 되는 해"라는 시간 언급
으로 시작된다(1절). 느부갓네살이 다스린 지 2년이 되었다는 말은 바벨론
에 포로로 잡혀 온 유다 소년들의 교육 기간이 끝났다는 것을 의미한다.
1:5에서 보다시피 유다 소년들은 3년간 바벨론식 교육을 받게 되어 있었는
데("삼 년을 기르게 하였으니"), 여기에 2년이라는 말이 나오는 것은 아마도 2년
되는 해의 가을쯤을 가리킬 것이다. 따라서 1장과 2장 사이에는 상당한 시
간 간격이 있다. 그리고 이는 다니엘서가 바벨론에서 일어난 모든 일을 기
록한 책이 아니라는 점을 보여준다.

어느 날 느부갓네살은 꿈을 꾸고 그로 말미암아 마음이 번민하여 잠을
이루지 못했다. 이는 느부갓네살이 뭔가 특별하면서도 불길한 꿈을 꾸었
음을 시사한다. 후에 드러나지만, 그는 자신의 꿈이 왕권과 연관되어 있다
는 것을 희미하게나마 짐작했을 것이다. 고대에 왕들은 왕권을 유지하기
위해서 부단히 애를 썼다. 자신의 측근이나 신하나 친인척이 자신을 죽이
고 왕권을 찬탈해 가지나 않을까 하여 매우 경계하면서 지냈다. 그런 와중
에 왕들은 어떤 징조를 보았을 경우나 불길한 꿈을 꾸었을 경우에 문제의
원인이 될 만한 것들을 가차 없이 제거했다.

그러면, 성경에 나오는 꿈에 대해서 생각해 보자. 성경에서 하나님은 꿈
을 통하여 자주 말씀하셨다. 창세기에서 요셉은 꿈을 꾸었는데, 그 꿈은
나중에 그대로 이루어졌다. 신약에서도 요셉과 마리아는 예수님 탄생하실
것을 꿈으로 알았고 결국 그 꿈대로 예수님이 탄생하셨다. 하지만 우리는

성경 인물들의 경우를 일반화하지 말아야 한다. 그들의 꿈은 계시 역사적인 측면에서 이해되어야 하며, 따라서 우리가 평소에 꾸는 꿈과 달리 받아들여져야 한다. 물론, 전능하신 하나님은 꿈을 통해서도 얼마든지 말씀하실 수 있다. 하지만 그렇다고 해서 우리가 꾸는 모든 꿈을 하나님의 말씀으로 여겨서 심각하게 고민할 필요는 없다.

느부갓네살 왕은 그의 범상치 않은 꿈이 무엇을 의미하는지 자신에게 알려 주도록 바벨론의 박수와 술객과 점쟁이와 갈대아 술사를 부르라고 명령하고, 이에 그들은 왕의 명령을 받들어 왕의 앞에 선다(2절). 여기에 나오는 박수, 술객, 점쟁이, 갈대아 술사는 꿈을 해석할 수 있다고 여겨지는 자들인데, 왕의 전문적인 책사들로 바벨론 전역에서 가장 지혜로운 자들이다. 당시 바벨론과 그 주변나라의 왕들과 신하들을 비롯한 백성들은 신의 존재를 믿었다. 그들은 여러 신이 존재하며 그들이 인간의 역사에 개입한다고 생각했다. 그래서 왕은 꿈을 신비롭게 여겼으며, 꿈을 해석하므로 신의 메시지를 받을 수 있다고 여겨진 자들을 측근에 두었다.

느부갓네살 왕은 그들에게 "내가 꿈을 꾸고 그 꿈을 알고자 하여 마음이 번민하도다"라고 말한다(3절). 그러자 "갈대아 술사들"은 아람 말로 왕에게 "왕이여 만수무강 하옵소서 왕께서 그 꿈을 종들에게 이르시면 우리가 해석하여 드리겠나이다"라고 대답한다(4절). "갈대아 술사들"은 여러 부류의 책사 중에서 가장 높은 지위에 있었던 것으로 추정된다. 그들은 왕의 꿈을 자신들이 해석할 수 있다는 자신감 혹은 교만함을 드러낸다. 한편, 여기서 갈대아 술사들이 "아람 말"로 대답했다는 언급과 연관되어서 다니엘 2:4하-7:28은 아람어로 기록되어 있는데, 아람어는 당시 바벨론과 페르시아 사람들의 공용어였다.

이에 느부갓네살 왕은 갈대아 사람들에게 "내가 명령을 내렸나니 너희가 만일 꿈과 그 해석을 내게 알게 하지 아니하면 너희 몸을 쪼갤 것이며 너희의 집을 거름더미로 만들 것이요"라고 말한다(5절). 여기서 몸을 쪼갤 것이라는 말과 집을 거름더미로 만들 것이라는 말은 그들은 물론이거니와 그들의 집안 전체를 멸절시킬 것이라는 뜻이다. 따라서 왕은 굉장히 강하게 그들을 위협한다. 이어서 왕은 "너희가 만일 꿈과 그 해석을 보이면 너희가 선물과 상과 큰 영광을 내게서 얻으리라 그런즉 꿈과 그 해석을 내게 보이라"고 한다(6절). 여기서 선물과 상과 큰 영광에 관한 언급은 5절에 있는 몸을 쪼개고 집을 거름더미로 만든다는 말과 대조를 이룬다.

그런데 느부갓네살 왕은 갈대아 술사들에게 꿈의 내용을 먼저 알려준 후에 그것을 해석해 달라고 하는 것이 아니라 "꿈과 그 해석"을 모두 알게 해 달라고 명령한다. 따라서 왕은 꿈 자체도 맞추어 보라고 말한다. 이것은 왕이 꾼 꿈이 대단히 특별한 것임을 암시한다. 즉 왕은 갈대아 술사들을 비롯한 지혜자들이 자신이 꾼 꿈의 의미를 대충 풀이하는 것을 용납하지 않으려고 한다. 왕은 자신의 꿈이 무엇을 의미하는지 매우 분명하고 정확하게 알고 싶었다. 그래서 지혜자들이 자신의 꿈 내용을 맞히면 그들의 해석도 신뢰할 수 있다고 여겨서 꿈의 내용도 맞히라고 명령한다.

왕과 갈대아 술사들의 대화 (7-13절)

2:7 그들이 다시 대답하여 이르되 원하건대 왕은 꿈을 종들에게 이르소서 그리하시면 우리가 해석하여 드리겠나이다 하니
2:8 왕이 대답하여 이르되 내가 분명히 아노라 너희가 나의 명령이 내렸음을 보았으므로 시간을 지연하려 함이로다
2:9 너희가 만일 이 꿈을 내게 알게 하지 아니하면 너희를 처치할 법이 오직

하나이니 이는 너희가 거짓말과 망령된 말을 내 앞에서 꾸며 말하여 때가
변하기를 기다리려 함이라 이제 그 꿈을 내게 알게 하라 그리하면 너희가
그 해석도 보일 줄을 내가 알리라 하더라
2:10 갈대아인들이 왕 앞에 대답하여 이르되 세상에는 왕의 그 일을 보일 자
가 한 사람도 없으므로 어떤 크고 권력 있는 왕이라도 이런 것으로 박수에
게나 술객에게나 갈대아인들에게 물은 자가 없었나이다
2:11 왕께서 물으신 것은 어려운 일이라 육체와 함께 살지 아니하는 신들 외
에는 왕 앞에 그것을 보일 자가 없나이다 한지라
2:12 왕이 이로 말미암아 진노하고 통분하여 바벨론의 모든 지혜자들을 다
죽이라 명령하니라
2:13 왕의 명령이 내리매 지혜자들은 죽게 되었고 다니엘과 그의 친구들도
죽이려고 찾았더라

느부갓네살 왕이 꿈의 내용조차 말하지 않자, 갈대아 술사들은 다시 대
답하기를 "원하건대 왕은 꿈을 종들에게 이르소서 그리하시면 우리가 해
석하여 드리겠나이다"라고 한다(7절). 그들은 왕이 적어도 꿈의 내용을 알
려주어야 해석을 할 것이 아니겠는가 하고 말한다. 아마도 그들은 왕이 꿈
을 말하면 그것을 적절하게 해석하여 왕의 마음을 편안하게 만들어 주려
고 했을 것이다. 따라서 이제 자세히 드러나겠지만, 갈대아 술사들은 초자
연적인 능력을 갖추고 있지 않다. 비록 그들에게 상당한 학문과 지혜가 있
을지라도 하나님이 주신 꿈 자체를 알아낼 힘은 없다.

이에 왕은 대답하기를 "내가 분명히 아노라 너희가 나의 명령이 내렸음
을 보았으므로 시간을 지연하려 함이로다 너희가 만일 이 꿈을 내게 알게
하지 아니하면 너희를 처치할 법이 오직 하나이니 이는 너희가 거짓말과
망령된 말을 내 앞에서 꾸며 말하여 때가 변하기를 기다리려 함이라 이제
그 꿈을 내게 알게 하라 그리하면 너희가 그 해석도 보일 줄을 내가 알리

라"라고 한다(8-9절). 여기서 "시간을 지연하려 함이로다"라는 말은 왕이
갈대아 술사들의 무능함을 알아챘음을 암시한다. 또한, "처치할 법이 오직
하나"라는 말은 그들에게 다른 법을 적용하지 않을 것이며, 5절에서 경고
한 대로 그들이 꿈과 해석을 말하지 못하면 반드시 죽을 것이라는 뜻이
다. 그리고 "그 꿈을 내게 알게 하라 그리하면 너희가 그 해석도 보일 줄
을 내가 알리라"는 말은 왕이 갈대아 술사들의 속셈을 간파하고 있음을
시사한다.

　느부갓네살 왕의 무리한 요구에 대하여, 갈대아 술사들은 왕에게 "세상
에는 왕의 그 일을 보일 자가 한 사람도 없으므로 어떤 크고 권력 있는 왕
이라도 이런 것으로 박수에게나 술객에게나 갈대아인들에게 물은 자가 없
었나이다"라고 대답한다(10절). 갈대아 술사들은 왕이 자신들에게 지나친
것을 요구한다고 생각한다. 그들은 세상에 어떤 크고 권력 있는 왕도 그렇
게 물어본 적이 없으니, 느부갓네살 왕도 그런 요구를 하지 말아야 한다고
간청한다. 따라서 갈대아 술사들은 자신들에게 왕의 명령을 수행할 능력
이 없다는 점을 분명히 드러낸다.

　11절은 10절의 보충이다. "왕께서 물으신 것은 어려운 일이라 육체와
함께 살지 아니하는 신들 외에는 왕 앞에 그것을 보일 자가 없나이다." 여
기서 "육체와 함께 살지 아니하는 신들"이라는 문구는 다니엘의 출현을
기대하게 만든다. 이는 느부갓네살이 다니엘에 대하여 여러 번 "거룩한 신
들의 영이 있는 자"라는 표현을 사용한 것을 통해서 확인된다(참고 _ 4:8, 9,
18; 또한 왕비에 의하여, 5:11). 이처럼 하나님은 느부갓네살에게 특별한 꿈을 주
시고 그 꿈을 해석할 만한 사람이 바벨론에 없다는 사실을 보여주심으로
써, 하나님 자신이 다니엘을 사용하여 역사의 전면에 등장하실 것을 예고
하신다.

느부갓네살 왕은 갈대아 술사들의 대답으로 말미암아 진노하고 통분하여 바벨론의 모든 지혜자들을 다 죽이라고 명령한다(12절). 갈대아 술사들의 대답은 왕 앞에 불려나온 박수와 술객과 점쟁이의 생각을 포괄한다. 그들 중 어느 누구도 왕의 꿈을 알 수 없었고 따라서 꿈을 해석할 수도 없었다. 이에 왕이 명령을 내리자 모든 지혜자들은 죽게 되었고, 이와 더불어서 다니엘과 그의 친구들도 죽을 위기에 처하였다(13절). 결국, 갈대아 술사들의 무능함에 따른 죽음의 위기는 다니엘과 친구들에게까지 미치게 되었다. 이제 이런 극적인 순간에 다니엘이 등장하여 문제를 해결하고 상황을 반전시킬 것이다.

다니엘이 왕에게 시간을 달라고 요청함 (14-16절)

> 2:14 그 때에 왕의 근위대장 아리옥이 바벨론 지혜자들을 죽이러 나가매 다니엘이 명철하고 슬기로운 말로
> 2:15 왕의 근위대장 아리옥에게 물어 이르되 왕의 명령이 어찌 그리 급하냐 하니 아리옥이 그 일을 다니엘에게 알리매
> 2:16 다니엘이 들어가서 왕께 구하기를 시간을 주시면 왕에게 그 해석을 알려 드리리이다 하니라

느부갓네살 왕의 근위대장 아리옥이 왕의 명령을 수행하기 위하여 바벨론 지혜자들을 죽이러 나가자 다니엘은 "명철하고 슬기로운 말"로 왕의 근위대장 아리옥에게 "왕의 명령이 어찌 그리 급하냐?"라고 물어보고, 이에 아리옥은 그간에 일어난 일을 다니엘에게 알려준다(14-15절). 다니엘의 말에는 "명철하고 슬기로운 말"이라는 수식어가 붙어 있다. 본문에는 다니엘이 그렇게 많은 말을 한 것으로 서술되어 있지 않다. 아마도 저자가

다니엘의 말을 모두 기록하지는 않았을 것이다. 하지만 이런 묘사는 다니엘이 굉장히 지혜로운 사람이었음을 시사한다.

한글성경 개역개정판에서 15절의 "급하냐"로 번역된 단어는 원래 '준엄함'과 '잔인함'와 '가혹함' 등의 의미를 가진다. 이에 한글성경 공동번역은 다니엘의 질문을 "어명을 받드시는 장군님, 무슨 일이 있었기에 왕께서 그토록 엄한 영을 내리셨습니까?"라고 번역한다. 느부갓네살은 매우 심각한 꿈을 꾸어서 마음이 번민한 가운데 있었으며, 갈대아 술사들을 비롯한 왕의 책사들은 그 꿈을 도무지 알지 못하여 왕을 분노하게 만들었다. 그러자 왕은 준엄하고 잔인하게 바벨론의 지혜자들을 죽이라고 명령했으며, 아마도 잔인한 살육이 어느 정도 진행되고 있었을 것이다.

다니엘은 갈대아 술사들의 무능력한 대답으로 인해서 자신과 세 친구들까지 죽을 위기에 처하게 된 것을 알게 되자 왕에게 시간을 주면 그 해석을 알려 주겠다고 말한다(16절). 한글성경 공동번역은 16절을 다음과 같이 번역한다. "다니엘은 자기가 입궐하여 해몽할 터이니 말미를 달라고 청하였다." 이 같은 다니엘의 요청은 그가 탁월한 지혜를 가지고 있을 뿐만 아니라 큰 믿음과 용기를 가지고 있음을 보여준다. 다니엘은 하나님이 주신 재능을 활용할 때가 되었다고 생각한다(참고 _ 1:17). 그는 자신과 친구들과 많은 바벨론의 인재들이 생명을 잃을 위기 앞에서 능력을 발휘하려고 한다. 그리고 그의 능력 발휘는 대단히 중요한 결과를 낳는다.

다니엘이 하나님께 기도함 (17-23절)

2:17 이에 다니엘이 자기 집으로 돌아가서 그 친구 하나냐와 미사엘과 아사

랴에게 그 일을 알리고

2:18 하늘에 계신 하나님이 이 은밀한 일에 대하여 불쌍히 여기사 다니엘과 친구들이 바벨론의 다른 지혜자들과 함께 죽임을 당하지 않게 하시기를 그들로 하여금 구하게 하니라

2:19 이에 이 은밀한 것이 밤에 환상으로 다니엘에게 나타나 보이매 다니엘이 하늘에 계신 하나님을 찬송하니라

2:20 다니엘이 말하여 이르되 영원부터 영원까지 하나님의 이름을 찬송할 것은 지혜와 능력이 그에게 있음이로다

2:21 그는 때와 계절을 바꾸시며 왕들을 폐하시고 왕들을 세우시며 지혜자에게 지혜를 주시고 총명한 자에게 지식을 주시는도다

2:22 그는 깊고 은밀한 일을 나타내시고 어두운 데에 있는 것을 아시며 또 빛이 그와 함께 있도다

2:23 나의 조상들의 하나님이여 주께서 이제 내게 지혜와 능력을 주시고 우리가 주께 구한 것을 내게 알게 하셨사오니 내가 주께 감사하고 주를 찬양하나이다 곧 주께서 왕의 그 일을 내게 보이셨나이다 하니라

다니엘은 자기 집으로 돌아가서 그의 친구들인 하나냐와 미사엘과 아사랴에게 이 일을 알린다(17절). 이것은 다니엘이 친구들의 도움과 협력을 요청하는 것이다. 따라서 다니엘은 대단히 뛰어난 믿음과 더불어 훌륭한 신앙의 동지들을 가지고 있다. 자기 곁에 믿음의 친구들이 있어서 힘든 일을 함께 나누며, 같은 기도 제목을 가지고 기도하고, 서로 의견을 구하며 상의하는 것은 대단히 값진 일이다. 우리는 이러한 측면을 중요하게 생각해야 한다. 교회에서 하나님께 예배를 드리는 것이 중요하지만, 신자들이 서로 교제하는 것도 귀하다. 신자들이 교제할 때 지혜가 생기며, 고통이 사라지고, 기쁨이 커지며, 위로와 격려를 주고받을 수 있다.

다니엘은 친구들과 함께 하나님께 기도한다. 18절은 2장에서 주목할 만한 구절이다. "하늘에 계신 하나님이 이 은밀한 일에 대하여 불쌍히 여기

사 다니엘과 친구들이 바벨론의 다른 지혜자들과 함께 죽임을 당하지 않게 하시기를 그들로 하여금 구하게 하니라." 여기서 "하늘에 계신 하나님"이란 표현은 하나님의 초월성과 절대성을 드러낸다. 다니엘과 친구들은 하나님이 세상을 창조하신 분이시며 역사를 주관하시는 분이심을 고백한다. 그들은 전지전능하신 하나님께서 절체절명의 순간에 자신들의 생명을 구원해 주시도록 간절히 기도한다.

다니엘과 친구들의 기도에 하나님이 신속하게 응답하신다. "이에 이 은밀한 것이 밤에 환상으로 다니엘에게 나타나 보이매 다니엘이 하늘에 계신 하나님을 찬송하니라"(19절). 20-23절은 다니엘이 하나님을 찬송하는 내용이다. 다니엘은 "영원부터 영원까지 하나님의 이름을 찬송할 것은 지혜와 능력이 그에게 있음이로다"라고 고백한다(20절). 그리고 다니엘은 "그는 때와 계절을 바꾸시며 왕들을 폐하시고 왕들을 세우시며 지혜자에게 지혜를 주시고 총명한 자에게 지식을 주시는도다"라고 기도한다(21절). "때와 계절을 바꾸시며 왕들을 폐하시고 왕들을 세우시며"라는 말은 유다와 바벨론의 존망이 하나님의 섭리하에 있다는 고백적 진술이다. 그리고 "지혜자에게 지혜를 주시고 총명한 자에게 지식을 주시는도다"라는 말은 갈대아 술사들이 왕의 꿈과 해석을 보이지 못했으나 자신이 그것을 보인 것은 하나님이 하신 일이라는 뜻이다.

다니엘은 이어서 "그는 깊고 은밀한 일을 나타내시고 어두운 데에 있는 것을 아시며 또 빛이 그와 함께 있도다"라고 기도한다(22절). 이것은 느부갓네살 왕의 꿈을 드러내신 분이 하나님이심을 다시금 확인하는 진술이다. 비록 다니엘은 꿈과 환상을 해석할 수 있는 재능을 가지고 있었지만, 그 재능은 자신이 스스로 노력하여 얻은 것이 아니라 하나님께서 그에게 주신 것이다. 그러므로 그가 왕의 꿈과 해석을 보인 것은 순전히 하나님의 덕분이다. 마지막으로 다니엘은 다시금 하나님을 찬송함으로 기도 응답에 대한 감사와 찬송을 마친다(23절). 따라서 다니엘은 찬송을 통해 하나님의 주권적인 역사를 선언하며 하나님의 영광을 드러낸다.

다니엘이 왕의 꿈을 해석하겠다고 말함 (24-30절)

2:24 이에 다니엘은 왕이 바벨론 지혜자들을 죽이라 명령한 아리옥에게로 가서 그에게 이같이 이르되 바벨론 지혜자들을 죽이지 말고 나를 왕의 앞으로 인도하라 그리하면 내가 그 해석을 왕께 알려 드리리라 하니

2:25 이에 아리옥이 다니엘을 데리고 급히 왕 앞에 들어가서 아뢰되 내가 사로잡혀 온 유다 자손 중에서 한 사람을 찾아내었나이다 그가 그 해석을 왕께 알려 드리리이다 하니라

2:26 왕이 대답하여 벨드사살이라 이름한 다니엘에게 이르되 내가 꾼 꿈과 그 해석을 네가 능히 내게 알게 하겠느냐 하니

2:27 다니엘이 왕 앞에 대답하여 이르되 왕이 물으신 바 은밀한 것은 지혜자나 술객이나 박수나 점쟁이가 능히 왕께 보일 수 없으되

2:28 오직 은밀한 것을 나타내실 이는 하늘에 계신 하나님이시라 그가 느부갓네살 왕에게 후일에 될 일을 알게 하셨나이다 왕의 꿈 곧 왕이 침상에서 머리 속으로 받은 환상은 이러하니이다

2:29 왕이여 왕이 침상에서 장래 일을 생각하실 때에 은밀한 것을 나타내시는 이가 장래 일을 왕에게 알게 하셨사오며

2:30 내게 이 은밀한 것을 나타내심은 내 지혜가 모든 사람보다 낫기 때문이 아니라 오직 그 해석을 왕에게 알려서 왕이 마음으로 생각하던 것을 왕에게 알려 주려 하심이니이다

다니엘은 하나님의 응답을 받은 후 왕이 바벨론 지혜자들을 죽이라고 명령한 근위대장 아리옥에게 가서 "바벨론 지혜자들을 죽이지 말고 나를

왕의 앞으로 인도하라 그리하면 내가 그 해석을 왕께 알려 드리리라"라고 말한다(24절). 이에 아리옥은 다니엘을 데리고 급히 왕 앞에 들어가서 "내가 사로잡혀 온 유다 자손 중에서 한 사람을 찾아내었나이다 그가 그 해석을 왕께 알려 드리리이다"라고 아뢴다(25절). 여기서 우리는 아리옥의 말을 주목해야 한다. 다니엘은 조금 전에 하나님이 자신에게 꿈과 그 해석을 알게 해 주셨다고 고백하면서 하나님을 찬양했다. 그리고 그는 조금 후에 왕에게 말할 때 하나님이 자신에게 지식을 주셨다고 말할 것이다(참고 _ 2:27-30). 하지만 아리옥은 어떤가? 그는 "내가 사로잡혀 온 유다 자손 중에서 한 사람을 찾아내었나이다"라고 하면서 자신의 공적을 드러내기에 바쁘다. 따라서 다니엘은 신자의 전형이 되지만, 아리옥은 불신자의 전형이 된다.

왕은 벨드사살이라고도 하는 다니엘에게 "내가 꾼 꿈과 그 해석을 네가 능히 내게 알게 하겠느냐?"라고 묻는다(26절). 이에 다니엘은 왕 앞에서 "왕이 물으신 바 은밀한 것은 지혜자나 술객이나 박수나 점쟁이가 능히 왕께 보일 수 없으되 오직 은밀한 것을 나타내실 이는 하늘에 계신 하나님이시라 그가 느부갓네살 왕에게 후일에 될 일을 알게 하셨나이다 왕의 꿈 곧 왕이 침상에서 머리 속으로 받은 환상은 이러하니이다"라고 대답한다(27-28절). 따라서 다니엘은 왕의 꿈을 세상 사람은 알게 할 수 없으며, 오직 하나님만이 알게 하실 수 있다고 증언한다.

다니엘은 계속해서 "왕이여 왕이 침상에서 장래 일을 생각하실 때에 은밀한 것을 나타내시는 이가 장래 일을 왕에게 알게 하셨사오며 내게 이 은밀한 것을 나타내심은 내 지혜가 모든 사람보다 낫기 때문이 아니라 오직 그 해석을 왕에게 알려서 왕이 마음으로 생각하던 것을 왕에게 알려 주려 하심이니이다"라고 설명한다(29-30절). 다니엘은 하나님께서 꿈과 해석을 가르쳐 주셨다는 사실을 말하면서, 동시에 "내 지혜가 모든 사람보다 낫기 때문이 아니라"라고 말하므로 철저한 겸손의 모습을 보인다. 따라서 다니엘은 영광을 조금도 자신이 가져가지 않고 오로지 하나님께 돌린다. 다니엘은 자신에게 칭찬이 쏟아질 여지를 원천적으로 차단한다.

다니엘이 왕의 꿈을 말함 (31-35절)

> 2:31 왕이여 왕이 한 큰 신상을 보셨나이다 그 신상이 왕의 앞에 섰는데 크고 광채가 매우 찬란하며 그 모양이 심히 두려우니
> 2:32 그 우상의 머리는 순금이요 가슴과 두 팔은 은이요 배와 넓적다리는 놋이요
> 2:33 그 종아리는 쇠요 그 발은 얼마는 쇠요 얼마는 진흙이었나이다
> 2:34 또 왕이 보신즉 손대지 아니한 돌이 나와서 신상의 쇠와 진흙의 발을 쳐서 부서뜨리매
> 2:35 그 때에 쇠와 진흙과 놋과 은과 금이 다 부서져 여름 타작 마당의 겨 같이 되어 바람에 불려 간 곳이 없었고 우상을 친 돌은 태산을 이루어 온 세계에 가득하였나이다

31-35절에서 다니엘은 왕이 꾼 꿈에 대해서 말한다. 다니엘은 "왕이여 왕이 한 큰 신상을 보셨나이다"라는 말로 꿈의 내용을 말하기 시작한다(31절). "그 신상이 왕의 앞에 섰는데 크고 광채가 매우 찬란하며 그 모양이 심히 두려우니"라는 말은 신상의 엄청난 위용에 대한 진술이다. 이제 다니엘은 왕의 꿈에 나타난 신상의 모습을 자세히 설명한다. 신상의 머리는 순금이며, 가슴과 두 팔은 은이고, 배와 넓적다리는 놋이며, 종아리는 쇠고, 발은 얼마는 쇠고 얼마는 진흙이다(32-33절). 따라서 신상은 하나이면서 동시에 여러 부분으로 구분된다. 이처럼 하나의 신상이지만 각 부위가 다양한

재료로 만들어져 있다는 것은, 신상이 하나의 본질을 가지고 있으면서 다양한 특성과 양상을 가지고 있음을 보여준다.

이어서 다니엘은 신상이 파괴될 것을 말한다. "또 왕이 보신즉 손대지 아니한 돌이 나와서 신상의 쇠와 진흙의 발을 쳐서 부서뜨리매 그 때에 쇠와 진흙과 놋과 은과 금이 다 부서져 여름 타작 마당의 겨 같이 되어 바람에 불려 간 곳이 없었고 우상을 친 돌은 태산을 이루어 온 세계에 가득하였나이다"(34-35절). "손대지 아니한 돌"이란 사람이 던지지 않은 돌이라는 뜻이다. 그 돌이 신상의 쇠와 진흙의 발을 쳐서 부서뜨림으로 신상은 완전히 파괴되어 버린다. 이때 다니엘은 신상의 파괴를 그림 언어로 표현하여 파괴의 처참함을 실감나게 한다. 그리고 신상을 부서뜨린 돌은 태산을 이루어 온 세계에 가득해진다고 말함으로 돌의 정체를 주목하게 한다.

다니엘이 왕의 꿈을 해석함 (36-45절)

2:36 그 꿈이 이러한즉 내가 이제 그 해석을 왕 앞에 아뢰리이다

2:37 왕이여 왕은 여러 왕들 중의 왕이시라 하늘의 하나님이 나라와 권세와 능력과 영광을 왕에게 주셨고

2:38 사람들과 들짐승과 공중의 새들, 어느 곳에 있는 것을 막론하고 그것들을 왕의 손에 넘기사 다 다스리게 하셨으니 왕은 곧 그 금 머리니이다

2:39 왕을 뒤이어 왕보다 못한 다른 나라가 일어날 것이요 셋째로 또 놋 같은 나라가 일어나서 온 세계를 다스릴 것이며

2:40 넷째 나라는 강하기가 쇠 같으리니 쇠는 모든 물건을 부서뜨리고 이기는 것이라 쇠가 모든 것을 부수는 것 같이 그 나라가 뭇 나라를 부서뜨리고 찧을 것이며

2:41 왕께서 그 발과 발가락이 얼마는 토기장이의 진흙이요 얼마는 쇠인 것을 보셨은즉 그 나라가 나누일 것이며 왕께서 쇠와 진흙이 섞인 것을 보셨

은즉 그 나라가 쇠 같은 든든함이 있을 것이나

2:42 그 발가락이 얼마는 쇠요 얼마는 진흙인즉 그 나라가 얼마는 든든하고 얼마는 부서질 만할 것이며

2:43 왕께서 쇠와 진흙이 섞인 것을 보셨은즉 그들이 다른 민족과 서로 섞일 것이나 그들이 피차에 합하지 아니함이 쇠와 진흙이 합하지 않음과 같으리이다

2:44 이 여러 왕들의 시대에 하늘의 하나님이 한 나라를 세우시리니 이것은 영원히 망하지도 아니할 것이요 그 국권이 다른 백성에게로 돌아가지도 아니할 것이요 도리어 이 모든 나라를 쳐서 멸망시키고 영원히 설 것이라

2:45 손대지 아니한 돌이 산에서 나와서 쇠와 놋과 진흙과 은과 금을 부서뜨린 것을 왕께서 보신 것은 크신 하나님이 장래 일을 왕께 알게 하신 것이라 이 꿈은 참되고 이 해석은 확실하니이다 하니

36-45절에서 다니엘은 왕이 꾼 꿈을 해석한다. 다니엘은 "그 꿈이 이러한즉 내가 이제 그 해석을 왕 앞에 아뢰리이다"라고 말함으로, 앞에서 왕의 꿈 자체를 말했는데, 이제 그 의미를 말하겠다고 한다. 먼저, 다니엘은 "왕이여 왕은 여러 왕들 중의 왕이시라 하늘의 하나님이 나라와 권세와 능력과 영광을 왕에게 주셨고 사람들과 들짐승과 공중의 새들, 어느 곳에 있는 것을 막론하고 그것들을 왕의 손에 넘기사 다 다스리게 하셨으니 왕은 곧 그 금 머리니이다"라고 함으로 왕이 가지고 있는 모든 좋은 것이 하나님에게서 비롯되었다고 말한다(37-38절).

다니엘은 이어서 느부갓네살 왕을 뒤이어 네 개의 나라가 일어날 것이라고 말한다. 느부갓네살 왕(첫째 나라) 다음에 일어날 나라는(둘째 나라) 왕보다 못한 나라이며, 그 다음에는(셋째 나라) 놋 같은 나라가 일어나서 온 세계를 다스릴 것이고, 그 다음에 일어날 나라는(넷째 나라) 강하기가 쇠 같아서 모든 나라를 부서뜨릴 것이다(39-40절). 필시 이 말은 느부갓네살을 두렵게

만들었을 것이다. 그는 바벨론을 건설하고 주변 나라들을 정복하여 제국을 이루었으며, 여러 지혜로운 정책을 펼쳐서 그 나라가 영원히 존속하리라고 생각했는데, 이제 그 모든 노력이 허사가 될 것이라는 말을 듣게 되자 심한 공포와 염려에 휩싸였을 것이다.

다니엘은 넷째 나라에 대해서 조금 더 설명한다. 이는 넷째 나라가 주목해야 할 나라이기 때문이다. "왕께서 그 발과 발가락이 얼마는 토기장이의 진흙이요 얼마는 쇠인 것을 보셨은즉 그 나라가 나누일 것이며 왕께서 쇠와 진흙이 섞인 것을 보셨은즉 그 나라가 쇠 같은 든든함이 있을 것이나 그 발가락이 얼마는 쇠요 얼마는 진흙인즉 그 나라가 얼마는 든든하고 얼마는 부서질 만할 것이며 왕께서 쇠와 진흙이 섞인 것을 보셨은즉 그들이 다른 민족과 서로 섞일 것이나 그들이 피차에 합하지 아니함이 쇠와 진흙이 합하지 않음과 같으리이다"(41-43절).

다니엘이 언급하는 네 개의 나라가 무엇을 가리키는지에 대해서 학자들 간에 이견이 있다. 하지만 대부분의 학자는 다음과 같이 타당하게 이해한다. 첫째 나라는 당연히 느부갓네살이 다스리는 바벨론을 가리키며, 둘째 나라는 바벨론을 패망시킨 메대-바사(페르시아) 연합국을 의미하고, 셋째 나라는 알렉산더에 의해 명성을 떨친 그리스(헬라)를 뜻하며, 넷째 나라는 그리스 이후에 세상을 지배할 로마를 가리킨다고 믿는다. 이러한 해석은 역사적으로 증명되는데, 실제로 바벨론은 메대-바사 연합군에 의해서 멸망하고, 그 다음에는 그리스(헬라)가 일어나며, 그 다음에는 로마가 일어나서 한동안 세상을 지배한다.

그러면 신상의 재료를 통하여 네 나라의 특성을 살펴보자. 신상의 머리가 금으로 되어 있는 것은 바벨론이 강력한 나라임을 상징하며, 가슴과 팔이 은으로 되어 있는 것은 메대-바사가 바벨론보다 조금 못하다는 사실을 보여주고, 배와 넓적다리가 놋으로 되어 있는 것은 그리스(헬라)가 나름대로 강대한 나라임을 시사하며, 종아리와 발이 얼마는 쇠요 얼마는 진흙인데 이들이 섞이지만 합하지 않는 것은 로마가 강력한 나라이지만 여러 민족이 섞인 나라여서 단결력을 가지지 못한다는 사실을 상징한다. 우리는 역사적으로 이 예언이 모두 성취된 것을 알고 있다. 네 나라의 발흥과 그 성격은 다니엘의 예언과 정확히 일치한다.

다니엘은 이어서 다음과 같이 말한다. "이 여러 왕들의 시대에 하늘의 하나님이 한 나라를 세우시리니 이것은 영원히 망하지도 아니할 것이요 그 국권이 다른 백성에게로 돌아가지도 아니할 것이요 도리어 이 모든 나라를 쳐서 멸망시키고 영원히 설 것이라"(44절). 그리고 그는 다음과 같이 보충하여 말한다. "손대지 아니한 돌이 산에서 나와서 쇠와 놋과 진흙과 은과 금을 부서뜨린 것을 왕께서 보신 것은 크신 하나님이 장래 일을 왕께 알게 하신 것이라 이 꿈은 참되고 이 해석은 확실하니이다"(45절). 이 말은 네 나라의 발흥 이후 일어날 일에 관한 것이다.

여기서 "하늘의 하나님이 한 나라를 세우시리니"라는 언급은 네 번째 나라 이후에 세워질 나라가 하나님이 세우시는 나라이지 사람이 세우는 나라가 아니라는 점을 분명히 해 준다. "손대지 아니한 돌이 산에서 나와서"라는 표현에서 산은 하나님을 가리키는데, 산이 웅장한 위용을 갖춘 것처럼 하나님의 능력과 권세가 크다는 점을 상징한다. 그러면 이 나라의 정체는 무엇인가? 이 나라는 로마 시대 이후에 메시아에 의해서 세워질 하나님의 나라를 가리킨다. 바벨론과 페르시아와 그리스와 로마는 영원히 서 있지 않다. 그들은 흥망성쇠를 경험할 것이다. 하지만 하나님이 메시아를 통해서 친히 세우시는 나라는 굳세게 그리고 영원히 설 것이다.

왕이 다니엘을 높임 (46-49절)

> 2:46 이에 느부갓네살 왕이 엎드려 다니엘에게 절하고 명하여 예물과 향품을 그에게 주게 하니라
>
> 2:47 왕이 대답하여 다니엘에게 이르되 너희 하나님은 참으로 모든 신들의 신이시요 모든 왕의 주재시로다 네가 능히 이 은밀한 것을 나타내었으니 네 하나님은 또 은밀한 것을 나타내시는 이시로다
>
> 2:48 왕이 이에 다니엘을 높여 귀한 선물을 많이 주며 그를 세워 바벨론 온 지방을 다스리게 하며 또 바벨론 모든 지혜자의 어른을 삼았으며
>
> 2:49 왕이 또 다니엘의 요구대로 사드락과 메삭과 아벳느고를 세워 바벨론 지방의 일을 다스리게 하였고 다니엘은 왕궁에 있었더라

다니엘이 느부갓네살 왕이 꾼 꿈과 그 해석을 알려주자 느부갓네살 왕은 다니엘에게 약속한 것을 준다. 46절은 이렇게 묘사한다. "이에 느부갓네살 왕이 엎드려 다니엘에게 절하고 명하여 예물과 향품을 그에게 주게 하니라." 당대 최고의 권력자 느부갓네살 왕이 유다에서 포로로 잡혀 온 소년 다니엘에게 엎드려 절하는 모습은 상상하기가 쉽지 않다. 하지만 느부갓네살 왕은 자신이 꾸었던 꿈이 워낙에 진지하고 심각했으며, 다니엘이 놀라운 능력으로 그 꿈을 알아맞히고 해석을 해 주자 감탄하여 다니엘에게 엎드려 절하고 그에게 예물과 향품을 준다.

이어서 느부갓네살 왕은 다니엘에게 "너희 하나님은 참으로 모든 신들의 신이시요 모든 왕의 주재시로다 네가 능히 이 은밀한 것을 나타내었으니 네 하나님은 또 은밀한 것을 나타내시는 이시로다"라고 말한다(47절). 이것은 다니엘의 놀라운 능력 배후에 하나님이 계신다는 사실을 느부갓네살이 인정하는 것이다. 하지만 그의 인정은 신앙고백으로 이어지지 않는

다. 필시 아는 것이나 인정하는 것과 믿는 것이 반드시 일치하지는 않는
다. 알고 인정하더라도 믿음으로 이어지지 않는 경우가 제법 있다. 당시에
메소포타미아 지방의 왕들과 백성들은 신의 존재를 믿었기에 느부갓네살
은 단지 하나님을 뛰어난 재능을 가진 '한 신'(a god)으로 간주한다.

느부갓네살 왕은 다니엘을 높여서 귀한 선물을 많이 주었고 그를 세워
바벨론 온 지방을 다스리게 했으며 또한 바벨론 모든 지혜자의 어른으로
삼았다(48절). 왕은 다니엘의 특출한 능력을 알아보아서, 앞으로 다니엘이
자신에게 자문하게 했으며, 또한 그를 바벨론의 정사에 참여시킴으로 바
벨론을 더욱 부강한 나라로 만들려고 했다. 그리고 왕은 "다니엘의 요구대
로" 다니엘의 친구들인 사드락과 메삭과 아벳느고를 세워 바벨론 지방의
일을 다스리게 하였다(49절). 여기서 "다니엘의 요구대로"라는 말은 다니
엘이 공적에 따른 혜택을 혼자서 차지하지 않고 친구들과 함께 나누었던
것을 반영한다.

다니엘에게는 좋은 친구가 있었다. 다니엘 1장에서 다니엘은 친구들과
함께 뜻을 정하여 왕의 음식을 먹지 않고 채소와 물을 먹으면서 지냈다.
그리고 2장에서 그는 왕의 꿈과 그 해석을 보이지 않으면 안 되는 상황에
서 친구들과 함께 의논하고 함께 기도했다. 이처럼 그는 어렵고 힘든 일을
만났을 때 그의 친구들을 찾아가서 상의하고 함께 기도함으로 극복했다.
그리하여 다니엘은 왕 앞에서 이 모든 것이 하나님의 은혜 덕분이라고 고
백했으며, 또한 왕이 그에게 상을 내릴 때 친구들의 공로를 말하므로 그들
도 같이 상을 받게 했다. 따라서 다니엘은 겸손했으며 의리가 있었다. 우
리는 이런 면을 높이 평가해야 하며 반드시 본받아야 한다.

그런데 우리는 느부갓네살 왕이 다니엘을 높은 자리에 앉게 한 것을 자

신의 나라를 빼앗기지 않겠다는 강력한 의지의 표현으로 이해해야 한다. 느부갓네살 왕은 자신이 꾼 꿈이 현실화되지 않게 하려는 노력의 일환으로 다니엘을 활용하려고 한다. 즉 다니엘을 통하여 자기 이후에 다른 나라가 결코 일어나지 못하게 하려고 한다. 그는 다니엘이 뭔가 해법을 가지고 있을 것이라고 믿고 있다. 하지만 하나님의 작정과 계획은 반드시 이루어진다. 이 땅에 사는 인간 느부갓네살이 아무리 지혜를 짜낸다 하더라도 하늘의 전능하신 하나님의 뜻을 꺾지 못한다. 비록 인간은 인간이 역사의 흥망을 주도하는 줄로 착각하지만, 역사의 주관자는 하나님이시다.

결국, 하나님은 느부갓네살의 꿈을 통하여 귀중한 메시지를 주셨다. 유다 백성이 언약 파기의 대가로 절망적인 상황을 맞이했고, 다시는 회복될 기미가 없는 것처럼 보였지만, 하나님은 메시아를 통하여 영원히 세워질 나라를 보여주심으로 그분의 언약 회복의 의지를 드러내셨다. 즉 하나님이 느부갓네살에게 꿈으로 보여주시고 다니엘을 통해 깨닫게 하신 것은 하나님의 언약 회복의 의지였다. 이것은 다니엘 자신은 물론이거니와 당대에 바벨론에서 포로로 지내던 유다 사람들에게 소망을 심어 주었다. 그리고 다니엘서를 읽는 모든 세대의 모든 사람에게 하나님의 원대한 메시아 국가 건설 계획과 그에 따른 언약 회복 의지를 보여주었다.

하나님은 때가 이르자 예수 그리스도를 이 땅에 보내서서 영원한 하나님의 나라를 세우셨다. 이렇게 세워진 하나님의 나라는 영원하며 절대로 무너지지 않을 것이다. 그리고 하나님은 우리를 택하서서 하나님 나라의 백성이 되게 하셨다. 이제 우리는 더 이상 바벨론의 포로, 죄와 사망의 포로, 사탄의 포로로 살지 않을 것이다. 우리는 승리와 평안을 보장받았다. 누구도 우리를 무너뜨릴 수 없다. 이에 관하여 성경은 다음과 같이 분명히 말한다. "여호와께서 시온의 포로를 돌려보내실 때에 우리는 꿈꾸는 것 같았도다"(시편 126:1). "주의 성령이 내게 임하셨으니 이는 가난한 자에게 복음을 전하게 하시려고 내게 기름을 부으시고 나를 보내사 포로 된 자에게 자유를, 눈 먼 자에게 다시 보게 함을 전파하며 눌린 자를 자유롭게 하고"(눅 4:18).

| 본문이 우리에게 주는 교훈 |

1 _ 다니엘은 바벨론 포로기에 크게 쓰임을 받은 멋진 사람이다. 그는 하나님 중심으로 살기로 뜻을 정했으며, 어렵고 힘든 상황에서 큰 용기를 발휘했고, 문제 앞에서 하나님의 능력을 철저히 의지했으며, 하나님의 도우심을 구하기 위해서 믿음의 친구들과 함께 기도했다. 아울러 그는 문제가 해결되는 과정에서 오로지 하나님께 영광을 돌렸고, 높은 지위에 오를 때에 자신을 도와준 친구들의 도움을 잊지 않고 그들을 천거하여 그들이 대우받게 했다. 더욱이 하나님은 이러한 다니엘을 사용하셔서 하나님과 이스라엘의 관계를 회복하신다. 다니엘은 참된 그리스도인의 전형이 되며, 하나님 앞에 크게 쓰임 받은 일꾼의 모델이 된다. 따라서 우리는 다니엘의 신앙과 인품과 자질을 본받아야 한다. "이 복음을 위하여 그의 능력이 역사하시는 대로 내게 주신 하나님의 은혜의 선물을 따라 내가 일꾼이 되었노라"(엡 3:7). "너는 진리의 말씀을 옳게 분별하며 부끄러울 것이 없는 일꾼으로 인정된 자로 자신을 하나님 앞에 드리기를 힘쓰라"(딤후 2:15).

2 _ 다니엘 2장은 세상 나라가 점차 약해질 것이라는 사실을 가르쳐준다. 세상 나라는 거대한 신상으로 비유되었으며, 금, 은, 놋, 쇠와 진흙 등으로 구성되어서 강력하고 값어치 있는 존재로 묘사되었다. 하지만 다니엘 2장은 세상 나라가 일시적이며 언젠가 다른 나라에 의해서 정복된다는

사실을 일깨워준다. 아무리 강대한 나라라 하더라도 한계와 약점을 가지고 있어서 영원히 존재하지는 않는다. 이러한 사실은 우리가 세상의 것들에 집착하거나 의존하지 말아야 한다는 점을 알게 해 준다. 세상에 있는 모든 것은 언젠가 물거품이 되어 버린다. "이는 세상에 있는 모든 것이 육신의 정욕과 안목의 정욕과 이생의 자랑이니 다 아버지께로부터 온 것이 아니요 세상으로부터 온 것이라"(요일 2:16). 그럼에도 불구하고 인생은 연약하며 세상의 것을 좋아하는 경향성을 가지고 있다. 따라서 우리는 매일 세상의 즐거움과 달콤함에 저항해야 하며, 하나님 나라의 특징인 의와 평강과 희락을 추구해야 한다(참고 _ 롬 14:17).

3 _ 다니엘이 하나님으로부터 꿈과 환상을 해석할 수 있는 재능을 받아서 적절한 때에 활용하는 것은 우리에게 시사하는 바가 크다. 하나님은 우리 각자에게 다양한 재능(은사)을 주셨다. 어떤 사람은 가르치는 재능을 받았고, 어떤 사람은 섬기는 재능을 받았고, 어떤 사람은 남을 즐겁게 해 주는 재능을 받았다. 우리는 이러한 재능을 바르게 사용할 수 있어야 한다. 재능을 썩히거나, 좋지 않은 용도로 사용하거나, 자기 과시용으로 삼는 것은 옳지 않다. 하나님이 주신 재능을 깨닫고 바르게 사용하도록 기도하고 노력하자. "각각 은사를 받은 대로 하나님의 여러 가지 은혜를 맡은 선한 청지기같이 서로 봉사하라 만일 누가 말하려면 하나님의 말씀을 하는 것같이 하고 누가 봉사하려면 하나님이 공급하시는 힘으로 하는 것같이 하라 이는 범사에 예수 그리스도로 말미암아 하나님이 영광을 받으시게 하려 함이니 그에게 영광과 권능이 세세에 무궁하도록 있느니라 아멘"(벧전 4:10-11).

4 _ 본문에서 우리가 가장 눈여겨보아야 할 점은 하나님이 영원한 나라를 세우신다는 사실이다. 하나님이 세우시는 나라는 사람이 세우는 나라

와 전혀 다르다. 그리고 하나님의 나라는 강력하고 영원하다. 이러한 하나님의 나라는 메시아를 통해서 세워질 것으로 예언되었는데, 이는 예수 그리스도의 오심으로 성취되었다. 예수님이 오셔서 가장 먼저 전파하신 말씀은 "회개하라 천국이 가까이 왔느니라"이다(참고 _ 마 4:17). 따라서 다니엘 2장은 예수 그리스도의 오심과 오심의 결과를 보여준다고 결론 내릴 수 있다. 이제 우리는 그리스도의 오심을 통해 이루어진 하나님 나라의 백성이 되었다. 우리는 다시 망하지 않을 것이다. 우리는 영원히 하나님의 백성으로 존재할 것이며, 그 나라의 혜택과 보호를 누릴 것이다. 아울러, 우리는 하나님의 나라가 더욱 확장되도록 더욱 부지런히 복음을 전파해야 한다. 그래서 더 많은 사람이 하나님 나라의 백성이 되도록 노력해야 한다.

다니엘 _ 3장

그렇게 하지 아니하실지라도

다니엘 1-2장은 다니엘에게 초점이 맞추어져 있다. 하지만 다니엘 3장은 다니엘의 세 친구인 사드락과 메삭과 아벳느고에게 초점이 맞추어져 있다. 느부갓네살 왕은 한 신상에 관한 꿈을 꾸었으며, 다니엘을 통하여 꿈의 의미를 알게 되자 다급해졌다. 이에 그는 자신의 나라가 얼마 가지 못해서 무너질 것이라는 사실 앞에서 자신의 세력을 공고히 구축하기 위한 특별한 조치를 강구해야 했다. 그래서 그는 거대한 신상을 만들어 제국의 모든 백성에게 경배하도록 명령을 내린다. 하지만 다니엘의 세 친구는 하나님만을 섬기는 사람으로서 그러한 명령에 순종할 수 없다고 의사를 밝힌다. 그리하여 그들은 생명을 잃을 위기에 직면한다. 느부갓네살의 위협에도 불구하고 그들은 분명하고 단호한 신앙고백을 유지하며, 이에 하나님은 사자를 보내서서 그들을 구원하신다. 다니엘의 세 친구의 신앙은 바벨론에서 포로기를 보내는 모든 유대인과 다니엘서를 읽는 모든 하나님의 백성이 따라야 할 모범이 된다.

| 성경본문 |

3:1 느부갓네살 왕이 금으로 신상을 만들었으니 높이는 육십 규빗이요 너비는 여섯 규빗이라 그것을 바벨론 지방의 두라 평지에 세웠더라

3:2 느부갓네살 왕이 사람을 보내어 총독과 수령과 행정관과 모사와 재무관과 재판관과 법률사와 각 지방 모든 관원을 느부갓네살 왕이 세운 신상의 낙성식에 참석하게 하매

3:3 이에 총독과 수령과 행정관과 모사와 재무관과 재판관과 법률사와 각 지방 모든 관원이 느부갓네살 왕이 세운 신상의 낙성식에 참석하여 느부갓네살 왕이 세운 신상 앞에 서니라

3:4 선포하는 자가 크게 외쳐 이르되 백성들과 나라들과 각 언어로 말하는 자들아 왕이 너희 무리에게 명하시나니

3:5 너희는 나팔과 피리와 수금과 삼현금과 양금과 생황과 및 모든 악기 소리를 들을 때에 엎드리어 느부갓네살 왕이 세운 금 신상에게 절하라

3:6 누구든지 엎드려 절하지 아니하는 자는 즉시 맹렬히 타는 풀무불에 던져 넣으리라 하였더라

3:7 모든 백성과 나라들과 각 언어를 말하는 자들이 나팔과 피리와 수금과 삼현금과 양금과 및 모든 악기 소리를 듣자 곧 느부갓네살 왕이 세운 금 신상에게 엎드려 절하니라

3:8 그 때에 어떤 갈대아 사람들이 나아와 유다 사람들을 참소하니라

3:9 그들이 느부갓네살 왕에게 이르되 왕이여 만수무강 하옵소서

3:10 왕이여 왕이 명령을 내리사 모든 사람이 나팔과 피리와 수금과 삼현금과 양금과 생황과 및 모든 악기 소리를 듣거든 엎드려 금 신상에게 절할 것이라

3:11 누구든지 엎드려 절하지 아니하는 자는 맹렬히 타는 풀무불 가운데에 던져 넣음을 당하리라 하지 아니하셨나이까

3:12 이제 몇 유다 사람 사드락과 메삭과 아벳느고는 왕이 세워 바벨론 지방을 다스리게 하신 자이거늘 왕이여 이 사람들이 왕을 높이지 아니하며 왕의 신들을 섬기지 아니하며 왕이 세우신 금 신상에게 절하지 아니하나이다

3:13 느부갓네살 왕이 노하고 분하여 사드락과 메삭과 아벳느고를 끌어오

라 말하매 드디어 그 사람들을 왕의 앞으로 끌어온지라

3:14 느부갓네살이 그들에게 물어 이르되 사드락, 메삭, 아벳느고야 너희가 내 신을 섬기지 아니하며 내가 세운 금 신상에게 절하지 아니한다 하니 사실이냐

3:15 이제라도 너희가 준비하였다가 나팔과 피리와 수금과 삼현금과 양금과 생황과 및 모든 악기 소리를 들을 때 내가 만든 신상 앞에 엎드려 절하면 좋거니와 너희가 만일 절하지 아니하면 즉시 너희를 맹렬히 타는 풀무불 가운데에 던져 넣을 것이니 능히 너희를 내 손에서 건져낼 신이 누구이겠느냐 하니

3:16 사드락과 메삭과 아벳느고가 왕에게 대답하여 이르되 느부갓네살이여 우리가 이 일에 대하여 왕에게 대답할 필요가 없나이다

3:17 왕이여 우리가 섬기는 하나님이 계시다면 우리를 맹렬히 타는 풀무불 가운데에서 능히 건져내시겠고 왕의 손에서도 건져내시리이다

3:18 그렇게 하지 아니하실지라도 왕이여 우리가 왕의 신들을 섬기지도 아니하고 왕이 세우신 금 신상에게 절하지도 아니할 줄을 아옵소서

3:19 느부갓네살이 분이 가득하여 사드락과 메삭과 아벳느고를 향하여 얼굴빛을 바꾸고 명령하여 이르되 그 풀무불을 뜨겁게 하기를 평소보다 칠 배나 뜨겁게 하라 하고

3:20 군대 중 용사 몇 사람에게 명령하여 사드락과 메삭과 아벳느고를 결박하여 극렬히 타는 풀무불 가운데에 던지라 하니라

3:21 그러자 그 사람들을 겉옷과 속옷과 모자와 다른 옷을 입은 채 결박하여 맹렬히 타는 풀무불 가운데에 던졌더라

3:22 왕의 명령이 엄하고 풀무불이 심히 뜨거우므로 불꽃이 사드락과 메삭과 아벳느고를 붙든 사람을 태워 죽였고

3:23 이 세 사람 사드락과 메삭과 아벳느고는 결박된 채 맹렬히 타는 풀무불 가운데에 떨어졌더라

3:24 그 때에 느부갓네살 왕이 놀라 급히 일어나서 모사들에게 물어 이르되 우리가 결박하여 불 가운데에 던진 자는 세 사람이 아니었느냐 하니 그들이 왕에게 대답하여 이르되 왕이여 옳소이다 하더라

3:25 왕이 또 말하여 이르되 내가 보니 결박되지 아니한 네 사람이 불 가운데로 다니는데 상하지도 아니하였고 그 넷째의 모양은 신들의 아들과 같도다 하고

3:26 느부갓네살이 맹렬히 타는 풀무불 아귀 가까이 가서 불러 이르되 지극히 높으신 하나님의 종 사드락, 메삭, 아벳느고야 나와서 이리로 오라 하매 사드락과 메삭과 아벳느고가 불 가운데에서 나온지라

3:27 총독과 지사와 행정관과 왕의 모사들이 모여 이 사람들을 본즉 불이 능히 그들의 몸을 해하지 못하였고 머리털도 그을리지 아니하였고 겉옷 빛도 변하지 아니하였고 불 탄 냄새도 없었더라

3:28 느부갓네살이 말하여 이르되 사드락과 메삭과 아벳느고의 하나님을 찬송할지로다 그가 그의 천사를 보내사 자기를 의뢰하고 그들의 몸을 바쳐 왕의 명령을 거역하고 그 하나님 밖에는 다른 신을 섬기지 아니하며 그에게 절하지 아니한 종들을 구원하셨도다

3:29 그러므로 내가 이제 조서를 내리노니 각 백성과 각 나라와 각 언어를 말하는 자가 모두 사드락과 메삭과 아벳느고의 하나님께 경솔히 말하거든 그 몸을 쪼개고 그 집을 거름터로 삼을지니 이는 이같이 사람을 구원할 다른 신이 없음이니라 하더라

3:30 왕이 드디어 사드락과 메삭과 아벳느고를 바벨론 지방에서 더욱 높이니라

| 본문해설 |

느부갓네살 왕이 금 신상을 만듦 (1-7절)

3:1 느부갓네살 왕이 금으로 신상을 만들었으니 높이는 육십 규빗이요 너비는 여섯 규빗이라 그것을 바벨론 지방의 두라 평지에 세웠더라

3:2 느부갓네살 왕이 사람을 보내어 총독과 수령과 행정관과 모사와 재무관과 재판관과 법률사와 각 지방 모든 관원을 느부갓네살 왕이 세운 신상의 낙성식에 참석하게 하매

3:3 이에 총독과 수령과 행정관과 모사와 재무관과 재판관과 법률사와 각 지방 모든 관원이 느부갓네살 왕이 세운 신상의 낙성식에 참석하여 느부갓네살 왕이 세운 신상 앞에 서니라

3:4 선포하는 자가 크게 외쳐 이르되 백성들과 나라들과 각 언어로 말하는
자들아 왕이 너희 무리에게 명하시나니
3:5 너희는 나팔과 피리와 수금과 삼현금과 양금과 생황과 및 모든 악기 소
리를 들을 때에 엎드리어 느부갓네살 왕이 세운 금 신상에게 절하라
3:6 누구든지 엎드려 절하지 아니하는 자는 즉시 맹렬히 타는 풀무불에 던
져 넣으리라 하였더라
3:7 모든 백성과 나라들과 각 언어를 말하는 자들이 나팔과 피리와 수금과
삼현금과 양금과 및 모든 악기 소리를 듣자 곧 느부갓네살 왕이 세운 금 신
상에게 엎드려 절하니라

느부갓네살 왕은 금으로 신상을 만들었다(1절). 그가 신상을 언제 만들
었는지는 확실하지 않다. 하지만 그가 신상을 만든 이유는 분명한데, 그것
은 2장에서 그가 꿈속에서 거대한 신상을 보았고, 그 신상이 처참하게 파
괴되는 것을 목격했으며, 그 모든 일의 의미를 다니엘을 통해서 들었다.
그렇기 때문에, 오히려 그는 자신이 신상을 만들어서 그가 꾼 꿈이 이루어
지지 않게 하려고 했다. 즉 그는 자신의 나라가 언젠가 다른 나라에 의해
서 패망 당할 것이라는 예언이 실현되지 않게 하려고 자신이 섬기는 신의
도움을 구하는 방식과 표지를 만들었다. 따라서 그가 신상을 만든 것은 2
장의 꿈과 연관이 있다.

실제로 고대에 왕들은 신상을 만들어서 자신을 칭송하게 하며 통치권을
영속하게 하려는 경우가 있었다. 그들은 신상을 만들면서 거기에 자신의
업적을 기록하여 사람들이 그를 숭배하고 그의 힘을 찬양하게 했다. 이것
은 사실상 자기 신격화 작업이다. 고고학자들은 느부갓네살 시대(주전 605-
562년)에 작성된 바벨론 문서를 발굴했는데, 그 문서에 이 신상에 대한 이야
기가 나온다. 그리고 그 신상에는 "왕으로서 나는 신상을 세웠다 ... 나의

이름을 존중하라 … 그의 왕조는 계속될 것이다"라는 문구가 적혀 있었다. 따라서 다니엘 3장은 역사적 신빙성을 가진다.

느부갓네살이 만든 신상은 금으로 만들어졌는데, 이는 도금을 의미하는 것 같다. 그는 자신의 꿈에 나타난 신상의 머리가 금으로 된 것을 기억하고서 신상을 도금했을 것이다(참고_ 2:32). 비록 그가 꿈에서 본 신상은 머리만 금이었고 나머지는 다른 재료로 구성되어 있었지만, 그는 거대한 신상 전체를 값비싼 금으로 도금하였다. 신상의 높이는 육십 규빗이고, 너비는 여섯 규빗이다. 이것을 현대 단위로 환산하면 높이가 27m이고, 너비가 2.7m이다. 따라서 당시에 이 신상은 대단히 거대한 건축물이었을 것이다. 이처럼 느부갓네살이 신상을 값비싸고 거대하게 만든 것은 백성들에게 경외심과 위압감을 심어주며, 절대적인 권력에 복종할 마음을 주입해 주기 위해서였다.

신상이 세워진 곳은 바벨론 지방의 두라 평지이다. 이러한 지명 언급은 창세기 11장의 바벨탑을 상기시킨다. 바벨탑은 온 세상을 하나의 국가로 만들어서 하나님을 대항하는 세력을 구축하려고 했던 인간의 사악한 욕심을 상징한다. 따라서 다니엘서의 저자는 느부갓네살 본인이 의식했든지 그렇지 않든지 간에 그의 시도가 하나님께서 보실 때 합당하지 않다는 사실을 독자들에게 전달하려는 것 같다. 필시 느부갓네살은 모든 민족을 통합하여 왕이 되려는 야욕을 가지고 이 신상을 세웠다. 그리고 앞에서 언급한 대로, 그는 신상을 세움으로 자기 이후에 다른 나라가 등장하는 것을 차단하려고 했다. 따라서 그가 신상을 세운 것은 하나님의 계시가 이루어지지 못하게 하려는 목적을 가지고 있었다.

느부갓네살 왕은 사람을 보내어 총독과 수령과 행정관과 모사와 재무관과 재판관과 법률사와 각 지방 모든 관원을 자신이 세운 신상의 낙성식에 참석하게 한다(2절). 이에 총독과 수령과 행정관과 모사와 재무관과 재판관과 법률사와 각 지방 모든 관원이 느부갓네살 왕이 세운 신상의 낙성식에 참석하여 느부갓네살 왕이 세운 신상 앞에 선다(3절). 왕은 절대적인 권력을 가지고 있고, 그가 세운 신상은 거대한 규모를 자랑한다. 이미 바벨론의 관료들은 왕에게 충성을 맹세한 상태였기에 이곳에 불려 나온 모든 이들은 다른 생각을 할 여유가 전혀 없다.

이제 왕의 준엄한 명령이 주어진다. "백성들과 나라들과 각 언어로 말하는 자들아 왕이 너희 무리에게 명하시나니 너희는 나팔과 피리와 수금과 삼현금과 양금과 생황과 및 모든 악기 소리를 들을 때에 엎드리어 느부갓네살 왕이 세운 금 신상에게 절하라"(4-5절). 모든 백성은 오케스트라의 악기 소리를 들을 때 신상 앞에 엎드려 절해야 한다. 이것은 예배 행위이다. 오케스트라의 합주에 맞추어서 신상 앞에서 절하는 것은 최고의 장엄함과 최고의 존엄함을 과시한다. 느부갓네살 왕은 뛰어난 지혜와 예민한 정치 감각을 가지고 있어서 모든 악기가 연주될 때 국민 전체가 일제히 신상 앞에 절하는 모습이 주는 마술적이고 주술적인 분위기를 예측하였다.

이어서 느부갓네살 왕은 다음과 같이 경고한다. "누구든지 엎드려 절하지 아니하는 자는 즉시 맹렬히 타는 풀무불에 던져 넣으리라"(6절). 아마도 느부갓네살 왕은 풀무불을 최대한 강력하게 점화시키고 불이 맹렬하게 타게 만들어서 불꽃이 밖으로 퍼져 나오는 모습을 그 자리에 있는 모든 백성들에게 보여주면서 이 말을 했을 것이다. 신상에게 절하지 않는 자는 즉시 맹렬히 타는 풀무불에 던져 넣겠다는 경고 앞에서 떨지 않을 자가 누구이겠는가? 이제 모든 백성과 나라들과 각 언어를 말하는 자들이 나팔과 피리와 수금과 삼현금과 양금과 및 모든 악기 소리를 듣자 느부갓네살 왕이 세운 금 신상에 엎드려 절한다(7절). 누구도 왕의 준엄한 명령을 거역할 수가 없다.

여기서 우리는 중요한 사실을 생각해 보아야 한다. 2장에서 느부갓네살이 꿈을 꾸었고 다니엘이 그 꿈을 선명하게 해몽해 주었기에 느부갓네살은 하나님이 자신에게 주시는 말씀을 들을 수 있었다. 하나님께서 느부갓네살에게 말씀을 주셨을 때 느부갓네살은 그것의 의미를 되새기고 그 의미에 따라 행동했어야 옳았다. 그러나 느부갓네살은 하나님의 뜻에 배치되는 행동을 한다. 하나님이 그에게 거대한 신상에 관한 환상을 보여주신 것은 앞으로 하나님의 절대주권에 의하여 세계정세가 형성될 것이라는 사실인데, 오히려 느부갓네살은 하나님의 뜻이 이루어지지 않게 하며 자신의 힘과 뜻을 확고히 구축하기 위하여 하나님이 보여주신 신상의 모양에 따라 자신이 신상을 세운 것이다. 이것은 느부갓네살이 얼마나 무모한 사람인지를 보여준다.

그런데 이러한 현상은 오늘날 우리에게도 빈번하게 드러난다. 하나님은 자신의 뜻을 성경을 통해 알려주셨다. 그리고 우리는 주기도문의 뜻에 따라 하나님의 뜻이 하늘에서 이루어진 것처럼 땅에서도 이루어지기를 기도해야 하며, 그 뜻의 성취를 위해 봉사하고 헌신해야 한다. 하지만 타락한 인간은 언제나 자신의 뜻과 의지를 앞세운다. 자신이 옳고 그른 것을 판단하며, 자신에게 유익이 되는 것이 무엇인지를 궁리한다. 더욱이 기록된 하나님의 말씀을 자신의 입맛에 맞게 고치는 경우가 얼마나 많으며, 자신에게 필요한 말씀만 받아들이고 그렇지 않은 말씀을 버리는 경우가 얼마나 많은지 모른다. 이에 우리는 느부갓네살의 행동이 함의하는 것이 무엇인지를 알아서 우리 자신이 그러한 어리석은 처신을 하지 않도록 주의

해야 한다.

세 사람이 고발을 당함 (8-12절)

> 3:8 그 때에 어떤 갈대아 사람들이 나아와 유다 사람들을 참소하니라
> 3:9 그들이 느부갓네살 왕에게 이르되 왕이여 만수무강 하옵소서
> 3:10 왕이여 왕이 명령을 내리사 모든 사람이 나팔과 피리와 수금과 삼현금
> 과 양금과 생황과 및 모든 악기 소리를 듣거든 엎드려 금 신상에게 절할 것
> 이라
> 3:11 누구든지 엎드려 절하지 아니하는 자는 맹렬히 타는 풀무불 가운데에
> 던져 넣음을 당하리라 하지 아니하셨나이까
> 3:12 이제 몇 유다 사람 사드락과 메삭과 아벳느고는 왕이 세워 바벨론 지방
> 을 다스리게 하신 자이거늘 왕이여 이 사람들이 왕을 높이지 아니하며 왕의
> 신들을 섬기지 아니하며 왕이 세우신 금 신상에게 절하지 아니하나이다

이때 어떤 "갈대아 사람들"이 나아와서 "유다 사람들"을 참소(고발)한다 (8절). 여기서 "갈대아 사람들"이란 일반적인 갈대아 사람을 말하는 것이 아니라 갈대아 사람들 중에서 왕의 책사로 있는 사람들을 가리킨다. 그리고 "유다 사람들" 역시 평범한 유다 사람들이 아니라 이어지는 구절에 나오듯이 유다 사람들 중에서 특별한 재능과 역량을 가지고 있는 사드락과 메삭과 아벳느고를 가리킨다. 갈대아 사람들이 유다 사람들을 참소하는 것은 질투심 때문이다. 그들은 왕의 총애를 받아서 높은 자리에 앉은 유다 사람들을 그냥 두고 볼 수 없었다.

그들의 참소는 배은망덕한 행동이다. 그들은 다니엘과 친구들 덕분에 자신들의 생명이 보존되었으면서 그들에게 감사하기는커녕 오히려 고발

한다. 이것은 그들에게 최소한의 도덕적 양심도 없다는 점을 보여준다. 바벨론의 고위관료들은 지혜와 학문을 갖추고 있을지 몰라도 기본적인 윤리와 도의는 갖추고 있지 않았다. 오히려 그들은 자신들의 지위가 흔들리고 왕의 사랑과 관심에서 멀어지는 것을 참지 못하고 앙심을 품다가 유다 소년들을 고발할 기회가 오자 지체 없이 왕에게 나아가서 고발한다. 따라서 바벨론 사람들에게는 기대할 것이 별로 없다.

갈대아 사람들은 느부갓네살 왕에게 나아와 "왕이여 만수무강 하옵소서"라고 말하면서 참소를 시작한다(9절). 신하가 왕 앞에 나아올 때 왕의 만수무강을 기원하는 것은 당시의 관례였다. 갈대아 사람들은 다음과 같이 고발한다. "왕이여 왕이 명령을 내리사 모든 사람이 나팔과 피리와 수금과 삼현금과 양금과 생황과 및 모든 악기 소리를 듣거든 엎드려 금 신상에게 절할 것이라 누구든지 엎드려 절하지 아니하는 자는 맹렬히 타는 풀무불 가운데에 던져 넣음을 당하리라 하지 아니하셨나이까 이제 몇 유다 사람 사드락과 메삭과 아벳느고는 왕이 세워 바벨론 지방을 다스리게 하신 자이거늘 왕이여 이 사람들이 왕을 높이지 아니하며 왕의 신들을 섬기지 아니하며 왕이 세우신 금 신상에게 절하지 아니하나이다"(10-12절).

갈대아 사람들의 고발은 그들의 처지에서 볼 때 시의적절했다. 그들은 느부갓네살 왕이 얼마나 심혈을 기울여서 신상을 세웠으며, 왕의 명령이 얼마나 준엄한지 잘 알고 있었다. 그리고 그들은 유다 사람들의 특성을 알고 있어서 그들이 유일신 하나님 외에는 절하지 않을 것이라고 예상했고, 그들의 행동을 유심히 관찰하면서 고발할 명목을 찾다가 예상한 대로 그들이 금 신상에 절하지 않자 고발했다. 한편, 여기서 갈대아 사람들이 "왕"과 "왕의 신들"과 "왕이 세운 금 신상"을 같은 선상에 놓는 것은 주목할 만

하다. 이것은 왕이 신상을 세운 것의 의미가 무엇인지 모두가 알고 있음을
시사한다.

 그런데 갈대아 사람들은 왜 다니엘을 제외하고 다니엘의 세 친구만 고
발했는지 궁금하다. 만일 금 신상에 절하라는 명령이 떨어진 자리에 다니
엘이 있었더라면 그도 틀림없이 신상에게 절하지 않았을 것이고, 따라서
갈대아 사람들에게 같이 고발당했을 것이다. 하지만 다니엘은 당시에 현
장에 없었던 것으로 보인다. 아마도 그는 다른 지역에 업무차 내려가 있었
을 것이다. 혹은 다니엘의 지위가 너무 높아서 갈대아 사람들이 그를 함부
로 고발하기 어려웠을 가능성도 있다. 어쨌든 다니엘은 본문에 나오지 않
는다. 그의 친구들에게 초점이 맞추어져 있다.

세 사람이 왕 앞에 끌려옴 (13-18절)

> 3:13 느부갓네살 왕이 노하고 분하여 사드락과 메삭과 아벳느고를 끌어오
> 라 말하매 드디어 그 사람들을 왕의 앞으로 끌어온지라
> 3:14 느부갓네살이 그들에게 물어 이르되 사드락, 메삭, 아벳느고야 너희가
> 내 신을 섬기지 아니하며 내가 세운 금 신상에게 절하지 아니한다 하니 사
> 실이냐
> 3:15 이제라도 너희가 준비하였다가 나팔과 피리와 수금과 삼현금과 양금
> 과 생황과 및 모든 악기 소리를 들을 때 내가 만든 신상 앞에 엎드려 절하면
> 좋거니와 너희가 만일 절하지 아니하면 즉시 너희를 맹렬히 타는 풀무불 가
> 운데에 던져 넣을 것이니 능히 너희를 내 손에서 건져낼 신이 누구이겠느냐
> 하니
> 3:16 사드락과 메삭과 아벳느고가 왕에게 대답하여 이르되 느부갓네살이여
> 우리가 이 일에 대하여 왕에게 대답할 필요가 없나이다
> 3:17 왕이여 우리가 섬기는 하나님이 계시다면 우리를 맹렬히 타는 풀무불

가운데에서 능히 건져내시겠고 왕의 손에서도 건져내시리이다
3:18 그렇게 하지 아니하실지라도 왕이여 우리가 왕의 신들을 섬기지도 아
니하고 왕이 세우신 금 신상에게 절하지도 아니할 줄을 아옵소서

느부갓네살 왕이 갈대아 사람들의 말을 듣고 노하고 분하여 사드락과 메삭과 아벳느고를 끌어오라고 명령하니 드디어 그 사람들을 왕의 앞으로 끌어온다(13절). 왕은 끌려온 그들에게 묻기를 "사드락, 메삭, 아벳느고야 너희가 내 신을 섬기지 아니하며 내가 세운 금 신상에게 절하지 아니한다 하니 사실이냐? 이제라도 너희가 준비하였다가 나팔과 피리와 수금과 삼현금과 양금과 생황과 및 모든 악기 소리를 들을 때 내가 만든 신상 앞에 엎드려 절하면 좋거니와 너희가 만일 절하지 아니하면 즉시 너희를 맹렬히 타는 풀무불 가운데에 던져 넣을 것이니 능히 너희를 내 손에서 건져낼 신이 누구이겠느냐?"라고 한다(14-15절).

느부갓네살의 말에 담긴 의도를 분석해 보자. 먼저, 느부갓네살은 사드락과 메삭과 아벳느고라는 바벨론식 이름을 부름으로써 이들이 유다 사람이라는 사실을 인정하지 않고 바벨론 사람 혹은 바벨론화된 사람으로 여긴다. 그는 더 이상 인종적이고 민족적인 정체성이나 구분을 생각하지 않고 제국의 모든 사람을 바벨론 제국의 국민으로 여긴다. 또한, 느부갓네살은 "내 신"과 "내가 세운 금 신상"이라는 표현을 사용함으로 자신의 신에 대한 관심과 초점을 유발한다. 그리고, 느부갓네살의 어투는 아직 부드러운데 이는 그가 세 사람에게 회복할 기회를 주는 것이다. 왕은 그들을 아꼈기에 그들을 바로 죽이지 않고 그들에게 한 번 더 기회를 준다.

여기서 왕이 "능히 너희를 내 손에서 건져낼 신이 누구이겠느냐?"라고 물은 것은 의미심장하다. 이 질문은 하나님을 거론하는 동기가 된다. 왕이

이렇게 물었기에 사드락과 메삭과 아벳느고는 "느부갓네살이여 우리가 이 일에 대하여 왕에게 대답할 필요가 없나이다 왕이여 우리가 섬기는 하나님이 계시다면 우리를 맹렬히 타는 풀무불 가운데에서 능히 건져내시겠고 왕의 손에서도 건져내시리이다 그렇게 하지 아니하실지라도 왕이여 우리가 왕의 신들을 섬기지도 아니하고 왕이 세우신 금 신상에게 절하지도 아니할 줄을 아옵소서"라고 대답한다(16-18절).

이것은 세 사람의 신앙고백이다. 특히 "우리가 이 일에 대하여 왕에게 대답할 필요가 없나이다"라는 말은 그들의 단호함과 결연함을 보여준다. 그들은 하나님이 자신들의 생사를 주관하신다는 사실을 굳게 믿었다. 그리고 왕이 자신들의 신앙을 이해하지 못할 것으로 생각했다. 그들은 하나님이 자신들을 살려주실 수도 있고 그렇지 않으실 수도 있다고 보았다. 하지만 그들은 자신들의 길을 걸어가고자 했다. 그들은 하나님의 역사와 섭리에 순종하고자 했다. 이것은 느부갓네살이 신상을 세우면서 생각하고 바라던 것과 전혀 다른 것이다. 느부갓네살은 자신을 구원자로 여겼으나, 세 사람은 하나님을 구원자라고 생각했다.

더욱이, 지금 그들이 당하는 시험은 제1계명("너는 나 외에는 다른 신들을 네게 두지 말라", 출 20:3)에 관한 것이다. 제1계명은 신자에게 있어서 가장 중요하며 근본이 된다. 따라서 그들은 도저히 양보하거나 타협할 수 없는 상황에 직면해 있다. 이미 유다 사람들은 자신들이 바벨론에 포로로 잡혀 온 이유가 하나님을 섬기지 않고 하나님의 말씀에 불순종했기 때문이라는 사실을 알고 있었다. 그들은 우상을 숭배한 일과 그에 동반된 윤리적 타락을 범한 일로 이런 험난한 시기를 보낸다고 생각했다. 그런 마당에 그들이 다시 우상을 섬기는 것은 있을 수 없는 일이었다. 따라서 그들은 생명을 잃을 위기 앞에서 단호하고 분명하게 견해를 밝힌다.

세 사람이 풀무불에 던져짐 (19-23절)

> 3:19 느부갓네살이 분이 가득하여 사드락과 메삭과 아벳느고를 향하여 얼굴빛을 바꾸고 명령하여 이르되 그 풀무불을 뜨겁게 하기를 평소보다 칠 배나 뜨겁게 하라 하고
> 3:20 군대 중 용사 몇 사람에게 명령하여 사드락과 메삭과 아벳느고를 결박하여 극렬히 타는 풀무불 가운데에 던지라 하니라
> 3:21 그러자 그 사람들을 겉옷과 속옷과 모자와 다른 옷을 입은 채 결박하여 맹렬히 타는 풀무불 가운데에 던졌더라
> 3:22 왕의 명령이 엄하고 풀무불이 심히 뜨거우므로 불꽃이 사드락과 메삭과 아벳느고를 붙든 사람을 태워 죽였고
> 3:23 이 세 사람 사드락과 메삭과 아벳느고는 결박된 채 맹렬히 타는 풀무불 가운데에 떨어졌더라

이에 느부갓네살 왕은 분이 가득하여 사드락과 메삭과 아벳느고를 향하여 얼굴빛을 바꾸고 명령하기를 "그 풀무불을 뜨겁게 하기를 평소보다 칠 배나 뜨겁게 하라"고 하고 군대 중 용사 몇 사람에게 명령하여 "사드락과 메삭과 아벳느고를 결박하여 극렬히 타는 풀무불 가운데에 던지라"고 한다(19-20절). 여기서 '칠 배'란 1:20의 '열 배'와 같은 맥락에서 이해할 수 있는데, 최대한 뜨겁게 하라는 뜻이다. 곧 왕은 연료를 더 넣고 공기통을 열어서 화력을 극대화하라고 명령한 것이다. 특히 왕은 건장한 군인을 동원하고 세 사람을 결박한 채 극렬히 타는 풀무불에 던지게 하는데, 이는 신이 개입할 여지를 원천적으로 없애려는 의도를 가진다.

왕이 분노한 채 명령을 내리자 군인들은 사드락과 메삭과 아벳느고를 겉옷과 속옷과 모자와 다른 옷을 입은 채 결박하여 맹렬히 타는 풀무불 가운데에 던진다(21절). 그런데 왕의 명령이 엄하고 풀무불이 심히 뜨거웠기에 불꽃이 사드락과 메삭과 아벳느고를 붙든 사람들을 태워 죽였다(22절). 그리고 사드락과 메삭과 아벳느고는 결박된 채 맹렬히 타는 풀무불 가운데에 떨어졌다(23절). 이러한 묘사는 풀무불이 대단히 뜨거웠다는 사실을 드러내면서, 동시에 세 사람에게 어떠한 탈출의 기회도 주지 않으며, 특히 신의 개입과 구원 여지를 완전히 차단한다.

풀무불이 타는 용광로는 경사로로 되어 있었고, 용광로 꼭대기에서 밑으로 던지면 바로 떨어지게 되어 있었다. 따라서 풀무불은 상당한 공포감을 주었다. 그러나 세 사람은 하나님 외에 다른 신을 섬길 수 없다고 주장했으며, 이에 대한 어떠한 타협이나 변명의 여지도 남기지 않은 채 풀무불에 뛰어들었다. 그들이 풀무불에 뛰어들 때 풀무불이 갑자기 꺼졌다거나 화력이 사그라졌다는 언급이 없다. 풀무불은 여전히 맹렬하게 타고 있었다. 하지만 그들은 두려워하지 않았다. 그들은 목숨을 걸고 하나님에 대한 신앙을 확고하고 명확하게 수호하려고 했다.

다니엘의 친구들은 아직 어린 나이였음에 틀림없다. 그들은 10대 중반에 바벨론에 포로로 잡혀 왔으며, 3장의 연대기가 분명하지 않아서 지금 그들의 나이가 몇 살인지 확정하기가 어렵지만, 그렇게 장성하지는 않았을 것이다. 그러나 그들은 활활 타오르는 뜨거운 풀무불 앞에서 조금도 무서워하지 않고 신앙의 절개를 지킨다. 본문은 그들에게 어떠한 감정적 동요나 흔들림이 있었다고도 말하지 않는다. 이러한 모습은 신앙의 성숙이 나이와 비례하는 것이 아님을 보여준다. 우리는 어린아이라고 해서 신앙이 연약하고 나이가 들었다고 해서 신앙이 견고할 것이라고 섣불리 생각하지 말아야 한다. 오히려 어린아이의 믿음이 순수하며, 행동이 의젓하고 의연할 수 있다는 사실을 알아야 한다. "예수께서 이르시되 어린아이들을 용납하고 내게 오는 것을 금하지 말라 천국이 이런 사람의 것이니라 하시고"(마 19:14).

세 사람이 구원을 받음 (24-27절)

> 3:24 그 때에 느부갓네살 왕이 놀라 급히 일어나서 모사들에게 물어 이르되 우리가 결박하여 불 가운데에 던진 자는 세 사람이 아니었느냐 하니 그들이 왕에게 대답하여 이르되 왕이여 옳소이다 하더라
>
> 3:25 왕이 또 말하여 이르되 내가 보니 결박되지 아니한 네 사람이 불 가운데로 다니는데 상하지도 아니하였고 그 넷째의 모양은 신들의 아들과 같도다 하고
>
> 3:26 느부갓네살이 맹렬히 타는 풀무불 아귀 가까이 가서 불러 이르되 지극히 높으신 하나님의 종 사드락, 메삭, 아벳느고야 나와서 이리로 오라 하매 사드락과 메삭과 아벳느고가 불 가운데에서 나온지라
>
> 3:27 총독과 지사와 행정관과 왕의 모사들이 모여 이 사람들을 본즉 불이 능히 그들의 몸을 해하지 못하였고 머리털도 그을리지 아니하였고 겉옷 빛도 변하지 아니하였고 불 탄 냄새도 없었더라

느부갓네살 왕은 세 사람이 풀무불에 떨어지는 모습을 관찰한다. 아마도 왕은 용광로를 바닥이나 앞면에서 볼 수 있었을 것이다. 왕이 그들의 모습을 지켜보는 것은 그들에 대한 애정을 여전히 가지고 있었다는 증거일 수 있고, 그렇지 않으면 그곳에 함께 있는 관료들에게 왕의 명령을 거역하는 자가 당하는 혹독한 징벌을 보여주려는 의도에 따른 것일 수도 있다. 혹은 하나님이 나타나셔서 세 사람을 구원해 줄지도 모른다고 생각하여

하나님의 개입을 직접 목격하고 싶어서 자리를 지켰을 수도 있다. 아마도 그가 이 모든 생각을 동시에 하고 있었는지도 모르겠다. 하여튼 왕은 어떤 생각을 하고 있든지 간에 이 사안을 중대하게 여기고 있다.

느부갓네살 왕은 용광로 안을 쳐다보다가 그곳 안에서 벌어진 놀라운 광경을 목격한다. 왕은 놀라 급히 일어나서 모사들에게 묻기를 "우리가 결박하여 불 가운데에 던진 자는 세 사람이 아니었느냐?"라고 하고, 이에 모사들은 왕에게 대답하기를 "왕이여 옳소이다"라고 한다(24절). 그러자 왕은 또 말하기를 "내가 보니 결박되지 아니한 네 사람이 불 가운데로 다니는데 상하지도 아니하였고 그 넷째의 모양은 신들의 아들과 같도다"라고 한다(25절). 아마도 이것은 느부갓네살이 지금까지 살면서 목격했던 수많은 광경 가운데 가장 놀라운 일이었을 것이다.

분명히 용광로에 세 사람이 떨어졌는데, 용광로 안에는 네 사람이 있었으며, 그들을 결박한 것이 불로 인하여 타버리는 바람에 그들이 결박되지 않은 채 불 가운데로 다니면서도 전혀 상하지 않았고, 게다가 넷째의 모양이 "신들의 아들"처럼 생긴 것을 보고 왕은 놀랐다. 여기서 네 번째 사람이 신들의 아들처럼 생겼다는 것은 그의 생김새가 보통 사람과 확연하게 달랐다는 것을 의미한다. 이 사람의 모양에 대해서 본문은 자세히 서술하지 않지만, 누가 보아도 그는 천상의 존재인 것으로 간주되었다. 어떤 이들은 이 사람을 천사라고 생각하고, 어떤 이들은 이 사람을 성육신하기 전의 예수님이라고 주장하는데, 그의 정체를 정확하게 규정하기란 쉽지가 않다. 하지만 분명한 것은 그가 하나님이 보내신 구원자라는 사실이다.

이에 느부갓네살은 맹렬히 타는 풀무불 아귀 가까이 가서 "지극히 높으신 하나님의 종 사드락, 메삭, 아벳느고야 나와서 이리로 오라"고 말하고,

왕의 말을 들은 사드락과 메삭과 아벳느고는 불 가운데에서 나온다(26절).
여기서 느부갓네살이 "지극히 높으신 하나님의 종"이라는 표현을 사용한
것은 그가 하나님을 믿었다는 뜻이 아니다. 비록 그는 하나님을 믿지 않았
지만 하나님을 여러 신들 중에서 상당히 힘이 강한 신으로 생각하여 이렇
게 말한 것이다. 하여튼 이렇게 하여 갈대아 사람들이 유다 사람들을 참소
하고 유다 사람들이 용광로에 떨어진 것은 살아계신 하나님이 유다 사람
들을 구원하시는 분이라는 사실을 보여주는 기회가 되었다.

세 사람이 용광로에서 나오자 총독과 지사와 행정관과 왕의 모사들이
모여서 이 사람들을 보니 불이 능히 그들의 몸을 해하지 못했고 머리털도
그을리지 않았으며 겉옷 빛도 변하지 않았고 불탄 냄새도 없었다(27절). 따
라서 그들은 맹렬히 타는 불 가운데 떨어졌지만 어떠한 피해도 입지 않았
다. 그들은 하나님의 세밀한 역사와 돌보심을 경험했다. 이에 관하여 우리
는 다음의 말씀을 기억해야 한다. "사람을 두려워하면 올무에 걸리게 되거
니와 여호와를 의지하는 자는 안전하리라"(잠언 29:25). "너희 머리털 하나
도 상하지 아니하리라"(눅 21:18). 그들이 하나님의 보호를 받은 것은 하나
님께서 그들을 사랑하셨기 때문이며, 더욱이 그들을 통하여 자신의 존재
와 영광을 드러내시기 위함이다. 실로 하나님은 그분의 백성들을 통하여
자신을 세상에 드러내신다. 그러므로 우리는 하나님 앞에서 더욱 책임 있
는 삶을 살아야 한다.

느부갓네살이 하나님을 찬송하고 세 사람을 높임 (28-30절)

> 3:28 느부갓네살이 말하여 이르되 사드락과 메삭과 아벳느고의 하나님을
> 찬송할지로다 그가 그의 천사를 보내사 자기를 의뢰하고 그들의 몸을 바쳐

왕의 명령을 거역하고 그 하나님 밖에는 다른 신을 섬기지 아니하며 그에게
절하지 아니한 종들을 구원하셨도다
3:29 그러므로 내가 이제 조서를 내리노니 각 백성과 각 나라와 각 언어를
말하는 자가 모두 사드락과 메삭과 아벳느고의 하나님께 경솔히 말하거든
그 몸을 쪼개고 그 집을 거름터로 삼을지니 이는 이같이 사람을 구원할 다
른 신이 없음이니라 하더라
3:30 왕이 드디어 사드락과 메삭과 아벳느고를 바벨론 지방에서 더욱 높이
니라

세 사람이 맹렬히 불타는 풀무불에서 살아온 모습을 본 느부갓네살은
그들의 하나님을 찬송한다. "사드락과 메삭과 아벳느고의 하나님을 찬송
할지로다 그가 그의 천사를 보내사 자기를 의뢰하고 그들의 몸을 바쳐 왕
의 명령을 거역하고 그 하나님 밖에는 다른 신을 섬기지 아니하며 그에게
절하지 아니한 종들을 구원하셨도다"(28절). 이것은 이방의 왕이 하나님을
인정하는 장면이다. 그리고 이것은 하나님을 믿는다 하면서도 하나님의
놀라운 능력을 믿지 않는 자들을 부끄럽게 한다. 더욱이 이것은 느부갓네
살이 제1계명을 인지하고 있다는 점을 시사한다.

이에 느부갓네살 왕은 다음과 같이 조서를 내린다. "각 백성과 각 나라
와 각 언어를 말하는 자가 모두 사드락과 메삭과 아벳느고의 하나님께 경
솔히 말하거든 그 몸을 쪼개고 그 집을 거름터로 삼을지니 이는 이같이 사
람을 구원할 다른 신이 없음이니라"(29절). 그리고 왕은 사드락과 메삭과
아벳느고를 바벨론 지방에서 더욱 높여준다(30절). 왕의 명령은 바벨론 제
국에 거주하는 모든 사람이 하나님을 인정하고 하나님의 이름을 망령되게
부르지 말라는 뜻이며, 만약 누구든지 왕의 명령을 거역하는 자는 가문의
멸절을 맞이할 것이라는 뜻이다(참고 _ 2:5).

이처럼 느부갓네살 왕이 하나님의 구원 사건을 목격한 후에 경고한 것, 즉 바벨론 제국에서 누구든지 하나님께 경솔히 말하는 자는 징계를 받아서 멸절할 것이라고 한 것은 바벨론에서 누구도 하나님을 무시할 수 없게 만들었다. 특히 "이같이 구원할 다른 신이 없음이니라"는 왕의 발언은 바벨론에서 하나님을 믿는 종교가 공식적으로 인정받았음을 의미한다. 사드락과 메삭과 아벳느고는 여호와를 의지하는 가운데 용기 있게 행동함으로 그들 자신이 바벨론에서 높임을 받게 되었을 뿐만 아니라, 그들이 믿고 섬기는 하나님이 영광을 받으시게 되었다.

그런데 우리는 바벨론에 거주하는 유대인들이 하나님을 자유롭게 믿을 수 있게 되는 놀라운 결과를 가져온 것이 세 사람의 신앙과 용기 때문이지만, 결국 하나님의 구원하시는 행동에 근거한 것이라는 점을 놓치지 말아야 한다. 하나님은 세 사람을 사용하셔서 자신의 구원 의지와 행동을 보여 주셨다. 하나님이 그들을 건져 주시지 않았더라면 결국 그들은 모두 죽었을 것이고, 느부갓네살은 하나님에 대한 감동을 전혀 가지지 않았을 것이다. 이처럼 하나님은 인간이 깨뜨린 언약을 스스로 회복시키시는 의지를 보이신다. 따라서 이 일은 언약의 특성을 가진다.

한편, 구약성경 히브리어 맛소라 본문에는 다니엘 3장이 30절까지로 되어 있지만, 구약성경의 헬라어 번역본인 70인역(LXX)에는 다니엘 3장 23절과 24절 사이에 상당히 긴 분량의 내용이 삽입되어 있다. 여기에는 소위 '아사랴의 기도'(24-45절), '하나님의 구원'(46-50절), 그리고 '세 사람의 찬양'(51-90절)이라고 불리는 부분이 들어 있다. 이 부분이 원래 히브리어 본문에 있었는지 그렇지 않은지는 차치하고, 분명히 이 부분에 서술된 시와 내러티브는 풀무불 사건이 주는 감동과 의미를 풍성하게 드러낸다. 한글성경 공동번역은 이 부분을 포함하고 있어서 이 부분을 읽고 싶은 이들에게 도움을 준다.

| 본문이 우리에게 주는 교훈 |

1 _ 신자에게는 신앙의 절개를 시험(테스트)받는 순간이 종종 있다. 이것은 사람에 따라서 다르게 나타난다. 우리가 받는 시험은 내용과 종류와 정도와 기간에 있어서 차이를 가지고 있다. 하나님은 그 사람 개인에게 맞추어서 독특한 시험을 주신다. 하나님이 우리를 시험하시는 이유는 무엇인가? 그것은 우리가 제1계명("너는 나 외에는 다른 신들을 네게 두지 말라", 출 20:3)을 지키느냐 지키지 않느냐를 우리 스스로 점검하고 다짐하게 하시려는 것이다. 하나님은 전지하셔서 우리가 신앙의 지조를 가졌는지 그렇지 않은지를 정확하게 아신다. 하지만 우리는 자신의 영적인 상태를 알지 못한다. 그래서 시험은 자신을 돌아보게 만든다. 우리는 시험 받을 때 하나님이 유일하신 참 하나님인 것을 믿고 시인해야 한다. 제1계명은 신앙의 근본이며 원천이다. 시험받을 때 언제나 신앙의 절개를 지키자. 하나님을 끝까지 신뢰하자.

2 _ 우리는 어려움에 직면했을 때 하나님이 구원하시고 보호하시며 인도하신다는 사실을 명심해야 한다. 다니엘 2장은 하나님이 하늘에서 은밀한 일을 알게 하시는 것을 보여주지만, 다니엘 3장은 하나님이 이 땅의 일에 개입하신다는 점을 알게 해 준다. 하나님은 우리의 어려움에 무관심하지 않으신다. 이사야 43:2에는 "네가 불 가운데로 지날 때에 타지도 아니할 것이요 불꽃이 너를 사르지도 못하리니"라는 말씀이 있다. 하나님은 우리를 반드시 지켜 주신다. "여호와께서 그를 황무지에서, 짐승이 부르짖는 광야에서 만나시고 호위하시며 보호하시며 자기의 눈동자 같이

지키셨도다"(신 32:10). "너희는 말세에 나타내기로 예비하신 구원을 얻기
위하여 믿음으로 말미암아 하나님의 능력으로 보호하심을 받았느니라"
(벧전 1:5).

3 _ 우리가 어려움을 당할 때 하나님의 구원과 보호를 믿어야 하지만,
눈앞에 닥쳐진 현실 앞에서 하나님이 아무런 조처를 하지 않으시는 것처
럼 보일 때가 있다. 실제로 우리가 이 땅에서 하나님의 보상을 받지 못할
수가 있다. 하지만 그렇더라도 우리의 충성심은 한결같아야 한다. 우리
는 다니엘의 친구들처럼 "그렇게 하지 아니하실지라도"라며 하나님을
신뢰해야 한다. 하나님의 보상은 비록 이 땅에서 주어지지 않을지라도,
하늘에서 반드시 주어진다. 하나님은 결코 우리를 버리지 않으신다. 하
나님은 반드시 우리를 구원하시며 우리에게 기쁨을 주신다. "여호와께
서 이같이 이르시되 은혜의 때에 내가 네게 응답하였고 구원의 날에 내
가 너를 도왔도다 내가 장차 너를 보호하여 너를 백성의 언약으로 삼으
며 나라를 일으켜 그들에게 그 황무하였던 땅을 기업으로 상속하게 하리
라"(사 49:8).

4 _ 우리가 시험에서 승리하면 그것은 우리 개인의 승리와 성공으로 끝
나는 것이 아니다. 우리가 승리할 때 우리가 믿는 하나님의 이름이 거룩히
여김을 받으시며, 하나님의 영광이 드러나고, 하나님이 찬송을 받으시게
된다. 그리하여 우리는 하나님의 나라 확장에 기여하게 된다. 그러므로 우
리는 하나님 앞에서 언제나 책임 있는 존재로 살아야 한다. 우리에게 시험
이 다가올 때 좌절하거나 실망하지 말고 끝까지 승리하여 하나님의 영광
을 드러내야 한다. 필시 우리는 본문에 등장하는 세 사람처럼 하나님의 일
에 쓰임 받기를 기도해야 한다. 그들이 보여준 확고한 믿음과 강렬한 용기
는 하나님과 유대인들의 관계 유지에 밑거름이 되었다. 하나님은 언제나

신실한 사람을 사용하셔서 그분의 일을 진행하기를 기뻐하신다. 그래서 하나님은 항상 사람을 찾으신다. 이에 하나님은 우리 자신이 그런 일을 위해 준비되고 사용되기를 바라신다.

다니엘 _ 4장

나라의 왕위가 네게서 떠났느니라

느부갓네살 왕은 전쟁에 출중했을 뿐만 아니라, 통치에도 능해서 나라를 부강하게 만들었다. 그리하여 그는 자신의 우월성과 탁월성에 도취해 있었다. 이에 하나님은 다니엘 2장에서 느부갓네살이 꿈을 꾸게 하셔서 그의 겸손을 촉구하신 적이 있는데, 다니엘 4장에서 다시 그가 꿈을 꾸게 하심으로 그에게 메시지를 주신다. 느부갓네살은 꿈을 꾼 후에 마음이 번민하였다. 이에 그는 꿈 해석에 능한 다니엘을 다시 불러서 자신의 꿈을 해석하게 한다. 느부갓네살이 꾼 꿈은 그가 철저히 낮아지고 비참한 처지에 이르리라는 것인데, 이후에 그의 꿈은 현실화 되어서 실제로 그는 상당한 기간을 들판에서 야생동물처럼 지낸다. 이러한 일을 통하여 하나님은 느부갓네살을 낮추시며 진정한 세상의 왕이 누구인지를 밝히 드러내신다. 느부갓네살은 이 모든 경험을 하고 난 후에 하나님을 찬송한다.

| 성경본문 |

4:1 느부갓네살 왕은 천하에 거주하는 모든 백성들과 나라들과 각 언어를 말하는 자들에게 조서를 내리노라 원하노니 너희에게 큰 평강이 있을지어다

4:2 지극히 높으신 하나님이 내게 행하신 이적과 놀라운 일을 내가 알게 하기를 즐겨 하노라

4:3 참으로 크도다 그의 이적이여, 참으로 능하도다 그의 놀라운 일이여, 그의 나라는 영원한 나라요 그의 통치는 대대에 이르리로다

4:4 나 느부갓네살이 내 집에 편히 있으며 내 궁에서 평강할 때에

4:5 한 꿈을 꾸고 그로 말미암아 두려워하였으니 곧 내 침상에서 생각하는 것과 머리 속으로 받은 환상으로 말미암아 번민하였었노라

4:6 이러므로 내가 명령을 내려 바벨론의 모든 지혜자들을 내 앞으로 불러다가 그 꿈의 해석을 내게 알게 하라 하였더라

4:7 그 때에 박수와 술객과 갈대아 술사와 점쟁이가 들어왔으므로 내가 그 꿈을 그들에게 말하였으나 그들이 그 해석을 내게 알려 주지 못하였느니라

4:8 그 후에 다니엘이 내 앞에 들어왔으니 그는 내 신의 이름을 따라 벨드사살이라 이름한 자요 그의 안에는 거룩한 신들의 영이 있는 자라 내가 그에게 꿈을 말하여 이르되

4:9 박수장 벨드사살아 네 안에는 거룩한 신들의 영이 있은즉 어떤 은밀한 것이라도 네게는 어려울 것이 없는 줄을 내가 아노니 내 꿈에 본 환상의 해석을 내게 말하라

4:10 내가 침상에서 나의 머리 속으로 받은 환상이 이러하니라 내가 본즉 땅의 중앙에 한 나무가 있는 것을 보았는데 높이가 높더니

4:11 그 나무가 자라서 견고하여지고 그 높이는 하늘에 닿았으니 그 모양이 땅 끝에서도 보이겠고

4:12 그 잎사귀는 아름답고 그 열매는 많아서 만민의 먹을 것이 될 만하고 들짐승이 그 그늘에 있으며 공중에 나는 새는 그 가지에 깃들이고 육체를 가진 모든 것이 거기에서 먹을 것을 얻더라

4:13 내가 침상에서 머리 속으로 받은 환상 가운데에 또 본즉 한 순찰자, 한 거룩한 자가 하늘에서 내려왔는데

4:14 그가 소리 질러 이처럼 이르기를 그 나무를 베고 그 가지를 자르고 그 잎사귀를 떨고 그 열매를 헤치고 짐승들을 그 아래에서 떠나게 하고 새들을 그 가지에서 쫓아내라

4:15 그러나 그 뿌리의 그루터기를 땅에 남겨 두고 쇠와 놋줄로 동이고 그것을 들 풀 가운데에 두어라 그것이 하늘 이슬에 젖고 땅의 풀 가운데에서 짐승과 더불어 제 몫을 얻으리라

4:16 또 그 마음은 변하여 사람의 마음 같지 아니하고 짐승의 마음을 받아 일곱 때를 지내리라

4:17 이는 순찰자들의 명령대로요 거룩한 자들의 말대로이니 지극히 높으신 이가 사람의 나라를 다스리시며 자기의 뜻대로 그것을 누구에게든지 주시며 또 지극히 천한 자를 그 위에 세우시는 줄을 사람들이 알게 하려 함이라 하였느니라

4:18 나 느부갓네살 왕이 이 꿈을 꾸었나니 너 벨드사살아 그 해석을 밝히 말하라 내 나라 모든 지혜자가 능히 내게 그 해석을 알게 하지 못하였으나 오직 너는 능히 하리니 이는 거룩한 신들의 영이 네 안에 있음이라

4:19 벨드사살이라 이름한 다니엘이 한동안 놀라며 마음으로 번민하는지라 왕이 그에게 말하여 이르기를 벨드사살아 너는 이 꿈과 그 해석으로 말미암아 번민할 것이 아니니라 벨드사살이 대답하여 이르되 내 주여 그 꿈은 왕을 미워하는 자에게 응하며 그 해석은 왕의 대적에게 응하기를 원하나이다

4:20 왕께서 보신 그 나무가 자라서 견고하여지고 그 높이는 하늘에 닿았으니 땅 끝에서도 보이겠고

4:21 그 잎사귀는 아름답고 그 열매는 많아서 만민의 먹을 것이 될 만하고 들짐승은 그 아래에 살며 공중에 나는 새는 그 가지에 깃들었나이다

4:22 왕이여 이 나무는 곧 왕이시라 이는 왕이 자라서 견고하여지고 창대하사 하늘에 닿으시며 권세는 땅 끝까지 미치심이니이다

4:23 왕이 보신즉 한 순찰자, 한 거룩한 자가 하늘에서 내려와서 이르기를 그 나무를 베어 없애라 그러나 그 뿌리의 그루터기는 땅에 남겨 두고 쇠와 놋줄로 동이고 그것을 들 풀 가운데에 두라 그것이 하늘 이슬에 젖고 또 들짐승들과 더불어 제 몫을 얻으며 일곱 때를 지내리라 하였나이다

4:24 왕이여 그 해석은 이러하나이다 곧 지극히 높으신 이가 명령하신 것이 내 주 왕에게 미칠 것이라

4:25 왕이 사람에게서 쫓겨나서 들짐승과 함께 살며 소처럼 풀을 먹으며 하늘 이슬에 젖을 것이요 이와 같이 일곱 때를 지낼 것이라 그 때에 지극히 높으신 이가 사람의 나라를 다스리시며 자기의 뜻대로 그것을 누구에게든지 주시는 줄을 아시리이다

4:26 또 그들이 그 나무뿌리의 그루터기를 남겨 두라 하였은즉 하나님이 다스리시는 줄을 왕이 깨달은 후에야 왕의 나라가 견고하리이다

4:27 그런즉 왕이여 내가 아뢰는 것을 받으시고 공의를 행함으로 죄를 사하고 가난한 자를 긍휼히 여김으로 죄악을 사하소서 그리하시면 왕의 평안함이 혹시 장구하리이다 하니라

4:28 이 모든 일이 다 나 느부갓네살 왕에게 임하였느니라

4:29 열두 달이 지난 후에 내가 바벨론 왕궁 지붕에서 거닐새

4:30 나 왕이 말하여 이르되 이 큰 바벨론은 내가 능력과 권세로 건설하여 나의 도성으로 삼고 이것으로 내 위엄의 영광을 나타낸 것이 아니냐 하였더니

4:31 이 말이 아직도 나 왕의 입에 있을 때에 하늘에서 소리가 내려 이르되 느부갓네살 왕아 네게 말하노니 나라의 왕위가 네게서 떠났느니라

4:32 네가 사람에게서 쫓겨나서 들짐승과 함께 살면서 소처럼 풀을 먹을 것이요 이와 같이 일곱 때를 지내서 지극히 높으신 이가 사람의 나라를 다스리시며 자기의 뜻대로 그것을 누구에게든지 주시는 줄을 알기까지 이르리라 하더라

4:33 바로 그 때에 이 일이 나 느부갓네살에게 응하므로 내가 사람에게 쫓겨나서 소처럼 풀을 먹으며 몸이 하늘 이슬에 젖고 머리털이 독수리 털과 같이 자랐고 손톱은 새 발톱과 같이 되었더라

4:34 그 기한이 차매 나 느부갓네살이 하늘을 우러러 보았더니 내 총명이 다시 내게로 돌아온지라 이에 내가 지극히 높으신 이에게 감사하며 영생하시는 이를 찬양하고 경배하였나니 그 권세는 영원한 권세요 그 나라는 대대에 이르리로다

4:35 땅의 모든 사람들을 없는 것 같이 여기시며 하늘의 군대에게든지 땅의 사람에게든지 그는 자기 뜻대로 행하시나니 그의 손을 금하든지 혹시 이르기를 네가 무엇을 하느냐고 할 자가 아무도 없도다

4:36 그 때에 내 총명이 내게로 돌아왔고 또 내 나라의 영광에 대하여도 내 위엄과 광명이 내게로 돌아왔고 또 나의 모사들과 관원들이 내게 찾아오니

내가 내 나라에서 다시 세움을 받고 또 지극한 위세가 내게 더하였느니라
4:37 그러므로 지금 나 느부갓네살은 하늘의 왕을 찬양하며 칭송하며 경배
하노니 그의 일이 다 진실하고 그의 행하심이 의로우시므로 교만하게 행하
는 자를 그가 능히 낮추심이라

| 본문해설 |

느부갓네살이 하나님을 찬송함 (1-3절)

4:1 느부갓네살 왕은 천하에 거주하는 모든 백성들과 나라들과 각 언어를
말하는 자들에게 조서를 내리노라 원하노니 너희에게 큰 평강이 있을지
어다
4:2 지극히 높으신 하나님이 내게 행하신 이적과 놀라운 일을 내가 알게 하
기를 즐겨 하노라
4:3 참으로 크도다 그의 이적이여, 참으로 능하도다 그의 놀라운 일이여, 그
의 나라는 영원한 나라요 그의 통치는 대대에 이르리로다

느부갓네살 왕은 "천하"에 거주하는 모든 백성들과 나라들과 각 언어를
말하는 자들에게 조서를 내린다(1절). 이것은 왕이 바벨론 제국의 모든 백
성에게 조서를 내리는 것인데, 여기서 "천하"라는 단어가 사용된 것은 느
부갓네살이 자신을 온 세상의 왕으로 생각하고 있다는 증거가 된다. 그는
"너희에게 큰 평강이 있을지어다"라고 인사하는데, 이것은 당시에 관례로
행해진 인사말이다. 느부갓네살 왕이 제국의 모든 나라와 모든 백성에게
조서를 내리는 이유는 3장에서 하나님이 하신 일(풀무불에서 건지신 일)을 드
러내고 그분을 찬송하기 위해서이다.

2절의 "지극히 높으신 하나님이 내게 행하신 이적과 놀라운 일을 내가 알게 하기를 즐겨 하노라"라는 말은 3절의 "참으로 크도다 그의 이적이여, 참으로 능하도다 그의 놀라운 일이여, 그의 나라는 영원한 나라요 그의 통치는 대대에 이르리로다"라는 말은 연결되는데, 느부갓네살은 그동안 일어난 일들, 곧 2장에서 다니엘이 자신의 꿈을 해석해 준 것을 비롯하여 3장에서 다니엘의 세 친구가 풀무불에서 기적적으로 살아난 일을 상기시킨다. 느부갓네살은 비록 이방인이었고 하나님을 온전히 알지 못했지만, 제법 배포가 크고 아량이 넓은 사람이었다.

그런데 다니엘 4장에서 느부갓네살 왕이 하나님을 찬송하는 것은 4장 앞부분(1-3절)과 뒷부분(34-37절)에 두 번 나와서 수미쌍관을 이룬다. 즉 이 장에는 느부갓네살이 하나님을 찬송하는 것이 나오고, 그다음에 그가 겪은 사건이 기록되어 있고, 마지막으로 다시 하나님을 찬송하는 것이 나오는 형태로 되어 있다. 이것은 느부갓네살이 경험한 내용이 하나님의 영광을 충만히 드러내는 일이 되었기에 강조의 의도를 가지고 구성된 것이다. 결국 다니엘 4장(사실은 다니엘서 전체)의 주인공은 다니엘이나 그의 친구들이 아니라, 하나님이시라는 사실이 주목받는다.

그런데 여기서 우리가 알아야 할 사실은 느부갓네살이 하나님을 찬송하는 것이 진정한 신앙의 바탕 위에서 하는 일이라고 보이지 않는다는 것이다. 우리는 느부갓네살이 마지막에 회심하고 죽었는지 그렇지 않은지를 모른다. 이에 대해서 성경은 분명하게 말하지 않는다. 하지만 지금 이 시점에서 그는 신앙을 가지고 있지 않은 것이 분명하다. 느부갓네살은 단지 다신교적 배경 위에서 하나님을 세상의 우수한 신들 가운데 하나 정도로 여기고 있다. 따라서 이것은 우리에게 두 가지 교훈을 주는데, 하나는 믿음이 없어도 얼마든지 하나님을 찬송할 수 있다는 사실과, 다른 하나는 하나님께서 믿음이 없는 자를 통해서도 영광을 받으실 수 있다는 사실이다.

느부갓네살이 두 번째로 꿈을 꿈 (4-18절)

4:4 나 느부갓네살이 내 집에 편히 있으며 내 궁에서 평강할 때에

4:5 한 꿈을 꾸고 그로 말미암아 두려워하였으니 곧 내 침상에서 생각하는 것과 머리 속으로 받은 환상으로 말미암아 번민하였었노라

4:6 이러므로 내가 명령을 내려 바벨론의 모든 지혜자들을 내 앞으로 불러다가 그 꿈의 해석을 내게 알게 하라 하였더라

4:7 그 때에 박수와 술객과 갈대아 술사와 점쟁이가 들어왔으므로 내가 그 꿈을 그들에게 말하였으나 그들이 그 해석을 내게 알려 주지 못하였느니라

4:8 그 후에 다니엘이 내 앞에 들어왔으니 그는 내 신의 이름을 따라 벨드사살이라 이름한 자요 그의 안에는 거룩한 신들의 영이 있는 자라 내가 그에게 꿈을 말하여 이르되

4:9 박수장 벨드사살아 네 안에는 거룩한 신들의 영이 있은즉 어떤 은밀한 것이라도 네게는 어려울 것이 없는 줄을 내가 아노니 내 꿈에 본 환상의 해석을 내게 말하라

4:10 내가 침상에서 나의 머리 속으로 받은 환상이 이러하니라 내가 본즉 땅의 중앙에 한 나무가 있는 것을 보았는데 높이가 높더니

4:11 그 나무가 자라서 견고하여지고 그 높이는 하늘에 닿았으니 그 모양이 땅 끝에서도 보이겠고

4:12 그 잎사귀는 아름답고 그 열매는 많아서 만민의 먹을 것이 될 만하고 들짐승이 그 그늘에 있으며 공중에 나는 새는 그 가지에 깃들이고 육체를 가진 모든 것이 거기에서 먹을 것을 얻더라

4:13 내가 침상에서 머리 속으로 받은 환상 가운데에 또 본즉 한 순찰자, 한 거룩한 자가 하늘에서 내려왔는데

4:14 그가 소리 질러 이처럼 이르기를 그 나무를 베고 그 가지를 자르고 그 잎사귀를 떨고 그 열매를 헤치고 짐승들을 그 아래에서 떠나게 하고 새들을 그 가지에서 쫓아내라

4:15 그러나 그 뿌리의 그루터기를 땅에 남겨 두고 쇠와 놋줄로 동이고 그것

을 들 풀 가운데에 두어라 그것이 하늘 이슬에 젖고 땅의 풀 가운데에서 짐
승과 더불어 제 몫을 얻으리라

4:16 또 그 마음은 변하여 사람의 마음 같지 아니하고 짐승의 마음을 받아
일곱 때를 지내리라

4:17 이는 순찰자들의 명령대로요 거룩한 자들의 말대로이니 지극히 높으
신 이가 사람의 나라를 다스리시며 자기의 뜻대로 그것을 누구에게든지 주
시며 또 지극히 천한 자를 그 위에 세우시는 줄을 사람들이 알게 하려 함이
라 하였느니라

4:18 나 느부갓네살 왕이 이 꿈을 꾸었나니 너 벨드사살아 그 해석을 밝히
말하라 내 나라 모든 지혜자가 능히 내게 그 해석을 알게 하지 못하였으나
오직 너는 능히 하리니 이는 거룩한 신들의 영이 네 안에 있음이라

4-18절에는 느부갓네살이 두 번째로 꿈을 꾼 것과 그것을 바벨론의 지
혜자들이 해석하지 못했다는 사실이 기록되어 있다. 그리하여 이 부분은
다니엘의 등장을 준비하는 역할을 한다. 4절의 "나 느부갓네살이 내 집에
편히 있으며 내 궁에서 평강할 때에"는 정황에 대한 언급이다. 느부갓네살
은 자신이 이룬 업적과 성취를 감상하면서 스스로 즐거워하고 있었다. 실
제로 그는 대단한 왕이었고 놀라운 업적을 이루었다. 그래서 인간적으로
볼 때 그는 자신의 성과를 찬양할 만한 자격을 갖추었다. 하지만 하나님의
관점에서 볼 때 이것은 바람직하지 않았다.

느부갓네살은 겉으로 볼 때 모든 것을 갖추었고 평강을 누리면서 지냈
으나, 하나님은 그의 마음을 불편하게 만드셨다. 그는 한 꿈을 꾸었고 그
것으로 말미암아 두려워했는데, 곧 자신의 침상에서 생각하는 것과 머릿
속으로 받은 환상으로 말미암아 번민했다(5절). 침상에서 생각하는 것이란
정국을 어떻게 운영할 것인가에 대한 고민을 뜻한다. 그리고 머릿속으로
받은 환상이란 자기 생각과 달리 하나님이 그에게 다른 내용을 심어 주신

것을 가리킨다. 그는 무엇인가 불길한 꿈을 꾸었고, 자신의 왕조가 그리 번영할 것 같지 않다는 생각이 들어 걱정했다.

그래서 느부갓네살은 "바벨론의 모든 지혜자들을 내 앞으로 불러다가 그 꿈의 해석을 내게 알게 하라"는 명령을 내린다(6절). 이미 2장에서 느부갓네살은 첫 번째 꿈을 꾸었을 때 이들을 불러서 꿈의 내용과 그 해석을 보이라고 명령했지만, 그들은 꿈의 내용조차 전혀 파악하지 못해서 왕의 진노를 사는 바람에 죽을 위기에 처했던 적이 있다. 그런데 여기서 느부갓네살은 그들을 다시 불러서 꿈을 해석하게 하는데, 이번에는 꿈의 내용을 알려주면서 꿈의 해석만 자신에게 알게 하라고 요구한다. 그리하여 느부갓네살은 그들에게 더욱 완화된 명령을 내린다.

박수와 술객과 갈대아 술사와 점쟁이가 왕에게 나아왔고, 왕이 그 꿈을 그들에게 말해 주었으나, 그들은 그 해석을 왕에게 알려 주지 못했다(7절). 그리하여 다니엘이 등장한다. 왜 느부갓네살이 다니엘을 미리 부르지 않고 모든 지혜자들을 부른 후에 그들이 실패하자 이제야 부르는지는 확실하지 않다. 아마도 그는 자신이 꿈의 내용을 지혜자들에게 알려주었으니 그들이 그 해석 정도는 알려줄 수 있지 않을까 싶어서 그랬던 것 같다. 하지만 그들이 해석을 알려주는 일에 실패하자, 왕은 꿈을 해석하는 일에 탁월한 능력을 갖춘 다니엘을 다시 부른 것이다.

왕은 다니엘에 대해 다음과 같이 말한다. "그 후에 다니엘이 내 앞에 들어왔으니 그는 내 신의 이름을 따라 벨드사살이라 이름 한 자요 그의 안에는 거룩한 신들의 영이 있는 자라"(8절). 여기서 "그는 내 신의 이름을 따라 벨드사살이라 이름 한 자요"라는 어구와 "그의 안에는 거룩한 신들의 영이 있는 자"라는 어구는 대조를 이룬다. 즉 이것은 반대되는 개념이다. 느부갓네살이 섬기는 신은 '벨-모르닥'이며, 그가 말하는 '거룩한 신'이란 하나님이시다. 하지만 느부갓네살은 이러한 말들의 차이를 제대로 파악하지 못한 채 이런 표현들을 동시에 사용한다.

우리는 하나님과 그 반대되는 세력의 차이를 인지해야 한다. 그리고 하나님과 연관되며 하나님을 섬기는 일이 무엇인지를 알아야 하며, 이와 반대로 하나님을 대항하며 하나님의 이름을 망령되게 부르는 일이 무엇인지를 알아야 한다. 그렇지 않으면 종교혼합주의에 빠지게 되어서 하나님을 온전히 알고 바르게 섬기는 일에 실패한다. 우리가 하나님을 바로 아는 것과 그분께 순종하는 것에 대하여 제대로 파악하려면 성경을 많이 알아야 하되, 특히 성경 전체를 통전적으로 정리한 교리를 부지런히 공부해야 한다. 그러할 때 우리는 '유사 하나님 지식'과 '유사 그리스도교'의 폐해를 피할 수 있을 것이다. 실제로 오늘날 이러한 함정에 빠진 이들이 많다.

느부갓네살 왕은 다니엘에게 꿈을 알려주면서 "박수장 벨드사살아 네 안에는 거룩한 신들의 영이 있은즉 어떤 은밀한 것이라도 네게는 어려울 것이 없는 줄을 내가 아노니 내 꿈에 본 환상의 해석을 내게 말하라"고 명령한다(9절). 한글성경 공동번역은 이를 다음과 같이 번역한다. "마술사들의 수령 벨트사살, 너는 거룩한 하느님의 영을 받은 사람이니 어떤 비밀이든 풀 수가 있을 것이다. 이제 내가 꾼 꿈을 들려줄 터이니 해몽하여 보아라." 느부갓네살은 이미 첫 번째 꿈을 꾸었을 때 그 꿈을 해석해 준 다니엘을 높여서 "바벨론 모든 지혜자의 어른"으로 삼았다(참고 _ 2:48). 따라서 왕이 다니엘을 "박수장"이라고 부르는 것은 특이하지 않다.

10-17절은 꿈(환상)의 내용이다. 10절은 "내가 침상에서 나의 머리 속으로 받은 환상이 이러하니라"라는 문구로 시작된다. 느부갓네살이 환상으

로 본 것은 높이가 하늘에 닿은 엄청나게 큰 나무였다. 즉 땅의 중앙에 한 나무가 있는데 높이가 높았으며, 그 나무가 자라서 견고해지고 그 높이는 하늘에 닿았으니 그 모양이 땅 끝에서도 보일 정도였다(11절). 그 잎사귀는 아름답고 그 열매는 많아서 만민의 먹을 것이 될 만하고 들짐승이 그 그늘 에 있으며 공중에 나는 새는 그 가지에 깃들이고 육체를 가진 모든 것이 거 기에서 먹을 것을 얻었다(12절). 따라서 그 나무는 컸으며 그 나무로부터 많 은 사람과 온갖 짐승이 먹을 것을 얻을 수 있었다.

그런데 느부갓네살은 환상 가운데 또 다른 모습을 보았는데, 그것은 한 순찰자, 한 거룩한 자가 하늘에서 내려오는 장면이었다(13절). 순찰자는 소 리를 질러서 다음과 같이 말한다. "그 나무를 베고 그 가지를 자르고 그 잎사귀를 떨고 그 열매를 헤치고 짐승들을 그 아래에서 떠나게 하고 새들 을 그 가지에서 쫓아내라 그러나 그 뿌리의 그루터기를 땅에 남겨 두고 쇠 와 놋줄로 동이고 그것을 들 풀 가운데에 두어라 그것이 하늘 이슬에 젖고 땅의 풀 가운데에서 짐승과 더불어 제 몫을 얻으리라 또 그 마음은 변하여 사람의 마음 같지 아니하고 짐승의 마음을 받아 일곱 때를 지내리라 이는 순찰자들의 명령대로요 거룩한 자들의 말대로이니 지극히 높으신 이가 사람의 나라를 다스리시며 자기의 뜻대로 그것을 누구에게든지 주시며 또 지극히 천한 자를 그 위에 세우시는 줄을 사람들이 알게 하려 함이라" (14-17절).

한글성경 공동번역은 순찰자(공동번역에는 '감독원'으로 표기됨)의 말을 다음 과 같이 번역한다. "이 나무를 찍어라. 가지는 잘라내고 잎은 흩뜨리고 과 일은 따버려라. 짐승들로 하여금 그 밑을 떠나게 하고 새들로 하여금 가지 를 떠나게 하여라. 그러나 등걸과 뿌리만은 뽑지 마라. 쇠사슬, 놋쇠사슬 로 묶어 풀밭에 버려두어라. 하늘에서 내리는 이슬에 몸을 적시고, 짐승들과 어울려 풀이나 뜯게 버려두어라. 사람의 정신을 잃고 짐승처럼 생각하면서 일곱 해를 지내야 하리라. 이것은 감독원들의 결정으로 이루어진 포고이다. 거룩한 이들의 명령으로 내려진 판결이다. 인간 왕국을 다스리는 분은 지극히 높으신 하느님이라는 것을 살아 있는 자들에게 알리려는 것이다. 지극히 높으신 하느님께서는 겸손한 사람을 좋게 보시고 그런 사람을 높은 자리에 앉히시어 나라를 다스리게 하신다"(공동번역은 '11-14절').

이것은 느부갓네살이 철저히 몰락할 것이지만, 그에게 약간의 회생 가능성이 남아 있다는 뜻이다. 느부갓네살은 밑 부분이 잘린 나무와 같고 가지가 잘리고 잎은 흩뜨리고 열매는 떨어져서 짐승들과 새들이 다 떠나버려 아무짝에도 쓸모없는 존재가 되어버릴 것이다(14절). 하지만 그 뿌리는 뽑히지 않아서, 완전히 멸절한 것이 아니다. 다만, 그것이 쇠사슬과 놋줄로 감기고 들판에 방치되어서 하늘 이슬에 젖고 짐승들과 어울려 풀이나 뜯어 먹는 신세로 전락할 것이다(15절). 그는 사람의 정신을 잃고 짐승처럼 생각하면서 일곱 해를 지낼 것이다(16절).

17절에는 "이는 순찰자들의 명령대로요 거룩한 자들의 말대로이니"라는 문구가 있는데, 이것은 누구도 이 꿈에 드러난 하나님의 뜻과 계획을 거스르거나 저항할 수 없다는 뜻이다. 순찰자는 이 꿈의 목적을 다음과 같이 말한다. "지극히 높으신 이가 사람의 나라를 다스리시며 자기의 뜻대로 그것을 누구에게든지 주시며 또 지극히 천한 자를 그 위에 세우시는 줄을 사람들이 알게 하려 함이라 하였느니라." 공동번역은 이 구절을 다음과 같이 번역한다(공동번역은 '14절'). "인간 왕국을 다스리는 분은 지극히 높으신 하느님이라는 것을 살아 있는 자들에게 알리려는 것이다. 지극히 높으신 하느님께서는 겸손한 사람을 좋게 보시고 그런 사람을 높은 자리에 앉히시어 나라를 다스리게 하신다." 따라서 하나님은 자기 뜻을 알리시기 위해서 느부갓네살에게 꿈을 주셨다. 이제 느부갓네살은 꿈에 반영된 하나님의 뜻을 존중해야 한다.

느부갓네살은 벨드사살(다니엘)에게 자신의 꿈 내용을 말한 후 그 해석을 "밝히 말하라"고 요청한다(18절). 다니엘은 하나님께서 자신에게 꿈과 환상을 해석할 수 있는 능력을 주신 것을 알고 있다(참고 _ 1:17). 그리고 느부갓네살은 이미 다니엘이 자신의 첫 번째 꿈을 해석해 준 것을 기억하고 있다(참고 _ 2장). 그래서 느부갓네살은 이번에도 다니엘이 자신의 꿈을 해석할 수 있을 것이라고 믿어서 다음과 같이 말한다. "내 나라 모든 지혜자가 능히 내게 그 해석을 알게 하지 못하였으나 오직 너는 능히 하리니 이는 거룩한 신들의 영이 네 안에 있음이라."

여기서 "거룩한 신들의 영이 네 안에 있음이라"는 문구는 하나님이 다니엘을 통하여 일하신다는 사실을 느부갓네살이 인지하고 있음을 반영한다. 물론 느부갓네살은 다신교적 배경 위에서 하나님을 세상의 여러 신들 중 하나라고 여긴다. 하지만 그가 "거룩한 신들"이라는 표현을 사용한 것은 특이한데, 이는 일반적인 이방 신들에 대해서는 거룩하다는 표현을 붙이지 않기 때문이다. 그렇다면 느부갓네살은 어떻게 하여 하나님을 거룩하신 분이라고 생각하게 되었을까? 그가 하나님에게서 하나님의 성품에 대한 계시를 받아서 이렇게 생각하지는 않았을 것이다.

우리는 느부갓네살이 이런 표현을 사용한 원인을 다니엘에게서 찾을 수 있다. 곧 느부갓네살은 다니엘의 평소 삶과 신앙고백 속에 드러난 하나님의 성품을 간파한 것으로 생각할 수 있다. 다니엘은 거룩하신 하나님을 본받아서 평소에 거룩한 삶을 살았고, 이것이 느부갓네살을 비롯한 주변 사람에게 드러났기에, 느부갓네살은 다니엘이 섬기는 하나님을 "거룩한 신"

이라고 말했을 것이다. 따라서 이것은 우리의 책임 있는 삶을 은연중에 암시한다. 우리의 거룩한 말과 행실과 습관은 우리 주위의 사람들에게 우리가 섬기는 하나님의 성품을 드러내는 수단이 된다.

다니엘이 꿈을 해석함 (19-27절)

4:19 벨드사살이라 이름한 다니엘이 한동안 놀라며 마음으로 번민하는지라 왕이 그에게 말하여 이르기를 벨드사살아 너는 이 꿈과 그 해석으로 말미암아 번민할 것이 아니니라 벨드사살이 대답하여 이르되 내 주여 그 꿈은 왕을 미워하는 자에게 응하며 그 해석은 왕의 대적에게 응하기를 원하나이다

4:20 왕께서 보신 그 나무가 자라서 견고하여지고 그 높이는 하늘에 닿았으니 땅 끝에서도 보이겠고

4:21 그 잎사귀는 아름답고 그 열매는 많아서 만민의 먹을 것이 될 만하고 들짐승은 그 아래에 살며 공중에 나는 새는 그 가지에 깃들었나이다

4:22 왕이여 이 나무는 곧 왕이시라 이는 왕이 자라서 견고하여지고 창대하사 하늘에 닿으시며 권세는 땅 끝까지 미치심이니이다

4:23 왕이 보신즉 한 순찰자, 한 거룩한 자가 하늘에서 내려와서 이르기를 그 나무를 베어 없애라 그러나 그 뿌리의 그루터기는 땅에 남겨 두고 쇠와 놋줄로 동이고 그것을 들 풀 가운데에 두라 그것이 하늘 이슬에 젖고 또 들짐승들과 더불어 제 몫을 얻으며 일곱 때를 지내리라 하였나이다

4:24 왕이여 그 해석은 이러하니이다 곧 지극히 높으신 이가 명령하신 것이 내 주 왕에게 미칠 것이라

4:25 왕이 사람에게서 쫓겨나서 들짐승과 함께 살며 소처럼 풀을 먹으며 하늘 이슬에 젖을 것이요 이와 같이 일곱 때를 지낼 것이라 그 때에 지극히 높으신 이가 사람의 나라를 다스리시며 자기의 뜻대로 그것을 누구에게든지 주시는 줄을 아시리이다

4:26 또 그들이 그 나무뿌리의 그루터기를 남겨 두라 하였은즉 하나님이 다스리시는 줄을 왕이 깨달은 후에야 왕의 나라가 견고하리이다

4:27 그런즉 왕이여 내가 아뢰는 것을 받으시고 공의를 행함으로 죄를 사하고 가난한 자를 긍휼히 여김으로 죄악을 사하소서 그리하시면 왕의 평안함이 혹시 장구하리이다 하니라

19-27절에는 느부갓네살의 꿈에 대한 다니엘의 해석이 기록되어 있다. 19절은 이렇게 시작된다. "벨드사살이라 이름한 다니엘이 한동안 놀라며 마음으로 번민하는지라." 이 문구는 다니엘이 느부갓네살의 꿈이 범상치 않은 꿈이라는 사실을 알았음을 보여준다. 이에 느부갓네살은 다니엘이 한동안 놀라고 번민하는 것을 보고서 불안하여 "벨드사살아 너는 이 꿈과 그 해석으로 말미암아 번민할 것이 아니니라"라고 하며 해석을 재촉한다. 그러자 다니엘은 "내 주여 그 꿈은 왕을 미워하는 자에게 응하며 그 해석은 왕의 대적에게 응하기를 원하나이다"라고 말한다. 이것은 느부갓네살이 꾼 꿈이 그에게 좋지 않은 꿈이라는 사실을 반영한다.

20-23절에서 다니엘은 느부갓네살의 꿈 내용을 진술한다. 느부갓네살이 꾼 꿈 내용은 이미 10-17절에서 느부갓네살 자신에 의하여 언급되었는데, 여기서 다니엘이 그것을 정확하게 반복하여 진술하는 것은 다니엘이 느부갓네살의 말에 의존하여 꿈 내용을 알게 된 것이 아니라, 2장의 경우와 마찬가지로 그가 이미 꿈 내용 자체를 알고 있었다는 사실을 보여주기 위해서이다. 그리고 이것은 다니엘의 꿈 해석의 신빙성 혹은 신뢰성을 뒷받침하는데, 다니엘의 꿈 해석이 하나님으로부터 임한 것이지, 다니엘 자신이 지어낸 것이 아니라는 점을 입증해준다.

다니엘은 느부갓네살의 꿈에 나타난 나무의 정체를 밝힌다. "왕이여 이 나무는 곧 왕이시라 이는 왕이 자라서 견고하여지고 창대하사 하늘에 닿

으시며 권세는 땅 끝까지 미치심이니이다"(22절). 나무가 크게 자라서 하늘에 닿은 것은 느부갓네살의 왕권이 강력하며 그의 나라가 번성하고 부강하다는 사실을 뜻하는데, 이것은 느부갓네살이 통치하던 시기의 상황을 반영한다. 실제로 당시에 느부갓네살의 왕권은 감히 누가 넘볼 수 없을 만큼 절대적이었고, 그의 나라는 정치적으로나 경제적으로나 문화적으로 융성하여서 패망할 것이라고 상상할 수 없었다.

그러나 얼마 지나지 않아서 한 순찰자, 한 거룩한 자가 하늘에서 내려오는데, 그는 하나님의 뜻을 수행하고 명령을 전달하는 천사이다. 천사는 다음과 같이 하나님의 뜻을 알린다. "그 나무를 베어 없애라 그러나 그 뿌리의 그루터기는 땅에 남겨 두고 쇠와 놋줄로 동이고 그것을 들 풀 가운데에 두라 그것이 하늘 이슬에 젖고 또 들짐승들과 더불어 제 몫을 얻으며 일곱 때를 지내리라 하였나이다"(23절). 이것은 느부갓네살이 모든 것을 잃어버리고 정신 이상이 생겨서 폐인이 될 것이라는 예고이며, 이후 특정한 기한이 지난 후에 회복될 것이라는 뜻이다.

24-26절은 다니엘의 꿈 해석이다. 다니엘은 다음과 같이 말한다. "왕이여 그 해석은 이러하니이다 곧 지극히 높으신 이가 명령하신 것이 내 주 왕에게 미칠 것이라"(24절). 다니엘은 느부갓네살 왕이 사람에게서 쫓겨나서 들짐승과 함께 살며 소처럼 풀을 먹으며 하늘 이슬에 젖을 것이고 이와 같이 "일곱 때"를 지낼 것이라고 말한다. 그리고 그 때에 지극히 높으신 하나님께서 사람의 나라를 다스리시며 자기의 뜻대로 그것을 누구에게든지 주시는 줄을 알 것이라고 말한다(25절). 여기서 "일곱 때"라는 표현은 7년을 가리킬 수도 있지만, 1:20의 '열 배'나 2:19의 '칠 배'와 같은 맥락에서 어느 특정한 기간을 의미할 수도 있다.

다니엘에 의하여 재 진술된 것처럼 하나님이 느부갓네살을 몰락하게 하신 이유는 분명하다. 그것은 지극히 높으신 하나님이 사람의 나라를 다스리시며 자기의 뜻대로 그것을 누구에게든지 주시는 줄을 깨닫게 하기 위해서이다. 느부갓네살은 당시에 누구도 몰락시킬 수 없는 절대적인 지위와 권력을 가지고 있었다. 따라서 그는 충분히 교만할 수 있었으며, 자기 자신의 힘과 지혜로 이런 놀라운 업적을 이루었다고 생각할 수 있었다. 하지만 하나님은 느부갓네살에게 하나님이 세상의 왕권을 왕에게 주셨다는 사실을 알게 하시고, 하나님의 뜻대로 그것을 누구에게든지 주시는 분이라는 점을 깨닫게 만들기 위해서 이런 엄청난 고통을 주신다.

26절은 느부갓네살이 회복될 수 있음을 암시한다. "또 그들이 그 나무 뿌리의 그루터기를 남겨 두라 하였은즉 하나님이 다스리시는 줄을 왕이 깨달은 후에야 왕의 나라가 견고하리이다." 느부갓네살은 완전히 망하지 않을 것이다. 비록 그는 들판으로 쫓겨나서 들짐승과 소처럼 지내겠지만, 그것은 어느 특정한 기한('일곱 해')에 한정되며, 이후에 그는 회복되어 다시 왕의 지위를 가질 수 있을 것이다. 필시 느부갓네살은 큰 고생을 한 후에 땅의 느부갓네살이 아닌 하늘의 하나님이 다스리시는 줄을 깨달을 것이고 그 후에야 그의 나라가 견고해질 것이다.

27절에서 다니엘은 왕에게 권면한다. 이것은 느부갓네살의 꿈이 현실화되는 것을 막으려는 조처이다. "그런즉 왕이여 내가 아뢰는 것을 받으시고 공의를 행함으로 죄를 사하고 가난한 자를 긍휼히 여김으로 죄악을 사하소서 그리하시면 왕의 평안함이 혹시 장구하리이다." 이것을 한글성경 공동번역은 다음과 같이 번역한다. "선을 베풀어 죄를 면하시고 빈민을 구제해서서 허물을 벗으시기 바랍니다. 그리하면 길이 태평성대를 누리실 것입니다." 다니엘은 느부갓네살에게 주시는 하나님의 말씀이 느부갓네살의 악행을 회개하라는 메시지라고 알려준다.

그런데 이 구절에서 '공의를 행하는 것' 과 '가난한 자를 긍휼히 여기는 것' 이 병행되어 있으며, 이것들이 '죄를 용서받는 방법' 과 연결되어 있다. 느부갓네살은 제국의 왕이 되기 위하여 지속적인 영토 확장을 꾀하는 과정에서 끊임없는 침략 전쟁을 일으키므로 수많은 사람을 죽게 하거나 고통스럽게 했다. 그리고 그는 가장 높은 자리에 앉아서 호화롭게 지내면서, 어렵고 가난하고 억울한 사람들의 형편을 돌아보지 않았다. 그의 눈에는 오로지 부와 권력과 영화만 보일 뿐이었다. 이에 하나님은 느부갓네살에게 가난하고 고통스럽게 사는 사람들의 삶을 처절하게 경험하게 하시기 위하여 그를 들판에서 짐승처럼 살게 하신다.

아울러, 우리는 느부갓네살에게 주신 하나님의 메시지를 통하여, 하나님께서 느부갓네살처럼 무차별적으로 사람을 죽이고 재산을 갈취하고 영토를 빼앗는 자들을 향하여 진노하신다는 사실을 기억해야 한다. 실제로 하나님은 가난한 자들의 목소리 듣는 것을 좋아하시며 그들의 억울한 신원을 무시하지 않으시고 반드시 갚아주신다. 하나님은 부자들과 권력자들의 욕심과 그에 따른 착취를 결코 그냥 두고 보지 않으신다. 필시 우리는 다른 사람의 것을 빼앗지 말아야 한다. 자신에게 있는 것을 족한 줄로 여겨야 한다. 욕심은 반드시 큰 죄를 낳는다. 아울러, 우리가 가지고 있는 모든 것은 영구히 우리 것이 아니다. 그것은 하나님이 우리에게 관리하라고 맡겨 놓은 것이다. 따라서 자신의 것에 과도하게 집착하지 말아야 한다. 우리는 가진 것을 어려운 사람들에게 나누어 주어야 한다. 그러할 때 우리는 행복과 만족을 누릴 수 있다.

꿈이 그대로 이루어짐 (28-33절)

4:28 이 모든 일이 다 나 느부갓네살 왕에게 임하였느니라

4:29 열두 달이 지난 후에 내가 바벨론 왕궁 지붕에서 거닐새

4:30 나 왕이 말하여 이르되 이 큰 바벨론은 내가 능력과 권세로 건설하여 나의 도성으로 삼고 이것으로 내 위엄의 영광을 나타낸 것이 아니냐 하였더니

4:31 이 말이 아직도 나 왕의 입에 있을 때에 하늘에서 소리가 내려 이르되 느부갓네살 왕아 네게 말하노니 나라의 왕위가 네게서 떠났느니라

4:32 네가 사람에게서 쫓겨나서 들짐승과 함께 살면서 소처럼 풀을 먹을 것이요 이와 같이 일곱 때를 지내서 지극히 높으신 이가 사람의 나라를 다스리시며 자기의 뜻대로 그것을 누구에게든지 주시는 줄을 알기까지 이르리라 하더라

4:33 바로 그 때에 이 일이 나 느부갓네살에게 응하므로 내가 사람에게 쫓겨나서 소처럼 풀을 먹으며 몸이 하늘 이슬에 젖고 머리털이 독수리 털과 같이 자랐고 손톱은 새 발톱과 같이 되었더라

28-33절은 느부갓네살이 꾸었던 꿈이 실현되는 것을 기록한다. 28절에는 다음과 같은 진술이 있다. "이 모든 일이 다 나 느부갓네살 왕에게 임하였느니라." 이 말은 느부갓네살이 다니엘의 말을 듣고도 회개하지 않고 그대로 있어서 하나님의 심판이 그대로 집행되었다는 뜻이다. 29절의 "열두 달이 지난 후에"라는 문구가 보여주는 것은 느부갓네살이 꿈을 꾼 지 열두 달, 곧 1년이 지난 후에 꿈이 이루어졌음을 시사한다. 느부갓네살은 1년이란 긴 시간이 지나도록 회개하지 않았다. 하나님은 그에게 회개할 기회를 충분히 주셨지만, 그는 회개하지 않았다.

느부갓네살은 바벨론 왕궁 지붕을 거닐면서 다음과 같이 중얼거린다.

"이 큰 바벨론은 내가 능력과 권세로 건설하여 나의 도성으로 삼고 이것으로 내 위엄의 영광을 나타낸 것이 아니냐"(30절). 느부갓네살은 바벨론의 멋진 건물들을 둘러보면서 뿌듯해하고 있다. 실제로 고대 문헌이나 고고학적 증거는 당시 바벨론이 얼마나 위대하고 강력한 왕국이었는지를 짐작하게 한다. 122m의 층계로 된 언덕이나 왕비를 위하여 만들었다는 공중정원 등은 왕의 위대함을 보여준다. 하지만 왕은 그 모든 것이 자신에게서 비롯된 것이 아님을 알았어야 했다. 이에 성경은 말한다. "교만은 패망의 선봉이요 거만한 마음은 넘어짐의 앞잡이니라"(잠 16:18).

31-32절은 매우 준엄한 말씀을 담고 있다. "이 말이 아직도 나 왕의 입에 있을 때에 하늘에서 소리가 내려 이르되 느부갓네살 왕아 네게 말하노니 나라의 왕위가 네게서 떠났느니라 네가 사람에게서 쫓겨나서 들짐승과 함께 살면서 소처럼 풀을 먹을 것이요 이와 같이 일곱 때를 지내서 지극히 높으신 이가 사람의 나라를 다스리시며 자기의 뜻대로 그것을 누구에게든지 주시는 줄을 알기까지 이르리라." 여기서 "이 말이 아직도 나 왕의 입에 있을 때에"라는 표현은 느부갓네살이 스스로 도취해 있는 교만하고 오만한 상태와 회개하지 않는 모습을 반영한다.

느부갓네살에 대한 하나님의 심판 선언, 곧 그에 대한 경고는 그대로 이루어진다. 하나님은 느부갓네살에게 꿈으로 경고하셨으며, 다니엘을 통하여 해석을 들려주면서 회개하라고 촉구하셨고, 실제로 그에게 회개할 시간을 1년이나 주셨다. 하지만 그는 전혀 회개하지 않고 그대로 지냈다. 이에 하나님은 심판을 집행하신다. 우리는 느부갓네살을 보면서 다음의 말씀을 떠올릴 수 있다. "진실로 그는 거만한 자를 비웃으시며 겸손한 자에게 은혜를 베푸시나니"(잠 3:34). "하나님은 교만한 자를 대적하시되 겸손한 자들에게는 은혜를 주시느니라"(벧전 5:5).

33절은 느부갓네살이 꿈을 꾸었던 내용이 그대로 이루어졌음을 보여준다. "바로 그때에 이 일이 나 느부갓네살에게 응하므로 내가 사람에게 쫓겨나서 소처럼 풀을 먹으며 몸이 하늘 이슬에 젖고 머리털이 독수리 털과 같이 자랐고 손톱은 새 발톱과 같이 되었더라." 느부갓네살은 처참한 지경에 이르렀다. 그에게 정신 이상이 찾아왔다. 그리고 그에게 육체적인 질병이 생겼다. 그래서 그는 보기에 심히 흉측한 상태가 되었다. 당연히 그의 주위에 있던 사람이 다 떠나가 버렸다. 천하를 호령하던 바벨론 왕이 어떻게 하다가 이런 비천한 상태가 되었는가?

느부갓네살이 회복되어 하나님을 찬양함 (34-37절)

4:34 그 기한이 차매 나 느부갓네살이 하늘을 우러러 보았더니 내 총명이 다시 내게로 돌아온지라 이에 내가 지극히 높으신 이에게 감사하며 영생하시는 이를 찬양하고 경배하였나니 그 권세는 영원한 권세요 그 나라는 대대에 이르리로다
4:35 땅의 모든 사람들을 없는 것 같이 여기시며 하늘의 군대에게든지 땅의 사람에게든지 그는 자기 뜻대로 행하시나니 그의 손을 금하든지 혹시 이르기를 네가 무엇을 하느냐고 할 자가 아무도 없도다
4:36 그 때에 내 총명이 내게로 돌아왔고 또 내 나라의 영광에 대하여도 내 위엄과 광명이 내게로 돌아왔고 또 나의 모사들과 관원들이 내게 찾아오니 내가 내 나라에서 다시 세움을 받고 또 지극한 위세가 내게 더하였느니라
4:37 그러므로 지금 나 느부갓네살은 하늘의 왕을 찬양하며 칭송하며 경배하노니 그의 일이 다 진실하고 그의 행하심이 의로우시므로 교만하게 행하는 자를 그가 능히 낮추심이라

34-37절은 단락의 마지막 부분으로, 단락의 앞부분(1-3절)처럼 하나님에

대한 찬양으로 구성되어 있다. 34절은 다음과 같은 문구로 시작된다. "그 기한이 차매 나 느부갓네살이 하늘을 우러러 보았더니 내 총명이 다시 내 게로 돌아온지라." 기한이 찼다는 말은 하나님이 꿈을 통하여 '일곱 때'라 는 말씀을 주신 것이 찼다는 뜻이며, 느부갓네살이 하늘을 우러러 보았다 는 말은 하나님께 잘못을 빌었다는 의미이다. 우리는 그가 기독교적 개념 으로 회개했는지 아니면 단지 일반적인 차원에서 자신의 잘못을 인정하고 용서를 빌었는지 모른다. 하지만 그가 하나님의 우월성과 절대성을 인정 했으며 자신을 하나님께 복종시키기로 한 것은 분명하다.

느부갓네살은 총명을 되찾은 후 하나님께 찬양과 경배를 올려 드린다. "내가 지극히 높으신 이에게 감사하며 영생하시는 이를 찬양하고 경배하 였나니 그 권세는 영원한 권세요 그 나라는 대대에 이르리로다." 그가 하 나님에 대하여 "지극히 높으신 이"라고 표현한 것이 놀랍지만, "영생하시 는 이"라고 표현한 것도 대단하다. 이는 그가 하나님에 대한 더 깊은 이해 에 도달했음을 뜻한다. 그리고 그는 "그 권세는 영원한 권세요 그 나라는 대대에 이르리로다"라고 함으로 바벨론의 제한성과 한시성을 드러내는 동시에 하나님 나라의 영원성과 무한성을 인지한다.

35절에서 느부갓네살은 하나님의 절대적인 힘과 주권을 다음과 같이 표 현한다. "땅의 모든 사람들을 없는 것 같이 여기시며 하늘의 군대에게든지 땅의 사람에게든지 그는 자기 뜻대로 행하시나니 그의 손을 금하든지 혹 시 이르기를 네가 무엇을 하느냐고 할 자가 아무도 없도다." 이것은 하나 님이 강력한 나라를 순식간에 파괴하실 수 있으며, 하나님이 자기 뜻대로 누구에게든지 행하실 수 있음을 드러낸다. 하나님은 강력하고 절대적인 권세와 능력을 갖춘 분으로 세상의 모든 영역에서 자기 뜻을 펼치신다. 결 코, 누구도 하나님께 저항할 수 없다.

36절은 느부갓네살이 완전히 회복되었음을 보여준다. "그때에 내 총명이 내게로 돌아왔고 또 내 나라의 영광에 대하여도 내 위엄과 광명이 내게로 돌아왔고 또 나의 모사들과 관원들이 내게 찾아오니 내가 내 나라에서 다시 세움을 받고 또 지극한 위세가 내게 더하였느니라." 그는 회복되어서 이전의 상태가 되었다. 그리하여 37절에서 느부갓네살은 하나님을 찬양하지 않을 수 없다고 말한다. "그러므로 지금 나 느부갓네살은 하늘의 왕을 찬양하며 칭송하며 경배하노니 그의 일이 다 진실하고 그의 행하심이 의로우시므로 교만하게 행하는 자를 그가 능히 낮추심이라." 왕은 비참한 처지에 전락했다가 처절히 반성한 후에 회복되어 하나님을 찬송한다.

한편, 다니엘 4장에서의 쟁점 가운데 하나는 과연 느부갓네살이 회심을 했을까 하지 않았을까 하는 것이다. 어떤 학자들은 느부갓네살이 회심했다고 본다. 그들은 느부갓네살이 철저하게 반성했으며 이와 동시에 하나님을 찬송하는데 이것이 회심의 분명한 증거가 된다고 주장한다. 하지만 어떤 학자들은 느부갓네살이 회심하지 않았다고 생각한다. 그들은 본문에 느부갓네살이 회심했다는 명확한 진술이 보이지 않는다고 주장한다. 우리는 느부갓네살의 회심 여부를 판별하기가 어렵다. 다만 그가 회심한 결실이 보이지 않는 것은 사실이다. 만일 그가 회심했더라면 바벨론의 전체적인 분위기가 바뀌었을 것이며, 그를 이은 왕들이 기독교 신앙을 가졌을 것인데, 그런 증거를 찾기가 어렵다. 따라서 우리의 판단을 유보할 수밖에 없다.

| 본문이 우리에게 주는 교훈 |

1 _ 하나님께서 느부갓네살에게 주신 분명한 말씀은 "지극히 높으신 이

가 사람의 나라를 다스리시며 자기의 뜻대로 그것을 누구에게든지 주시며
또 지극히 천한 자를 그 위에 세우시는 줄을 사람들이 알게 하려 함이라"
는 문구에 담겨 있다. 하나님은 왕들과 권력자들을 세우기도 하시고 폐하
기도 하신다. 사람의 힘은 유한하며 제한적이나 하나님의 능력은 무한하
며 영원하다. 느부갓네살은 바벨론을 바라보면서 자부심을 가졌으나, 순
식간에 몰락하여 들판에서 짐승처럼 지내게 되었다. 우리는 그의 모습을
통하여 아무리 강한 사람과 권력과 체제도 몰락할 수 있다는 사실을 깨닫
는다. 이 땅에 존재하는 어떤 사람도, 어떤 세력도, 그리고 어떤 나라도 영
원할 수 없으며 절대적일 수 없다. 우리는 무서운 질병, 끔찍한 사고, 갑작
스러운 사건 앞에서 인생의 연약함과 생명의 유한함을 절감한다. 따라서
우리는 항상 겸손해야 한다. 마치 이 땅에서 영원히 살 것처럼 행세하지
말아야 한다. 하나님이 우리의 모든 것을 쥐고 계시기에 하나님을 철저히
신뢰해야 한다. 하나님은 지혜와 건강과 물질을 주시기도 하고, 빼앗아 가
시기도 한다. 세상에 존재하는 모든 것이 하나님의 것이며, 모든 일이 하
나님의 손에 달려 있다.

　2 _ 이 단락에서 우리는 겸손해야 한다는 사실을 깨닫는다. 겸손은 최
고의 미덕이다. 겸손한 사람은 하나님에 의해서 사랑을 받을 뿐만 아니라
모든 사람에게서 존경과 신망을 얻는다. 우리는 "하나님은 교만한 자를
대적하시되 겸손한 자들에게는 은혜를 주시느니라"라는 말씀을 명심해야
한다(벧전 5:5). 그런데 겸손에 대해서 오해하지 말아야 할 것이 있다. 겸손
이란 매사에 소극적으로 행동하는 것이 아니며, 말을 하지 않고 가만히 있
는 것도 아니고, 때로 예의 바른 척하면서 자신을 은연중에 자랑하는 것도
아니다. 오히려 이런 사람은 다른 사람에게 불쾌감을 준다. 성경이 말하
는 겸손은 하나님을 철저히 의지하는 것이다. 그리고 최선을 다하여 일한
후에 모든 영광과 찬양을 그 일을 할 수 있게 하신 하나님께 돌려 드리는

것이다.

3 _ 다니엘은 느부갓네살에게 "공의를 행함으로 죄를 사하고 가난한 자를 긍휼히 여김으로 죄악을 사하소서"라고 말함으로 그의 잘못과 문제가 무엇인지를 지적했다. 느부갓네살은 끊임없이 정복 전쟁을 벌이는 과정에서 많은 사람에게 고통을 안겨다 주었다. 그리고 그는 제국의 왕으로서 높은 자리에서 호화롭게 지내면서 가난한 자들의 형편을 이해하지 못했다. 따라서 하나님은 그를 낮아지게 만드셔서 낮은 곳에서 신음하는 사람들의 심정을 깨닫게 하셨다. 이에 우리는 느부갓네살에게 주신 하나님의 경고와 책망을 우리 자신의 삶에 적용해야 한다. 우리는 공의롭게 생각하고 처신하는가? 우리는 가난한 사람을 돌아보고 있는가? 우리는 더 가지기 위해서 약한 자들을 착취하는 잘못에서 자유로운가? 이에 대한 우리의 성찰이 필요하다. "네 포도원의 열매를 다 따지 말며 네 포도원에 떨어진 열매도 줍지 말고 가난한 사람과 거류민을 위하여 버려두라 나는 너희의 하나님 여호와이니라"(레 19:10). "가난한 자와 부한 자가 함께 살거니와 그 모두를 지으신 이는 여호와시니라"(잠 22:2). "왕이 가난한 자를 성실히 신원하면 그의 왕위가 영원히 견고하리라"(잠 29:14).

4 _ 다니엘 4장에서 하나님은 느부갓네살에게 큰 부끄러움과 고통을 주셨지만, 회복의 여지를 남겨 두셨다. 특히 하나님은 꿈과 다니엘의 해석을 통하여 회개하라는 메시지를 느부갓네살에게 주셨다. 그리고 하나님은 느부갓네살이 회개하도록 1년이라는 긴 세월을 기다려 주셨다. 이것은 하나님이 심판을 경고하신 후에 바로 시행하시는 분이 아니라, 그가 회개하고 반성하여 심판에서 벗어날 수 있도록 기회를 주시는 분임을 알려준다. 우리는 수시로 하나님의 말씀을 듣는다. 성경을 읽으면서, 설교를 들으면서, 기도하면서, 경건한 형제와 교제하면서, 그리고 어떤 사건과 사고를 바라

보면서 하나님이 주시는 교훈을 깨닫는다. 이를 통하여 하나님은 우리의 잘못을 지적하시며 회개하라고 촉구하신다. 이때 우리는 즉각 회개하고 돌이켜야 한다. 같은 죄를 반복해서 짓지 않도록 노력해야 한다. 하나님이 주시는 회개의 메시지를 절대로 놓치지 말아야 한다. 하나님은 회개하는 자를 용서해 주시고, 회복할 수 있게 해 주신다.

다니엘 _ 5장

메네 메네 데겔 우바르신

다니엘 5장에는 벨사살 왕이 등장한다. 역사적으로, 느부갓네살 왕과 벨사살 왕 사이에는 여러 명의 왕이 있었다. 따라서 4장과 5장 사이에는 큰 시간 간격이 있다. 다니엘서의 저자는 바벨론에서 일어났던 모든 일을 기록하지 않았고 특별한 의미를 가진 일만 기록했기에 4장 이후 시간을 많이 뛰어넘어 5장에 이르렀다. 벨사살 왕은 국가가 패망할 위기를 맞고 있는 순간에 천 명의 왕족과 귀족을 불러 모아 잔치를 베풀고 술을 마신다. 더군다나 그는 하나님의 성전 그릇에 술을 담아 마시고, 우상을 찬양함으로 하나님을 심하게 모독한다. 이에 그들이 연회를 즐기는 중에 하나님께서 손가락들을 통하여 글자를 쓰게 하심으로 벨사살에게 준엄한 경고를 보내신다. 그러자 벨사살은 다니엘을 불러서 글자를 해석하게 한다. 다니엘은 모든 환상과 꿈을 알 수 있는 능력을 하나님께 부여받아서(참고 _ 1:17), 느부갓네살의 꿈을 두 번 해석해 주어 큰 공적을 쌓았는데(참고 _ 2장, 4장), 여기서 벨사살의 꿈을 해석해 준다.

| 성경본문 |

5:1 벨사살 왕이 그의 귀족 천 명을 위하여 큰 잔치를 베풀고 그 천 명 앞에서 술을 마시니라

5:2 벨사살이 술을 마실 때에 명하여 그의 부친 느부갓네살이 예루살렘 성전에서 탈취하여 온 금, 은 그릇을 가져오라고 명하였으니 이는 왕과 귀족들과 왕후들과 후궁들이 다 그것으로 마시려 함이었더라

5:3 이에 예루살렘 하나님의 전 성소 중에서 탈취하여 온 금 그릇을 가져오매 왕이 그 귀족들과 왕후들과 후궁들과 더불어 그것으로 마시더라

5:4 그들이 술을 마시고는 그 금, 은, 구리, 쇠, 나무, 돌로 만든 신들을 찬양하니라

5:5 그 때에 사람의 손가락들이 나타나서 왕궁 촛대 맞은편 석회벽에 글자를 쓰는데 왕이 그 글자 쓰는 손가락을 본지라

5:6 이에 왕의 즐기던 얼굴 빛이 변하고 그 생각이 번민하여 넓적다리 마디가 녹는 듯하고 그의 무릎이 서로 부딪친지라

5:7 왕이 크게 소리 질러 술객과 갈대아 술사와 점쟁이를 불러오게 하고 바벨론의 지혜자들에게 말하되 누구를 막론하고 이 글자를 읽고 그 해석을 내게 보이면 자주색 옷을 입히고 금사슬을 그의 목에 걸어 주리니 그를 나라의 셋째 통치자로 삼으리라 하니라

5:8 그 때에 왕의 지혜자가 다 들어왔으나 능히 그 글자를 읽지 못하며 그 해석을 왕께 알려 주지 못하는지라

5:9 그러므로 벨사살 왕이 크게 번민하여 그의 얼굴빛이 변하였고 귀족들도 다 놀라니라

5:10 왕비가 왕과 그 귀족들의 말로 말미암아 잔치하는 궁에 들어왔더니 이에 말하여 이르되 왕이여 만수무강 하옵소서 왕의 생각을 번민하게 하지 말며 얼굴빛을 변할 것도 아니니이다

5:11 왕의 나라에 거룩한 신들의 영이 있는 사람이 있으니 곧 왕의 부친 때에 있던 자로서 명철과 총명과 지혜가 신들의 지혜와 같은 자니이다 왕의 부친 느부갓네살 왕이 그를 세워 박수와 술객과 갈대아 술사와 점쟁이의 어른을 삼으셨으니

5:12 왕이 벨드사살이라 이름하는 이 다니엘은 마음이 민첩하고 지식과 총

명이 있어 능히 꿈을 해석하며 은밀한 말을 밝히며 의문을 풀 수 있었나이
다 이제 다니엘을 부르소서 그리하시면 그가 그 해석을 알려 드리리이다
하니라

5:13 이에 다니엘이 부름을 받아 왕의 앞에 나오매 왕이 다니엘에게 말하되
네가 나의 부왕이 유다에서 사로잡아 온 유다 자손 중의 그 다니엘이냐

5:14 내가 네게 대하여 들은즉 네 안에는 신들의 영이 있으므로 네가 명철과
총명과 비상한 지혜가 있다 하도다

5:15 지금 여러 지혜자와 술객을 내 앞에 불러다가 그들에게 이 글을 읽고
그 해석을 내게 알게 하라 하였으나 그들이 다 그 해석을 내게 보이지 못하
였느니라

5:16 내가 네게 대하여 들은즉 너는 해석을 잘하고 의문을 푼다 하도다 그
런즉 이제 네가 이 글을 읽고 그 해석을 내게 알려 주면 네게 자주색 옷을
입히고 금 사슬을 네 목에 걸어 주어 너를 나라의 셋째 통치자로 삼으리라
하니

5:17 다니엘이 왕에게 대답하여 이르되 왕의 예물은 왕이 친히 가지시며 왕
의 상급은 다른 사람에게 주옵소서 그럴지라도 내가 왕을 위하여 이 글을
읽으며 그 해석을 아뢰리이다

5:18 왕이여 지극히 높으신 하나님이 왕의 부친 느부갓네살에게 나라와 큰
권세와 영광과 위엄을 주셨고

5:19 그에게 큰 권세를 주셨으므로 백성들과 나라들과 언어가 다른 모든 사
람들이 그의 앞에서 떨며 두려워하였으며 그는 임의로 죽이며 임의로 살리
며 임의로 높이며 임의로 낮추었더니

5:20 그가 마음이 높아지며 뜻이 완악하여 교만을 행하므로 그의 왕위가 폐
한 바 되며 그의 영광을 빼앗기고

5:21 사람 중에서 쫓겨나서 그의 마음이 들짐승의 마음과 같았고 또 들나귀
와 함께 살며 또 소처럼 풀을 먹으며 그의 몸이 하늘 이슬에 젖었으며 지극
히 높으신 하나님이 사람 나라를 다스리시며 자기의 뜻대로 누구든지 그
자리에 세우시는 줄을 알기에 이르렀나이다

5:22 벨사살이여 왕은 그의 아들이 되어서 이것을 다 알고도 아직도 마음을
낮추지 아니하고

5:23 도리어 자신을 하늘의 주재보다 높이며 그의 성전 그릇을 왕 앞으로 가
져다가 왕과 귀족들과 왕후들과 후궁들이 다 그것으로 술을 마시고 왕이

또 보지도 듣지도 알지도 못하는 금, 은, 구리, 쇠와 나무, 돌로 만든 신상들을 찬양하고 도리어 왕의 호흡을 주장하시고 왕의 모든 길을 작정하시는 하나님께는 영광을 돌리지 아니한지라

5:24 이러므로 그의 앞에서 이 손가락이 나와서 이 글을 기록하였나이다

5:25 기록된 글자는 이것이니 곧 메네 메네 데겔 우바르신이라

5:26 그 글을 해석하건대 메네는 하나님이 이미 왕의 나라의 시대를 세어서 그것을 끝나게 하셨다 함이요

5:27 데겔은 왕을 저울에 달아 보니 부족함이 보였다 함이요

5:28 베레스는 왕의 나라가 나뉘어서 메대와 바사 사람에게 준 바 되었다 함이니이다 하니

5:29 이에 벨사살이 명하여 그들이 다니엘에게 자주색 옷을 입히게 하며 금 사슬을 그의 목에 걸어 주고 그를 위하여 조서를 내려 나라의 셋째 통치자로 삼으니라

5:30 그 날 밤에 갈대아 왕 벨사살이 죽임을 당하였고

5:31 메대 사람 다리오가 나라를 얻었는데 그 때에 다리오는 육십이 세였더라

| 본문해설 |

벨사살 왕이 잔치를 베풂 (1-4절)

5:1 벨사살 왕이 그의 귀족 천 명을 위하여 큰 잔치를 베풀고 그 천 명 앞에서 술을 마시니라

5:2 벨사살이 술을 마실 때에 명하여 그의 부친 느부갓네살이 예루살렘 성전에서 탈취하여 온 금, 은 그릇을 가져오라고 명하였으니 이는 왕과 귀족들과 왕후들과 후궁들이 다 그것으로 마시려 함이었더라

5:3 이에 예루살렘 하나님의 전 성소 중에서 탈취하여 온 금 그릇을 가져오매 왕이 그 귀족들과 왕후들과 후궁들과 더불어 그것으로 마시더라

5:4 그들이 술을 마시고 그 금, 은, 구리, 쇠, 나무, 돌로 만든 신들을

찬양하니라

본문의 의미를 파악하기 전에 고대 바벨론 왕들의 연대기를 알아야 한다. 19세기 중반에 발견된 고고학적 발굴 물에 따르면, 느부갓네살 왕 이후 세 명의 왕이 짧은 기간 바벨론을 다스렸고, 이후에 나보니두스 (Nabonidus)가 바벨론의 왕이 되어서 다스렸다. 나보니두스는 주전 556-539년에 바벨론의 왕으로 재임했는데, 그가 느부갓네살과 어떤 관계에 있었는지 파악하기가 쉽지 않다. 아마도 나보니두스는 느부갓네살의 아들이거나 손자이거나 사위일 것이다. 어떤 이들은 나보니두스를 느부갓네살이 가장 총애한 자일 것이라고 주장하지만 근거가 없다. 하여튼 느부갓네살 이후에 세 명의 왕이 있었고, 그 후에 나보니두스가 왕이 되었다.

이런 상황에서 5장에는 벨사살 왕이 등장한다. 과거에는 벨사살이라는 이름이 성경에만 나오고 다른 문헌에 나오지 않기에 5장의 역사성을 받아들이지 않는 사람들이 많았다. 하지만 근대에 바벨론의 연대기를 담은 설형문자 토판이 발견되면서 벨사살이라는 이름이 언급되었기에 이제는 그를 실제로 존재했던 인물로 인정하고 있다. 하지만 의문이 있다. 느부갓네살 이후 몇 단계를 거친 후의 왕이 나보니두스라고 한다면 벨사살은 도대체 누구인가? 더욱이 설형문자 토판에 나보니두스에 대해서는 왕이라는 칭호가 붙어있지만, 벨사살에 대해서는 그런 칭호가 붙어 있지 않기에, 본문에서 "벨사살 왕"이라고 표현된 이유를 알아야 한다.

비록 본문에는 느부갓네살을 벨사살의 "부친"이라고 언급한 부분이 여러 번 나오지만(참고 _ 5:2, 11, 18; 그리고 5:13), 고대 근동에서 이런 표현이 반드시 아버지를 의미하는 것은 아니었고, 종종 할아버지를 비롯한 선조를 뜻하기도 했다. 따라서 느부갓네살과 벨사살의 정확한 관계를 파악하기가 쉽지 않다. 정황상 벨사살은 느부갓네살의 아들로 보이지 않으며, 느부갓네살의 손자이거나 혹은 가까운 후손으로 추정된다. 그리고 벨사살은 나보니두스의 아들로 추정되지만, 손자일 가능성도 배제할 수 없다. 한편, 어떤 이들은 나보니두스와 벨사살을 동일 인물로 보는데, 이는 근거가 빈약해서 받아들이기 어렵다.

지금까지의 연구결과를 보면, 나보니두스는 벨사살에게 바벨론의 통치를 맡기고 자신은 원정 전쟁을 하러 떠났으며, 오랫동안 바벨론의 수도에 머물지 않고 주로 광야에 있는 테마(Tema: Arabia)라는 곳에 은신처를 만들어 놓고서 지냈다. 앞에서 말했다시피, 나보니두스는 주전 556년에 통치를 시작했는데, 신 바벨론 문서들(Neo-Babylonian Documents)에 따르면, 나보니두스가 그의 통치 3년째 되던 해인 주전 553년(혹은 주전 552년)에 벨사살에게 통치권을 위임해 주었다. 따라서 우리는 당시에 나보니두스와 벨사살이 함께 바벨론을 통치했으며, 다니엘서가 벨사살에게 '왕'이라는 칭호를 붙이는 것이 부당하지 않다고 결론 내릴 수 있다.

느부갓네살은 주전 563/562년에 죽었다. 그리고 5장의 사건은 그가 죽은 지 약 20년 뒤인 주전 539년에 일어났다. 주전 539년의 상황은 긴박했다. 나보니두스는 메대-바사(페르시아) 연합군과 전쟁을 벌이는 중이었고, 벨사살은 성에 머물러 있으면서 내부 결속을 다지는 중이었다. 위대한 왕 느부갓네살이 죽은 후에 바벨론의 힘은 점점 쇠락해지는 가운데 주전 539년에 이르러서는 많이 미약해졌다. 하지만 메대-바사 연합군은 강력한 힘으로 메소포타미아와 리디아와 이집트를 정복해 나가고 있었다. 더군다나 이러한 정세의 변환은 하나님께서 이미 작정하신 것으로 일찍이 느부갓네살에게 꿈을 통하여 보여주셨던 것이다(참고_ 2장).

이런 상황에서 벨사살 왕은 그의 귀족 천 명을 위하여 큰 잔치를 베풀고 그 천 명 앞에서 술을 마시고 있다(1절). 왕이 귀족들 천 명 앞에서 술을 마신다는 말은 그가 귀족들보다 높은 자리에 앉아서 술을 마신다는 뜻이다. 더욱이 바벨론 성은 커다란 해자와 높은 성벽 그리고 오랫동안 먹을 수 있는 식량이 비치되어 있어서 안심하고 거할 수 있는 난공불락의 요새였다. 따라서 그는 자신의 세력을 과시하는 중이며, 전쟁에 대해서 안일하게 대처하고 있다. 비록 벨사살 왕이 잔치를 베푼 데에 어떤 정치적 책략이나 정략적 의도가 들어 있었다 하더라도 그의 마음이 안일해져 있었던 것은 사실이다.

지금이 어떤 때인가? 성 밖에 페르시아 군대가 진을 치고 있어서 나라가 풍전등화의 위기를 겪고 있는 때가 아닌가? 이런 상황에서 정상적인 지도자라면 나라를 구하기 위하여 정신을 바짝 차리고 온갖 지혜를 짜낼 것이다. 하지만 벨사살 왕은 그렇지 않았다. 그는 천 명이나 되는 관료들을 모아놓고 잔치를 벌이며 술을 마시고 있다. 이게 과연 말이 되는 것인가? 설사 왕이 연회를 베풀었다 하더라도 왕의 참모들이 이를 말리면서 특별 대책을 세우려고 해야 했다. 그러나 바벨론의 왕궁에 있는 자들 가운데 누구도 그런 일을 하지 않았다. 따라서 우리는 나라가 망하는 과정에 부패한 지도자가 있다는 역사의 실례를 다시금 절감한다.

벨사살 왕은 술을 마실 때 명령을 내리기를 그의 부친(조부 혹은 조상) 느부갓네살이 예루살렘 성전에서 탈취하여 온 금 그릇과 은 그릇을 가져오라고 하는데, 이는 왕과 귀족들과 왕후들과 후궁들이 다 그것으로 술을 마시려고 했기 때문이다(2절). 이것은 벨사살 왕이 술이 거나하게 취했을 때 내린 명령인데, 그는 성전의 그릇에다 술을 부어서 마시는 것이 얼마나 큰 죄인지 전혀 모르고 있다. 왕이 명령을 내리자 예루살렘 하나님의 성전에서 탈취하여 가지고 온 금 그릇을 가져오니 왕이 귀족들과 왕후들과 후궁들과 더불어 그것으로 술을 마신다(3절). 따라서 왕의 잘못된 지도력은 집단의 죄로 확장되는 결과를 낳는다.

비록 어떤 이들의 주장과 같이, 당시의 문화적 관점에서, 국가와 왕권의 위기 앞에서 왕이 귀족들과 왕족들의 사기를 진작시키기 위하여 술을 마셨다고 하더라도 결과적으로 왕의 판단은 비극적인 결과를 초래할 수밖에 없었다. 필시 한 나라의 지도자나 지배층의 유흥과 향락과 일탈은 국민 전체를 비극에 빠뜨린다. 더군다나 그들은 성전의 그릇에 술을 담아서 마심으로 하나님을 정면으로 모독하는 행동(신성모독)을 하고 말았다. 그리고 그것도 모자라서, 4절에서 볼 수 있듯이, 술을 마시고 난 후에 금, 은, 구리, 쇠, 나무, 돌로 만든 신들을 찬양하는데, 이것은 자신들의 신에게 구원을 비는 행위로서 하나님의 극심한 진노를 사게 하기에 충분했다.

내용을 정리해 보자. 당시에 바벨론은 세계 최강대국이었다. 그리고 바벨론 왕 느부갓네살은 온 천하의 왕으로 숭상을 받았다. 하지만 하나님은 바벨론이 무너질 것이라고 일찌감치 예고하셨으며, 바벨론 왕 느부갓네살은 하나님의 예고를 기억하면서 두려워하고 번민하였다. 그리고 그는 하나님이 다니엘과 세 친구를 통하여 놀라운 이적을 베푸시는 것을 목격하면서 하나님의 주권적인 역사와 초월적인 능력을 경험했다. 하지만 그것뿐이었다. 그는 하나님의 계획을 혼자서 인지했을 뿐 후손들에게 그 사실을 알려주지 않았다. 그리하여 그의 후예는 국가의 위기 앞에서 겨우 금, 은, 구리, 쇠, 나무, 돌로 만든 신들에게 국가의 안녕을 기원하고 있다.

그리고 이제 벨사살은 바벨론의 왕으로서 처신을 제대로 하지 못하고 있다. 그는 나라가 최악의 위기를 겪는 상황에서 연회를 베푼다. 비록 당시 문화에서 그가 베푼 연회가 단순한 즐거움이나 쾌락을 누리기 위한 것이 아니라 어떤 정치적 의도를 가지거나 종교적 의미를 지니고 있다고 하더라도 그의 마음은 안일해 있었던 것이 분명하다. 더군다나 그는 하나님의 성전에서 가지고 금 그릇과 은 그릇에 술을 부어 마심으로 하나님을 모독했을 뿐만 아니라, 금, 은, 구리, 쇠, 나무, 돌로 만든 우상들을 찬양하는 크나큰 잘못을 저질렀다. 이에 하나님은 크게 진노하셨으며, 바벨론이 페르시아에 처참하게 무너지는 것은 필연이 되었다. 벨사살은 하나님에게서 어떠한 자비와 긍휼도 받지 못하는 지경으로 자신을 몰아넣었다.

손가락이 나타나서 글자를 씀 (5-12절)

5:5 그 때에 사람의 손가락들이 나타나서 왕궁 촛대 맞은편 석회벽에 글자를 쓰는데 왕이 그 글자 쓰는 손가락을 본지라
5:6 이에 왕의 즐기던 얼굴 빛이 변하고 그 생각이 번민하여 넓적다리 마디가 녹는 듯하고 그의 무릎이 서로 부딪친지라
5:7 왕이 크게 소리 질러 술객과 갈대아 술사와 점쟁이를 불러오게 하고 바벨론의 지혜자들에게 말하되 누구를 막론하고 이 글자를 읽고 그 해석을 내게 보이면 자주색 옷을 입히고 금사슬을 그의 목에 걸어 주리니 그를 나라의 셋째 통치자로 삼으리라 하니라
5:8 그 때에 왕의 지혜자가 다 들어왔으나 능히 그 글자를 읽지 못하며 그 해석을 왕께 알려 주지 못하는지라
5:9 그러므로 벨사살 왕이 크게 번민하여 그의 얼굴빛이 변하였고 귀족들도 다 놀라니라
5:10 왕비가 왕과 그 귀족들의 말로 말미암아 잔치하는 궁에 들어왔더니 이에 말하여 이르되 왕이여 만수무강 하옵소서 왕의 생각을 번민하게 하지 말며 얼굴빛을 변할 것도 아니니이다
5:11 왕의 나라에 거룩한 신들의 영이 있는 사람이 있으니 곧 왕의 부친 때에 있던 자로서 명철과 총명과 지혜가 신들의 지혜와 같은 자니이다 왕의

부친 느부갓네살 왕이 그를 세워 박수와 술객과 갈대아 술사와 점쟁이의 어른을 삼으셨으니
5:12 왕이 벨드사살이라 이름하는 이 다니엘은 마음이 민첩하고 지식과 총명이 있어 능히 꿈을 해석하며 은밀한 말을 밝히며 의문을 풀 수 있었나이다 이제 다니엘을 부르소서 그리하시면 그가 그 해석을 알려 드리리이다 하니라

왕과 귀족들이 술에 취하고 우상을 열렬히 찬양하고 있을 때 하나님이 경악할 만한 광경을 보여주신다. 갑자기 사람의 손가락들이 나타나서 왕궁 촛대 맞은편 석회벽에 글자를 쓰니 왕이 그 글자 쓰는 손가락을 보았다 (5절). 손가락들이 왕궁 촛대 맞은편 왕궁 벽에 나타났으며, 더욱이 왕궁 벽이 석회벽이라 흰색이어서 손가락들과 글자가 매우 선명하게 보였을 것이다. 우리는 손가락이 어떤 형태로 나타났는지, 그리고 손가락이 어떤 방식으로 글자를 썼는지에 대해서 성경이 말하지 않기 때문에 알 수 없다. 아마도 이것은 순식간에 일어난 것처럼 보인다.

왕은 글자 쓰는 손가락을 보고 소스라치게 놀랐다. 6절에는 왕이 얼마나 놀랐는지가 잘 묘사되어 있다. "이에 왕의 즐기던 얼굴빛이 변하고 그 생각이 번민하여 넓적다리 마디가 녹는 듯하고 그의 무릎이 서로 부딪친지라." 공동번역은 이 구절을 다음과 같이 실감 나게 번역한다. "왕은 글 쓰는 손을 보고 새파랗게 놀랐다. 그는 머리가 아뜩해지며 허벅지가 녹는 듯하고, 무릎이 떨려 마술사들과 점성가들과 점쟁이들을 불러들이라고 고함쳤다"(5절하-7절상). 네덜란드 화가 렘브란트가 그린 '벨사살 왕의 연회'라는 그림에는 당시에 공포에 질린 벨사살의 표정이 세밀하게 묘사되어 있다. 벨사살 왕은 이 놀라운 광경을 보고 술이 확 깨었을 것이다.

그래서 왕은 크게 소리 질러 술객과 갈대아 술사와 점쟁이를 불러오게 하고 바벨론의 지혜자들에게 말하기를 "누구를 막론하고 이 글자를 읽고 그 해석을 내게 보이면 자주색 옷을 입히고 금사슬을 그의 목에 걸어 주리니 그를 나라의 셋째 통치자로 삼으리라"고 한다(7절). 곧 왕은 이 글자를 신이 내린 것이라고 인식하고 지혜자들을 불러 해석하게 한다. 그리고 누구든지 이 글자를 해석하면 큰 상을 내리겠다고 한다. 더욱이 그를 나라의 셋째 통치자로 삼겠다고 하는데, 이는 나보니두스와 벨사살이 함께 다스렸기에 그를 셋째 통치자로 삼겠다는 뜻이다.

그러나 왕의 지혜자가 다 들어왔지만 능히 그 글자를 읽지 못하며 그 해석을 왕에게 알려 주지 못했다(8절). 따라서 바벨론의 지혜자들은 계속해서 아무것도 하지 못하는 무능함을 보여준다. 왕의 측근에서 왕을 보좌하면서 왕의 국정 운영에 대한 자문을 해 주어야 하며 왕이 현명한 정무적 판단을 내리도록 도와주어야 할 지혜자들은 하나님이 내리신 계시를 해석할 능력을 전혀 갖추지 못한 어리석음을 드러냈다. 따라서 바벨론은 망할 수밖에 없는 처지에 놓였다. 왕이나 귀족이나 책사들이 하나님의 뜻을 몰랐으며 상황을 풀어나갈 지혜를 가지지 못했다.

그러므로 벨사살 왕이 크게 번민하여 그의 얼굴빛이 변했고 귀족들도 다 놀랐다(9절). 이때 왕비가 잔치를 벌이고 있는 왕궁에 들어왔는데, 그녀는 "왕이여 만수무강 하옵소서 왕의 생각을 번민하게 하지 말며 얼굴빛을 변할 것도 아니니이다"라고 말한다(10절). 여기에 나오는 왕비는 누구인가? 이미 왕후들과 후궁들은 잔치에 다 들어와 있었다. 따라서 이 왕비의 정체에 의문이 생긴다. 어떤 학자들은 이 왕비를 느부갓네살의 아내라고 보지만, 어떤 학자들은 그녀를 느부갓네살의 딸이라고 생각하며, 어떤 학자들은 그녀를 나보니두스의 아내라고 주장한다. 아마도 그녀는 벨사살의 어머니이거나 할머니일 가능성이 있다.

우리는 느부갓네살과 나보니두스와 벨사살의 관계에 대한 정보를 충분히 가지고 있지 않은 데다가, 이 여인에 대한 정보 역시 가진 것이 없기에 섣불리 그 정체를 단정할 수가 없다. 하지만 문맥상 분명히 알 수 있는 것은 이 왕비가 상당한 영향력을 가진 존재라는 사실이다. 왕비는 왕에게 자유롭게 나아갈 수 있었는데, 이것은 고대에 바벨론을 비롯한 여러 나라에서 가능하지 않은 일이었다. 그리고 왕비는 왕에게 다니엘을 천거하면서 느부갓네살과 다니엘 사이에 일어난 일을 말하는데, 이는 왕비가 오래전 느부갓네살 시대에 살았던 사람임을 암시한다.

왕비는 현재 일어난 문제를 해결할 수 있는 유일한 인물인 다니엘을 다음과 같이 소개한다. "왕의 나라에 거룩한 신들의 영이 있는 사람이 있으니 곧 왕의 부친 때에 있던 자로서 명철과 총명과 지혜가 신들의 지혜와 같은 자니이다 왕의 부친 느부갓네살 왕이 그를 세워 박수와 술객과 갈대아 술사와 점쟁이의 어른을 삼으셨으니 왕이 벨드사살이라 이름하는 이 다니엘은 마음이 민첩하고 지식과 총명이 있어 능히 꿈을 해석하며 은밀한 말을 밝히며 의문을 풀 수 있었나이다 이제 다니엘을 부르소서 그리하시면 그가 그 해석을 알려 드리리이다"(11-12절).

아마도 다니엘은 벨사살 시대에 잊혀진 것 같다. 그래서 상당수의 관료들이 다니엘을 몰랐던 것으로 보인다. 어느덧 세월이 흘러서 느부갓네살이 죽은 지가 오래 되었고, 이미 다니엘의 나이가 80대일 것으로 추정되기 때문에, 다니엘을 기억하는 이들이 별로 없는 것은 당연할 수 있다. 그런데 왕비는 여전히 그를 기억하고 있다. 왕비는 다니엘에 대해서 "거룩한 신들의 영이 있는 사람"이라고 하는데, 이것은 느부갓네살이 자주 사용하던 표현이다(참고 _ 4:8, 9, 18). 느부갓네살은 다니엘을 하나님으로부터 특별한 재능을 받은 사람으로 인지하고 있었다.

그리고 왕비는 다니엘을 탁월한 명철과 총명과 지혜를 가진 사람으로서 마음이 민첩하고 지식과 총명이 있어 이 문제를 능히 풀어나갈 수 있다고 언급하는데, 이는 다니엘이 느부갓네살 시대에 얼마나 대단한 사람이었는 지를 생각나게 해 준다. 실제로 다니엘 1-4장에 묘사된 다니엘의 활약은 이런 칭찬을 받을 만하다는 인식을 심어준다. 다니엘은 굳건한 믿음을 가지고 있었고, 큰 용기를 가지고 있었으며, 탁월한 지혜와 지식을 가지고 있었다. 결국, 나이가 들고 왕이 바뀌면서 잊힌 채 지내고 있던 다니엘은 다시금 바벨론 정치의 중심에 서게 된다.

벨사살이 다니엘을 부름 (13-16절)

5:13 이에 다니엘이 부름을 받아 왕의 앞에 나오매 왕이 다니엘에게 말하되 네가 나의 부왕이 유다에서 사로잡아 온 유다 자손 중의 그 다니엘이냐
5:14 내가 네게 대하여 들은즉 네 안에는 신들의 영이 있으므로 네가 명철과 총명과 비상한 지혜가 있다 하도다
5:15 지금 여러 지혜자와 술객을 내 앞에 불러다가 그들에게 이 글을 읽고 그 해석을 내게 알게 하라 하였으나 그들이 다 그 해석을 내게 보이지 못하 였느니라
5:16 내가 네게 대하여 들은즉 너는 해석을 잘하고 의문을 푼다 하도다 그런 즉 이제 네가 이 글을 읽고 그 해석을 내게 알려 주면 네게 자주색 옷을 입히 고 금 사슬을 네 목에 걸어 주어 너를 나라의 셋째 통치자로 삼으리라 하니

벨사살 왕은 다니엘을 부르고, 다니엘은 벨사살 왕의 부름을 받아 왕 앞

에 나아온다(13절). 벨사살 왕은 다니엘에게 말하기를 "네가 나의 부왕이 유다에서 사로잡아 온 유다 자손 중의 그 다니엘이냐?"라고 묻는다. 여기서 "나의 부왕이 유다에서 사로잡아 온 유다 자손"이라는 표현은 다니엘을 조금 무시하는 것 같은 느낌을 준다. 그는 다니엘을 바벨론의 포로 정도로 비하한다. 왕이 다니엘에 대하여 이러한 태도를 보이는 것은 왕비가 왕에게 다니엘을 천거하면서 극진히 칭찬한 것과 대조된다. 모름지기 위인만이 위인을 알아보는 법이다. 그리고 훌륭한 지도자는 유능한 사람을 적재적소에 배치하여 적절히 사용할 줄 아는데, 벨사살은 그러지 못했다. 다니엘이라는 걸출한 인물이 있었지만 일찍부터 그를 사용하지 못한 것이 큰 실수였다.

벨사살은 "내가 네게 대하여 들은즉 네 안에는 신들의 영이 있으므로 네가 명철과 총명과 비상한 지혜가 있다 하도다"라고 말한다(14절). "내가 네게 대하여 들은즉"이라는 말도 다니엘을 다소 멸시하고 천대하는 어조이다. 왕비는 다니엘에 대하여 직접 목격했던 일을 진술하는 가운데 확신을 가지고 있었지만, 벨사살은 그에 대해서 별로 관심이 없는 것처럼 말한다. 더욱이 왕비는 느부갓네살의 말을 인용하여 다니엘 안에 "거룩한 신들의 영"이 있다고 했지만, 벨사살은 "거룩한"을 의도적으로 빼고 "신들의 영"만을 언급함으로 다니엘을 평가절하 한다. 하지만 그는 다니엘에게서 글자의 의미를 알아낼 일말의 기대를 하고 있음을 드러낸다.

벨사살 왕은 여러 지혜자와 술객을 자신 앞에 불러서 그들에게 이 글을 읽고 그 해석을 자신에게 알게 하라 하였으나 그들이 다 그 해석을 자신에게 보이지 못했다고 말한다(15절). 그러면서 만일 다니엘이 글자를 해석하면 큰 상을 내리겠다며 다음과 같이 제안한다. "내가 네게 대하여 들은즉 너는 해석을 잘하고 의문을 푼다 하도다 그런즉 이제 네가 이 글을 읽고 그 해석을 내게 알려 주면 네게 자주색 옷을 입히고 금 사슬을 네 목에 걸어 주어 너를 나라의 셋째 통치자로 삼으리라"(16절). 물론 이러한 제안은 별로 의미가 없다. 지금 바벨론이 페르시아 군대에 의해서 거의 정복되기 직전인데 많은 재물과 높은 자리가 무슨 소용이겠는가? 따라서 벨사살 왕의 포상 제안은 그가 현실인식을 전혀 못하고 있다는 표시이거나 아니면 그냥 말하는 것에 불과하다. 어쨌든 벨사살 왕은 다니엘에게 마지막 기대를 걸어본다.

여기서 우리는 어떤 사람이 하나님의 일에 쓰임을 받는 것은 그가 가지고 있는 재능만으로 되는 것이 아님을 알게 된다. 하나님은 얼마든지 홀로 일하실 수 있다. 하지만 하나님은 사람을 통해서 일하기를 기뻐하신다. 이에 하나님은 적절한 사람을 준비하셔서 적절한 때에 불러서 사용하신다. 사람은 자신에게 조금 지혜가 있고 재능이 있다 싶으면 하나님의 쓰임을 받을 수 있을 것이라고 생각한다. 이러한 생각은 오만이며 교만이다. 하나님이 지혜와 재능을 주셔야 그것을 가질 수 있으며, 아무리 뛰어난 사람이라 하더라도 하나님이 부르시지 않으면 쓰임 받을 수 없다. 그러므로 우리는 언제나 겸손해야 한다. 하나님이 모든 것을 주관하신다는 사실을 알고 하나님 앞에서 겸비해야 한다. 자신에게 주어진 모든 선한 것이 하나님에게서 비롯된 것임을 깨달아야 하고, 하나님이 불러서 사용해 주셔야 일할 수 있다는 사실을 알아야 한다.

다니엘이 글자를 해석함 (17-28절)

5:17 다니엘이 왕에게 대답하여 이르되 왕의 예물은 왕이 친히 가지시며 왕의 상급은 다른 사람에게 주옵소서 그럴지라도 내가 왕을 위하여 이 글을

읽으며 그 해석을 아뢰리이다

5:18 왕이여 지극히 높으신 하나님이 왕의 부친 느부갓네살에게 나라와 큰 권세와 영광과 위엄을 주셨고

5:19 그에게 큰 권세를 주셨으므로 백성들과 나라들과 언어가 다른 모든 사람들이 그의 앞에서 떨며 두려워하였으며 그는 임의로 죽이며 임의로 살리며 임의로 높이며 임의로 낮추었더니

5:20 그가 마음이 높아지며 뜻이 완악하여 교만을 행하므로 그의 왕위가 폐한 바 되며 그의 영광을 빼앗기고

5:21 사람 중에서 쫓겨나서 그의 마음이 들짐승의 마음과 같았고 또 들나귀와 함께 살며 또 소처럼 풀을 먹으며 그의 몸이 하늘 이슬에 젖었으며 지극히 높으신 하나님이 사람 나라를 다스리시며 자기의 뜻대로 누구든지 그 자리에 세우시는 줄을 알기에 이르렀나이다

5:22 벨사살이여 왕은 그의 아들이 되어서 이것을 다 알고도 아직도 마음을 낮추지 아니하고

5:23 도리어 자신을 하늘의 주재보다 높이며 그의 성전 그릇을 왕 앞으로 가져다가 왕과 귀족들과 왕후들과 후궁들이 다 그것으로 술을 마시고 왕이 또 보지도 듣지도 알지도 못하는 금, 은, 구리, 쇠와 나무, 돌로 만든 신상들을 찬양하고 도리어 왕의 호흡을 주장하시고 왕의 모든 길을 작정하시는 하나님께는 영광을 돌리지 아니한지라

5:24 이러므로 그의 앞에서 이 손가락이 나와서 이 글을 기록하였나이다

5:25 기록된 글자는 이것이니 곧 메네 메네 데겔 우바르신이라

5:26 그 글을 해석하건대 메네는 하나님이 이미 왕의 나라의 시대를 세어서 그것을 끝나게 하셨다 함이요

5:27 데겔은 왕을 저울에 달아 보니 부족함이 보였다 함이요

5:28 베레스는 왕의 나라가 나뉘어서 메대와 바사 사람에게 준 바 되었다 함이니이다 하니

왕의 포상 제안에 대해서 다니엘이 왕에게 대답한다. "왕의 예물은 왕이 친히 가지시며 왕의 상급은 다른 사람에게 주옵소서 그럴지라도 내가 왕을 위하여 이 글을 읽으며 그 해석을 아뢰리이다"(17절). 다니엘은 바벨

론이 페르시아에 의해서 정복당할 것을 일찍부터 알고 있었지만, 페르시아가 나라를 지배한다고 해도 재물을 가지고 있는 것이 좋다고 생각할 수 있었을 것이다. 하지만 그는 왕의 제안을 거절한다. 이것은 다니엘이 얼마나 청빈하고 욕심이 없는 사람인지를 보여준다. 다니엘은 공적을 쌓은 후에 자신에게 어떤 이익이 오는 것을 바라지 않았다. 그는 오로지 하나님의 말씀을 왕에게 알려주는 일에 관심을 가졌다.

이러한 다니엘의 자세는 오늘날 말씀을 이용하여 이익을 남기려는 많은 이들에게 경종을 울려준다. 말씀을 전하는 자가 정당한 대우를 받는 것은 마땅하다. 예수님은 "일꾼이 그 삯을 받는 것이 마땅하니라"고 말씀하셨고(눅 10:7), 바울 역시 "성경에 일렀으되 곡식을 밟아 떠는 소의 입에 망을 씌우지 말라 하였고 또 일꾼이 그 삯을 받는 것은 마땅하다 하였느니라"고 말했다(딤전 5:18). 하지만 말씀을 전하는 자가 말씀 전하는 일을 통해서 이익을 바라는 것은 옳지 않다. 필시 거짓 선생의 전형적인 특성은 더러운 이득을 취하려고 가르침을 펼치는 것이다. 이에 바울은 다음과 같이 주의를 당부한다. "그들의 입을 막을 것이라 이런 자들이 더러운 이득을 취하려고 마땅하지 아니한 것을 가르쳐 가정들을 온통 무너뜨리는도다"(딛 1:11).

18-21절에서 다니엘은 벨사살 왕의 선조 느부갓네살 왕이 욕심과 교만으로 패망했던 이야기를 들려준다. 벨사살이 선조 왕 느부갓네살의 이야기를 몰랐을 것이라고 상상하기 어렵다. 느부갓네살은 바벨론의 영웅적인 인물이며, 바벨론의 모든 백성이 숭상하던 신적인 존재가 아니던가? 물론 느부갓네살의 이야기는 4장에 나오는데, 앞에서 말했다시피 4장과 5장 사이에 큰 시간 간격이 있기에 벨사살이 잊었을 가능성이 있다. 그렇지 않으면 벨사살이 역사에 관심이 없어서 들었던 내용을 무시했거나, 아니면 역

사가 주는 보배로운 교훈을 받아들이지 않았을 것이다. 어쨌든 그가 느부갓네살의 이야기를 중요하게 여기지 않고 그로부터 교훈을 취하지 않은 것은 큰 실수이다.

다니엘은 지극히 높으신 하나님이 느부갓네살에게 나라와 큰 권세와 영광과 위엄을 주셨고 느부갓네살이 모든 사람들에 대하여 절대적인 권력을 휘둘렀던 일을 언급한다(18-19절). 하지만 다니엘은 느부갓네살이 교만함으로 그의 왕위와 영광을 빼앗겨서 야생동물처럼 비참하고 처량한 신세로 지냈던 일과 더불어 이는 지극히 높으신 하나님이 사람 나라를 다스리시며 자기의 뜻대로 누구든지 그 자리에 세우시는 줄을 알게 하려 한 것이라고 말한다(20-21절). 따라서 다니엘은 벨사살이 역사가 주는 교훈을 배웠어야 한다는 사실을 주지시킨다.

이에 다니엘은 벨사살 왕을 준엄하게 꾸짖으면서 하나님께서 왕궁의 벽에 글자가 나타나게 하신 이유가 무엇인지를 말한다. "벨사살이여 왕은 그의 아들이 되어서 이것을 다 알고도 아직도 마음을 낮추지 아니하고 도리어 자신을 하늘의 주재보다 높이며 그의 성전 그릇을 왕 앞으로 가져다가 왕과 귀족들과 왕후들과 후궁들이 다 그것으로 술을 마시고 왕이 또 보지도 듣지도 알지도 못하는 금, 은, 구리, 쇠와 나무, 돌로 만든 신상들을 찬양하고 도리어 왕의 호흡을 주장하시고 왕의 모든 길을 작정하시는 하나님께는 영광을 돌리지 아니한지라 이러므로 그의 앞에서 이 손가락이 나와서 이 글을 기록하였나이다"(22-24절).

다니엘은 벨사살이 느부갓네살의 아들(혹은 손자나 후손)이 되어서 이러한 사실을 다 알고도 아직도 마음을 낮추지 않은 잘못을 꾸짖는다. 이는 죄인의 말로가 어떠한지를 알면서도 다시 그런 죄를 반복하는 어리석음을 책망하는 것이다. 벨사살은 역사를 알아야 했고, 역사로부터 배웠어야 했다. 자신의 선조 느부갓네살이 무엇 때문에 하나님의 분노를 사서 비참한 처지에 봉착했으며 그때 그가 깨달은 것이 무엇이었는지를 배우고 기억하면서 자신은 결코 그런 어리석음을 반복하지 않겠다고 결심했어야 했다. 하지만 벨사살은 아무런 교훈도 새기지 않았다. 필시 지도자가 역사를 알고 그로부터 교훈을 취하는 것은 너무나 중요한데, 벨사살은 그런 면에서 덕목을 갖추지 못했다.

다니엘이 특히 23절에서 벨사살이 지은 죄를 구체적으로 나열하는 것을 주목해야 한다. 이것은 바벨론이 멸망할 수밖에 없는 명확한 이유가 된다. 다니엘은 벨사살이 하나님의 성전 그릇을 가져다가 귀족들과 왕후들과 후궁들과 더불어 술을 마셨으며, 또한 보지도 듣지도 알지도 못하는 금, 은, 구리, 쇠와 나무, 돌로 만든 신상들을 찬양했고, 그의 호흡을 주장하시고 그의 모든 길을 작정하시는 하나님께 영광을 돌리지 않음으로 하나님의 분노를 샀다고 책망한다. 그리하여 하나님께서 손가락들을 보내서 글자를 쓰게 하심으로 벨사살에게 경고의 메시지를 보내셨다고 말한다. 결국 벨사살은 자신이 가진 권력의 출처를 몰랐으며, 자신에게 주어진 권력을 어떻게 선용해야 하는지도 몰랐다. 그리고 이는 필연적으로 하나님의 진노를 샀다.

이제 다니엘은 기록된 글자를 읽어준다. "기록된 글자는 이것이니 곧 메네 메네 데겔 우바르신이라"(25절). 문자적으로 보자면, "메네 메네 데겔 우바르신"에서 "메네 메네"는 '세다'라는 뜻이고, "데겔"은 '무게를 달다'라는 뜻이며, "우바르신"은 접속사 '우'(그리고)와 '바르신'이 붙어서 '그리고 나누어진다'라는 뜻이다. 이에 다니엘은 26-28절에서 이 글자의 의미를 알려준다. "메네는 하나님이 이미 왕의 나라의 시대를 세어서 그것을 끝나게 하셨다 함이요 데겔은 왕을 저울에 달아 보니 부족함이 보였다 함이요 베레스는 왕의 나라가 나뉘어서 메대와 바사 사람에게 준 바 되었다 함이니이다." 그런데 25절에서는 '바르신' 이라고 했는데, 28절에서는 '베레스' 라고 하여 단어가 달라지는데 이것은 기록 착오가 아니다. 25절의 '바르신' 은 복수형인데, 다니엘이 28절에서 이를 '베레스' 라는 단수형으로 표기하여 해석했을 뿐이다.

그러므로 왕궁의 벽에 나타난 글자를 통해서 드러난 하나님의 메시지는 무엇인가? 그것은 하나님이 벨사살의 날을 세어 보셨으며, 벨사살의 삶의 무게를 달아 보신 후에 부족함이 보여서, 나라를 나누어 다른 나라 사람에게 주셨다는 것이다. 벨사살은 인간의 삶이 하나님에 의해서 평가받는다는 사실을 알았어야 했다. 하나님이 자신을 어떻게 바라보시며, 자신에게 무엇을 요구하시는지를 깨달았어야 했다. 벨사살은 느부갓네살로부터 배운 것이 없었다. 벨사살은 하나님을 알고 있었지만, 하나님을 두려워하지 않았으며, 오히려 하나님을 망령되게 대하였다. 그리하여 하나님은 이 글자를 통하여 그의 종말을 알려주신다.

그런데 벨사살 앞에 나타난 글자의 의미는 느부갓네살에게 이미 꿈으로 예고되었던 것으로, 하나님은 바벨론을 패망시키시고 메대-바사(페르시아) 사람에게 나라를 넘겨주실 것이라고 말씀하셨는데, 이제 그 예고가 이루어지는 것이다. 우리는 이를 통하여 하나님의 예언과 작정은 반드시 성취된다는 사실을 관찰한다. 만일 느부갓네살은 물론이거니와 이후의 왕들이 회개하고 반성했더라면 역사가 어떻게 바뀌었을지 모르겠다. 하지만 그들은 자신들의 잘못을 그대로 가지고 있었고, 하나님이 기뻐하시는 방향으로 돌이키지도 않았다. 그리하여 하나님이 일찍이 경고하셨던 내용이 모두 그대로 이루어지게 되었다.

한편, 여기서 발생하는 의문은 이 글자가 의미를 파악할 수 있는 아람어라면 왜 왕궁에 있는 지혜로운 자들이 이 글자를 읽을 수 없었는가 하는 것이다. 그들은 바벨론 전역에서 가장 학식과 언어에 능통한 자들이어서 이런 글자를 쉽게 읽을 수 있었을 것이다. 이에 대해서 여러 견해가 있지만, 아직 뾰족한 답안은 없다. 어떤 이들은 이 글자가 일반적인 아람어가 아니었을 것이라고 주장하고, 어떤 이들은 이 글자가 세로로 쓰여서 그들이 못 읽었을 것이라고 보고, 어떤 이들은 하나님이 글자를 알아보지 못하도록 왕과 귀족과 지혜로운 자들의 눈을 가리셨다고 추정하지만, 어느 것 하나 만족스럽지 않다. 필시 이 글자에는 하나님의 초자연적인 현상이 동반되어서 아무나 읽을 수 없게 되어 있었을 것이다.

다니엘이 상을 받음, 벨사살이 죽임을 당함 (29-31절)

5:29 이에 벨사살이 명하여 그들이 다니엘에게 자주색 옷을 입히게 하며 금 사슬을 그의 목에 걸어 주고 그를 위하여 조서를 내려 나라의 셋째 통치자로 삼으니라
5:30 그 날 밤에 갈대아 왕 벨사살이 죽임을 당하였고
5:31 메대 사람 다리오가 나라를 얻었는데 그 때에 다리오는 육십이 세였더라

다니엘이 글자를 해석해 주자 왕은 다니엘에게 상을 내리라고 명령한다. 이는 벨사살 왕이 다니엘의 해석을 받아들였음을 뜻하지만, 그렇다고 해서 왕이 회개하고 돌이켰다는 증거가 되지는 않는다. 왕의 명령을 받은 자들은 다니엘에게 자주색 옷을 입히게 하며 금 사슬을 그의 목에 걸어 주고 그를 위하여 조서를 내려 나라의 셋째 통치자로 삼는다(29절). 앞에서 말

했다시피, 셋째 통치자란 나보니두스와 벨사살에 이은 통치자를 가리킨다. 하지만 이는 의미가 없는 선물이다. 나라가 망하는 판국에 많은 재물과 높은 지위를 얻는 것이 무슨 소용이겠는가?

"그날 밤에" 갈대아 왕 벨사살은 죽임을 당한다(30절). 여기서 "그날 밤"이란 큰 잔치가 베풀어지고 왕궁의 벽에 글자가 나타난 날 밤을 의미한다. 고대의 기록들을 통해서 당시 상황을 구성해 보면 다음과 같다. 바벨론을 멸망시킨 고레스는 바벨론을 정복하기 위하여 유프라테스 강의 강물을 우회시켜 그의 군사들이 무사히 강을 건널 수 있게 하였다. 그리고 그는 바벨론 사람들이 연회를 베풀어서 술에 취해 있을 때 성을 함락하고 왕을 죽이고 성벽을 무너뜨렸다. 이때 나보니두스는 고레스에 대항하여 전쟁을 벌였으나 패전하여 보르시파(Borsippa)로 도망했으며, 이후 항복하여 카르마니아(Carmania)에 이송되어 지내다가 죽었다.

다니엘 5장은 "메대 사람 다리오가 나라를 얻었는데 그 때에 다리오는 육십이 세였더라"로 끝난다(31절). 하지만 어떤 사본(AV)은 다니엘 5:31을 6장에 붙여서 6:1로 취급하는데, 이는 이 구절이 5장과 6장을 연결하는 역할을 하기 때문이다. 바벨론이 패망한 후에 나라를 얻은 사람은 메대 사람 다리오인데, 여기에 나오는 다리오가 누구인지에 대하여 혼란이 있다. 이는 다리오에 대한 문헌 기록이 존재하지 않기 때문이다. 오히려 역사적으로 바벨론을 멸망시킨 사람은 고레스 왕이다(참고 _ 사 44:28-45:1). 따라서 어떤 학자들은 고레스가 다리오에게 바벨론 통치를 위임했다고 주장하고, 어떤 학자들은 다리오와 고레스가 같은 인물이라고 생각한다. 즉 다리오는 특정한 사람 이름이 아니라 메대의 왕 명칭이라는 것이다(이집트의 '바로' 처럼).

　바벨론이 멸망한 일은 이스라엘 사람들에게 큰 소망이 된다. 바벨론은 이스라엘을 파괴하고, 많은 사람을 포로로 잡아왔으며, 이스라엘 백성이 하나님을 믿지 못하게 하려고 위협한 세력이었다. 더욱이 하나님의 경륜에 의하면, 페르시아의 고레스는 이스라엘 백성을 자기 나라로 돌아가도록 칙령을 내릴 것이다. 따라서 5장의 마지막 절은 이스라엘에게 큰 소망을 가져다준다. 이스라엘 백성들은 바벨론이 패망하고 메대-페르시아가 일어나는 것을 보면서 느부갓네살이 꿈에서 보았던 거대한 신상이 하나님에 의해서 파괴된 일과 다니엘의 세 친구가 풀무불이 타는 용광로에서 초자연적인 구원을 받은 사건 등을 떠올렸을 것이다. 그리고 그들은 하나님이 역사에 주권적으로 개입하셔서 그분의 선하신 뜻대로 실현해 나가신다는 사실을 깨달았을 것이다.

| 본문이 우리에게 주는 교훈 |

　1 _ 바벨론은 나라를 잃을 위기에 처해 있다. 하지만 나라를 지켜야 할 왕과 왕후들과 귀족들은 연회를 벌이면서 유흥과 환락을 즐기고 있다. 더욱이 왕은 귀족들과 왕후들과 후궁들과 더불어 예루살렘 성전에서 탈취하여 온 금 그릇과 은 그릇에 술을 부어서 마시고 있다. 또한, 그들은 술을 마신 후에 금, 은, 구리, 쇠, 나무, 돌로 만든 신들을 찬양한다. 이것은 거룩하신 하나님을 철저하게 능멸하고 모독하는 행동이다. 그래서 요한계시록 18:1-2는 바벨론을 악의 상징으로 묘사한다. "무너졌도다 무너졌도다 큰 성 바벨론이여 귀신의 처소와 각종 더러운 영이 모이는 곳과 각종 더럽고 가증한 새들이 모이는 곳이 되었도다." 오늘 우리 시대에도 이러한 잘못은 반복되고 있다. 많은 사람이 정신을 차리지 못하고 흥청망청 먹고 마시며, 더욱이 하나님을 모독하고 교회를 조롱하는 잘못을 범하고 있다. 우리는

이러한 자들에 대한 하나님의 엄중한 심판이 있을 것을 알고 회개를 외쳐야 한다.

2 _ 이 단락에 나오는 왕궁 벽에 새겨진 글자 '메네 메네 데겔 우바르신'은 하나님이 사람을 측정해 보신다는 메시지를 담고 있다. 하나님은 우리의 삶을 측정하신다. 그런데 하나님은 삶의 양을 보시는 것이 아니라 삶의 질을 보신다. 우리는 잠언 24:12를 기억해야 한다. "네가 말하기를 나는 그것을 알지 못하였노라 할지라도 마음을 저울질 하시는 이가 어찌 통찰하지 못하시겠으며 네 영혼을 지키시는 이가 어찌 알지 못하시겠느냐 그가 각 사람의 행위대로 보응하시리라." 우리는 하나님이 나를 평가하신다면 무엇이라 말씀하실 것인지를 생각해 보아야 한다. 자신의 삶이 가볍지 않고 경솔하지 않으며 무의미하지 않도록 최선을 다해야 한다. 하나님 앞에서 숨길 수 있는 것이 아무 것도 없다는 사실을 알아야 한다. "여호와여 주께서 나를 살펴 보셨으므로 나를 아시나이다 주께서 내가 앉고 일어섬을 아시고 멀리서도 나의 생각을 밝히 아시오며 나의 모든 길과 내가 눕는 것을 살펴 보셨으므로 나의 모든 행위를 익히 아시오니 여호와여 내 혀의 말을 알지 못하시는 것이 하나도 없으시니이다"(시 139:1-4).

3 _ 벨사살은 선조 왕 느부갓네살의 이야기를 교훈 삼지 않았다. 그는 지난 역사로부터 가르침을 배웠어야 하며 과거의 잘못을 범하지 않도록 노력했어야 했다. 하지만 그는 교만했으며, 타락했고, 하나님을 모독했으며, 불신앙 가운데 회개하지 않았다. 그동안 하나님은 벨사살이 회개하고 돌이키도록 많은 세월이 흐르도록 참고 기다리셨다. 하지만 벨사살이 여전히 회개하지 않자 이제 하나님의 진노가 그에게 임한다. 하나님이 참아주실 동안에 회개해야 한다. 오늘날 우리 역시 지난 역사가 주는 보배롭기도 하고 한편으로는 뼈아프기도 한 교훈을 중요하게 여겨야 한다. 과거의

선례나 잘못으로부터 많은 것을 배워서 우리가 나아가야 할 지침으로 삼아야 한다. 참으로, 역사를 공부하는 것은 귀중한 가르침을 얻게 해 준다.

4 _ 우리는 다니엘이 어떤 사람인가를 생각해 보아야 한다. 다니엘은 바벨론에서 오랫동안 살았지만, 하나님에 대한 신앙을 순수하게 유지하고 있었다. 그는 하나님이 함께하시는 사람이었으며, 거룩하고 경건했고, 마음이 민첩하며, 지식과 총명이 있었고, 비상한 지혜를 갖추고 있었다. 더욱이 그는 물질과 지위에 대해서 아무런 욕심을 가지고 있지 않았다. 그는 참으로 겸손했고 청렴했다. 그는 나이가 들어서도 벨사살 왕에게 나아가서 하나님의 준엄한 경고의 메시지를 전달하는 용기를 보여주었다. 우리는 다니엘을 보면서 그리스도인이 이런 사람이어야 한다는 사실을 깨닫는다. 우리는 다니엘처럼 경건하고 지혜롭고 청렴하고 용기 있는 사람이 되도록 기도하고 노력해야 한다. 그리하여 하나님이 사용하시기에 합당한 일꾼이 되어야 한다. "이 은혜는 곧 나로 이방인을 위하여 그리스도 예수의 일꾼이 되어 하나님의 복음의 제사장 직분을 하게 하사 이방인을 제물로 드리는 것이 성령 안에서 거룩하게 되어 받으실 만하게 하려 하심이라"(롬 15:16). "내가 교회의 일꾼 된 것은 하나님이 너희를 위하여 내게 주신 직분을 따라 하나님의 말씀을 이루려 함이니라"(골 1:25).

다니엘 _ 6장

조서에 왕의 도장이 찍힌 것을 알고도

이제 다니엘서 전반부(1-6장)의 마지막 장에 도달했다. 다니엘 1-6장에서 다니엘은 두 개의 나라를 경험하는데, 1-5장에서는 바벨론 치하에서의 생활을 소개하고, 6장에서는 바벨론 이후 페르시아 치하에서의 생활을 언급한다. 다니엘은 바벨론에 포로로 잡혀 와서 많은 고생을 하면서도 신앙의 지조를 지켰으며 하나님이 주신 지혜와 총명으로 큰일을 감당했는데, 이제 바벨론이 페르시아에 의해서 정복을 당하여 페르시아의 왕 다리오가 통치하던 시대에도 여전히 높은 자리에 앉아서 큰 영향력을 행사한다. 그러던 차에 6장에서는 왕의 금령이 내려져서 다니엘이 기도하던 일을 멈추지 않으면 안 되는 상황이 발생한다. 하지만 다니엘은 기도를 멈추지 않는다. 그는 이스라엘의 회복이 기도를 통해서 가능하다는 사실을 깊이 인지하고 있었다.

| 성경본문 |

6:1 다리오가 자기의 뜻대로 고관 백이십 명을 세워 전국을 통치하게 하고

6:2 또 그들 위에 총리 셋을 두었으니 다니엘이 그 중의 하나이라 이는 고관들로 총리에게 자기의 직무를 보고하게 하여 왕에게 손해가 없게 하려 함이었더라

6:3 다니엘은 마음이 민첩하여 총리들과 고관들 위에 뛰어나므로 왕이 그를 세워 전국을 다스리게 하고자 한지라

6:4 이에 총리들과 고관들이 국사에 대하여 다니엘을 고발할 근거를 찾고자 하였으나 아무 근거, 아무 허물도 찾지 못하였으니 이는 그가 충성되어 아무 그릇됨도 없고 아무 허물도 없음이었더라

6:5 그들이 이르되 이 다니엘은 그 하나님의 율법에서 근거를 찾지 못하면 그를 고발할 수 없으리라 하고

6:6 이에 총리들과 고관들이 모여 왕에게 나아가서 그에게 말하되 다리오 왕이여 만수무강 하옵소서

6:7 나라의 모든 총리와 지사와 총독과 법관과 관원이 의논하고 왕에게 한 법률을 세우며 한 금령을 정하실 것을 구하나이다 왕이여 그것은 곧 이제부터 삼십일 동안에 누구든지 왕 외의 어떤 신에게나 사람에게 무엇을 구하면 사자 굴에 던져 넣기로 한 것이니이다

6:8 그런즉 왕이여 원하건대 금령을 세우시고 그 조서에 왕의 도장을 찍어 메대와 바사의 고치지 아니하는 규례를 따라 그것을 다시 고치지 못하게 하옵소서 하매

6:9 이에 다리오 왕이 조서에 왕의 도장을 찍어 금령을 내니라

6:10 다니엘이 이 조서에 왕의 도장이 찍힌 것을 알고도 자기 집에 돌아가서는 윗방에 올라가 예루살렘으로 향한 창문을 열고 전에 하던 대로 하루 세 번씩 무릎을 꿇고 기도하며 그의 하나님께 감사하였더라

6:11 그 무리들이 모여서 다니엘이 자기 하나님 앞에 기도하며 간구하는 것을 발견하고

6:12 이에 그들이 나아가서 왕의 금령에 관하여 왕께 아뢰되 왕이여 왕이 이미 금령에 왕의 도장을 찍어서 이제부터 삼십 일 동안에는 누구든지 왕 외의 어떤 신에게나 사람에게 구하면 사자 굴에 던져 넣기로 하지 아니하였

나이까 하니 왕이 대답하여 이르되 이 일이 확실하니 메대와 바사의 고치지 못하는 규례니라 하는지라

6:13 그들이 왕 앞에서 말하여 이르되 왕이여 사로잡혀 온 유다 자손 중에 다니엘이 왕과 왕의 도장이 찍힌 금령을 존중하지 아니하고 하루 세 번씩 기도하나이다 하니

6:14 왕이 이 말을 듣고 그로 말미암아 심히 근심하여 다니엘을 구원하려고 마음을 쓰며 그를 건져내려고 힘을 다하다가 해가 질 때에 이르렀더라

6:15 그 무리들이 또 모여 왕에게로 나아와서 왕께 말하되 왕이여 메대와 바사의 규례를 아시거니와 왕께서 세우신 금령과 법도는 고치지 못할 것이니이다 하니

6:16 이에 왕이 명령하매 다니엘을 끌어다가 사자 굴에 던져 넣는지라 왕이 다니엘에게 이르되 네가 항상 섬기는 너의 하나님이 너를 구원하시리라 하니라

6:17 이에 돌을 굴려다가 굴 어귀를 막으매 왕이 그의 도장과 귀족들의 도장으로 봉하였으니 이는 다니엘에 대한 조치를 고치지 못하게 하려 함이었더라

6:18 왕이 궁에 돌아가서는 밤이 새도록 금식하고 그 앞에 오락을 그치고 잠자기를 마다하니라

6:19 이튿날에 왕이 새벽에 일어나 급히 사자 굴로 가서

6:20 다니엘이 든 굴에 가까이 이르러서 슬피 소리 질러 다니엘에게 묻되 살아 계시는 하나님의 종 다니엘아 네가 항상 섬기는 네 하나님이 사자들에게서 능히 너를 구원하셨느냐 하니라

6:21 다니엘이 왕에게 아뢰되 왕이여 원하건대 왕은 만수무강 하옵소서

6:22 나의 하나님이 이미 그의 천사를 보내어 사자들의 입을 봉하셨으므로 사자들이 나를 상해하지 못하였사오니 이는 나의 무죄함이 그 앞에 명백함이오며 또 왕이여 나는 왕에게도 해를 끼치지 아니하였나이다 하니라

6:23 왕이 심히 기뻐서 명하여 다니엘을 굴에서 올리라 하매 그들이 다니엘을 굴에서 올린즉 그의 몸이 조금도 상하지 아니하였으니 이는 그가 자기의 하나님을 믿음이었더라

6:24 왕이 말하여 다니엘을 참소한 사람들을 끌어오게 하고 그들을 그들의 처자들과 함께 사자 굴에 던져 넣게 하였더니 그들이 굴 바닥에 닿기도 전에 사자들이 곧 그들을 움켜서 그 뼈까지도 부서뜨렸더라

6:25 이에 다리오 왕이 온 땅에 있는 모든 백성과 나라들과 언어가 다른 모든 사람들에게 조서를 내려 이르되 원하건대 너희에게 큰 평강이 있을지어다

6:26 내가 이제 조서를 내리노라 내 나라 관할 아래에 있는 사람들은 다 다니엘의 하나님 앞에서 떨며 두려워할지니 그는 살아 계시는 하나님이시요 영원히 변하지 않으실 이시며 그의 나라는 멸망하지 아니할 것이요 그의 권세는 무궁할 것이며

6:27 그는 구원도 하시며 건져내기도 하시며 하늘에서든지 땅에서든지 이적과 기사를 행하시는 이로서 다니엘을 구원하여 사자의 입에서 벗어나게 하셨음이라 하였더라

6:28 이 다니엘이 다리오 왕의 시대와 바사 사람 고레스 왕의 시대에 형통하였더라

| 본문해설 |

다니엘이 페르시아의 총리가 됨 (1-3절)

6:1 다리오가 자기의 뜻대로 고관 백이십 명을 세워 전국을 통치하게 하고

6:2 또 그들 위에 총리 셋을 두었으니 다니엘이 그 중의 하나이라 이는 고관들로 총리에게 자기의 직무를 보고하게 하여 왕에게 손해가 없게 하려 함이었더라

6:3 다니엘은 마음이 민첩하여 총리들과 고관들 위에 뛰어나므로 왕이 그를 세워 전국을 다스리게 하고자 한지라

바벨론이 페르시아에 의해서 패망하고, 이제는 페르시아가 세상을 지배하게 되었다. 그리하여 하나님이 느부갓네살에게 꿈을 통하여 예고하신 일이 현실화된다. 즉 2:39에서 다니엘이 느부갓네살의 꿈을 해석해 주면

서 "왕을 뒤이어 왕보다 못한 다른 나라가 일어날 것이요"라고 했던 말이 성취된다. 페르시아 왕 다리오는 자기의 뜻대로 고관(지방 장관) 120명을 세워서 전국을 통치하게 한다(1절). 이는 각 지역을 효율적으로 다스리고, 각 지역에서 일어날 수 있는 반란을 사전에 차단하며, 더욱이 각 지역으로부터 세금을 많이 거두어들이기 위한 방책이다.

여기에 나오는 '고관'에 해당하는 아람어 '라아하쉬따르페나이야'(원형: '아하쉬따르판')는 고대 바벨론이나 페르시아에서 지방을 다스리기 위해 파견된 관리를 일컫는 전문용어이다. 그런데 여기서는 다리오 왕이 고관을 120명 세워서 지역을 120개로 나눈 것으로 되어 있지만, 에스더 1:1에서는 아하수에로 왕이 지역을 127개로 구분한 것으로 되어 있다. 이에 비평학자들은 다니엘서의 역사적 신빙성에 의문을 제기한다. 하지만 이 문제는 간단히 해결할 수 있는데, 다리오 때 120개였던 지역은 이후 아하수에로 때 127개의 지역으로 재편된 것으로 추정된다.

다리오는 120명의 고관(지방 장관)들 위에 총리 세 명을 두었으며 다니엘은 그 중의 한 명이었다(2절). 다리오가 고관들 위에 총리를 세 명 둔 이유는 고관들이 총리에게 자신들의 직무를 보고하게 하여 다리오 왕에게 손해가 없게 하려 함이었다. 이것은 앞에서 언급했듯이 지역을 효율적으로 다스리려는 방책이었으며, 더군다나 세금을 거두어서 나라의 재정을 튼튼하게 만들려는 의도였다. 페르시아는 여러 나라를 정복하여 하나의 나라로 만든 제국주의적 국가였기 때문에 각 지방을 철저히 통제하여 왕의 정치적 의도가 제국 구석구석에 미치게 해야 했다.

그런데 다리오가 다니엘을 어떻게 알았는지, 그리고 바벨론에서 관리로 있었던 다니엘을 어떤 연유로 페르시아의 총리라는 높은 직위에 앉혔는지는 알려지지 않았다. 아마도 다니엘이 느부갓네살 왕의 꿈을 해석해 주고 그에게 정책 자문을 해 준 일과 다니엘이 느부갓네살 왕 아래에서 고위직으로 있었기에 실무에 정통한 것을 다리오가 들었을 것이다. 그리고 다니엘이 벨사살 왕에게 나타났던 신비한 글자를 읽고 의미를 알려주었던 일을 들었을 것이다. 그래서 다리오는 다니엘과 같은 인재를 놓치지 않으려 했을 것이다. 이렇게 하여 나라는 바뀌었지만, 다니엘은 그대로였다. 다니엘은 어느덧 80대의 노인이 되었으나 여전히 탁월함을 유지했다.

3절의 "다니엘은 마음이 민첩하여 총리들과 고관들 위에 뛰어나므로"라는 표현은 다니엘의 특출함에 대한 서술인데, 이는 이미 다니엘서 전반부에서 충분히 알려졌고 검증되었지만(참고 _ 1:20; 2:49; 4:8; 5:12), 여기서 다시 확인된다. 그리고 이것은 페르시아의 왕 다리오가 다니엘을 어떤 사람으로 인지했는지를 반영한다. 그런데 "다니엘은 마음이 민첩하여"라는 문구에 해당하는 원문 '루아흐 얏티라 뻬흐'의 의미는 '그의 안에 탁월한 영이 있었다'이다. 그리하여 영어성경 NASB는 "he possessed an extraordinary spirit"이라고 번역하며, ESV는 "an excellent spirit was in him"이라고 번역한다. 또한, 한글성경 공동번역은 "다니엘에게는 놀라운 신통력이 있어서"라고 번역한다. 따라서 이 문구는 다니엘이 단지 인간적으로 총명했다는 뜻이 아니라, 하나님이 다니엘을 성령으로 충만하게 해 주셨다는 사실을 함의한다.

다니엘의 마음이 민첩한 것, 곧 다니엘 안에 하나님이 놀라운 영을 넣어주신 것은 그가 하나님에게서 특별한 재능을 선물로 받았음을 의미한다(참고 _ 1:17). 실제로 과거에 느부갓네살 왕은 다니엘에 대하여 "거룩한 신들의 영"이 있는 자라고 빈번하게 말했고(참고 _ 4:8, 9, 18), 벨사살 왕 시대에 느부갓네살 왕의 아내나 딸로 추정되는 왕비는 "왕의 나라에 거룩한 신들의 영이 있는 사람이 있으니 곧 왕의 부친 때에 있던 자로서 명철과 총명과 지혜가 신들의 지혜와 같은 자니이다" 라는 언급을 했다(참고 _ 5:11-12). 따라서 다리오 왕은 다니엘의 범상치 않음을 알아보고 그를 총리 중의 으뜸으로 세워서 전국을 다스리게 했다.

여기서 우리는 다니엘을 보면서 지도자의 덕목을 생각해 볼 수 있다. 지도자의 역량에 따라서 그가 이끄는 집단의 성격과 방향과 존망이 결정된다. 다니엘서 전반에 걸쳐 드러나는 대로 유대인들은 다니엘 덕분에 바벨론과 페르시아의 포로에서 해방되어 고향 땅으로 돌아갈 수 있었다. 이후에 드러나지만, 다니엘은 고레스 왕의 마음을 움직였고, 결국 고레스 왕 원년에(주전 539-537년) 유대인들의 대대적인 귀환이 있었다. 우리는 에스라 1장과 6장에서 예루살렘 성전 재건을 위해 고레스 왕이 자금을 지원한 일, 고레스 왕이 원하는 유대인들을 본국으로 돌아가게 한 일, 그리고 심지어 예루살렘 성전에서 가져 온 금 그릇과 은 그릇을 정확한 수량까지 세어서 고스란히 반납한 일을 볼 수 있다.

총리들과 고관들이 다니엘을 죽이려고 모함을 꾸밈 (4-9절)

6:4 이에 총리들과 고관들이 국사에 대하여 다니엘을 고발할 근거를 찾고자 하였으나 아무 근거, 아무 허물도 찾지 못하였으니 이는 그가 충성되어 아무 그릇됨도 없고 아무 허물도 없음이었더라

6:5 그들이 이르되 이 다니엘은 그 하나님의 율법에서 근거를 찾지 못하면 그를 고발할 수 없으리라 하고

6:6 이에 총리들과 고관들이 모여 왕에게 나아가서 그에게 말하되 다리오 왕이여 만수무강 하옵소서

6:7 나라의 모든 총리와 지사와 총독과 법관과 관원이 의논하고 왕에게 한

법률을 세우며 한 금령을 정하실 것을 구하나이다 왕이여 그것은 곧 이제부
터 삼십일 동안에 누구든지 왕 외의 어떤 신에게나 사람에게 무엇을 구하면
사자 굴에 던져 넣기로 한 것이니이다
6:8 그런즉 왕이여 원하건대 금령을 세우시고 그 조서에 왕의 도장을 찍어
메대와 바사의 고치지 아니하는 규례를 따라 그것을 다시 고치지 못하게 하
옵소서 하매
6:9 이에 다리오 왕이 조서에 왕의 도장을 찍어 금령을 내니라

다리오 왕에게 다니엘이 특별한 신임을 얻게 되자 다니엘을 제외한 다
른 두 명의 총리들과 고관들은 질투심을 느꼈다. 그래서 그들은 다니엘을
제거하려고 "국사에 대하여", 곧 업무를 수행하는 과정에서 다니엘을 고
발할 근거를 찾고자 했지만 아무런 근거나 허물을 찾지 못했는데 이는 다
니엘이 충성 되어서 아무런 그릇됨도 없고 아무런 허물도 없었기 때문이
다(4절). 총리들과 고관들이 다니엘을 질투한 이유는 그가 포로로 잡혀온
신분임에도 불구하고 높은 자리에 임명된 것을 용납할 수 없었기 때문이
고, 또한 지방으로부터 세금을 거두어들이는 과정에서 자신들의 수입을
늘리고 싶어도 청렴결백한 다니엘 때문에 그렇게 할 수 없었기 때문이다.

이에 총리들과 고관들은 틀림없이 다니엘의 생활과 재산 등을 샅샅이
조사했을 것이다. 하지만 그들은 다니엘에게서 어떠한 흠도 발견할 수 없
었다. 총리들과 고관들이 다니엘에 대하여 질투한 것은 다니엘 3:8 이하에
서 왕의 책사들(고관들)이 다니엘의 세 친구에 대해 질투한 것과 맥락을 같
이한다. 따라서 우리는 흠 잡힐 만한 것이 없도록 노력해야 한다. 하지만
정직하고 성실하게 사는 사람은 언제나 질투의 대상이 된다. 특히 그리스
도인은 아무런 이유도 없이 세상 사람의 박해와 조롱을 받는 경우가 많다.
이에 예수 그리스도의 사도 베드로는 그리스도인이 고난을 겪는 것을 이

상하게 여기지 말라고 권면하면서, 그런 일을 당하는 사람이 복 있는 사람
이라고 격려한다(참고 _ 벧전 4:12-14).

총리들과 고관들은 국사에 대하여, 곧 총리로서의 업무 수행의 문제에
있어서 다니엘에게서 아무런 흠을 찾을 수 없게 되자, 다른 영역에서 그에
게 문제가 없는지를 찾으려고 한다. 따라서 그들은 다니엘을 제거하는 데
상당한 집요함을 보인다. 그들은 다니엘이 믿고 섬기는 하나님의 율법에
서 근거를 찾지 못하면 그를 고발할 수 없을 것으로 생각한다(5절). 한글성
경 공동번역은 5절(공동번역에서는 '6절'에 해당함)의 의미를 잘 살려서 "그들
은 다니엘에게는 트집 잡을 만한 일이 하나도 없으니 그의 종교를 걸어 트
집을 잡자고 의논하였다"라고 번역한다.

여기서 "하나님의 율법"이란 모세오경(특히 십계명)을 가리킨다. 다니엘
은 평소에 하나님을 믿는 사람이라는 정체성을 분명히 드러냈고, 하나님
의 율법에 순종하는 것을 대단히 중요하게 여겼다. 특히 그는 '하나님 외
에 다른 신을 섬기지 말라'는 제1계명을 가장 본질적인 계명으로 생각하
고 실천했다. 그는 오랫동안 바벨론에서 살았지만, 하나님을 잊지 않았으
며 하나님의 율법을 순종하는 일에 흠이 없었다. 그리하여 총리들과 고관
들은 다니엘이 하나님의 율법을 지키지 못하게 하면 된다고 생각해서 하
나님의 율법과 충돌(모순)하는 규정을 만들려고 한다.

총리들과 고관들이 "모여" 왕에게 나아가서 "다리오 왕이여 만수무강
하옵소서"라고 한다(6절). 여기에 모인 총리들과 고관들은 다니엘을 제외
한 두 명의 총리와 일부 고관을 가리키며, 페르시아 전역에 흩어져 있는
120명의 모든 고관을 가리키지 않는다. 아마도 그들은 페르시아 수도에
있는 주요 고관들일 것이다. 그리고 이 구절에서 "모여"에 해당하는 원어

'하르끼슈'의 원형 '레가쉬'는 '떠들썩하게 모이는 것'을 뜻하는데, 그들이 질서나 예의 없이 오로지 다니엘을 제거하려는 욕망만을 가지고 서둘러 모인 것을 암시한다. 그들은 왕에게 의례적인 인사를 건넨 후에 본론을 말한다.

총리들과 고관들은 다니엘을 제거할 수 있는 법령, 곧 하나님의 율법과 모순되는 법령을 만들기 위해서 왕에게 다음과 같이 요청한다. "나라의 모든 총리와 지사와 총독과 법관과 관원이 의논하고 왕에게 한 법률을 세우며 한 금령을 정하실 것을 구하나이다 왕이여 그것은 곧 이제부터 삼십일 동안에 누구든지 왕 외의 어떤 신에게나 사람에게 무엇을 구하면 사자 굴에 던져 넣기로 한 것이니이다 그런즉 왕이여 원하건대 금령을 세우시고 그 조서에 왕의 도장을 찍어 메대와 바사의 고치지 아니하는 규례를 따라 그것을 다시 고치지 못하게 하옵소서"(7-8절).

총리들과 고관들은 "나라의 모든 총리와 지사와 총독과 법관과 관원이 의논"했다고 말하는데, 이는 거짓이 분명하다. 나라의 관리 전체가 모여서 회의를 할 만한 시간적인 여유가 없었을 것이다. 그들이 다리오 왕에게 금령을 내리라고 요청한 것은 다니엘을 제거하려는 속셈에서 비롯된 것이다. 그들은 다니엘이 언제나 하루 세 번 무릎을 꿇고 예루살렘을 향하여 기도하는 것을 알고 있었는데, 이는 10절에 나오듯이 다니엘이 창문을 열어 놓고 기도했기 때문이다. 그리고 이 법을 30일 동안 한시적으로 시행하자고 하는데, 이는 다니엘이 기도하는 일에 있어서 결코 예외를 두지 않는다는 점을 알고 있었기 때문이다. 더욱이 그들은 왕에게 분별할 여지를 주지 않는데, 왕 외의 다른 신에게나 사람에게 절하지 못하게 하라고 함으로 왕을 극진히 높여주는 것처럼 아부하며, 금령을 세우고 그 조서에 왕의 도장을 찍어 왕 자신도 금령을 고칠 수 없게 만들어야 한다고 함으로 다니엘을 완벽히 궁지에 몰아넣으려고 한다.

다리오 왕은 조서에 왕의 도장을 찍어 금령을 낸다(9절). 이것은 어리석고 미련한 결정이다. 다리오 왕은 이 금령이 자신을 높이는 것이며 모든 백성이 자신에게 충성을 맹세하게 하는 것이라는 측면만 보고 섣불리 도장을 찍어 버렸다. 왕은 금령을 만들면서 금령의 결과가 무엇인지, 즉 금령 때문에 어떤 일이 일어날지를 생각했어야 했다. 더욱이 이 금령으로 그가 총애하는 다니엘이 어떤 해를 당할지도 예측했어야 했다. 하지만 그는 자기중심적 사람이어서 금령에 쉽게 도장을 찍어버렸다. 그래서 다니엘은 절체절명의 위기에 처하게 되었다.

다니엘이 고발당하고 사자 굴에 던져짐 (10-18절)

6:10 다니엘이 이 조서에 왕의 도장이 찍힌 것을 알고도 자기 집에 돌아가서는 윗방에 올라가 예루살렘으로 향한 창문을 열고 전에 하던 대로 하루 세 번씩 무릎을 꿇고 기도하며 그의 하나님께 감사하였더라
6:11 그 무리들이 모여서 다니엘이 자기 하나님 앞에 기도하며 간구하는 것을 발견하고
6:12 이에 그들이 나아가서 왕의 금령에 관하여 왕께 아뢰되 왕이여 왕이 이미 금령에 왕의 도장을 찍어서 이제부터 삼십 일 동안에는 누구든지 왕 외의 어떤 신에게나 사람에게 구하면 사자 굴에 던져 넣기로 하지 아니하였나이까 하니 왕이 대답하여 이르되 이 일이 확실하니 메대와 바사의 고치지 못하는 규례니라 하는지라
6:13 그들이 왕 앞에서 말하여 이르되 왕이여 사로잡혀 온 유다 자손 중에 다니엘이 왕과 왕의 도장이 찍힌 금령을 존중하지 아니하고 하루 세 번씩 기도하나이다 하니
6:14 왕이 이 말을 듣고 그로 말미암아 심히 근심하여 다니엘을 구원하려고 마음을 쓰며 그를 건져내려고 힘을 다하다가 해가 질 때에 이르렀더라

6:15 그 무리들이 또 모여 왕에게로 나아와서 왕께 말하되 왕이여 메대와 바사의 규례를 아시거니와 왕께서 세우신 금령과 법도는 고치지 못할 것이니이다 하니
6:16 이에 왕이 명령하매 다니엘을 끌어다가 사자 굴에 던져 넣는지라 왕이 다니엘에게 이르되 네가 항상 섬기는 너의 하나님이 너를 구원하시리라 하니라
6:17 이에 돌을 굴려다가 굴 어귀를 막으매 왕이 그의 도장과 귀족들의 도장으로 봉하였으니 이는 다니엘에 대한 조치를 고치지 못하게 하려 함이었더라
6:18 왕이 궁에 돌아가서는 밤이 새도록 금식하고 그 앞에 오락을 그치고 잠자기를 마다하니라

10절은 "다니엘이 이 조서에 왕의 도장이 찍힌 것을 알고도"라는 문구로 시작된다. 다니엘은 총리들과 고관들이 어떠한 연유로 이런 금령을 왕에게 요청했는지 알고 있었으며, 왕이 조서에 도장을 찍었을 때 그것이 얼마나 절대적인 권위를 가졌는지도 알고 있었다. 하지만 그는 조금도 동요하거나 갈등하지 않았다. 그는 평소 하던 일을 했다. 그가 평소에 하던 일이란 무엇인가? 그것은 다음의 문구에 나타나 있다. "자기 집에 돌아가서는 윗방에 올라가 예루살렘으로 향한 창문을 열고 전에 하던 대로 하루 세 번씩 무릎을 꿇고 기도하며 그의 하나님께 감사하였더라." 이것이 다니엘의 평소 삶이었다. 실로 그는 신앙인의 전형을 보여준다.

다니엘은 페르시아의 총리로서 왕 다음으로 높은 지위에 있었다. 그는 누구보다도 왕의 금령을 지키고 따라야 할 사람이었다. 하지만 그는 하나님의 말씀을 지키는 일을 가장 중요하게 생각했다. 비록 왕이 내린 금령이라도 하나님의 말씀과 모순된다고 판단했을 때 그는 모든 것을 버릴 각오를 하고서 하나님의 말씀을 지키기로 작정했다. 그리스도인은 일반적으로

나라의 법률을 지켜야 하며 지도자의 권위를 인정해야 한다. 하지만 그것이 하나님의 말씀과 충돌할 때에는 하나님의 말씀이 우선이라는 사실을 알고 그것에 맞게 처신해야 한다. 이에 우리는 주님의 복음을 전하는 일과 나라가 그것을 금하는 일 사이에서 베드로와 사도들이 했던 말을 기억하고 따라야 한다. "사람보다 하나님께 순종하는 것이 마땅하니라"(행 5:29).

그리고 다니엘은 하나님 중심의 사람이었다. 그는 오직 하나님이 모든 것을 쥐고 계신다고 믿었다. 그는 유다 백성이 왜 이방 땅에 포로로 잡혀와서 지금껏 고생하고 있는지 알고 있었다. 곧 유다 백성이 하나님과 맺은 언약을 깨뜨리고 하나님께 죄를 범했기 때문에 하나님이 진노하셔서 그들을 머나먼 이방 나라에 잡혀 오게 하신 것을 알고 있었다. 이에 그는 하나님이 언젠가 자신들을 용서하시고 언약을 회복시키셔서 그들을 고향 땅으로 돌아가게 하실 것을 기대하며 기도했다. 그리고 그러한 소망에 대한 구체적인 몸짓이 하나님의 성전이 있는 거룩한 도시 예루살렘으로 향한 창문을 열고 하루 세 번씩 무릎을 꿇고 기도하는 것이었다.

원래 하루에 세 번 기도하는 것은 다윗이 세운 전통이다. 시편 55:16-17에서 다윗은 다음과 같이 기도한다. "나는 하나님께 부르짖으리니 여호와께서 나를 구원하시리로다 저녁과 아침과 정오에 내가 근심하여 탄식하리니 여호와께서 내 소리를 들으시리로다." 이에 이스라엘 백성들은 하루에 세 번 기도하는 것을 중요한 전통으로 삼았으며, 이러한 전통은 신약 시대에도 그대로 계승되었다. 예를 들어, 사도행전 3:1에는 "제 구 시 기도 시간에 베드로와 요한이 성전에 올라갈새"라는 문구가 있는데, 이것은 유대인들이 제9시(오늘날의 오후 3시)를 포함하여 하루에 세 번 기도했던 일을 반영한다.

더욱이 솔로몬은 성전을 봉헌하면서 다음과 같이 기도했는데, 이것은 타국에서의 포로 생활을 마치고 돌아가게 해 달라는 기도이다. "범죄하지 아니하는 사람이 없사오니 그들이 주께 범죄함으로 주께서 그들에게 진노하사 그들을 적국에게 넘기시매 적국이 그들을 사로잡아 원근을 막론하고 적국의 땅으로 끌어간 후에 그들이 사로잡혀 간 땅에서 스스로 깨닫고 그 사로잡은 자의 땅에서 돌이켜 주께 간구하기를 우리가 범죄하여 반역을 행하며 악을 지었나이다 하며 자기를 사로잡아 간 적국의 땅에서 온 마음과 온 뜻으로 주께 돌아와서 주께서 그들의 조상들에게 주신 땅 곧 주께서 택하신 성읍과 내가 주의 이름을 위하여 건축한 성전 있는 쪽을 향하여 주께 기도하거든 주는 계신 곳 하늘에서 그들의 기도와 간구를 들으시고 그들의 일을 돌아보시오며 주께 범죄한 백성을 용서하시며 주께 범한 그 모든 허물을 사하시고 그들을 사로잡아 간 자 앞에서 그들로 불쌍히 여김을 얻게 하사 그 사람들로 그들을 불쌍히 여기게 하옵소서 그들은 주께서 철풀무 같은 애굽에서 인도하여 내신 주의 백성, 주의 소유가 됨이니이다 원하건대 주는 눈을 들어 종의 간구함과 주의 백성 이스라엘의 간구함을 보시고 주께 부르짖는 대로 들으시옵소서 주 여호와여 주께서 우리 조상을 애굽에서 인도하여 내실 때에 주의 종 모세를 통하여 말씀하심 같이 주께서 세상 만민 가운데에서 그들을 구별하여 주의 기업으로 삼으셨나이다"(왕상 8:46-53). 이에 다니엘은 솔로몬의 언약적 기도를 기억하면서 유다 백성의 귀향을 간절히 구한다.

총리들과 고관들은 다니엘이 하나님 앞에 기도하는 것을 목격했다(11절). 그들은 다니엘이 어떻게 지내는가를 감시하다가 기도하는 모습을 보고서 기회를 잡았다. 이미 언급했다시피, 그들은 평소에 다니엘이 하루 세 번 기도하는 것을 잘 알고 있었을 것이다. 이는 다니엘이 매일 빠지지 않고 기도했기 때문이며, 또한 창문을 열어 놓고서 기도했기 때문이다. 그렇다면 다니엘은 무엇을 위해서 기도했을까? 그는 유다 백성이 고국으로 돌아갈 수 있도록 기도하는 것을 가장 중요하고도 근본적인 기도 제목으로 여겼을 것이다. 하지만 그는 자신의 현실적인 삶을 위해서도 기도했을 것이다. 특히 자신이 기도하지 못하게 되는 상황 앞에서 굴하지 않도록 기도했을 것이다. 필시 기도는 실제적이어야 한다. 기도는 당면한 과제와 연관되어야 한다.

총리들과 고관들은 다리오 왕에게 나아가서 "왕이여 왕이 이미 금령에 왕의 도장을 찍어서 이제부터 삼십 일 동안에는 누구든지 왕 외의 어떤 신에게나 사람에게 구하면 사자 굴에 던져 넣기로 하지 아니하였나이까?"라고 묻고, 이에 왕은 "이 일이 확실하니 메대와 바사의 고치지 못하는 규례니라"라고 대답한다(12절). 따라서 그들은 왕에게 금령을 상기시켜 주면서 왕이 금령을 취소하지 못하도록 확인을 받는다. 결국, 다리오 왕은 지도자로서 역량이 부족함을 드러낸다. 그는 다니엘을 대적하고 제거하려는 빌미를 찾던 관료들의 속셈을 눈치채지 못한 채 내린 엄청나게 어리석은 결정을 확증한다.

총리들과 고관들은 본론을 말한다. 그들은 왕 앞에서 "왕이여 사로잡혀 온 유다 자손 중에 다니엘이 왕과 왕의 도장이 찍힌 금령을 존중하지 아니하고 하루 세 번씩 기도하나이다"라면서 다니엘을 고발한다(13절). "사로잡혀 온 유다 자손 중에 다니엘이"라는 표현은 무시하는 어조를 가진다. 이것은 다니엘이 페르시아 사람이 아니라 외국에서 포로로 잡혀 온 사람이라는 사실을 강조한다. 즉 이것은 다니엘이 자신들과 같은 편이 아니며, 자신들의 왕과 신을 섬기지 않는다는 사실을 강조하는 것이다. 이미 다니엘은 바벨론에서 60년 넘게 살고 있었으며, 그동안 왕에게 충성을 다했다. 하지만 아무것도 한 것이 없는 무능한 관료들은 소위 '네거티브' 전략으로 다니엘을 몰아내려고 한다. 이것은 무능한 집단에서 나타나는 전형적인 현상이다.

다리오는 후회한다. 그는 총리들과 고관들의 말을 듣고 심히 근심하여 다니엘을 구원하려고 마음을 쓰며 그를 건져내려고 힘을 다해 보았지만 전혀 방도를 찾지 못한다(14절). 이에 고관들은 또 모여 왕에게로 나아와서 "왕이여 메대와 바사의 규례를 아시거니와 왕께서 세우신 금령과 법도는 고치지 못할 것이니이다"라고 말한다(15절). 이것은 왕이 세운 금령이나 법령을 심지어 왕이라도 고칠 수 없다는 것이 메대와 페르시아의 법이라는 사실을 주지시키는 것이다. 그런데 이것은 다니엘을 죽인 것의 모든 책임을 다리오 왕에게 돌리려는 속셈을 내재한다. 따라서 왕을 거역하고 왕에게 불충성하는 자들은 다니엘이 아니라 고관들임이 드러난다.

다리오 왕은 다니엘을 끌어다가 사자 굴에 던져 넣으라고 명령한다(16절). 하지만 다리오 왕은 다니엘에게 "네가 항상 섬기는 너의 하나님이 너를 구원하시리라"라는 말을 건넨다. 다리오 왕이 다니엘을 향하여 이렇게 말한 이유는 그가 다니엘에 대하여 들었기 때문이다. 즉 다니엘서에서 발견되는 대로 하나님이 지금까지 다니엘에게 행하신 놀라운 기적에 대하여 다리오는 상세히 들어서 알고 있었다. 그래서 그는 인간이 어떻게 할 수 없는 이런 긴박하고 위험한 순간에 하나님이 개입하셔서 구원하실 것이라고 기대하면서 이런 말을 건넸다. 따라서 이런 모습은 다니엘이 삶을 통하여 하나님을 증언한 사람이었음을 보여준다.

무리들은 다니엘을 사자 굴에 던지자마자 돌을 굴려다가 굴 어귀를 막고, 다리오 왕은 그의 도장과 귀족들의 도장으로 입구를 봉하는데, 이것은 다니엘에 대한 조치를 고치지 못하게 하려는 귀족들의 의도가 담긴 행동이다(17절). 특히 돌을 굴려다가 굴 어귀를 막는 것은 다니엘이 스스로 빠져 나오지 못하게 하려는 목적을 가짐과 동시에 만에 하나라도 신이 개입해서 그를 구출할 여지를 차단하려는 것이다. 결국, 이렇게 하여 다니엘은 사자가 우글거리는 굴에 홀로 남겨진다. 그리고 왕은 다니엘을 총애했기 때문에 너무나 고민하여 궁에 돌아가서 밤이 새도록 금식을 하고, 일체의 오락을 그치고, 잠자기(후궁의 수청 포함)를 마다한다(18절).

다니엘이 사자 굴에서 죽지 않고 살아남 (19-24절)

6:19 이튿날에 왕이 새벽에 일어나 급히 사자 굴로 가서
6:20 다니엘이 든 굴에 가까이 이르러서 슬피 소리 질러 다니엘에게 묻되 살아 계시는 하나님의 종 다니엘아 네가 항상 섬기는 네 하나님이 사자들에게서 능히 너를 구원하셨느냐 하니라
6:21 다니엘이 왕에게 아뢰되 왕이여 원하건대 왕은 만수무강 하옵소서
6:22 나의 하나님이 이미 그의 천사를 보내어 사자들의 입을 봉하셨으므로 사자들이 나를 상해하지 못하였사오니 이는 나의 무죄함이 그 앞에 명백함이오며 또 왕이여 나는 왕에게도 해를 끼치지 아니하였나이다 하니라
6:23 왕이 심히 기뻐서 명하여 다니엘을 굴에서 올리라 하매 그들이 다니엘을 굴에서 올린즉 그의 몸이 조금도 상하지 아니하였으니 이는 그가 자기의 하나님을 믿음이었더라
6:24 왕이 말하여 다니엘을 참소한 사람들을 끌어오게 하고 그들을 그들의 처자들과 함께 사자 굴에 던져 넣게 하였더니 그들이 굴 바닥에 닿기도 전에 사자들이 곧 그들을 움켜서 그 뼈까지도 부서뜨렸더라

이튿날에 다리오 왕은 새벽에 일어나 급히 사자 굴로 간다(19절). 이것은 다니엘이 혹시라도 살아있을까 싶어서 취한 행동이다. 다리오는 다니엘이

들어가 있는 굴에 가까이 이르러서 슬프게 소리를 지르면서 다니엘에게 "살아 계시는 하나님의 종 다니엘아 네가 항상 섬기는 네 하나님이 사자들에게서 능히 너를 구원하셨느냐?"라고 묻는다(20절). 다리오는 다니엘의 삶 가운데 역사하셨던 하나님에 대하여 종종 들었을 것이기에 혹시 이번에도 하나님이 개입하셔서 다니엘을 사나운 사자들로부터 구해주시지 않았을까하는 간절한 염원을 가지고 물어본다.

이에 다니엘은 "왕이여 원하건대 왕은 만수무강 하옵소서"라고 인사를 건넨다(21절). 다니엘은 다리오에 대해서 서운한 마음을 가질 수 있었을 것이다. 자신이 하나님을 섬기는 사람이라는 사실과 하나님께 날마다 기도하는 사람이라는 것을 잘 알고 있으면서도, 다리오가 갑작스럽게 금령을 만들어서 자신을 죽음에 빠뜨리려고 한 것을 생각하면서 그를 증오할 수도 있었을 것이다. 하지만 다니엘은 그렇게 하지 않았다. 다니엘은 다리오가 자신을 총애한 것과 그가 단지 어리석어서 관료들의 음모에 속은 것을 알고 있었다. 그리고 다리오가 자신의 생명을 염려하여 새벽에 친히 찾아와서 슬픈 소리로 이름을 부른 것을 알고서 오히려 고마워했다.

다니엘은 왕에게 "나의 하나님이 이미 그의 천사를 보내어 사자들의 입을 봉하셨으므로 사자들이 나를 상해하지 못하였사오니 이는 나의 무죄함이 그 앞에 명백함이오며 또 왕이여 나는 왕에게도 해를 끼치지 아니하였나이다"라고 대답한다(22절). 우리는 하나님이 천사를 보내셔서 어떤 식으로 사자들의 입을 봉하셨는지 알지 못한다. 우리는 인간의 이성과 상식으로 이 문제를 풀 수 없다. 분명히, 이것은 하나님의 초자연적인 역사이다. 또한, 이것은 다니엘의 세 친구가 풀무불 가운데서 신들의 아들처럼 보이는 이로부터 구해진 것을 상기시킨다(참고_3:25).

다니엘은 자신이 사자들로부터 구원받은 것을 말하는 가운데 하나님이 자신을 구해주신 것을 밝히 드러냄으로 모든 공로를 하나님의 것으로 돌리는 겸손함을 보여준다. 그리고 다니엘의 대답 속에는 자신의 결백함을 알아달라는 호소가 들어 있다. 그는 하나님이 자신을 구해 주신 이유가 자신이 하나님 앞에서 아무런 죄를 짓지 않았기 때문이며, 또한 그가 다리오 왕에게 잘못한 일이 전혀 없기 때문이라고 말한다. 더욱이 이것은 다니엘을 고발한 자들이 죄를 지었는지 그렇지 않은지를 그들이 사자 굴에 들어가면 알 수 있으리라는 것을 은연중에 시사한다.

다리오 왕은 다니엘을 사자 굴에서 건져낸다. "왕이 심히 기뻐서 명하여 다니엘을 굴에서 올리라 하매 그들이 다니엘을 굴에서 올린즉 그의 몸이 조금도 상하지 아니하였으니 이는 그가 자기의 하나님을 믿음이었더라"(23절). 이 구절은 다니엘이 사자가 우글거리는 굴에서 아무런 해를 입지 않은 것을 확인시켜 주는 동시에, 다니엘이 무사하게 된 이유가 무엇인지를 가르쳐준다. 다니엘은 하나님을 믿었기 때문에 위험에서 구원받았다. 물론 하나님을 믿는다고 해서 모든 사람이 어려움에서 벗어날 수 있는 것은 아니다. 실제로 교회 역사를 보면서 신실한 신앙인들이 사자 굴에 떨어져서 죽임을 당한 경우가 있다. 하지만 하나님은 현세에서 신자를 위험에서 구원해 주시지 않더라도 내세에서는 그를 꼭 구원하셔서 영원한 생명을 얻게 하신다.

다리오 왕은 다니엘을 참소한 자들을 끌어오게 하고 그들을 그들의 처자들과 함께 사자 굴에 던져 넣게 하는데, 그들이 굴 바닥에 닿기도 전에 사자들이 곧 그들을 움켜서 그 뼈까지도 부서뜨린다(24절). 다니엘을 고발한 자들이 몇 명인지는 모른다. 앞에서 말했듯이, 페르시아 제국의 고관 전원은 아닐 것이다. 하지만 다니엘을 고발한 자들은 그들과 그들의 처자들, 곧 그들의 부인과 자녀를 포함한 모든 가족과 함께 사자 굴에 떨어짐으로써 철저한 심판을 받는다. 그래서 그들이 왕에게 요청한 금령에 그들 자신이 걸러들고 말았다. 그리고 이 구절에서 고관들이 굴 바닥에 닿기도 전에 사자들이 그들을 움켜서 뼈까지 부서뜨렸다는 언급은 사자들에게 아무런 이상이 없음을 보여준다. 즉 사자들이 병들었거나 전날에 먹을 것을 충분히 먹어서 배가 불렀기 때문에 다니엘이 죽지 않고 살아난 것이 아니라는 점을 알려준다.

다리오 왕이 조서를 내림 (25-28절)

6:25 이에 다리오 왕이 온 땅에 있는 모든 백성과 나라들과 언어가 다른 모든 사람들에게 조서를 내려 이르되 원하건대 너희에게 큰 평강이 있을지어다
6:26 내가 이제 조서를 내리노라 내 나라 관할 아래에 있는 사람들은 다 다니엘의 하나님 앞에서 떨며 두려워할지니 그는 살아 계시는 하나님이시요 영원히 변하지 않으실 이시며 그의 나라는 멸망하지 아니할 것이요 그의 권세는 무궁할 것이며
6:27 그는 구원도 하시며 건져내기도 하시며 하늘에서든지 땅에서든지 이적과 기사를 행하시는 이로서 다니엘을 구원하여 사자의 입에서 벗어나게 하셨음이라 하였더라
6:28 이 다니엘이 다리오 왕의 시대와 바사 사람 고레스 왕의 시대에 형통하였더라

이제 다리오 왕은 페르시아 제국의 통치하에 있는 모든 백성과 나라들과 언어가 다른 모든 사람에게 조서를 내린다(25절). 그는 "너희에게 큰 평강이 있을지어다"라는 의례적인 인사말을 언급한 후에 본론을 말한다.

"내 나라 관할 아래에 있는 사람들은 다 다니엘의 하나님 앞에서 떨며 두려워할지니 그는 살아 계시는 하나님이시요 영원히 변하지 않으실 이시며 그의 나라는 멸망하지 아니할 것이요 그의 권세는 무궁할 것이며 그는 구원도 하시며 건져내기도 하시며 하늘에서든지 땅에서든지 이적과 기사를 행하시는 이로서 다니엘을 구원하여 사자의 입에서 벗어나게 하셨음이라"(26-27절).

이 조서에서 다리오 왕은 다신론적 견해를 여전히 유지하는 가운데, 하나님의 우월성과 절대성을 강조한다. 다리오는 모든 사람이 다니엘의 하나님 앞에서 떨며 두려워해야 한다고 말하면서, 하나님이 살아 계시는 분이며, 영원히 변하지 않는 분이며, 그분의 나라가 멸망하지 않을 것이고, 그분의 권세가 무궁할 것이며, 그분은 구원하실 뿐만 아니라 이적과 기사를 행하시는 분이라고 주장한다. 이것은 4장에서 느부갓네살이 조서를 내리며 고백했던 말과 유사하다. 느부갓네살은 오랫동안 들판에서 폐인처럼 지내다가 회복된 후에 하나님을 찬송했다.

느부갓네살 왕이나 다리오 왕 같은 대제국의 최고 권력자가 이렇게 하나님의 절대성과 그 나라의 영원성을 말하기란 쉽지 않다. 그들은 자신들을 가장 높은 사람이라고 생각했으며 자신들의 나라가 영원할 것이라고 믿었다. 따라서 그들의 고백은 놀랍고 특이하다. 그러면 다리오가 이러한 하나님 인식에 도달한 이유는 무엇인가? 그것은 다니엘을 통해서이다. 다리오는 다니엘이 평소 어떻게 하나님을 믿고 섬겼는지를 알았고, 다니엘이 사자 굴에 떨어졌지만, 하나님이 건져내신 것을 보고서 이런 말을 했다. 따라서 다니엘의 경건함은 복음전파로 이어졌다.

다니엘 6장은 "이 다니엘이 다리오 왕의 시대와 바사 사람 고레스 왕의 시대에 형통하였더라" 라는 문구로 끝난다(28절). 여기서 문제는 메대 사람 다리오와 바사 사람 고레스를 구분한 것처럼 보인다는 데 있다. 앞에서 언급했다시피, 다리오와 고레스는 같은 사람이다(참고 _ 5:31의 해설). 즉 다리오는 왕 칭호이고, 고레스는 사람 이름이다. 이에 학자들은 "다리오 왕의 시대와 바사 사람 고레스 왕의 시대" 에서 히브리어 문장의 접속사를 설명의 기능을 하는 것으로 보아서 '메대 사람 다리오 왕의 시대, 즉 바사 사람 고레스 왕의 시대' (Daniel prospered during the reign of Darius, namely, the reign of Cyrus the Persian)라고 이해한다.

28절의 문구가 함의하는 중요한 사실은 이것이 1:21의 "다니엘은 고레스 왕 원년까지 있으니라" 는 문구를 상기시킨다는 것이다. 구약 역사서들은 고레스를 유대인들을 고향 땅으로 돌아가게 한 왕이라고 소개한다(참고 _ 대하 36:22-23, 스 1:1-3). 특히 앞에서 언급했듯이, 고레스는 유다 백성들을 고향 땅으로 돌려보내면서 성전 재건 비용을 부담해주었을 뿐만 아니라 이전에 바벨론 왕 느부갓네살이 약탈해왔던 성전의 기물들을 숫자까지 세어서 돌려보낸다. 따라서 28절은 하나님이 유다 백성과 맺은 언약을 회복시켜 주실 것을 시사한다. 이처럼 다니엘서의 전반부(1-6장)에서, 1장과 6장의 마지막 구절이 모두 언약의 회복을 암시하는 문구로 마쳐진다는 것은 대단히 의미심장하다. 이것은 이어지는 후반부(7-12장)의 내용을 전망하게 한다.

| 본문이 우리에게 주는 교훈 |

1 _ 질투심에 대한 주제가 본문을 비롯하여 다니엘서 전반부에 나온다. 바벨론의 관료들뿐 아니라 페르시아의 고관들도 다니엘을 시기하고 질투

했다. 그들은 다니엘이 유다에서 포로로 잡혀 온 사람일 뿐이며, 바벨론이나 페르시아의 개국에 공헌하지 않았다고 생각했다. 그런데도 다니엘이 왕의 총애를 받고 나라에서 높은 지위를 얻게 되자 그를 질투하여 제거하려고 한다. 그들은 다니엘에게 무슨 흠이 없는지를 살펴본다. 그러다가 다니엘이 하나님의 율법을 지키느라 페르시아의 국법을 어긴 것을 가지고 왕에게 고발한다. 질투심은 누구보다도 자기 자신을 괴롭게 한다. 다른 사람이 자기보다 낫다고 생각할 때 그의 약점을 집요하게 물고 늘어지는 것은 결국 자신을 힘들게 하고 고통스럽게 한다. 아울러, 남에게서 시기와 질투를 받는 사람도 고통스럽기는 마찬가지인데, 그런 상황에 부닥친 사람은 잘 참고 견뎌야 한다. "불의한 자는 의인에게 미움을 받고 바르게 행하는 자는 악인에게 미움을 받느니라"(잠언 29:27)라는 말씀을 기억해야 한다. 질투심의 해악은 너무나 크다.

2 _ 이 단락에는 다니엘의 신념과 용기와 믿음이 잘 서술되어 있다. 다리오 왕은 총리들과 고관들의 요청에 따라서 다른 신이나 사람에게 기도할 경우 사자 굴에 넣겠다고 조서를 내렸지만, 다니엘은 전에 하던 대로 하나님께 기도했다. 그는 왕의 조서를 두려워하지 않았다. 왕의 금령은 30일 동안 한시적으로 정해진 것이라 잠시 기도를 중단하거나 창문을 닫고 몰래 기도할 수 있었지만 그렇게 하지 않았다. 그는 이전에 하던 대로 창문을 열어 놓고 하루에 세 번 하나님께 기도했다. 그는 아무런 동요를 느끼지 않으며 태연하게 자신이 하던 일을 했다. 우리는 하나님을 섬기는 일에 있어서 변함이 없어야 하며, 하나님에 대한 충성심과 말씀을 지키는 일에 어떠한 변명이나 타협도 시도하지 말아야 한다. 우리는 하나님께 기도하는 것이 너무나 중요하다는 사실을 깨달아야 한다. 박해가 있어도 기도해야 한다. 오히려 이런 상황에서 하나님께 감사해야 한다. 다니엘을 이방 땅에서 버티게 하며 여전히 소망을 가지고 견디게 한 힘은 그가 하루에 세

번 기도하는 것에 있었음을 알고 현재의 어려움을 기도로 이겨야 한다.

3 _ 본문에서 발견되는 중요한 사실은 다니엘을 통하여 하나님이 어떤 분이신지가 알려졌다는 것이다. 하나님은 다니엘에게 특출한 재능과 지혜를 주셨다. 그리고 다니엘은 하나님이 주신 탁월함으로 바벨론과 페르시아에서 큰 공적을 세웠다. 그는 팔십 평생을 살면서 하나님을 밝히 증언했다. 그리고 그는 하나님에 대한 변함없는 충성심을 가지고 있었다. 그는 평소에 하나님께 기도하는 가운데 하나님으로부터 힘과 용기를 얻었다. 그는 사자 굴에 떨어졌지만, 하나님께서 살려주심으로 그분의 능력을 드러냈다. 이에 다리오 왕은 그를 통하여 하나님을 경험하게 되었다. 다리오의 조서에 담긴 내용은 다니엘이 하나님을 얼마나 정확히 드러냈는지를 보여준다. 우리도 삶 전체로 하나님을 드러내야 한다. 우리는 모든 삶의 영역에서 살아계시고 영존하시는 하나님을 증언해야 한다. 복음은 입으로 말하는 것일 뿐만 아니라 삶으로 보여주는 것이다. 믿지 않는 사람들은 믿는 사람들의 선행을 보면서 하나님께 영광을 돌린다.

4 _ 하나님이 사자 굴에 떨어진 다니엘을 살려주신 것은 하나님이 실제로 우리를 어려움에서 건져주신다는 메시지를 준다. 그러므로 우리는 하나님이 우리와 함께하신다는 사실을 믿고 두려워하지 말아야 한다. 물론 현세에서 하나님이 우리를 구해주시지 않는 것처럼 보일 수가 있다. 하지만 하나님은 궁극적으로 우리에게 복을 주셔서 우리가 내세에서 영원한 복락을 누리며 살게 하신다. 본 장에 있는 하나님의 건지심은 자기 백성의 회복에 대한 예고이다. 특히 6:28은 1:21에 연결되는데, 이것은 유다 백성이 고향으로 돌아가는 것을 암시한다. 즉 하나님이 이스라엘을 버리지 않으시고, 이스라엘에 대한 구원 의지와 실천을 드러내신 것을 뜻한다. 우리는 다니엘 1-6장에서 이 주제가 아주 강하게 암시되어 있음을 발견한다.

우리는 솔로몬이 기도했고, 다니엘이 이를 근거로 삼아 기도한 언약 회복의 성취 안에 있는 사람들이다. 하나님이 우리를 회복시켜 주신 것에 감사하며, 합당한 삶으로 하나님께 영광을 돌려야 한다. "이는 나 여호와 너의 하나님이 네 오른손을 붙들고 네게 이르기를 두려워하지 말라 내가 너를 도우리라 할 것임이니라"(사 41:13).

제2부 _ 다니엘이 본 환상들

제2부 _ 다니엘이 본 환상들 《

다니엘서는 크게 두 부분으로 나뉜다. 1-6장에는 다니엘의 생애에 일어난 주요 사건이 언급되어 있고, 7-12장에는 다니엘이 보았던 네 개의 환상(visions)이 기록되어 있다. 따라서 1-6장과 7-12장은 기술의 특성과 방식이 다르다. 즉 1-6장은 역사적인 내러티브로 형성되어 있지만, 7-12장은 다양한 묵시들과 상징들로 채워져 있다. 연대기적으로 볼 때 7-12장은 1-6장에 이어지지 않는다. 7-12장에 기록된 환상들은 다니엘이 바벨론에 평생 거주하면서, 즉 상당히 오랜 기간에 걸쳐서 나타난 환상들을 연대순으로 기술한 것이다. 7장에는 다니엘이 본 첫 번째 환상이 기록되어 있는데, 여기서 그는 네 짐승과 작은 뿔에 관한 환상을 본다. 8장에는 두 번째 환상이 언급되어 있는데, 이는 숫양과 숫염소와 작은 뿔에 관한 환상이다. 9장에는 세 번째 환상이 담겨 있는데, 여기서 다니엘은 하나님께 기도를 드리고 하나님은 70이레에 관한 계시로 응답하신다. 그리고 10-12장은 다니엘이 본 네 번째 환상으로, 이는 다니엘이 수산성 힛데겔 강가에서 받은 것인데, 다니엘서 전체의 주제가 이 단락에 집약되어 있다.

다니엘 _ 7장

큰 짐승 넷이 바다에서 나왔는데

다니엘 2:4부터 7:28까지는 아람어로 기록되어 있으며, 나머지 부분은 히브리어로 기록되어 있다. 이러한 언어의 변화가 주는 의미는 무엇인가? 우리는 아람어로 기록되어 있는 부분의 시작 지점(2:4-49)과 끝 지점(7:1-28)이 역사적으로 매우 중요한 사실로 감싸져 있다는 것을 명심해야 한다. 두 지점은 유사한 내용을 언급하지만, 시작 지점보다 끝 지점이 진전된 내용을 담는다. 즉 2:4-49는 큰 신상에 대한 환상을 말하면서 네 나라의 발흥과 쇠락에 관하여 언급하지만, 7:1-28은 네 짐승에 대한 환상을 기록하면서 네 나라의 흥망과 더불어 적그리스도의 출현과 활동을 언급한다. 그리고 이 부분들은 모두 세상 나라의 멸망과 하나님 나라의 도래를 예고하는데, 이것은 복음의 예언적 집약이라고 말할 수 있다. 이에 다니엘은 2:4-7:28을 아람어로 기록함으로써 유대인들뿐만 아니라 이방인들도 정신을 차리고 준비하기를 원했다.

다니엘 7장은 첫 번째 환상으로, 네 짐승과 작은 뿔에 관한 환상이다. 이것은 2장에 나오는 큰 신상에 관한 꿈과 유사하지만, 그것보다 상세하고,

그것을 보충하며, 그것에서 진전되어 있다. 2장의 신상이 네 부분으로 구
성된 것이 바벨론과 그 이후에 등장할 나라들을 상징하듯이, 여기에 나오
는 네 짐승도 바벨론과 그 이후에 등장할 네 나라를 가리킨다. 하지만 여
기에는 작은 뿔이 등장하는데, 이 뿔은 이전의 나라들(왕들)과 비교할 수
없을 정도로 압도적인 위세를 자랑하며, 하나님을 정면으로 대적하고, 하
나님의 백성들을 괴롭게 한다. 특히 2장에서는 "손대지 아니한 돌"이 신
상을 부서뜨리고 하나님의 나라를 세우지만, 여기서는 "옛적부터 항상
계신 이"가 모든 악한 세력을 멸망시키시고 하나님의 나라를 성도들에게
주신다.

| 성경본문 |

7:1 바벨론 벨사살 왕 원년에 다니엘이 그의 침상에서 꿈을 꾸며 머리 속으
로 환상을 받고 그 꿈을 기록하며 그 일의 대략을 진술하니라
7:2 다니엘이 진술하여 이르되 내가 밤에 환상을 보았는데 하늘의 네 바람
이 큰 바다로 몰려 불더니
7:3 큰 짐승 넷이 바다에서 나왔는데 그 모양이 각각 다르더라
7:4 첫째는 사자와 같은데 독수리의 날개가 있더니 내가 보는 중에 그 날개
가 뽑혔고 또 땅에서 들려서 사람처럼 두 발로 서게 함을 받았으며 또 사람
의 마음을 받았더라 또 보니
7:5 다른 짐승 곧 둘째는 곰과 같은데 그것이 몸 한쪽을 들었고 그 입의 잇
사이에는 세 갈빗대가 물렸는데 그것에게 말하는 자들이 있어 이르기를 일
어나서 많은 고기를 먹으라 하였더라
7:6 그 후에 내가 또 본즉 다른 짐승 곧 표범과 같은 것이 있는데 그 등에는
새의 날개 넷이 있고 그 짐승에게 또 머리 넷이 있으며 권세를 받았더라
7:7 내가 밤 환상 가운데에 그 다음에 본 넷째 짐승은 무섭고 놀라우며 또
매우 강하며 또 쇠로 된 큰 이가 있어서 먹고 부서뜨리고 그 나머지를 발로
밟았으며 이 짐승은 전의 모든 짐승과 다르고 또 열 뿔이 있더라

7:8 내가 그 뿔을 유심히 보는 중에 다른 작은 뿔이 그 사이에서 나더니 첫 번째 뿔 중의 셋이 그 앞에서 뿌리까지 뽑혔으며 이 작은 뿔에는 사람의 눈 같은 눈들이 있고 또 입이 있어 큰 말을 하였더라

7:9 내가 보니 왕좌가 놓이고 옛적부터 항상 계신 이가 좌정하셨는데 그의 옷은 희기가 눈 같고 그의 머리털은 깨끗한 양의 털 같고 그의 보좌는 불꽃이요 그의 바퀴는 타오르는 불이며

7:10 불이 강처럼 흘러 그의 앞에서 나오며 그를 섬기는 자는 천천이요 그 앞에서 모셔 선 자는 만만이며 심판을 베푸는데 책들이 펴 놓였더라

7:11 그 때에 내가 작은 뿔이 말하는 큰 목소리로 말미암아 주목하여 보는 사이에 짐승이 죽임을 당하고 그의 시체가 상한 바 되어 타오르는 불에 던져졌으며

7:12 그 남은 짐승들은 그의 권세를 빼앗겼으나 그 생명은 보존되어 정한 시기가 이르기를 기다리게 되었더라

7:13 내가 또 밤 환상 중에 보니 인자 같은 이가 하늘 구름을 타고 와서 옛적부터 항상 계신 이에게 나아가 그 앞으로 인도되매

7:14 그에게 권세와 영광과 나라를 주고 모든 백성과 나라들과 다른 언어를 말하는 모든 자들이 그를 섬기게 하였으니 그의 권세는 소멸되지 아니하는 영원한 권세요 그의 나라는 멸망하지 아니할 것이니라

7:15 나 다니엘이 중심에 근심하며 내 머리 속의 환상이 나를 번민하게 한지라

7:16 내가 그 곁에 모셔 선 자들 중 하나에게 나아가서 이 모든 일의 진상을 물으매 그가 내게 말하여 그 일의 해석을 알려 주며 이르되

7:17 그 네 큰 짐승은 세상에 일어날 네 왕이라

7:18 지극히 높으신 이의 성도들이 나라를 얻으리니 그 누림이 영원하고 영원하고 영원하리라

7:19 이에 내가 넷째 짐승에 관하여 확실히 알고자 하였으니 곧 그것은 모든 짐승과 달라서 심히 무섭더라 그 이는 쇠요 그 발톱은 놋이니 먹고 부서뜨리고 나머지는 발로 밟았으며

7:20 또 그것의 머리에는 열 뿔이 있고 그 외에 또 다른 뿔이 나오매 세 뿔이 그 앞에서 빠졌으며 그 뿔에는 눈도 있고 큰 말을 하는 입도 있고 그 모양이 그의 동류보다 커 보이더라

7:21 내가 본즉 이 뿔이 성도들과 더불어 싸워 그들에게 이겼더니

7:22 옛적부터 항상 계신 이가 와서 지극히 높으신 이의 성도들을 위하여 원한을 풀어 주셨고 때가 이르매 성도들이 나라를 얻었더라

7:23 모신 자가 이처럼 이르되 넷째 짐승은 곧 땅의 넷째 나라인데 이는 다른 나라들과는 달라서 온 천하를 삼키고 밟아 부서뜨릴 것이며

7:24 그 열 뿔은 그 나라에서 일어날 열 왕이요 그 후에 또 하나가 일어나리니 그는 먼저 있던 자들과 다르고 또 세 왕을 복종시킬 것이며

7:25 그가 장차 지극히 높으신 이를 말로 대적하며 또 지극히 높으신 이의 성도를 괴롭게 할 것이며 그가 또 때와 법을 고치고자 할 것이며 성도들은 그의 손에 붙인 바 되어 한 때와 두 때와 반 때를 지내리라

7:26 그러나 심판이 시작되면 그는 권세를 빼앗기고 완전히 멸망할 것이요

7:27 나라와 권세와 온 천하 나라들의 위세가 지극히 높으신 이의 거룩한 백성에게 붙인 바 되리니 그의 나라는 영원한 나라이라 모든 권세 있는 자들이 다 그를 섬기며 복종하리라

7:28 그 말이 이에 그친지라 나 다니엘은 중심에 번민하였으며 내 얼굴빛이 변하였으나 내가 이 일을 마음에 간직하였느니라

| 본문해설 |

네 짐승이 바다에서 올라옴 (1-8절)

7:1 바벨론 벨사살 왕 원년에 다니엘이 그의 침상에서 꿈을 꾸며 머리 속으로 환상을 받고 그 꿈을 기록하며 그 일의 대략을 진술하니라

7:2 다니엘이 진술하여 이르되 내가 밤에 환상을 보았는데 하늘의 네 바람이 큰 바다로 몰려 불더니

7:3 큰 짐승 넷이 바다에서 나왔는데 그 모양이 각각 다르더라

7:4 첫째는 사자와 같은데 독수리의 날개가 있더니 내가 보는 중에 그 날개가 뽑혔고 또 땅에서 들려서 사람처럼 두 발로 서게 함을 받았으며 또 사람의 마음을 받았더라 또 보니

7:5 다른 짐승 곧 둘째는 곰과 같은데 그것이 몸 한쪽을 들었고 그 입의 잇사

이에는 세 갈빗대가 물렸는데 그것에게 말하는 자들이 있어 이르기를 일어나서 많은 고기를 먹으라 하였더라

7:6 그 후에 내가 또 본즉 다른 짐승 곧 표범과 같은 것이 있는데 그 등에는 새의 날개 넷이 있고 그 짐승에게 또 머리 넷이 있으며 권세를 받았더라

7:7 내가 밤 환상 가운데에 그 다음에 본 넷째 짐승은 무섭고 놀라우며 또 매우 강하며 또 쇠로 된 큰 이가 있어서 먹고 부서뜨리고 그 나머지를 발로 밟았으며 이 짐승은 전의 모든 짐승과 다르고 또 열 뿔이 있더라

7:8 내가 그 뿔을 유심히 보는 중에 다른 작은 뿔이 그 사이에서 나더니 첫 번째 뿔 중의 셋이 그 앞에서 뿌리까지 뽑혔으며 이 작은 뿔에는 사람의 눈 같은 눈들이 있고 또 입이 있어 큰 말을 하였더라

다니엘 7장은 "바벨론 벨사살 왕 원년에"라는 시간 언급으로 시작된다 (1절). 바벨론 왕 나보니두스(Nabonidus)는 주전 556년에 왕위에 올랐고, 자신은 상당 기간을 테마(Tema: Arabia)에서 머물면서, 그의 통치 3년째 되던 해인 주전 553년에 그의 아들로 추정되는 벨사살이 바벨론을 다스리게 했다(참고 _ 5:1의 해설). 따라서 "벨사살 왕 원년"이란 주전 553년을 가리킨다. 만일 다니엘이 10대 중반에 바벨론에 포로로 잡혀 왔다고 본다면, 지금 그는 60대 후반의 나이일 것이다(참고 _ 1:4의 해설). 그리고 5장의 연회가 주전 539년에 일어났기 때문에 이 환상은 그보다 약 14년 전에 일어난 것이다.

다니엘은 침상에서 꿈을 꾸며 머리 속으로 환상을 받았다. 1:17에는 하나님이 다니엘에게 주신 특별한 재능이 언급되어 있는데, "다니엘은 또 모든 환상과 꿈을 깨달아 알더라"라고 되어 있다. 그리고 이에 따라 다니엘은 바벨론 왕들의 꿈을 해석해 주어서 큰 공적을 쌓았다. 그런데 이제 다니엘은 7-12장에서 직접 꿈을 꾸고 환상을 봄으로 그가 받은 재능의 극치를 드러낸다. 한편, 다니엘서에서 '꿈'(참고 _ 2:4; 4:5, 6, 7; 7:1)과 '환상'(참고 _ 2:19, 28; 4:5, 9, 10; 7:2, 13, 15)의 의미는 크게 다르지 않다. 비록 꿈은 잠자는 동

안에 꾸는 것이고, 환상은 의식을 가진 상태에서 경험하는 것이지만, 다니엘서에서 이 단어들은 교호적으로 사용되었다.

그러나 우리는 다니엘서에 기록된 꿈과 우리가 생리적으로 꾸는 일반적인 꿈을 구분해야 한다. 다니엘서에 기록된 꿈은 구속사적인 의미를 가진 하나님의 계시이다. 하지만 보통 사람들이 잠을 자면서 꾸는 꿈은 하나님의 계시가 아니다. 물론 하나님은 꿈으로도 말씀하실 수 있다. 하지만 정경(신구약 66권)이 완성된 이후로 하나님의 계시 방편은 정경으로 제한된다. 1절 마지막의 "그 일의 대략을 진술하니라"라는 문구는 다니엘이 환상으로 본 것 중에서 중요한 것을 요약하여 기록했다는 뜻이다. 그리고 당연히 이런 기술과정에 성령의 역사가 있었다.

2절부터 다니엘은 자신이 본 환상을 말한다. "하늘의 네 바람이 큰 바다로 몰려 불더니"라는 문구에서 "네 바람"은 네 방향에서 불어오는 바람을 가리킨다. 그리고 "바다"는 세상의 모든 나라와 민족을 의미한다(참고 _ 7:3, 17, 계 13:1). 특히 성경에서 바다는 하나님을 대항하는 세력을 상징한다(참고 _ 시 18:15, 사 17:12-13; 27:1 등). 그런데 어떤 이들은 이 표현을 바벨론의 서사시와 연관지어서 이해하려고 한다. 하지만 다니엘은 당시의 문화적 배경 위에서 문예적인 글쓰기를 한 것이 아니라 하나님이 다니엘에게 주신 계시를 그대로 받아 적은 것이다.

이 구절에서 주목할 만한 것은 "하늘"이라는 단어가 나온다는 점이다. 이것은 동서남북 사방에서 바람을 불게 하신 분이 바로 하나님이라는 사실을 시사한다. 세상의 모든 일은 자연스럽게 발생하는 것처럼 보이지만, 실상 하나님의 통제와 지배 아래 있어서 하나님이 주권적으로 허락하심으로 발생한다. 이러한 하나님의 주권 사상은 다니엘서 전반에 걸쳐 흐른다.

다니엘은 1-6장에서 세상 나라의 흥기와 쇠락이 하나님의 뜻 가운데 전개 되었다는 사실을 말했는데, 7-12장에서도 앞으로 일어날 모든 일이 하나님 의 주권 아래 진행된다는 사실을 언급한다.

다니엘은 "큰 짐승 넷이 바다에서 나왔는데 그 모양이 각각 다르더라" 라고 말한다(3절). 즉 하늘의 네 바람이 바다로 몰려 불어 온 결과 큰 짐승 넷이 나왔다. 여기에 짐승 넷이 등장한 것은 2장에서 느부갓네살의 꿈에 등장한 큰 신상의 네 부분과 연관된다. 2장에서 큰 신상이 네 부분으로 되 어 있는 것은 네 개의 나라를 상징했는데, 여기에 나오는 네 짐승도, 아래 에서 언급하겠지만, 네 개의 나라를 상징한다. 2장의 네 나라와 마찬가지 로 여기에 나오는 네 나라도 바벨론과 메대-바사(페르시아)와 헬라(그리스)와 로마이다. 2장에서 신상의 네 부분의 구성 성분이 모두 달랐던 것은 네 나 라의 특성이 모두 달랐던 것을 시사했는데, 여기서도 다니엘은 그들의 모 양이 각각 다르다고 말함으로 네 나라의 특성의 상이성을 말한다. 결국, 하나님의 계시가 일관성을 가진다는 사실이 이렇게 확인된다.

4절에서부터 다니엘은 네 짐승을 차례로 묘사한다. 그런데 열국의 등장 이 사나운 짐승들로 묘사된 이유는 짐승이 가지는 강력함과 포악함 등을 드러내기 위해서이다. 즉 네 짐승은 모두 강하고 무섭게 생겼는데, 이것은 당시의 대표적인 네 제국이 약한 나라와 민족에게 얼마나 크고 잔혹한 영 향을 미쳤는지를 여실히 보여준다. 다니엘이 본 첫 번째 짐승은 사자와 같 았는데 독수리의 날개가 있었다(4절). 사자는 지상에서 가장 강한 짐승이 고, 독수리는 공중에서 가장 강하고 빠른 새이다. 따라서 사자와 독수리의 조합은 최고의 강력함과 민첩함을 상징한다.

이 짐승은 바벨론을 상징하며, 그 대표적인 왕은 느부갓네살이다. 예레

미야 4:7과 49:19와 50:17은 느부갓네살을 사자에 비유한다. 그리고 고대
바벨론의 이쉬타르 신전 입구의 문에는 날개 달린 사자의 형상이 부조되
어 있었다. 그런데 느부갓네살에게 문제가 생긴다. "날개가 뽑혔고"라는
표현은 힘을 많이 상실했다는 뜻이다. 이것은 느부갓네살이 하나님의 심
판을 받아 들판에서 미친 사람처럼 지냈던 것을 가리킨다(참고_4장). "땅에
서 들려서"라는 문구는 하나님이 그를 땅에서 들어 올려 주셨음을 뜻하는
데, 이는 하나님이 그를 회복시켜 다시 권좌에 앉게 해 주신 것을 가리킨
다. 그리고 "사람처럼 두 발로 서게 함을 받았으며"라는 표현은 짐승이 네
발로 걸어서 땅만 쳐다보지만, 사람처럼 두 발로 일어서서 하늘을 바라볼
수 있게 되었다는 것으로, 느부갓네살이 회복되어서 4:34("하늘을 우러러 보았
더니")의 언급처럼 하늘(하나님)을 바라볼 수 있게 되었다는 것을 뜻한다. 또
한 "사람의 마음을 받았더라"라는 말은 인간미를 가졌다는 뜻으로, 그가
회복되어서 겸손하게 하나님을 찬송했던 것을 의미한다.

5절에는 둘째 짐승이 나온다. 둘째 짐승은 곰과 같이 생겼다. 짐승의 세
계에서는 사자 다음에 곰이 있다. 곰은 힘이 세고 포악하며 무엇보다도 몸
집이 대단히 크다. 둘째 짐승은 메대-바사(페르시아)를 가리킨다. 메대-바사
는 바벨론보다 못하지만 힘과 포악함을 가진 제국이다. 특히 곰이 몸집이
크다는 것은 페르시아 제국이 많은 나라를 정복해서 영토가 대단히 넓었
다는 사실을 반영한다. "그것이 몸 한쪽을 들었고"라는 표현은 메대-바사
연합국에서 바사가 메대보다 더 컸다는 뜻으로, 이후 바사의 고레스 2세는
메대-바사를 바사(페르시아)로 통합했다.

"그 입의 잇사이에는 세 갈빗대가 물렸는데"라는 문구는 메대-페르시아
에게 패망한 세 나라를 뜻한다. 그런데 이 표현의 의미에 대해서 이견이
있다. 어떤 학자들은 이들을 메대-페르시아에게 패망한 리디아(Lydia, 주전

546년), 바벨론(Babylonia, 주전 539년), 이집트(Egypt, 주전 525년)라고 주장한다.
하지만 어떤 학자들은 이 표현이 메대-페르시아가 한 번에 하나의 먹이만
을 먹지 않고 닥치는 대로 먹어치우는 것을 뜻하는 것이라고 하면서 메대-
페르시아가 거대한 군사력으로 주변 나라들을 정복한 것을 뜻한다고 본
다. 위 두 견해 중에서 어느 것이 맞는지를 결정하기가 쉽지 않다. 두 견해
중 하나 혹은 두 견해 모두를 수용해도 무리가 없다.

다니엘은 "그것에게 말하는 자들이 있어 이르기를" 이라는 문구를 언급
하는데, 이것은 곰의 배후에서 조종하고 통제하는 세력이 있음을 시사한
다. 곰을 일으키고 곰의 배후에서 말하는 이는 2절의 "하늘" 에 계시는 하
나님이시다. 하나님은 천사들을 통하여 곰에게 말씀하신다. "일어나서 많
은 고기를 먹으라"는 말은 수많은 나라를 정복하라는 뜻이다. 따라서 이
말은 하나님이 페르시아 정복 전쟁의 주관자임을 의미한다. 즉 세상의 흥
망성쇠를 하나님이 쥐고 계신다는 사실을 드러낸다. 하나님이 모든 일의
결정권자이시다. 하나님의 허락과 뜻이 없으면 어떠한 일도 일어나지 않
는다. 그리고 이러한 사상은 다니엘서의 중요한 주제 가운데 하나이다.

6절에는 셋째 짐승이 나온다. 셋째 짐승은 표범과 같이 생겼는데, 그 등
에는 새의 날개 넷이 있고 짐승에게 머리 넷이 있었다. 이 짐승은 그리스
(헬라)를 가리킨다. 특히 이것은 그리스의 알렉산더 대왕을 상징한다. 표범
은 가장 빠른 동물인데, 그에게 날개 넷이 있다는 것은 대단히 빠르다는 사
실을 보여준다. 실제로 알렉산더 대왕은 굉장히 빠른 속도로 세계를 제패
했다. 그는 8:5에 다시 나오는데, 거기서 "온 지면에 두루 다니되 땅에 닿
지 아니하며"라고 표현되어 있을 정도이다. 그는 주전 356년에 출생했고,
주전 336년에 마케도니아의 통치자가 되었으며, 주전 334년에 페르시아를
공격하기 시작해서 10년 안에 페르시아 제국 전체를 정복했다.

셋째 짐승에게는 머리 넷이 있었다. 머리는 통치권을 상징하며, 머리가 넷이 있다는 것은 여러 통치자를 의미한다. 이것은 마치 땅의 네 방향(동서 남북)과 같은 맥락을 가진다. 그런데 실제로 주전 323년에 알렉산더 대왕이 33세의 나이로 갑자기 죽은 후에 그의 나라는 그의 수하에 있던 네 명의 장군에 의하여 네 개의 나라로 나누어졌다(참고 _ 이 내용은 8:8, 21-22에 다시 나온다). 곧 카싼더(Cassander)는 마케도니아와 그리스를 통치했고, 리시마쿠스(Lysimachus)는 트라케와 소아시아를 다스렸으며, 셀류커스 1세 니카토르(Seleucus I Nicator)는 북 시리아와 메소포타미아를 지배했고, 프톨레미 1세 소테르(Ptolemy I Soter)는 이집트와 팔레스타인을 통치했다.

6절 마지막에 있는 "권세를 받았더라"는 문구는 셋째 짐승이 하나님에게서 권세(통치권)를 받았음을 의미한다. 필시 하나님이 모든 권세의 주인이시다. 하나님이 허락하셔야 권세가 주어진다. 따라서 권세를 받은 자들은 하나님께 감사해야 하며, 하나님의 뜻에 맞게 권세를 사용해야 한다. 권세가 자신에게서 비롯되었다고 생각해서 자기 마음대로 권세를 휘둘러서는 안 된다. 이에 대해 바울은 다음과 같이 말했다. "각 사람은 위에 있는 권세들에게 복종하라 권세는 하나님으로부터 나지 않음이 없나니 모든 권세는 다 하나님께서 정하신 바라"(롬 13:1).

7절은 넷째 짐승에 관한 언급이다. 다니엘은 넷째 짐승에 대하여 다음과 같이 말한다. "넷째 짐승은 무섭고 놀라우며 또 매우 강하며 또 쇠로 된 큰 이가 있어서 먹고 부서뜨리고 그 나머지를 발로 밟았으며 이 짐승은 전의 모든 짐승과 다르고 또 열 뿔이 있더라." 앞의 세 짐승은 특정한 이름(사자, 곰, 표범)을 가지고 있었으나 네 번째 짐승은 이름을 가지고 있지 않으며 생긴 모양도 자연의 짐승이 아니다. 물론 짐승들도 사자에 독수리의 날개가 달려 있고, 표범의 등에 날개 넷이 있으며 그에게 머리 넷이 있어서 현실에서 볼 수 있는 짐승들이 아니다.

하지만 네 번째 짐승은 유독 무섭고 강하고 잔인하게 생겼다. 특히 "쇠로 된 큰 이가 있어서"라는 표현은 2장에 나오는 큰 신상의 다리가 철로 된 것과 일치하는데(참고 _ 2:40), 이 짐승은 강력한 이빨과 발로 다른 나라들을 먹어 치우며 밟아 버린다(참고 _ 7:19의 "그 발톱은 놋이니"). 이 짐승은 로마를 상징한다. 로마는 이전에 존재한 나라들과 달리 매우 강력하고 잔인하며 무섭다. 이 짐승의 머리에는 "열 뿔"이 달려 있었는데, 구약에서 뿔은 왕권과 힘을 상징한다. 그래서 이에 걸맞게 24절은 "그 열 뿔은 그 나라에서 일어날 열 왕이요"라고 설명한다.

8절은 넷째 짐승의 뿔에 관한 언급이다. "내가 그 뿔을 유심히 보는 중에"라는 표현은 다니엘이 보기에 열 뿔이 매우 강력하고 예사롭지 않아서 뿔들을 유심히 바라보며 그것의 의미를 생각하고 있었음을 반영한다. 그런데 다른 "작은 뿔"이 그 사이에서 났다. 열 뿔은 로마의 힘과 그 이후에 일어날 왕들을 뜻하는데, 그렇다면 그들 사이에서 난 작은 뿔은 무엇인가? 이에 대해서 다양한 견해가 있으나, 결론을 말하자면 이것은 '적그리스도'(Anti-Christ)를 의미한다. 어떤 이들은(주로 '미래주의자') 적그리스도를 세상의 마지막에 등장할 특정 인물이나 세력으로 보지만, 이는 성경 전체가 말하는 적그리스도에 대한 가르침과 일치하지 않는다. 오히려 적그리스도는 그리스도를 반대하는 모든 세력의 총칭으로서 모든 세대에 모든 장소에서 다양한 형태로 존재한다. 특히 이 문구는 적그리스도가 로마 제국의 정신을 바탕으로 한다는 점을 보여주는데, 로마와 마찬가지로 적그리스도는 그리스도의 복음을 반대하고 성도를 박해한다.

다니엘은 이어서 "첫 번째 뿔 중의 셋이 그 앞에서 뿌리까지 뽑혔으며"

라고 말한다. "뿌리까지 뽑혔으며"라는 문구는 재귀형태이다. 따라서 이 것은 작은 뿔이 나오면서 자연스럽게 세 뿔이 뿌리까지 뽑히는 것을 뜻한 다. 즉 작은 뿔은 시간이 흐를수록 점점 커지는 것이다. 그래서 작은 뿔은 곧 다른 모든 뿔을 잠식하고 지배할 것이다. 결국, '열 뿔'은 전체를 상징 하고, '세 뿔'은 일부를 상징하는데, '작은 뿔'은 전체를 자신에게 복속 시킬 것이다. 다니엘은 이 작은 뿔에 대해서 "사람의 눈 같은 눈들이 있고 또 입이 있어 큰 말을 하였더라"라고 진술한다. "눈"은 지식과 지혜(영민 함)를 상징하고, "큰 말"을 한다는 것은 거만한 말을 한다는 뜻으로 신성 모독적인 말을 하는 것을 의미한다(참고 _ 11:36의 "비상한 말로 신들의 신을 대적 하며").

요약하자면, 넷째 짐승은 로마를 가리키고, 넷째 짐승의 머리에 붙어 있 는 열 뿔은 로마의 강력한 힘과 로마에서 비롯되는 세력들을 의미하며, 여 기서 작은 뿔이 나오는 것은 로마와 같은 성향을 가진 적그리스도가 출현 하는 것을 시사한다. 하지만 명심해야 할 것은 적그리스도가 로마라는 국 가에서 나오는 것이 아니라, 로마와 같이 그리스도를 대항하는 모든 세력 을 총칭한다는 점이다. 역사적으로 적그리스도는 항상 존재했고 그 모양 과 형태가 다양했다. 이에 바울은 적그리스도에 대하여 다음과 같이 말한 다. "누가 어떻게 하여도 너희가 미혹되지 말라 먼저 배교하는 일이 있고 저 불법의 사람 곧 멸망의 아들이 나타나기 전에는 그 날이 이르지 아니하 리니 그는 대적하는 자라 신이라고 불리는 모든 것과 숭배함을 받는 것에 대항하여 그 위에 자기를 높이고 하나님의 성전에 앉아 자기를 하나님이 라고 내세우느니라"(살후 2:3-4).

하나님이 짐승들을 심판하심 (9-14절)

7:9 내가 보니 왕좌가 놓이고 옛적부터 항상 계신 이가 좌정하셨는데 그의
옷은 희기가 눈 같고 그의 머리털은 깨끗한 양의 털 같고 그의 보좌는 불꽃
이요 그의 바퀴는 타오르는 불이며

7:10 불이 강처럼 흘러 그의 앞에서 나오며 그를 섬기는 자는 천천이요 그
앞에서 모셔 선 자는 만만이며 심판을 베푸는데 책들이 펴 놓였더라

7:11 그 때에 내가 작은 뿔이 말하는 큰 목소리로 말미암아 주목하여 보는
사이에 짐승이 죽임을 당하고 그의 시체가 상한 바 되어 타오르는 불에 던
져졌으며

7:12 그 남은 짐승들은 그의 권세를 빼앗겼으나 그 생명은 보존되어 정한 시
기가 이르기를 기다리게 되었더라

7:13 내가 또 밤 환상 중에 보니 인자 같은 이가 하늘 구름을 타고 와서 옛적
부터 항상 계신 이에게 나아가 그 앞으로 인도되매

7:14 그에게 권세와 영광과 나라를 주고 모든 백성과 나라들과 다른 언어를
말하는 모든 자들이 그를 섬기게 하였으니 그의 권세는 소멸되지 아니하는
영원한 권세요 그의 나라는 멸망하지 아니할 것이니라

9-14절은 전개되는 상황을 잠시 전환한다. 네 짐승의 환상과 작은 뿔의
환상(1-8절) 그리고 그 환상의 해석(15-28절) 사이에 하나님이 짐승들을 심판
하시는 장면(9-14절)이 수록되어 있다. 따라서 이 부분은 앞뒤 부분과 조금
다른 분위기를 풍긴다. 여기서 다니엘은 "옛적부터 항상 계신 이"와 "인자
같은 이"를 본 것에 대하여 서술하며, 짐승과 작은 뿔이 심판 당하는 모습
을 목격한 것에 대하여 말한다. 그리하여 지상에서는 네 짐승과 네 번째
짐승에게서 나온 작은 뿔이 강력한 힘을 발휘하면서 활동하는 동안에, 하
늘에서는 하나님께서 준엄하고도 엄정한 심판을 준비하고 계신다는 사실
이 드러난다.

9절의 "왕좌가 놓이고"라는 표현은 하나님이 법정에서 심판하시는 장면이다(참고 _ 요한계시록 4:2이하는 이것을 배경으로 함). 그런데 여기서 "왕좌"에 해당하는 '코르싸완'은 '카레쎄'의 복수형이다. 그렇다면 하나님이 앉아 계시는 왕좌는 왜 복수형으로 되어 있을까? 이에 대해서 여러 견해가 존재한다. 어떤 학자들은 이것을 재판 자리에 천사들이 참관인으로 참여하는 것이라고 주장한다. 하지만 이어지는 10절에서 천사들은 하나님 옆에 서 있다. 그래서 어떤 학자들은 요한계시록 20:4에 근거하여 성도들이 심판자의 자격으로 하나님 옆에 앉아 있는 것이라고 본다. 하지만 여기서 "왕좌"는 오직 하나님이 앉아 계시는 곳을 가리킨다. 이에 어떤 학자들은 이것을 '장엄 복수형'(pluralis majestatis)으로 보아서 하나님의 위엄과 능력을 강조한다고 본다. 그렇게 볼 수는 있겠지만 근접문맥은 보다 타당한 이유를 제시한다. 즉, 13-14절에 나오는 "인자 같은 이"가 왕좌에 앉아 있는 것으로 볼 수 있다. 따라서 왕좌가 복수형으로 되어 있는 것은 성부와 성자(나아가서 성령도)께서 앉아 계시기 때문이라고 결론내릴 수 있다.

왕좌에 앉아 계시는 "옛적부터 항상 계신 이"는 의심할 여지없이 성부 하나님을 가리키는데, 이 어구는 하나님의 영원성과 보편성과 절대성 등을 함의한다. "그의 옷은 희기가 눈 같고 그의 머리털은 깨끗한 양의 털 같고"라는 표현은 하나님의 거룩함과 순결함을 반영한다(참고 _ 시 51:7, 사 1:18). 이것은 요한계시록에 서술된 하나님의 모습과 흡사하다(참고 _ 계 1:14; 3:5; 4:4; 19:8, 14). 그리고 "그의 보좌는 불꽃이요 그의 바퀴는 타오르는 불이며"라는 문구는 모세가 시내산에서 하나님을 만났을 때 하나님이 불 가운데서 강림하신 것을 상기시키며(참고 _ 출 19:18), 또한 에스겔이 그발 강가에서 보았던 장면을 떠올린다(참고 _ 겔 1:4-13). 불은 하나님의 강력한 힘과 더불어 무서운 심판을 상징한다. 따라서 이 구절의 묘사는 거룩하신 하나님이 악한 세력에 대하여 공의롭고 단호한 심판을 집행하실 것이라는 메시지를 던져준다.

10절은 9절에 이어진다. "불이 강처럼 흘러 그의 앞에서 나오며"라는 문구는 하나님의 심판이 시행되는 것을 묘사하는데, 심판이 한 번에 끝나지 않고 지속하고 있음을 시사한다. 이것은 하나님의 심판이 온 세상에 두루 시행된다는 이미지를 제공한다. "그를 섬기는 자는 천천이요 그 앞에서 모셔 선 자는 만만이며"라는 문구는 요한계시록 5:11의 "내가 또 보고 들으매 보좌와 생물들과 장로들을 둘러 선 많은 천사의 음성이 있으니 그 수가 만만이요 천천이라"와 같은 것으로 헤아리기 어려운 엄청나게 많은 천사가 여호와 하나님을 보좌하고 있음을 보여준다.

다니엘은 "심판을 베푸는데 책들이 펴 놓였더라"라고 말한다. 하나님의 보좌 앞에는 두 종류의 책이 있다. 하나는 구원받을 사람들의 이름을 기록해 놓은 생명책이며(참고 _ 12:1, 출 32:32, 계 21:27), 다른 하나는 악한 자들의 행위를 기록한 책이다(참고 _ 계 20:12). 여기서는 후자를 가리킨다. 즉 하나님은 악을 행하고 성도들을 박해한 자들을 심판하시기 위하여 그들의 행실을 기록한 책을 보고 계신다. 특히 하나님이 책을 보면서 심판하신다는 언급은 하나님의 심판이 즉흥적이거나 대략적이 아니라 엄격하고 공의롭게 집행되고 있음을 시사한다.

11-12절은 네 번째 짐승과 그에게서 나온 작은 뿔이 심판 받는 것을 언급한다. 11절의 "그 때에 다니엘이 작은 뿔이 말하는 큰 목소리로 말미암아 주목하여 보는 사이에"라는 문구를 한글성경 공동번역은 의미를 잘 살려서 "그 뿔이 계속하여 외쳐대는 건방진 소리를 한 귀로 들으면서 보고 있자니"라고 번역한다. 여기서 "큰 목소리"는 8절의 "큰 말"(거만한 말)과 같다. 이것은 적그리스도의 신성모독적인 말을 뜻한다. 적그리스도는 사

람들에게 하나님을 대적하도록 설득하는 말을 하는데, 그는 복음을 대적하는 목적을 이루기 위해 온갖 매개체를 사용한다. 실제로 적그리스도는 모든 수단과 방법을 동원하여 복음을 말살시키려고 한다.

"짐승이 죽임을 당하고"라는 말은 네 번째 짐승인 로마가 심판을 받는 것을 의미하는 동시에, 로마를 모판으로 자라난 적그리스도가 심판 받은 것을 의미한다. 작은 뿔이 네 번째 짐승에게서 돋아나 있기 때문에 짐승이 죽임을 당하는 것은 작은 뿔도 죽임을 당하는 것이다. "그의 시체가 상한 바 되어 타오르는 불에 던져졌으며"라는 말은 10절에서 불이 강처럼 흘러 하나님 앞에서 나온다는 말과 연결되어서 하나님의 철저하고 엄중한 심판이 적그리스도와 그를 추종하는 모든 악한 세력에게 행해지는 것을 묘사한다. 더욱이, 이것은 악한 자들이 지옥 불에 던져져서 완전하고 영원한 고통을 당하는 것을 상기시킨다(참고 _ 계 19:20; 20:10).

다니엘은 "남은 짐승들"에 대해서 언급한다(12절). 남은 짐승들이란 앞의 세 짐승이다. 이들은 네 번째 짐승처럼 즉각 멸망하지 않는다. 이들은 권세(통치권)를 빼앗겼으나 그 생명은 보존되어 하나님이 정한 시기가 이르기를 기다리고 있다. 그렇다면 네 번째 짐승이 먼저 심판을 당하는 이유는 무엇인가? 그것은 네 번째 짐승이 앞의 세 짐승보다 훨씬 강하며 잔인하고 사악하기 때문이다. 그래서 하나님은 네 번째 짐승과 그를 모판으로 자라난 작은 뿔을 먼저 심판하셨다. 하지만 나머지 세 짐승도 심판을 벗어나지 못할 것이다. 하나님이 정하신 시기가 되면 그들은 모두 심판을 받을 것이다. 필시, 모든 사악하고 타락한 자들은 심판을 받을 것이다.

다니엘은 앞에서 열 뿔 가진 네 번째 짐승이 완전히 멸망하고 나머지 세 짐승도 하나님이 정하신 시기에 멸망한다는 사실을 환상으로 보았다. 그런데 이제 그는 13-14절에서 환상 속에 또 다른 존재를 본다. 그것은 "인자 같은 이"가 하늘 구름을 타고 와서 "옛적부터 항상 계신 이"에게 나아가 그 앞으로 인도되는 장면이다(13절). 여기서 "인자 같은 이"라는 표현이 등장하는 일차적인 이유는 네 나라가 '짐승의 모양'을 하고서 잔혹하게 활동했기 때문이다. 따라서 "인자 같은 이"라는 표현은 그가 사람을 향한 따뜻한 마음을 품고 있다는 사실이 암시된다.

그렇다면 "인자 같은 이"는 누구인가? 이 어구는 그리스도를 가리킨다. 복음서에서 예수 그리스도는 자신을 가리켜서 항상 "인자"라고 하셨다(참고 _ 마 8:20 등). 그리고 "구름"은 신적인 권위를 상징하는데(참고 _ 출 19:16; 40:34, 왕상 8:11, 시 97:2), 구약에서 구름을 타시는 이는 오로지 하나님밖에 없다(참고 _ 시 104:3, 사 19:1). 더욱이 신약에서 예수님은 이 환상의 내용을 자신에게 적용하셨는데(참고 _ 마 24:30; 26:64, 막 14:62), 그분은 실제로 구름을 타고 승천하셨으며(참고 _ 행 1:9-11), 언젠가 구름을 타고 다시 오실 것이다(참고 _ 계 1:7; 19:11-16).

하나님은 그리스도에게 권세와 영광과 나라를 주시고 모든 백성과 나라들과 다른 언어를 말하는 모든 자가 그를 섬기게 하셨다(14절). 하나님이 그리스도에게 권세와 영광과 나라를 주신다는 주제는 이미 2:44에서 언급되었다. 세상의 왕들은 자신들에게 권세와 영광과 나라가 주어진 것으로 생각한다. 하지만 그것들은 오로지 그리스도에게 주어졌다. 실로, 그리스도가 만왕의 왕이시며, 만주의 주이시다. 마태복음 6:13에서 예수님은 기도문을 가르쳐주시면서 마지막에 "나라와 권세와 영광이 아버지께 영원히 있사옵나이다"라고 하셨다. 그리고 마태복음 28:18에서 예수님은 "하늘과 땅의 모든 권세를 내게 주셨으니"라고 하셨다.

"그의 권세는 소멸되지 아니하는 영원한 권세요 그의 나라는 멸망하지 아니할 것이니라"라는 언급은 2장의 큰 신상 환상에 나오는 것과 흡사하다. 2:34에는 "손대지 아니한 돌이 나와서 신상의 쇠와 진흙의 발을 쳐서 부서뜨리매"라는 말씀이 있다. 그리고 2:44에는 "이 여러 왕들의 시대에 하늘의 하나님이 한 나라를 세우시리니 이것은 영원히 망하지도 아니할 것이요 그 국권이 다른 백성에게로 돌아가지도 아니할 것이요 도리어 이 모든 나라를 쳐서 멸망시키고 영원히 설 것이라"는 말씀이 있다. 세상의 모든 나라와 권세는 한시적이며 언젠가 멸망한다. 그것은 하나님이 심판을 집행하시는 순간에 불에 던져져서 태워진다. 하지만 하나님의 권세는 소멸하지 않으며 영원하다. 그러므로 신자들의 선택은 분명해진다. 그들은 하나님의 나라를 추구해야 한다. 결코, 잠시 있다가 사라질 이 세상 나라에 집착하지 말아야 한다.

천사가 환상을 해석해 줌 (15-28절)

7:15 나 다니엘이 중심에 근심하며 내 머리 속의 환상이 나를 번민하게 한지라
7:16 내가 그 곁에 모셔 선 자들 중 하나에게 나아가서 이 모든 일의 진상을 물으매 그가 내게 말하여 그 일의 해석을 알려 주며 이르되
7:17 그 네 큰 짐승은 세상에 일어날 네 왕이라
7:18 지극히 높으신 이의 성도들이 나라를 얻으리니 그 누림이 영원하고 영원하고 영원하리라
7:19 이에 내가 넷째 짐승에 관하여 확실히 알고자 하였으니 곧 그것은 모든 짐승과 달라서 심히 무섭더라 그 이는 쇠요 그 발톱은 놋이니 먹고 부서뜨리고 나머지는 발로 밟았으며
7:20 또 그것의 머리에는 열 뿔이 있고 그 외에 또 다른 뿔이 나오매 세 뿔이 그 앞에서 빠졌으며 그 뿔에는 눈도 있고 큰 말을 하는 입도 있고 그 모양이

그의 동류보다 커 보이더라

7:21 내가 본즉 이 뿔이 성도들과 더불어 싸워 그들에게 이겼더니

7:22 옛적부터 항상 계신 이가 와서 지극히 높으신 이의 성도들을 위하여 원한을 풀어 주셨고 때가 이르매 성도들이 나라를 얻었더라

7:23 모신 자가 이처럼 이르되 넷째 짐승은 곧 땅의 넷째 나라인데 이는 다른 나라들과는 달라서 온 천하를 삼키고 밟아 부서뜨릴 것이며

7:24 그 열 뿔은 그 나라에서 일어날 열 왕이요 그 후에 또 하나가 일어나리니 그는 먼저 있던 자들과 다르고 또 세 왕을 복종시킬 것이며

7:25 그가 장차 지극히 높으신 이를 말로 대적하며 또 지극히 높으신 이의 성도를 괴롭게 할 것이며 그가 또 때와 법을 고치고자 할 것이며 성도들은 그의 손에 붙인 바 되어 한 때와 두 때와 반 때를 지내리라

7:26 그러나 심판이 시작되면 그는 권세를 빼앗기고 완전히 멸망할 것이요

7:27 나라와 권세와 온 천하 나라들의 위세가 지극히 높으신 이의 거룩한 백성에게 붙인 바 되리니 그의 나라는 영원한 나라이라 모든 권세 있는 자들이 다 그를 섬기며 복종하리라

7:28 그 말이 이에 그친지라 나 다니엘은 중심에 번민하였으며 내 얼굴빛이 변하였으나 내가 이 일을 마음에 간직하였느니라

다니엘은 중심에 근심했고 머리 속의 환상 때문에 번민했다(15절). 그의 혼란과 번민은 28절에 다시 나오는데, 이를 통하여 하나님의 계시를 받는 것은 그 자체로 굉장한 고통과 번민이 따른다는 사실이 드러난다. 여기서 "나를 번민하게 한지라"에 해당하는 단어 '예바하룬나니'는 미완료 시제로 번민하는 것이 한동안 지속하였음을 보여준다. 그렇다면 다니엘은 무엇 때문에 근심하고 번민했는가? 그는 세상의 멸망과 그 가운데 하나님의 백성들이 맞이할 결과 때문에 번민했다. 다니엘은 과연 하나님의 백성들이 다시 언약 안으로 들어갈 수 있을지를 걱정했다.

16-28절의 전체적인 구조적 흐름을 아는 것은 이 부분의 의미를 파악하

는 데 큰 도움을 준다. 이 부분의 내용을 간략하게 정리하면 다음과 같다. 16절은 다니엘이 환상에 관해서 물어보는 것이고, 17-18절은 천사가 환상에 관해서 일반적인 대답을 주는 장면이다. 그러자 19-22절에서 다니엘은 넷째 짐승에 대하여 자세히 물어보는데, 이는 넷째 짐승이 앞의 세 짐승과 전혀 달랐기 때문이다. 이에 대하여 23-27절에서 천사는 넷째 짐승에 대하여 자세한 대답을 준다. 그리고 마지막 28절은 다니엘이 환상을 보고 해석을 들은 후에 보인 반응이다.

16절은 다니엘의 질문이다. 다니엘은 "그 곁에 모셔 선 자들 중 하나에게", 즉 천사 중 하나에게 이 모든 일의 진상을 물어보고, 천사는 그 일의 해석을 다니엘에게 알려준다. 따라서 다니엘은 수동적으로 환상을 보기만 한 것이 아니라 의식이 뚜렷한 가운데 골똘히 생각하고 적극적으로 대화에 참여했다. 이제 다니엘의 질문에 대해서 천사가 대답을 준다(17-18절).

17절의 "그 네 큰 짐승은 세상에 일어날 네 왕이라"는 말은 사자와 곰과 표범과 강한 짐승이 각각 바벨론과 메대-바사(페르시아)와 헬라(그리스)와 로마를 가리킨다는 뜻이다. 그리고 이 나라들은 왕들로 대표되는데, 그들은 각각 느부갓네살과 고레스와 알렉산더와 로마의 왕이 표상하는 적그리스도이다. 18절의 "지극히 높으신 이의 성도들"은 22절과 25절에 다시 나오는데, 이들은 세상에서 살고 있는 모든 하나님의 백성을 가리킨다. 성도들은 하나님의 나라를 얻을 것인데, 13-14절에서는 "인자 같은 이", 곧 그리스도가 나라를 얻는다고 되어 있지만, 그리스도는 성도들에게 왕적인 권세를 주서서 그 나라의 상속자가 되게 하신다. "그 누림이 영원하고 영원하고 영원하리라"는 문구는 성도들의 영광스러운 상속의 경험을 강조한다.

다니엘은 천사의 해석으로 큰 위로를 받았다. 하지만 그는 넷째 짐승 때문에 여전히 번민했다. 그래서 넷째 짐승에 대해서 더 자세히 알고 싶어 한다(19-22절). 다니엘이 넷째 짐승에 관하여 확실히 알고자 한 것은 그것이 모든 짐승과 달라서 굉장히 무서웠기 때문이다(19절). 다니엘은 19-20절에서 넷째 짐승과 짐승에게서 나온 작은 뿔에 대하여 진술하는데, 이는 7-8절을 반복한 것이다. 그런데 여기서는 7-8절에서와 달리 "그 모양이 그의 동류보다 커 보이더라"라는 말이 덧붙여 있다(20절). 이것은 작은 뿔이 점점 커져서 가장 큰 뿔이 되었기 때문이다. 특히 "커 보이더라"에 해당하는 단어 '라브'는 위압감과 튼튼함을 뜻한다. 따라서 작은 뿔은 실제로 컸을 뿐만 아니라 보기에 위압적이었다.

다니엘은 21-22절에서 이 뿔의 활동과 존망에 대해서 언급한다. 그는 먼저 "내가 본즉 이 뿔이 성도들과 더불어 싸워 그들에게 이겼더니"라고 말한다(21절). 이것은 적그리스도가 성도들을 박해하는 것을 의미한다. 역사적으로 수많은 적그리스도가 있었다. 특히 다니엘 이후에 안티오커스 4세 에피파네스(Antiochus IV Epiphanes, 주전 175-164년에 재임)는 성전을 모독하고 제사를 폐지하며 하나님의 백성을 박해했다(그에 대해서는 8장에서 자세히 설명함). 로마 황제들 역시 그리스도의 복음이 전파되는 것을 방해했으며 신자들을 극심하게 박해하여 믿는 자들의 확산을 막으려 했다. 그 외에도 세계사에는 수많은 적그리스도가 존재했다.

다니엘은 다시금 "옛적부터 항상 계신 이", 곧 하나님에 대하여 말한다(22절). 그는 하나님께서 성도들을 위하여 원한을 풀어 주셨다고 한다. 하나님은 자신이 정하신 때가 되면 심판을 수행하신다. 의인과 악인을 나누시고, 의인에게는 영원한 생명을 주시며, 악인에게는 그들의 행실에 따라 벌을 내리신다(참고 _ 7:10-12). 다니엘은 이어서 "때가 이르매 성도들이 나라를 얻었더라"라고 말한다. 하나님의 나라를 상속한다는 것은 하나님의 자녀로서 그 나라의 일원이 되었다는 뜻이며, 하나님이 마련하신 신천신지에서 살게 되었다는 뜻이다. 하나님의 나라는 세상 나라, 곧 바벨론, 메대-바사, 헬라, 로마 등과 같이 일시적으로 존재하다가 없어지는 나라가 아니다. 하나님의 나라는 영원하며 절대로 멸망하지 않는다.

23-27절은 다니엘의 질문(넷째 짐승과 작은 뿔에 관한)에 대한 천사의 대답(해설)이다. 23절의 "모신 자가 이처럼 이르되"라는 말은 넷째 짐승에 대한 해설이 시작되었음을 뜻한다. 넷째 짐승은 땅의 넷째 나라인 로마이다. 그 나라는 다른 나라들과 달라서 온 천하를 삼키고 밟아 부서뜨린다. 이는 로마가 강력한 힘으로 세상을 파괴하고 지배하는 것을 의미한다. 그런데 여기서 로마는 물리적인 한 나라에 국한되지 않는다. 그것은 역사적인 모든 적그리스도와 그를 추종하는 세력의 총합으로 표현된다. 즉 로마라고 일컬어지는 세력은 적그리스도를 상징한다.

천사는 "그 열 뿔은 그 나라에서 일어날 열 왕이요"라고 말한다(24절). 이 말의 의미에 대해서는 여러 견해가 있다. 어떤 학자들은 이것을 로마 제국 이후에 일어날 열 개의 나라라고 주장하고, 어떤 학자들은 이것이 로마 제국의 열 명의 통치자(왕)를 가리킨다고 보는데, 그들은 율리우스 카이사르부터 도미티아누스까지 12명이지만 2명은 짧게 몇 달만 통치했기에 실제로는 10명이라고 생각한다. 하지만 이를 뒷받침할 만한 증거는 충분하지 않다. 따라서 "열 뿔"을 교회 시대 전체에 존재하는 많은 왕(세력, 체계, 방법)을 상징한다고 보는 것이 적절하다.

천사는 "그 후에 또 하나가 일어나리니"라고 말하는데, 이것은 8절의 '작은 뿔'을 가리킨다. 작은 뿔은 "먼저 있던 자들과 다르고 또 세 왕을 복종시킬 것"이다. 10은 완전함(전체)을 상징하며, 3은 일부를 가리킨다. 그리고 앞에서 언급했듯이, 작은 뿔은 역사적으로 존재하는 모든 형태의 적그리스도를 가리킨다. 따라서 이것은 적그리스도가 세상의 왕들(세력들) 가운데 일부를 복종시키는 것을 의미한다. 다시 말하지만, 열 왕, 세 왕, 작은 뿔을 문자적으로 이해하지 말아야 한다. 우리는 열 뿔과 세 뿔과 작은 뿔에 대한 언급을 특정한 역사적 상황에 맞출 수 있는 합리적인 근거를 가지고 있지 않다.

천사는 계속해서 "그가 장차 지극히 높으신 이를 말로 대적하며 또 지극히 높으신 이의 성도를 괴롭게 할 것이며 그가 또 때와 법을 고치고자 할 것이며 성도들은 그의 손에 붙인 바 되어 한 때와 두 때와 반 때를 지내리라"라고 말한다(25절). 이 말은 적그리스도의 활동을 구체적으로 묘사한 것이다. "지극히 높으신 이를 말로 대적하며"란 적그리스도가 신성모독적인 말로 하나님을 대적하는 것을 가리키고, "성도를 괴롭게 할 것이며"란 성도들을 박해하여 성도들이 하나님을 믿지 못하게 하고 그들이 세상에서 바르게 살지 못하게 하는 것을 뜻하며, "때와 법을 고치고자 할 것이며"란 '축제일과 법'을 고친다는 뜻으로 교회가 지키는 날들(주일)과 성경을 없앤다는 뜻이다.

그런데 다니엘은 적그리스도의 활동 기한을 말하는데, 그것은 "한 때와 두 때와 반 때"(a time, times, and half a time)이다. 상당수의 학자들은 이 기간을 안티오커스 4세 에피파네스(Antiochus IV Epiphanes, 주전 175-164년에 재임)가 주전 167년 12월 6일에 성전을 모독한 일에서부터 유다 마카비(Judas Maccabeus)가 주전 164년 12월 14일에 성전을 정결하게 하고 다시 봉헌하기까지의 기간을 가리킨다고 주장한다. 이 기간은 실제로 3년 8일이지만, 그가 만행을 본격적으로 저지르기에 앞서 간헐적인 행동을 했을 수도 있기에 기간을 정확하게 특정하기가 어렵다. 따라서 그의 활동 기간을 3년 반으로 보는 것에는 무리가 없다.

하지만 어떤 학자들은 이 기간이 3년 반으로서 완전수 7의 절반에 해당하기에, 그리 길지 않은 기간이며 특히 하나님이 정해 놓으신 한정된 기간을 상징한다고 본다. 그래서 이 기간이 주는 메시지를 적그리스도의 활동이 그리 길지 않으니 참고 견디라는 것으로 본다. 실제로 4:16과 4:23에는 느부갓네살이 심판을 받는 기간이 '일곱 때'라고 되어 있다. 이것은 문자적인 7년이 아니라 하나님이 정해 놓으신 한정된 기간이었다(참고 _ 4:16의 해설). 따라서 그들은 여기에 나오는 "한 때와 두 때와 반 때"가 7년의 절반으로서 성전을 모독하는 일과 성도를 박해하는 일이 길지 않다는 것을 강조하려는 의도를 가지는 것으로 보아야 한다고 주장한다.

그렇다면 우리는 어느 견해를 받아들여야 하는가? 위의 두 견해를 통합하여 받아들이는 것이 바람직하다고 생각한다. 본문에 나오는 "한 때와 두 때와 반 때"와 실제로 안티오커스 4세 에피파네스가 성전을 모독한 시점부터 유다 마카비(Judas Maccabeus)가 그것을 회복하기까지의 3년 반이라는 기간을 완전히 분리할 수는 없다. 이는 8장 이하에서 계속하여 안티오커스 4세 에피파네스의 활동과 그 기간을 말하면서 그가 매우 위협적인 인물이라는 사실을 강조하기 때문이다. 따라서 우리는 천사가 안티오커스 4세 에피파네스의 만행 기간을 모티프로 삼아서 적그리스도의 활동 기간이 길지 않으며 하나님이 그 기한을 정해 놓으셨으므로 성도들이 참고 견뎌야 한다고 독려하는 것으로 이해하는 것이 좋겠다.

한편, 7-12장에서 다니엘이 환상 가운데 보았던 날(시간)에 대한 언급은 8:14의 "2,300주야", 9:27의 "한 이레", 12:7의 "한 때와 두 때와 반 때",

12:11의 "1,290일", 12:12의 "1,335일" 등이다(참고 _ 계 11:2의 "42개월"; 계 12:6
의 "1,260일"; 계 12:14의 "한 때와 두 때와 반 때"; 계 13:5의 "42개월" 등). 나중에 그곳에
서 살펴보겠지만, 이런 표현들은 모두 강한 메시지를 담고 있다. 즉 적그
리스도가 활동하는 기간이 길지 않다는 것과 하나님이 그들의 날 수를 정
해 놓으셨으므로 하나님의 백성들이 박해에 대하여 인내하고 참아야 한다
는 사실을 암시적으로 제시한다.

26절에서 다니엘은 "그러나 심판이 시작되면 그는 권세를 빼앗기고 완
전히 멸망할 것이요"라고 말한다. 이것은 적그리스도의 완전한 멸망을 의
미한다. 즉 9-11절에 나오는 적그리스도에 대한 심판을 다시 언급한 것이
다. 27절은 26절과 반대되는 상황에 관한 서술이다. 26절에는 악한 자들이
맞이할 심판이 기록되어 있지만, 27절에는 거룩한 백성들이 맞이할 복이
기록되어 있다. 앞의 13-14절에서 하나님이 "인자 같은 이", 곧 그리스도
에게 권세와 영광과 나라를 주셨으며, 18절에서 그리스도 안에 있는 성도
들이 나라를 얻을 것이라고 했는데, 여기서는 나라와 권세와 위세가 거룩
한 백성에게 붙인 바 될 것이라고 언급된다.

하나님의 심판과 구원은 예수 그리스도의 초림과 재림에 밀접하게 연관
된다. 하나님의 심판은 예수 그리스도가 초림하실 때 어느 정도 이루어졌
지만, 그분이 재림하실 때 완전히 이루어질 것이다. 예수 그리스도의 초림
으로 사탄과 그의 추종자들은 치명타를 입었지만, 그분의 재림으로 그들
은 완전한 멸망에 처할 것이다. 마찬가지로 하나님의 구원은 예수 그리스
도의 초림 때 이루어졌다. 예수님의 오심은 언약이 회복되는 순간이었다.
하지만 예수 그리스도의 재림으로 이 모든 일이 완전히 성취될 것이다. 그
리하여 사탄이 오랫동안 다스리던 시대가 막을 내리고 메시아가 다스리는
진정한 평화의 시대가 올 것이다.

마지막 절(28절)은 다니엘이 환상을 보고 해석을 들었을 때의 반응에 대한 언급이다. 그는 중심에 근심하며 번민했다. 이것은 15절에서 표현된 것인데, 비록 15절과 28절의 단어나 문장이 약간 다르지만 내용은 대동소이하다. 다니엘이 본 환상과 그가 들은 해석은 그에게 큰 충격을 주었으며 그를 걱정하게 했다. 특히 네 번째 짐승과 작은 뿔의 환상은 하나님의 백성이 당할 큰 어려움에 관련된 것이어서 그는 그들의 미래를 생각하며 걱정하고 염려했다. 그래서 그는 이 일을 마음에 간직했다. 이러한 행동은 그가 본 환상이 단순한 꿈이 아니라는 사실을 전제하는 동시에, 그것이 후대에 반드시 전해져야 할 중요한 메시지라는 사실을 암시한다.

| 본문이 우리에게 주는 교훈 |

1 _ 다니엘이 환상 속에서 본 네 짐승은 바벨론을 비롯하여 그 이후에 일어날 나라들(왕들)을 상징하지만, 그것들은 어떤 특정한 나라와 왕에게 한정되지 않는다. 다니엘이 본 네 짐승에 관한 기술은 세계사에 등장할 모든 세속 권력을 집약적이고 총체적으로 묘사한다. 다시 말해서, 이 환상은 역사적으로 일어날 일을 하나님이 미리 알려주셨다는 단순한 사실을 말하려는 것이 아니라 세계 역사에서 계속하여 발흥하고 쇠락하는 세력들을 지시한다. 특히 다니엘은 강하고 포악한 짐승을 보았는데, 이는 세상 권력의 강력하고 냉혹하고 잔혹한 특성에 대한 분명한 인지를 요청한다. 우리는 세상이 그리스도의 복음과 그리스도를 따르는 제자들에게 결코 호의적이거나 따뜻하지 않다는 사실을 명심해야 한다. 이것을 우리가 충분히 안다면 세상의 힘과 권세를 의지하지 않을 것이며, 세상의 흥미와 쾌락에 이끌리지 않을 것이다. "내 눈을 돌이켜 허탄한 것을 보지 말게 하시고 주의 길에서 나를 살아나게 하소서"(시 119:37).

2 _ 이 단락에서 가장 두드러진 것은 넷째 짐승과 그 짐승에게서 난 작은 뿔이다. 넷째 짐승은 로마를 상징하고, 작은 뿔은 적그리스도를 상징한다. 당시에 로마는 그리스도의 복음을 대적했고, 성도들을 극심히 박해했는데, 이는 적그리스도가 행하는 일이다. 적그리스도는 그리스도를 대항하고 성도를 박해하는 모든 세력을 통칭하는 것으로 세상에 항상 존재하면서 기독교의 말살을 획책한다. 적그리스도의 배후에는 사탄이 있는데, 시간이 지날수록 적그리스도와 사탄의 실체가 더욱 분명히 드러나고 세력이 강화된다. 다니엘은 작은 뿔인 적그리스도가 강력하고 교활하며 끈질기다는 점을 밝히 보여준다. 실제로 적그리스도는 사탄의 조종과 사주를 받아서 강력하고도 매력적인 모습으로 등장하여 성도들을 미혹한다. 그는 정치, 경제, 사회, 문화의 옷을 입고 공격함으로 신자들이 그 정체를 알아채지 못한 채 끌려가서 멸망하게 만든다. 우리는 바울의 경고를 기억해야 한다. "그 중에 이 세상의 신이 믿지 아니하는 자들의 마음을 혼미하게 하여 그리스도의 영광의 복음의 광채가 비치지 못하게 함이니"(고후 4:4).

3 _ 하나님께서 다니엘에게 보여주신 환상을 통하여 이 세상의 패권과 권세와 힘이 우리를 지배하고 주도한다는 사실을 발견하게 된다. 그러나 이 환상에는 그들의 권세가 영원하지 않다는 사실이 명시되어 있다. 하나님께서는 반드시 그들을 심판하실 것이다. 이는 예수 그리스도의 초림을 통하여 이미 이루어졌지만, 예수 그리스도의 재림을 통하여 완성될 것이다. 하나님은 옛적부터 항상 계신 분으로 영원하며 절대적인 권위를 가지고 계신다. 또한 하나님은 순결하시며, 거룩하시고, 절대적인 지위와 권세를 가지고 계신다. 그래서 하나님의 심판은 공정하며 엄중하다. 그러므로 그리스도인은 세상의 핍박과 조롱을 참고 견뎌야 한다. 하나님이 악한 자들을 처벌하실 것을 믿고 다만 우리가 해야 할 일을 묵묵히 감당해야 한다. 이에 대해서 바울은 다음과 같이 말한다. "그들의 마침은 멸망이요 그

들의 신은 배요 그 영광은 그들의 부끄러움에 있고 땅의 일을 생각하는 자라"(빌 3:19).

4 _ 이 단락에는 하나님이 성도들에게 주시는 복이 기록되어 있다. 하나님은 그리스도에게 세상의 모든 권세와 영광과 나라를 주셨다. 그리고 그리스도는 우리가 그분의 나라를 상속하는 일에 참여할 수 있게 해 주셨다. "나라와 권세와 온 천하 나라들의 위세가 지극히 높으신 이의 거룩한 백성에게 붙인 바 되리니"(27절). 그러므로 성도들은 하나님의 언약 안에 거함으로 놀라운 복을 받게 된 것에 감사하며 감격해야 한다. "여호와여 위대하심과 권능과 영광과 승리와 위엄이 다 주께 속하였사오니 천지에 있는 것이 다 주의 것이로소이다 여호와여 주권도 주께 속하였사오니 주는 높으사 만물의 머리이심이니이다 부와 귀가 주께로 말미암고 또 주는 만물의 주재가 되사 손에 권세와 능력이 있사오니 모든 사람을 크게 하심과 강하게 하심이 주의 손에 있나이다"(대상 29:11-12).

다니엘 _ 8장

작은 뿔 하나가 나서

다니엘 7장에는 네 짐승의 환상이 기록되어 있는데, 이는 네 나라에 관한 예언으로서, 각각 바벨론, 메대-바사, 그리스(헬라), 로마를 가리킨다. 특히 로마에 해당하는 넷째 짐승에서 작은 뿔이 나와 악행을 저지르는데, 이는 적그리스도가 출현하여 그리스도의 복음을 대적하고 성도들을 박해하는 것을 의미한다. 이제 다니엘 8장에는 숫양과 숫염소의 환상이 기록되어 있다. 이는 두 나라에 관한 예언으로 각각 메대-바사와 그리스를 가리킨다. 그리고 여기서도 작은 뿔이 등장하는데, 이것 역시 적그리스도를 상징하며 그의 활동은 7장에서보다 더 자세히 기술되어 있다. 따라서 8장은 7장을 보충하고 보완하는 역할을 한다. 곧 8장은 메대-바사와 그리스에 대해서, 그리고 적그리스도에 대해서 더욱 상세히 그리고 진전되게 말한다.

한편, 비평학자들은 여기에 기록된 예언이 너무나 구체적이고 정확해서 다니엘이 활동하던 시대(주전 6세기)에 이 글이 기록된 것이 아니라, 훗날(주전 2세기)에 익명의 저자에 의해 이 글이 기록되었다고 주장한다. 비평학자들은 다니엘서를 기록한 저자가 바벨론과 메대-바사와 그리스의 역사를 알고 있었고, 아직 로마는 접해 보지 않은 상태인데, 이미 알고 있는 것들을 예언 형식으로 기록한 것이라고 말한다. 하지만 하나님은 역사를 주관하시며 섭리하시는 분이시며, 시간과 장소를 초월적으로 넘어 다니시는 분이시다. 따라서 하나님이 미래에 일어날 일을 다니엘에게 미리 말씀하신 것은 전혀 이상하지 않다.

| 성경본문 |

8:1 나 다니엘에게 처음에 나타난 환상 후 벨사살 왕 제삼년에 다시 한 환상이 나타나니라

8:2 내가 환상을 보았는데 내가 그것을 볼 때에 내 몸은 엘람 지방 수산 성에 있었고 내가 환상을 보기는 을래 강변에서이니라

8:3 내가 눈을 들어 본즉 강 가에 두 뿔 가진 숫양이 섰는데 그 두 뿔이 다 길었으며 그 중 한 뿔은 다른 뿔보다 길었고 그 긴 것은 나중에 난 것이더라

8:4 내가 본즉 그 숫양이 서쪽과 북쪽과 남쪽을 향하여 받으나 그것을 당할 짐승이 하나도 없고 그 손에서 구할 자가 없으므로 그것이 원하는 대로 행하고 강하여졌더라

8:5 내가 생각할 때에 한 숫염소가 서쪽에서부터 와서 온 지면에 두루 다니되 땅에 닿지 아니하며 그 염소의 두 눈 사이에는 현저한 뿔이 있더라

8:6 그것이 두 뿔 가진 숫양 곧 내가 본 바 강 가에 섰던 양에게로 나아가되 분노한 힘으로 그것에게로 달려가더니

8:7 내가 본즉 그것이 숫양에게로 가까이 나아가서는 더욱 성내어 그 숫양을 쳐서 그 두 뿔을 꺾으나 숫양에게는 그것을 대적할 힘이 없으므로 그것이 숫양을 땅에 엎드러뜨리고 짓밟았으나 숫양을 그 손에서 벗어나게 할 자가 없었더라

8:8 숫염소가 스스로 심히 강대하여 가더니 강성할 때에 그 큰 뿔이 꺾이고 그 대신에 현저한 뿔 넷이 하늘 사방을 향하여 났더라

8:9 그 중 한 뿔에서 또 작은 뿔 하나가 나서 남쪽과 동쪽과 또 영화로운 땅

을 향하여 심히 커지더니

8:10 그것이 하늘 군대에 미칠 만큼 커져서 그 군대와 별들 중의 몇을 땅에 떨어뜨리고 그것들을 짓밟고

8:11 또 스스로 높아져서 군대의 주재를 대적하며 그에게 매일 드리는 제사를 없애 버렸고 그의 성소를 헐었으며

8:12 그의 악으로 말미암아 백성이 매일 드리는 제사가 넘긴 바 되었고 그것이 또 진리를 땅에 던지며 자의로 행하여 형통하였더라

8:13 내가 들은즉 한 거룩한 이가 말하더니 다른 거룩한 이가 그 말하는 이에게 묻되 환상에 나타난 바 매일 드리는 제사와 망하게 하는 죄악에 대한 일과 성소와 백성이 내준 바 되며 짓밟힐 일이 어느 때까지 이를고 하매

8:14 그가 내게 이르되 이천삼백 주야까지니 그 때에 성소가 정결하게 되리라 하였느니라

8:15 나 다니엘이 이 환상을 보고 그 뜻을 알고자 할 때에 사람 모양 같은 것이 내 앞에 섰고

8:16 내가 들은즉 울래 강 두 언덕 사이에서 사람의 목소리가 있어 외쳐 이르되 가브리엘아 이 환상을 이 사람에게 깨닫게 하라 하더니

8:17 그가 내가 선 곳으로 나왔는데 그가 나올 때에 내가 두려워서 얼굴을 땅에 대고 엎드리매 그가 내게 이르되 인자야 깨달아 알라 이 환상은 정한 때 끝에 관한 것이니라

8:18 그가 내게 말할 때에 내가 얼굴을 땅에 대고 엎드리어 깊이 잠들매 그가 나를 어루만져서 일으켜 세우며

8:19 이르되 진노하시는 때가 마친 후에 될 일을 내가 네게 알게 하리니 이 환상은 정한 때 끝에 관한 것임이라

8:20 네가 본 바 두 뿔 가진 숫양은 곧 메대와 바사 왕들이요

8:21 털이 많은 숫염소는 곧 헬라 왕이요 그의 두 눈 사이에 있는 큰 뿔은 곧 그 첫째 왕이요

8:22 이 뿔이 꺾이고 그 대신에 네 뿔이 났은즉 그 나라 가운데에서 네 나라가 일어나되 그의 권세만 못하리라

8:23 이 네 나라 마지막 때에 반역자들이 가득할 즈음에 한 왕이 일어나리니 그 얼굴은 뻔뻔하며 속임수에 능하며

8:24 그 권세가 강할 것이나 자기의 힘으로 말미암은 것이 아니며 그가 장차 놀랍게 파괴 행위를 하고 자의로 행하여 형통하며 강한 자들과 거룩한 백

성을 멸하리라

8:25 그가 꾀를 베풀어 제 손으로 속임수를 행하고 마음에 스스로 큰 체하며 또 평화로운 때에 많은 무리를 멸하며 또 스스로 서서 만왕의 왕을 대적할 것이나 그가 사람의 손으로 말미암지 아니하고 깨지리라

8:26 이미 말한 바 주야에 대한 환상은 확실하니 너는 그 환상을 간직하라 이는 여러 날 후의 일임이라 하더라

8:27 이에 나 다니엘이 지쳐서 여러 날 앓다가 일어나서 왕의 일을 보았느니라 내가 그 환상으로 말미암아 놀랐고 그 뜻을 깨닫는 사람도 없었느니라

| 본문해설 |

숫양과 숫염소의 환상 (1-8절)

8:1 나 다니엘에게 처음에 나타난 환상 후 벨사살 왕 제삼년에 다시 한 환상이 나타나니라

8:2 내가 환상을 보았는데 내가 그것을 볼 때에 내 몸은 엘람 지방 수산 성에 있었고 내가 환상을 보기는 을래 강변에서이니라

8:3 내가 눈을 들어 본즉 강 가에 두 뿔 가진 숫양이 섰는데 그 두 뿔이 다 길었으며 그 중의 한 뿔은 다른 뿔보다 길었고 그 긴 것은 나중에 난 것이더라

8:4 내가 본즉 그 숫양이 서쪽과 북쪽과 남쪽을 향하여 받으나 그것을 당할 짐승이 하나도 없고 그 손에서 구할 자가 없으므로 그것이 원하는 대로 행하고 강하여졌더라

8:5 내가 생각할 때에 한 숫염소가 서쪽에서부터 와서 온 지면에 두루 다니되 땅에 닿지 아니하며 그 염소의 두 눈 사이에는 현저한 뿔이 있더라

8:6 그것이 두 뿔 가진 숫양 곧 내가 본 바 강 가에 섰던 양에게로 나아가되 분노한 힘으로 그것에게로 달려가더니

8:7 내가 본즉 그것이 숫양에게로 가까이 나아가서는 더욱 성내어 그 숫양을 쳐서 그 두 뿔을 꺾으나 숫양에게는 그것을 대적할 힘이 없으므로 그것

이 숫양을 땅에 엎드러뜨리고 짓밟았으나 숫양을 그 손에서 벗어나게 할 자
가 없었더라
8:8 숫염소가 스스로 심히 강대하여 가더니 강성할 때에 그 큰 뿔이 꺾이고
그 대신에 현저한 뿔 넷이 하늘 사방을 향하여 났더라

1-2절은 서론적 언급이다. 1절의 "나 다니엘에게 처음에 나타난 환상
후"라는 문구는 7장의 환상을 가리킨다. "벨사살 왕 제삼 년"이라는 문구
는 이 환상이 나타난 시기를 가르쳐준다. 벨사살은 바벨론 왕 나보니두스
(Nabonidus, 주전 556-539년에 왕으로 재임)의 아들로 추정된다. 나보니두스는 통
치 기간에 주로 테마(Tema: Arabia)에 머물렀는데, 그의 통치 3년째 되던 해
인 주전 553년에 바벨론을 벨사살에게 맡겨서 다스리게 했다(참고 _ 5:1과 7:1
의 해설). 따라서 "벨사살 왕 제삼 년"은 주전 551년이다. 그리고 이것은 7
장의 환상보다 2년이 지난 시점이며(참고 _ 7:1의 "바벨론 벨사살 왕 원년에"), 5장
에 있는 벨사살의 연회가 열리기 약 12년 전이다. 따라서 7장과 8장의 환
상은 모두 5장에 기록된 사건 이전에 일어났다.

다니엘은 1절 끝부분에서 "한 환상이 나타나니라"라고 했는데, 2절 앞
부분에서는 "내가 환상을 보았는데"라고 말한다. 1절의 "한 환상이 나타
나니라"라는 말은 다니엘에게 수동적(소극적)으로 환상이 보인 것을 의미
한다. 하지만 2절의 "내가 환상을 보았는데"라는 말은 다니엘이 능동적(적
극적)으로 환상을 본 것, 즉 그가 환상에 참여한 것을 의미한다. 따라서 다
니엘은 단지 일방적으로 환상을 보기만 한 것이 아니라 자신에게 나타난
환상에 적극적으로 참여하였다. 그리고 이러한 양상은 7-12장에 나오는
모든 환상에 해당한다. 따라서 다니엘이 환상을 본 것은 일반인이 꿈을 꾼
것이 아니며, 비몽사몽 가운데 헛것이나 환영을 본 것도 아니다.

다니엘은 "내가 그것을 볼 때에 내 몸은 엘람 지방 수산 성에 있었고 내가 환상을 보기는 을래 강변에서이니라"라고 기술한다(2절). 따라서 다니엘은 환상을 본 시기를 말한 데 이어서 환상을 본 장소를 말한다. 이러한 시간과 공간에 관한 언급은 다니엘이 환상을 본 것이 역사적 신뢰성(신빙성)을 가진다는 사실을 드러내지만, 여기서는 그 이상의 의미를 담고 있다. 우선, 다니엘이 실제로 엘람 지방 수산 성에 가 있을 때 환상을 보았는지, 아니면 그가 환상 속에서 그곳에 갔는지는 분명하지 않다. 히브리어 자체로는 이를 분간하기가 어렵다. 다니엘이 실제로 거기에 머물러 있는 동안에 환상을 보았을 수도 있고, 실제로는 가지 않았지만 환상 속에서 그곳에 있었을 수도 있다. 다만 중요한 사실은 이 시점에서 "수산"이 언급되는 이유이다.

"수산 성"은 바벨론에서 동쪽으로 354km 떨어져 있었다. 주전 3,000년경부터 수산은 엘람의 수도였으며, 이후 주전 596년에 다니엘이 바벨론에 있을 때 수산에는 메대-바사의 이주민들이 많이 거주했고, 또한 페르시아의 왕이 겨울을 지내던 곳이었으며, 훗날 페르시아가 패권을 차지하면서 수산은 페르시아의 수도가 된다(참고 _ 느헤미야 1장, 에스더서). 그리고 "을래 강"은 수산 성 동쪽에 있었다. 그렇다면 다니엘이 아직 바벨론 시대를 살고 있는데 미래에 페르시아의 중심지가 될 수산으로 (환상 속에서건 실제로건 간에) 이동해 있는 이유는 무엇인가? 그것은 페르시아가 앞으로 세계를 제패할 것이기 때문에 하나님께서 그를 이곳으로 이동시켜 페르시아 시대에 일어날 일을 환상으로 보여주시는 것이다.

3-4절은 다니엘이 환상 속에서 첫 번째로 본 짐승인 숫양에 관한 언급이다. 3절의 "내가 눈을 들어 본즉"이라는 표현은 다니엘이 환상에 적극적으로 참여하는 것을 시사한다(참고 _ 8:2). 그런데 8장에서 환상 속에 등장한

짐승은 7장에서 나타난 짐승과 모양이 완전히 다르다. 7장에서는 사자, 곰, 표범, 무서운 짐승, 무서운 짐승의 열 뿔과 그 가운데에서 나온 작은 뿔이 보였는데, 8장에서는 숫양, 숫염소, 그리고 숫염소에게서 나온 현저한 뿔과 그 현저한 뿔에서 나온 작은 뿔이 보인다. 3절에서 다니엘은 "두 뿔 가진 숫양"을 보았는데, 두 뿔이 다 길었으며, 그중 한 뿔은 다른 뿔보다 길었고, 그 긴 뿔은 나중에 난 것이었다.

"뿔"은 7장과 8장에 줄곧 나오는데, 짐승이 공격할 때나 방어할 때 사용하는 무기이다. 그리고 이것이 나라에 적용될 때에는 국력, 곧 경제력이나 군사력 등을 상징한다. 20절을 참고할 때, "두 뿔 가진 숫양"은 메대-바사(페르시아)를 상징한다. 따라서 숫양의 두 뿔이 다 길었다는 것은 메대-바사의 힘과 권세가 강했다는 것을 의미한다. 또한 한 뿔이 다른 뿔보다 길었고 그 긴 것이 나중에 나왔다는 것은 바사가 메대보다 뒤에 나왔지만 메대보다 강하고 뛰어났다는 뜻이다. 훗날 페르시아의 고레스는 메대를 흡수하여 메대-페르시아 통합국가를 만들었다.

4절의 "그 숫양이 서쪽과 북쪽과 남쪽을 향하여 받으나"라는 표현은 한글성경 공동번역에서 "그 숫양이 뿔을 휘두르며 서쪽, 북쪽, 남쪽으로 치닫는데"라고 번역되어 있다. 이것은 페르시아가 주변 나라들을 향하여 진격하는 것을 의미한다. 여기서 서쪽은 바벨론, 시리아, 소아시아를 가리키고, 북쪽은 아르메니아, 스키티아, 카스피해 해안 지역을 의미하며, 남쪽은 이집트, 에티오피아 등을 뜻한다. 그리고 동쪽이 빠진 이유는 페르시아가 동쪽 인도까지 진출했지만, 그곳에 유대인들이 살지 않아서 관심 밖이었기 때문으로 보인다. "그것을 당할 짐승이 하나도 없고 그 손에서 구할 자가 없으므로 그것이 원하는 대로 행하고 강하여졌더라"라는 표현은 페르시아가 대단히 강한 힘과 빠른 속도로 주변 나라들을 정복하는 것을 의미한다.

5-8절은 다니엘이 환상 속에서 두 번째로 본 짐승인 숫염소에 관한 언급
이다. 5절의 "내가 생각할 때에"라는 표현은 '숫양을 생각할 때에', 즉 '숫
양의 정체와 활동을 생각할 때에'라는 뜻이다. 이처럼 다니엘은 환상을 보
면서도 분명한 의식과 생각을 하고 있었다. 그는 단지 수동적으로 보이는
것만 본 것이 아니라 적극적으로 환상에 참여했다. 필시 그가 본 환상은
단순한 꿈이 아니었으며, 그는 의식이 분명한 상태로 상황을 충분히 인지
하고 있었다.

다니엘은 이어서 "한 숫염소가 서쪽에서부터 와서"라고 하는데, 이것은
21절을 참고할 때 헬라(그리스)의 발흥을 의미한다(5절). 숫염소는 숫양보다
거칠며 힘이 센 짐승이다. 이는 헬라가 페르시아보다 거칠고 강력하다는
사실을 반영한다. "온 지면에 두루 다니되 땅에 닿지 아니하며"라는 문구
는 헬라가 빠른 속도로 나라들을 정복한다는 뜻이다. 그리고 염소의 두 눈
사이에 있던 "현저한 뿔"은 알렉산더 대왕(주전 356년에 출생)을 가리키는데,
그는 매우 탁월한 왕이었고 뛰어난 업적을 남겼다. 그는 굉장히 빠른 속도
로 주변 나라들을 정복했는데, 이미 7:6에서 네 날개가 달린 표범으로 묘사
되어서 그의 민첩성이 시사되었다. 한편, 마카비상 1:3은 그의 민첩성을
다음과 같이 묘사한다. "알렉산더는 땅 끝까지 진격하여 여러 나라에서 많
은 재물을 약탈하였다. 온 세상은 그 앞에 굴복하였고 그는 우쭐하여 오만
해졌다."

6-7절의 "그것이 두 뿔 가진 숫양 곧 내가 본 바 강가에 섰던 양에게로
나아가되 분노한 힘으로 그것에게로 달려가더니 내가 본즉 그것이 숫양에
게로 가까이 나아가서는 더욱 성내어 그 숫양을 쳐서 그 두 뿔을 꺾으나 숫

양에게는 그것을 대적할 힘이 없으므로 그것이 숫양을 땅에 엎드러뜨리고 짓밟았으나 숫양을 그 손에서 벗어나게 할 자가 없었더라"라는 문구는 헬라의 알렉산더가 분노한 힘, 곧 강력한 힘으로 페르시아를 향하여 달려갔다는 뜻이다. 알렉산더는 주전 334년에 페르시아와 전쟁을 벌이기 시작하여 주전 331년에 페르시아의 상당 부분을 정복했으며, 10년 안에 페르시아 제국 전체를 차지했다. 여기서 "더욱 성내어"라는 표현은 페르시아 인들이 예전에 헬라를 공격하여 약탈하고 헬라의 내정을 간섭한 것에 대한 분노를 가리키는 것으로 보인다. 이에 알렉산더는 복수심이 강하게 생겨서 페르시아를 침공했던 것 같다.

8절의 "숫염소가 스스로 심히 강대하여 가더니"라는 문구는 알렉산더가 20세에 왕위에 올랐으며 25세에 당시 가장 강대한 국가였던 메대-바사를 정복했고 인도까지 진출함으로 교만해진 사실을 반영한다. 그리고 "그 큰 뿔이 꺾이고"라는 표현은 알렉산더가 주전 323년에 33세의 나이로 바벨론에서 과로와 풍토병으로 죽을 것을 예언한다. 또한 "그 대신에 현저한 뿔 넷이 하늘 사방을 향하여 났더라"라는 말은 알렉산더가 이른 나이로 죽은 후 나라에 내분이 일어나서 네 개로 분리된 사건을 가리키는데, 알렉산더에게는 두 아들이 있었으나 모두 암살당하고, 알렉산더 수하의 네 장군이 나라를 네 개로 나누어 가졌다(참고 _ 7:6과 8:22의 해설).

실제로 알렉산더가 죽은 후에 그의 수하에 있던 장군 중에서 카싼더(Cassander)는 마케도니아와 그리스를 통치했고, 리시마쿠스(Lysimachus)는 트라케와 소아시아를 다스렸으며, 셀류커스 1세 니카토르(Seleucus I Nicator)는 북 시리아와 메소포타미아를 지배했고, 프톨레미 1세 소테르(Ptolemy I Soter)는 이집트와 팔레스타인을 통치했다. 그리고 이후에 이들은 상당한 권력 갈등을 겪었고 끊임없이 전쟁하여 더 많은 영토를 차지하려고 한다. 그리하여 알렉산더의 제국은 영원하지 못하며, 이는 세상 나라의 불완전함과 일시성을 입증해 준다.

그런데 여기서 우리는 "넷" (4)이라는 숫자의 상징성과 더불어 "하늘 사방을 향하여"라는 문구의 의미를 간과하지 말아야 한다. 이 숫자와 문구의 결합은 현저한 뿔들이 세상 여러 곳으로 뻗어 나간다는 의미와 함께 현저한 뿔들이 교만하여 하나님을 무시하는 행태를 보여준다. 그리고 우리가 항상 하나님의 주권적인 개입을 인지해야 한다는 사실을 독려한다. 필시 다니엘서에 기록된 예언은 그 내용을 역사에 그대로 대입시키려는 의도만을 가지는 것이 아니라 나아가서 세상의 흥망성쇠가 하나님의 주권과 섭리 아래 있음을 보여주려는 의도를 가진다.

작은 뿔의 환상 (9-14절)

> 8:9 그 중 한 뿔에서 또 작은 뿔 하나가 나서 남쪽과 동쪽과 또 영화로운 땅을 향하여 심히 커지더니
> 8:10 그것이 하늘 군대에 미칠 만큼 커져서 그 군대와 별들 중의 몇을 땅에 떨어뜨리고 그것들을 짓밟고
> 8:11 또 스스로 높아져서 군대의 주재를 대적하며 그에게 매일 드리는 제사를 없애 버렸고 그의 성소를 헐었으며
> 8:12 그의 악으로 말미암아 백성이 매일 드리는 제사가 넘긴 바 되었고 그것이 또 진리를 땅에 던지며 자의로 행하여 형통하였더라
> 8:13 내가 들은즉 한 거룩한 이가 말하더니 다른 거룩한 이가 그 말하는 이에게 묻되 환상에 나타난 바 매일 드리는 제사와 망하게 하는 죄악에 대한 일과 성소와 백성이 내준 바 되며 짓밟힐 일이 어느 때까지 이를꼬 하매
> 8:14 그가 내게 이르되 이천삼백 주야까지니 그 때에 성소가 정결하게 되리라 하였느니라

9-12절에서 다니엘은 작은 뿔 하나가 나오는 것을 본다. 9절에 "그 중 한 뿔에서 또 작은 뿔 하나가 나서"라는 표현이 있는데, 이것은 7장에 나오는 작은 뿔과 정확히 같지 않지만, 유사한 성향을 가진 것으로, 적그리스도(Anti-Christ)의 모형(prototype)이 된다. 작은 뿔은 "남쪽과 동쪽과 또 영화로운 땅"을 향하여 심히 커진다. 여기서 "남쪽"은 이집트를 가리키며, "동쪽"은 아르메니아와 카스피해의 해안 지역을 의미하고, "영화로운 땅"은 유대인들이 살고 있는 이스라엘을 뜻하는데, 이후 11:16, 41에도 이 표현이 나온다(참고 _ 렘 3:19, 겔 20:6, 15).

그러면 7장과 8장의 작은 뿔을 비교해 보자. 7장의 작은 뿔은 로마에서 비롯되었는데, 적그리스도가 로마와 같은 성향을 가지고 있음을 시사한다. 하지만 8장의 작은 뿔은 헬라에서 비롯되는데, 그는 안티오커스 4세 에피파네스(Antiochus IV Epiphanes, 참고 _ 11:21-35)이다. 그는 셀류커스 왕조에서 나왔으며, 주전 175-164년에 그리스에서 분할된 네 나라 중 하나인 시리아 지역을 다스렸다(참고 _ 마카비상 1:10; 6:6). 그는 7장의 작은 뿔처럼 복음을 반대하고 성도들을 박해함으로 적그리스도의 표상이 되었는데, 7장에서 언급했다시피, 적그리스도는 특정한 시대와 장소에 국한되지 않고, 모든 시대와 모든 장소에서 다양한 형태로 실재한다.

다니엘은 "그것이 하늘 군대에 미칠 만큼 커져서 그 군대와 별들 중의 몇을 땅에 떨어뜨리고 그것들을 짓밟고"라고 말한다(10절). 구약에서 "하늘 군대"와 "별"은 유대인을 상징한다(참고 _ 창 15:5; 출 7:4; 12:41; 신 1:10). 따라서 이 문구는 안티오커스 4세 에피파네스가 유대인을 박해하고 학살하는 것을 의미한다. 주전 170년에 그는 대제사장 오니아스 3세(Onias III)를 죽였고, 이어서 짧은 기간에 엄청나게 많은 유대인을 죽였다. 특히 이 문구는 안티오커스 4세 에피파네스의 행동이 하나님을 대적하는 것이라는 사상을 함의한다.

다니엘은 작은 뿔의 행태에 대해서 "또 스스로 높아져서 군대의 주재를 대적하며"라고 말한다(11절). 어떤 사람은 여기서 "군대의 주재"(the Commander of the host)가 대제사장 오니아스 3세라고 주장하지만, 이 용어는 분명히 하나님을 지칭한다. 하나님은 이스라엘 군대의 주재이시다. 하나님은 이스라엘의 배후에서 그들을 보호하시고, 그들에게 명령을 내리시며, 이스라엘은 하나님의 인도와 보호를 받고, 하나님의 명령에 따라 움직인다. 따라서 이 말은 안티오커스 4세 에피파네스가 하나님을 대적한다는 뜻이다(참고 _ 8:25의 '만왕의 왕을 대적함').

"그에게 매일 드리는 제사를 없애 버렸고"라는 문구에서 "매일 드리는 제사"란 모세 율법에 따라 성전에서 매일 아침과 저녁에 드려지는 제사를 가리키지만(참고 _ 출 29:38-42), 이것은 나아가서 성전에서 드려지는 모든 제사를 포괄한다. 마카비상 1:44-49에는 안티오커스 4세 에피파네스가 칙령을 내려서 성전에서 드려지는 매일의 제사를 폐지한 것이 언급되어 있는데, 그는 이 명령을 따르지 않는 자를 사형에 처한다고 위협했다. "그의 성소를 헐었으며"라는 문구는 안티오커스 4세 에피파네스가 성전을 모독한 것을 시사한다. 비록 그가 성전을 헐지는 않았을지라도, 성전을 모독함으로 성전을 헐어 버린 것과 같은 악행을 저질렀다.

다니엘은 12절에서 계속하여 작은 뿔, 곧 안티오커스 4세 에피파네스의 활동을 말한다. "그의 악으로 말미암아"라는 문구는 9-12절에 기록된 모든 악행을 포괄하며, "백성이 매일 드리는 제사가 넘긴 바 되었고"라는 말은 11절에 있는 "그에게 매일 드리는 제사를 없애 버렸고"의 반복이고, "진리를 땅에 던지며"라는 표현은 모세를 통해서 주어진 율법을 모독하고 무시한 것을 시사하는데, 실제로 안티오커스 4세 에피파네스는 이 모든 일을 저질렀다. "자의로 행하여 형통하였더라"라는 말은 그가 승승장구하여 마치 하나님을 이긴 것처럼 보였다는 뜻이다.

13-14절은 천사들의 대화이다. 하늘에서 천사들은 땅에서 일어나는 일을 바라보며 대화를 나눈다(참고 _ 7:9-10). 다니엘은 "한 거룩한 이"와 "다른 거룩한 이"가 대화하는 것을 듣는다(13절). 이것은 천사들이 대화하는 것을 다니엘이 듣는다는 뜻이다. 그들의 대화 내용은 9-12절에 있는 작은 뿔의 악행에 관한 것인데, 천사들은 다니엘이 그들의 대화를 들을 수 있도록 배려했다. "어느 때까지 이를꼬?"라는 물음은 한글성경 공동번역에서 "저 일이 언제까지 갈까?"로 되어 있다. 이것은 기간 자체에 관한 질문일 뿐만 아니라 작은 뿔의 악행이 계속되는 것에 대한 안타까움과 분노, 그리고 그로 인해 하나님의 백성들이 직면하게 되는 고난과 더불어 그 고난을 견디고 참아야 하는 것이 얼마나 지속하여야 하는가에 대한 한탄을 내재하고 있다. 아울러, 이것은 그 기간이 무한하지 않고 정해져 있으니 힘을 내라는 독려의 의미를 담고 있다.

다니엘은 "그가 내게 이르되"라고 말한다(14절). 13절은 한 천사의 물음이고, 14절은 다른 천사가 대답하는 것인데, "그가 내게 이르되"라는 말은 문맥상 뭔가 어색하다. 그래서 고대의 몇몇 역본에는 "내게"가 "그에게"로 되어 있어서 천사끼리의 대화임을 드러낸다(참고 _ NRSV: "he answered him"). 하지만 권위 있는 사본들에는 "내게"로 되어 있어서 천사가 다니엘에게 말한 것이 된다(참고 _ NASB: "he said to me"). 이는 천사들의 대화가 자기들끼리의 대화가 아니라 그들의 대화를 듣고 있는 다니엘에게 정보를 주기 위한 것이었음을 의미한다. 게다가 다니엘은 환상 속에서 천사들의 대화를 듣고 있기는 하지만 뚜렷한 의식과 생각을 가지고 그들의 대화에 적극적으로 참여하고 있다(참고_ 8:2의 해설).

한 천사의 "어느 때까지 이를꼬?"라는 물음에 대하여 다른 천사는 "이천삼백 주야까지"라고 대답한다. 여기서 "이천삼백 주야"는 문자적으로 '2,300 저녁과 아침'('2,300 evenings and mornings')이다. 히브리 사람들은 창조 기사에 기초하여 '저녁'을 하루의 시작으로 보기 때문에 여기서도 '저녁'이 '아침'보다 먼저 나왔다(참고_ 창 1:5). 그런데 이 문구 자체로는 2,300주야의 의미가 무엇인지 파악하기가 어렵다. 이것을 '2,300일'로 보아야 하는지 아니면 2,300주야를 2,300개의 '저녁'과 '아침'으로 보아서 율법에 따라 아침과 저녁에 각각 드리는 제사의 숫자로 이해하여 2,300의 절반인 1,150일을 가리키는 것으로 보아야 하는지 모호하다.

그런데 11절에 나오는 '매일 드리는 제사'의 폐지라는 사상을 염두에 둔다면 이 표현은 1,150일이 되어서 '3년 70일'이 된다. 그래서 한글성경 공동번역에는 "아침과 저녁이 이천삼백 번 바뀌어야 성소가 복구되리라"로 되어 있다. 2,300주야에 이어지는 언급은 "그 때에 성소가 정결하게 되리라"인데, 이것은 주전 164년 12월 14일에 일어난 일로서, 이날에 유다 마카비(Judas Maccabeus)가 성전을 탈환하여 다시 봉헌했다. 그리고 유대인들은 성전탈환을 기념하여 '하누카 절기'(Feast of Hanukkah, '빛의 절기'라는 뜻)를 지켰는데, 요한복음 10:22에서는 이것이 '수전절'로 표현되어 있다.

그러므로 2,300주야는 1,150일로서 안티오커스 4세 에피파네스가 주전 167년 12월 6일에 성전을 모독한 날부터 주전 164년 12월 14일에 유다 마카비가 성전을 정결하게 하고 다시 봉헌하기까지의 기간으로, 실제로는 이 기간이 3년 8일이지만, 안티오커스 4세 에피파네스가 이전에 공격을 준비한 기간과 본격적인 침략에 앞서 간헐적으로 침략한 기간을 합하면 대략 3년이 조금 넘게 되어서 3년 70일(1,150일)에 어울린다. 그리고 이 기간 언급은 7:25의 "한 때와 두 때와 반 때"와 같은 의미를 가진다. 즉 이것은 하나님의 완전한 심판의 기간인 7년에 못 미치는 기간을 뜻하며, 하나님이 정해 놓으신 한정된 기간을 암시한다.

　여기서 지금까지의 논의를 정리해 보자. 다니엘은 환상 속에서 숫양, 숫염소, 현저한 뿔, 그리고 작은 뿔을 보았다. 이것은 각각 메대-페르시아, 헬라의 알렉산더 대왕, 알렉산더 대왕 사후에 일어난 사건, 그리고 안티오커스 4세 에피파네스의 등장과 활동을 의미한다. 특히 이 환상에서 중요한 것은 작은 뿔이 상징하는 안티오커스 4세 에피파네스이다. 그런데 그의 등장과 활동에 대하여 이견이 존재한다. 그는 단지 주전 2세기에 한정된 인물인가?, 아니면 그는 세상의 마지막에 등장할 특출한 존재인가?, 그렇지 않으면 그를 역사적으로 반복되는 어떤 상징으로 볼 수 있는가? 작은 뿔은 안티오커스 4세 에피파네스가 분명하지만 거기서 그치지 않고 그는 세상 전반에 두루 활동하는 사탄의 수하 적그리스도를 표상하는 것으로 볼 수 있다. 하나님은 실제로 존재했던 인물을 모티프로 해서 하나님을 대항하는 자들에 관하여 말씀하신다.

　그런데 다니엘서에 기록된 예언이 가리키는 역사적 배경과 실체는 분명하지만, 이 예언적 환상에 나오는 존재들을 특정 인물이나 실제 사건에 그대로 적용하는 것은 본문이 우리에게 요청하는 전부가 아니다. 게다가 환상 속에 등장하는 인물이나 사건을 1:1로 역사에 정확히 대입하기가 쉽지 않은 면도 분명히 있다. 이것은 우리의 해석 능력 부족 때문일 수도 있고, 역사적인 사실을 모두 입증하기가 어렵기 때문일 수도 있으며, 묵시문학의 모호한 특성 때문일 수도 있다. 다만, 우리는 하나님이 훗날에 일어날 일을 미리 말씀하신 이유를 알아야 한다. 그것은 모든 것이 하나님의 섭리

아래 있다는 사실과 적그리스도의 박해가 한정된 기간에 제한된 범위 안
에서 일어날 것이니 성도들이 안심하고 참으라는 사실을 가르쳐주기 위해
서이다.

가브리엘이 환상을 해석해 줌 (15-27절)

8:15 나 다니엘이 이 환상을 보고 그 뜻을 알고자 할 때에 사람 모양 같은 것
이 내 앞에 섰고
8:16 내가 들은즉 을래 강 두 언덕 사이에서 사람의 목소리가 있어 외쳐 이
르되 가브리엘아 이 환상을 이 사람에게 깨닫게 하라 하더니
8:17 그가 내가 선 곳으로 나왔는데 그가 나올 때에 내가 두려워서 얼굴을
땅에 대고 엎드리매 그가 내게 이르되 인자야 깨달아 알라 이 환상은 정한
때 끝에 관한 것이니라
8:18 그가 내게 말할 때에 내가 얼굴을 땅에 대고 엎드리어 깊이 잠들매 그
가 나를 어루만져서 일으켜 세우며
8:19 이르되 진노하시는 때가 마친 후에 될 일을 내가 네게 알게 하리니 이
환상은 정한 때 끝에 관한 것임이라
8:20 네가 본 바 두 뿔 가진 숫양은 곧 메대와 바사 왕들이요
8:21 털이 많은 숫염소는 곧 헬라 왕이요 그의 두 눈 사이에 있는 큰 뿔은 곧
그 첫째 왕이요
8:22 이 뿔이 꺾이고 그 대신에 네 뿔이 났은즉 그 나라 가운데에서 네 나라
가 일어나되 그의 권세만 못하리라
8:23 이 네 나라 마지막 때에 반역자들이 가득할 즈음에 한 왕이 일어나리니
그 얼굴은 뻔뻔하며 속임수에 능하며
8:24 그 권세가 강할 것이나 자기의 힘으로 말미암은 것이 아니며 그가 장차
놀랍게 파괴 행위를 하고 자의로 행하여 형통하며 강한 자들과 거룩한 백성
을 멸하리라
8:25 그가 꾀를 베풀어 제 손으로 속임수를 행하고 마음에 스스로 큰 체하며
또 평화로운 때에 많은 무리를 멸하며 또 스스로 서서 만왕의 왕을 대적할

것이나 그가 사람의 손으로 말미암지 아니하고 깨지리라

8:26 이미 말한 바 주야에 대한 환상은 확실하니 너는 그 환상을 간직하라 이는 여러 날 후의 일임이라 하더라

8:27 이에 나 다니엘이 지쳐서 여러 날 앓다가 일어나서 왕의 일을 보았느니라 내가 그 환상으로 말미암아 놀랐고 그 뜻을 깨닫는 사람도 없었느니라

15-18절은 가브리엘의 등장을 언급한다. 15절의 "나 다니엘이 이 환상을 보고 그 뜻을 알고자 할 때에"라는 문구는 다니엘이 환상의 의미에 대해서 궁금해 했으며 그 의미를 알아내려고 노력했다는 점을 반영한다. 다니엘은 단지 수동적으로 환상을 보고 있는 것이 아니라 적극적으로 환상에 참여하고 있다(참고 _ 8:2). 그리고 이러한 사실은 7-12장에 나오는 모든 환상에 적용된다. "사람 모양 같은 것"이라는 표현에서 "사람"에 해당하는 히브리어 '가베르'는 '강한 사람'('용사')이라는 뜻이다. 그래서 한글성경 공동번역은 이를 "장사같이 보이는 이"로 번역했다. 그런데 여기에 언어유희가 발견된다. '가베르'에 하나님을 의미하는 '엘'을 붙이면 '가브리엘'이 되는데, 이는 '하나님의 강한 자' 혹은 '하나님은 나의 용사'라는 뜻이다(참고. 8:16).

16절의 "을래 강 두 언덕 사이에서"란 표현은 천사가 공중에서 날아다니는 모습을 연상시킨다. "사람의 목소리"란 하나님의 목소리 혹은 성육신 이전 그리스도의 목소리이다. 그리고 "이 사람"은 다니엘을 가리킨다. 사람의 목소리가 "가브리엘아 이 환상을 이 사람에게 깨닫게 하라"고 외쳐 말한다. 이것은 하나님 혹은 그리스도께서 가브리엘에게 다니엘을 위하여 뜻을 가르쳐 주라고 명령하시는 것이다. 그런데 구약에서 천사의 이름이 구체적으로 언급된 곳은 많지 않다. 구약에서는 오직 다니엘서에만 천사의 이름이 나온다. '가브리엘'이라는 이름은 8:16과 9:21에 나오며(참

고 _ 눅 1:19, 26), '미가엘'이라는 이름이 10:13, 21과 12:1에 나온다(참고 _ 유 1:9; 계 12:7). 다니엘 10장에서 미가엘은 "가장 높은 군주 중 하나"(13절)와 "군주"(21절)로 언급되며, 12장에서 그는 '큰 군주'(1절)로 묘사된다. 한편, 신구약 중간기의 위경 에녹1서에 가브리엘과 미가엘은 '천사들의 장'이 라고 언급되어 있다. 그래서 비평학자들은 이를 근거로 삼아 다니엘서의 기록연대를 후기로 잡는다.

17절의 "그가 내가 선 곳으로 나왔는데"라는 말은 하나님의 명령을 받 은 가브리엘이 다니엘에게 왔다는 뜻이다. "내가 두려워서 얼굴을 땅에 대 고 엎드리매"라는 문구는 하나님의 영광을 반영한 천사의 모습을 본 인간 의 자연스러운 반응을 반영한다. "인자야"라는 칭호는 히브리어로 '벤 아 담'인데, 다니엘서에서 이 칭호는 이곳과 10:16에만 사용된다. 이 칭호는 '사람의 아들', 곧 '연약한 존재'를 의미하며, 구약에서 에스겔에게 많이 적용되었다(참고 _ 겔 2:1, 3, 6; 3:25). 한편, 7:13에 나오는 '인자 같은 이'는 히 브리어로 '바르 에나쉬'로서 여기에 있는 단어와 다르다. 앞에서 언급했 다시피, 그는 천상에 존재하시는 그리스도이다.

"이 환상은 정한 때 끝에 관한 것이니라"는 문구는 13절의 "어느 때까지 이를꼬?"라는 질문에 관한 답변이다. 이것은 작은 뿔이 상징하는 안티오 커스 4세 에피파네스에 의해서 저질러지는 악행 기간의 끝을 뜻한다. 역사 적으로 이 시기는 주전 164년 12월 14일에 유다 마카비가 성전을 탈환하여 다시 봉헌한 때이다. 특히 여기서 "정한 때"라는 표현은 하나님에 의해서 정해진 때, 곧 세상의 모든 일이 하나님의 섭리와 허락 하에 진행된다는 사 실을 내포한다. 그리고 이러한 하나님의 섭리 사상은 다니엘서의 '기간' 에 관한 표현이 있는 곳에서 늘 드러난다.

천사가 다니엘에게 말할 때 다니엘은 얼굴을 땅에 대고 엎드려서 깊이 잠이 들었다(18절). 이것은 다니엘이 천사의 말을 듣고 두려워서 땅에 엎드린 채 의식을 잃고 까무러친 것처럼 되었다는 뜻이다. 다니엘은 바벨론에서 사는 동안 하나님이 그에게 부어주신 특별한 은총과 지혜를 가지고 있었으며, 강인한 정신력과 굳은 의지와 확고한 신념(신앙)을 가지고 있었다. 하지만 그는 여전히 연약한 인간이었다. 게다가 그에게 주어진 계시가 너무나 엄청난 것이어서 감당하기가 어려운 나머지 정신을 잃고 쓰러졌다. 그렇지만 천사는 다니엘을 어루만져서 일으켜 세워준다. 이제 다니엘은 천사로부터 상세한 설명을 들을 준비가 되었다.

19-22절은 3-8절(숫양과 숫염소)에 관한 해석이다. 19절에 두 개의 시간 언급이 있다. 먼저, "진노하시는 때가 마친 후에 될 일"이라는 표현에서 "진노"란 '하나님의 진노'를 가리킨다. 이것은 하나님께 반역하고 회개하지 않은 자들에 대한 하나님의 심판을 뜻한다. 다음으로, "이 환상은 정한 때 끝에 관한 것임이라"는 문구는 13절의 "이 환상은 정한 때 끝에 관한 것이니라"와 같은데, 이것은 작은 뿔에 의해서 저질러지는 박해 기간의 끝을 가리킨다. 즉 주전 164년 12월 14일에 유다 마카비가 성전을 탈환하여 다시 봉헌하는 때를 뜻한다. 앞에서 언급했듯이, "정한 때"라는 언급은 하나님이 모든 상황과 시기를 정해 놓으신 것과 하나님이 역사의 주관자이시라는 점을 시사하며, 따라서 성도들이 하나님을 믿고 의지하라는 교훈을 내포한다.

이제 본문의 "때"를 어떻게 이해하는 것이 바람직한지를 생각해 보자. 어떤 학자들은 이것을 안티오커스 4세 에피파네스의 때에 성취된 것으로 보고 확대 해석하지 않는다. 그렇게 되면 이 예언은 주전 2세기에 마무리된 것이 된다. 하지만 어떤 학자들은 이것을 안티오커스 4세 에피파네스의 때에 성취된 것이지만, 궁극적으로는 그리스도의 재림 직전에 이루어질 일로 본다. 반면에 어떤 학자들은 이것을 안티오커스 4세 에피파네스의 때를 시작으로 하여 그리스도가 탄생하시기 전까지 일어날 일로 본다. 따라서 이들은 이 시기를 특정한 기간에 한정한다. 그러나 이것을 다음과 같이 이해하는 것이 바람직하다. 이 일은 분명히 안티오커스 4세 에피파네스의 때에 이루어질 박해를 의미하지만, 그때 일어날 일은 역사적으로 하나님의 백성이 고난 겪는 모든 때의 전형이 되며, 그런 일은 그리스도가 다시 오실 때까지 지속된다.

20-21절에서 천사는 다니엘이 본 짐승의 정체를 알려준다. 따라서 7장에서와 달리 여기서는 천사가 다니엘에게 환상 속에서 본 짐승이 무엇을 의미하는지 가르쳐준다. 먼저, 두 뿔 가진 숫양은 메대와 바사의 왕들이다(20절). 당시에 왕이란 나라와 같은 의미를 가졌기에 숫양은 메대와 바사라고 볼 수 있다. 다음으로, 털이 많은 숫염소는 헬라(그리스) 왕이며(참고 _ 8:5의 해설), 숫염소의 두 눈 사이에 있는 큰 뿔은 헬라의 첫째 왕 알렉산더를 가리킨다(참고. 11:3). 알렉산더는 헬라의 가장 위대한 왕이었다. 그는 주전 356년에 태어나서, 주전 336년에 20세의 나이에 왕위에 올랐고, 주전 334년부터 페르시아를 공격하기 시작하여 얼마 지나지 않아 페르시아 제국 전체를 정복했다.

그런데 비평학자들은 '주전 6세기에 살았던 다니엘이 어떻게 먼 훗날에 일어날 사실을 구체적으로 알았겠는가?'라고 의심하면서 다니엘서의 예언 기사가 주전 2세기에 살았던 어느 익명의 저자에 의해서 기록된 것이라고 주장한다. 즉 그들은 저자가 예언의 형식을 빌려서 이미 일어난 일을 기록했다고 생각한다. 그러나 우리는 전지하시고 전능하신 하나님이 다니엘에게 환상을 통하여 알려주셨으며, 하나님이 이후에 그분의 경륜에 따라 이 일을 이루셨다고 믿는다. 하나님께서는 다니엘이 본 환상을 통하여 훗날에 성도들을 향한 박해가 있을 것이나 박해가 하나님의 섭리 하에 이루어지는 것이니 염려하지 말고 오히려 박해를 성장과 발전의 기회로 삼으라는 뜻을 담아서 이 교훈을 주신 것이다.

그런데 천사는 "큰 뿔"이 꺾인다고 말한다(22절). 이것은 알렉산더 대왕이 주전 323년에 33세의 이른 나이로 갑자기 죽는다는 사실을 예언한 것이다. 그는 승승장구하여 빠른 속도로 영토를 확장해 나갔지만, 이후 바벨론 지역에서 과로와 풍토병으로 갑자기 죽었다. 천사는 이어서 "그 대신에 네 뿔이 났은즉 그 나라 가운데에서 네 나라가 일어나되 그의 권세만 못하리라"라고 말한다. 이것은 알렉산더가 죽은 후에, 그의 두 아들이 암살당하고, 그의 수하에 있던 네 장군이 제국을 네 개로 나누어서 차지한 일을 의미한다(참고 _ 7:6과 8:8의 해설).

23-25절은 9-14절(작은 뿔, 안티오커스 4세 에피파네스)에 관한 해석이다. "이 네 나라 마지막 때에"라는 문구는 알렉산더가 죽은 후에 그리스가 나누어져서 경쟁하며 지내다가 그들의 마지막이 이른다는 뜻이다. "반역자들이 가득할 즈음에"라는 표현에서 반역자들이 누구인지에 관하여 이견이 있다. 이들을 이방인들로 보는 견해가 있는데, 이는 하나님을 모르는 이방인들이 하나님을 반역하여 성전을 모독하고 유대인을 박해한 일을 의미한다. 그리고 이들을 유대인 배교자들로 보는 견해가 있는데, 이는 당시에 일부 유대인들이 유대의 율법을 버리고 이방의 의식과 문화를 가져온 것을 반영한다. 이 두 견해 가운데 본문이 무엇을 말하는지 판별하기가 쉽지 않다. 더욱이 두 견해 모두를 수용하는 것도 불가능한 것이 아니다.

천사는 "한 왕이 일어나리니"라고 말한다. 이 왕은 안티오커스 4세 에피파네스가 분명하다. 그는 9절의 "작은 뿔"이 상징하는 인물이다. 천사는 그의 얼굴이 "뻔뻔하며"라고 하는데, 이는 그의 외모가 강하고 사납게 생겼다는 뜻이다. 그리고 "속임수에 능하며"라고 하는데, 이는 그가 겉과 속이 다른 위선자로서 계략을 잘 사용한다는 뜻이다. 실제로 그는 주전 175년에 불법으로 왕위를 차지하였으며, 왕위에 있는 동안 다른 사람을 속이고 동맹을 깨뜨리는 일을 많이 행했고, 하나님 앞에서 매우 심한 악행을 저지르다가, 주전 163년에 사망했다(참고. 8:25).

천사는 안티오커스 4세 에피파네스의 악행을 더욱 구체적으로 설명한다(24절). "그 권세가 강할 것이나 자기의 힘으로 말미암은 것이 아니며"라는 문구는 안티오커스 4세 에피파네스의 강한 힘을 가리키는데, "자기의 힘으로 말미암은 것이 아니며"라는 말이 함의하는 것은 사탄이 그에게 힘을 주었다는 사실과 더불어 물론 하나님의 섭리 아래 그것이 가능했다는 사실이다. "그가 장차 놀랍게 파괴 행위를 하고 자의로 행하여 형통하며 강한 자들과 거룩한 백성을 멸하리라"는 말은 안티오커스 4세 에피파네스가 예루살렘 침략하고, 성전을 더럽히며, 유다 백성을 괴롭힌 것을 시사한다. 여기서 "강한 자들"은 정치적으로 그와 경쟁한 자들을 뜻하고, "거룩한 백성"은 이스라엘 백성을 가리킨다. 그는 자신의 정적이나 자기 일에 방해가 되는 사람들을 가차 없이 제거하였다(참고 _ 마카비상 1:37-59; 마카비하 6:2-5).

천사는 계속해서 안티오커스 4세 에피파네스가 어떤 인물인지를 말한다(25절). "그가 꾀를 베풀어 제 손으로 속임수를 행하고"라는 표현은 이미 23절에서 나왔던 내용을 반복한 것이다. 그는 얼굴이 뻔뻔했으며 속임수에 능한 자였다. "마음에 스스로 큰 체하며"라는 문구는 그의 교만함과 오만함을 의미한다. "평화로운 때에 많은 무리를 멸하며"라는 말에서 "평화로운 때"는 '불시에' 혹은 '뜻밖에'로 번역하는 것이 바람직하다(참고 _ 한글성경 공동번역). 그는 다른 사람을 속여서 긴장을 풀게 하고 평화로운 분위기를 조성한 후 갑자기 공격하는 방식을 즐겨 사용했다.

천사는 그에 관하여 "스스로 서서 만왕의 왕을 대적할 것이나"라고 말한다. 이것은 그가 교만하여 하나님을 대적한 것을 뜻한다. 그리고 이는 11절에서 '군대의 주재'를 대적한다는 말로 표현되었다. 안티오커스 4세는 자신의 이름을 '에피파네스'라고 지었는데, 이는 '신이 인간의 모습을 가지고 나타났다'는 메시지를 내재한다. 실제로 그는 주화의 뒷면에 '테오스 에피파네스', 곧 '나타난 하나님'이라는 이름을 넣어서 자신을 신격화했다. 그리고 앞에서 말했듯이, 그는 매일 드려지던 제사를 못 드리게 했으며, 율법을 버리게 했고, 유대인들을 박해했으며, 심지어 성전에 제우스 신상을 세웠고, 돼지를 잡아서 제사를 지냄으로 성전을 모독했다.

천사는 이제 안티오커스 4세 에피파네스의 마지막을 말한다. "그가 사람의 손으로 말미암지 아니하고 깨지리라." 이 말은 2:34의 "손대지 아니한 돌이 나와서 신상의 쇠와 진흙의 발을 쳐서 부서뜨리매"와 같은 맥락에서 이해할 수 있다(참고 _ 2:45). 따라서 이 말은 안티오커스 4세 에피파네스가 하나님에 의해서 철저히 파멸된다는 뜻이다. 그는 '나타난 신'으로 자처하면서 강력한 힘과 탁월한 지략으로 세상에 자신의 왕국을 세워나갔지만 결국에는 다른 나라의 왕들과 같은 처지가 될 것이다. 실제로 그는 주전 163년에 죽었다. 고대 문헌에는 그가 죽은 사실이 기록되어 있지만, 문헌에 따라 그 내용이 다르다. 마카비상 6:1-16은 그가 처량하게 죽은 것으로 묘사하며, 마카비하 9:1-29는 그가 처참하게 죽은 것으로 묘사한다.

26절에서 천사는 마지막으로 다니엘에게 말한다. "이미 말한 바 주야에 대한 환상은 확실하니"라는 말은 환상의 확실성을 강조한다. 여기서 "주야에 대한 환상"(the vision of the evenings and mornings)이란 14절의 '2,300주야'를 가리킨다. 그리고 "너는 그 환상을 간직하라 이는 여러 날 후의 일임이라"는 말은 이 환상이 나중에 일어날 일이기에 잘(안전하게) 간직했다가 나중에 그것이 필요할 때 개봉하라는 암시가 담겨 있다. 특히 여기서 "주야"라는 단어와 "여러 날 후"라는 단어가 사용된 것은 이 일이 미래에 일어날 일이며, 어떤 면에서 오랫동안 지속하겠으나, 반드시 정해진 기간, 즉 끝이 있다는 사실을 암시한다.

필시 이 일은 일차적으로 안티오커스 4세 에피파네스 사건을 배경으로 한다. 분명히 이것은 안티오커스 4세 에피파네스의 때에 일어난 일이다. 하지만 이 일은 그에게 한정되는 것이 아니라 그로 상징되는 하나님을 대항하는 모든 시대의 모든 세력을 통해서 이루어지는 박해와 탄압을 포괄한다. 그러나 이것이 마지막 시대의 소위 '대 환난'을 뜻하는 것은 아니다. 여기서 자세히 논하기 어렵지만, 성경은 종말에 '대 환난'이 있을 것이라고 말하지 않는다. 다만, 이것은 역사상 일어나는 모든 종류의 박해와 죄악과 만행 등을 포괄한다. 하지만 그 모든 세력의 마지막은 분명한데 그들은 결국 하나님의 준엄하고도 공의로운 심판을 받아서 멸망할 것이다.

27절은 맺음말로서 다니엘이 천사로부터 환상의 의미에 대해서 듣고 보인 반응이다. 다니엘은 지쳐서 여러 날 앓았다. 이는 그의 마음에 큰 어려움이 있었기 때문이다. 이러한 반응은 7장에서 있었던 것과 유사하다(참고 _ 7:15, 28). 다니엘은 성전과 하나님의 백성에게 닥칠 어려움에 관하여 들은 후에 크게 걱정하고 근심하여 병이 났다. 하지만 그는 곧 일어나서 왕의 일을 보았다. 다니엘의 지금 나이는 70세 정도이다. 따라서 그는 노령에다가 충격으로 쇠약해졌으나 곧 일어나서 직무에 복귀했다. 그런데 여기서 왕은 누구인가? 이 환상은 벨사살 왕 3년에 일어났다(참고 _ 8:1). 그리고 5장을 참고할 때 다니엘은 벨사살과 친분이 없었다. 따라서 여기에 나오는 왕은 벨사살의 부친으로 추정되는 나보니두스일 것이다(참고 _ 5:1의 해설). 나보니두스는 바벨론 통치를 벨사살에게 위임했는데, 어떤 사안만큼은 다니엘과 일부 신하들에게 맡겼을 가능성이 있다. 그는 다니엘의 영민함을 알았기에 그에게 중요한 직무를 맡겼을 것이다.

"내가 그 환상으로 말미암아 놀랐고 그 뜻을 깨닫는 사람도 없었느니라"는 말은 다니엘 자신이 환상의 의미를 완전히 이해하지 못했으며, 다른 사람들도 그 의미를 제대로 몰랐다는 뜻이다. 비록 천사가 다니엘에게 환상을 해석해 주었지만, 그 의미를 완전히 이해하기는 쉽지 않았다. 또한 다니엘은 이 환상을 다른 사람에게도 말했던 것 같은데, 그들 역시도 이해하지 못했다. 그런데 한편으로 이것은 다니엘서가 주전 6세기에 기록되었다는 사실을 방증한다. 만일 주전 2세기에 이 책이 기록되었더라면 이미 일어난 일을 기록한 것이기에 이런 말을 굳이 넣을 필요가 없었을 것이다. 그렇지만 다니엘서가 주전 6세기에 기록되기에 이런 언급이 자연스럽게 들어 있다.

이제 2장과 7장과 8장의 관계를 간략하게 정리해 보자. 이 세 장은 바벨론 제국과 그 이후에 일어날 나라들에 관한 예언적 환상을 담고 있다. 먼저, 2장에는 네 나라가 거대한 신상의 모습으로 묘사된다. 여기서 주제는 세상 나라가 흥망을 거듭하는 중에 결국 메시아를 통해서 하나님의 영원한 나라가 세워진다는 사실이다. 다음으로, 7장에는 네 나라가 네 사나운 짐승으로 묘사되며, 네 나라의 정체가 밝혀지고(바벨론, 메대-페르시아, 그리스, 로마), 이와 더불어 적그리스도가 등장한다. 마지막으로, 8장에는 두 나라가 나오는데, 그들은 메대-바사와 그리스(헬라)이다. 특히 여기에는 그리스의 분열국가 중 하나인 시리아에서 비롯된 안티오커스 4세 에피파네스의 악행이 자세히 서술되는데, 그는 적그리스도의 표상이 된다.

　7장과 8장의 중요한 주제는 적그리스도의 출현과 활동이다. 7장과 8장에서 적그리스도는 '작은 뿔'로 묘사되는데, 그는 하나님을 대적하고 성도를 박해하는 모든 세력을 통칭한다. 7장에서는 넷째 왕국인 로마에서 적그리스도가 나온다. 그리고 그가 하나님을 대적하고 성도를 박해하는 기간은 '한 때와 두 때와 반 때', 곧 '3년 반'으로 한정되어 있다. 8장에서는 셋째 왕국인 헬라에서 안티오커스 4세 에피파네스가 나오는데, 그는 세상의 여러 곳에서 다양하게 활동하는 적그리스도를 상징한다. 그리고 그가 활동하는 기간은 '2,300주야'(1,150일)로서 대략 '3년 반'이 되어 7장의 '3년 반'과 같다. 하나님이 정하신 때가 이르면 하나님의 심판이 있다.

　그러므로 2장과 7장과 8장의 관계는 명확하다. 뒤로 갈수록 내용이 보충되며, 계시가 진전되고, 더욱 강하게 하나님의 나라의 임함을 말한다. 그리고 2장과 7장과 8장의 메시지 역시 선명하다. 세상 나라가 흥망을 반복하는 중에 적그리스도가 출현하여 하나님을 대적하고 성도들을 박해하지만, 그들의 활동 기간은 제한되어 있으며, 오로지 하나님이 허락하신 범위 안에서 활동할 뿐이다. 이후에 하나님이 정하신 기간이 끝나면 하나님의 심판이 그들에게 임하는데, 세상 나라와 적그리스도는 심판을 받아 없어지고 하나님의 영원한 나라가 이루어진다. 그리고 이 일은 메시아의 초림을 통하여 성취되었으며 언젠가 메시아의 재림을 통하여 완성된다.

| 본문이 우리에게 주는 교훈 |

　1 _ 이 단락에는 적그리스도의 성향과 활동방식이 잘 드러나 있다. 여기

서 적그리스도를 예표하는 인물은 안티오커스 4세 에피파네스이다. 그는 하나님을 대적하고 성도를 박해하는 세력의 상징, 곧 적그리스도의 전형이다. 그는 얼굴이 뻔뻔하고, 속임수에 능하며, 꾀를 베풀고, 마음에 스스로 큰 체 하며, 평화로운 분위기를 조성하여 안심시켜 놓고서 공격하는 교활함을 가지고 있다. 실로 이것은 하나님을 대적하는 적그리스도의 전형적인 특성이다. 적그리스도는 사람들을 철저히 속여서 자신이 적그리스도인 것을 눈치채지 못하게 한다. 그는 마치 평화의 사자인 양 사람들을 미혹하는 전술을 사용한다. 우리는 지금도 많은 곳에서 다양한 형태로 적그리스도가 존재한다는 사실을 기억해야 하며, 그들이 안티오커스 4세 에피파네스와 같은 교활한 수법으로 성도들을 기만한다는 사실을 명심해야 한다. 적그리스도는 공격을 쉬지 않으며, 성도들이 방심하는 사이에 넘어뜨리려고 시도한다. 이에 우리는 늘 깨어 있어야 한다.

2 _ 우리는 적그리스도가 세상에서 활동하면서 복음을 대적한다는 사실을 명심해야 하지만, 또한 그가 그리스도인들의 공동체 안에서도 활동하면서 성도들을 미혹하고 교회를 깨뜨린다는 사실을 알고 주의해야 한다. 이에 대해서 성경은 다음과 같이 말한다. "아이들아 지금은 마지막 때라 적그리스도가 오리라는 말을 너희가 들은 것과 같이 지금도 많은 적그리스도가 일어났으니 그러므로 우리가 마지막 때인 줄 아노라 그들이 우리에게서 나갔으나 우리에게 속하지 아니하였나니 만일 우리에게 속하였더라면 우리와 함께 거하였으려니와 그들이 나간 것은 다 우리에게 속하지 아니함을 나타내려 함이니라"(요일 2:18-19). "거짓 그리스도들과 거짓 선지자들이 일어나 큰 표적과 기사를 보여 할 수만 있으면 택하신 자들도 미혹하리라"(마 24:24). "그러나 백성 가운데 또한 거짓 선지자들이 일어났었나니 이와 같이 너희 중에도 거짓 선생들이 있으리라 그들은 멸망하게 할 이단을 가만히 끌어들여 자기들을 사신 주를 부인하고 임박한 멸망을 스스

로 취하는 자들이라"(벧후 2:1).

3 _ 이 단락에는 하나님의 심판 주제가 잘 드러나 있다. 다니엘은 천사로부터 하나님이 정해 놓으신 기한이 있다는 사실을 자주 듣는다. 14절에는 '2,300주야'(1,150일)가 있고, 17절에는 '이 환상은 정한 때 끝에 관한 것이니라'는 말이 있으며, 19절에는 '진노하시는 때가 마친 후에'와 '이 환상은 정한 때 끝에 관한 것임이라'는 표현이 있다. 이것들은 하나님이 모든 상황과 시기를 정해 놓으셨음을 시사한다. 하나님은 역사의 주관자이시며 세상의 모든 일을 섭리하시는 분이시다. 특히 하나님은 악한 자들의 활동 기한을 정해 놓으셨으며, 때가 차면 그들이 심판을 받게 하신다. 그러므로 성도들은 어려움 중에도 안심해야 하며 하나님을 믿고 의지해야 한다. 그리고 종말이 있다는 소망을 붙들어야 한다. 모든 성도는 25절의 "그가 사람의 손으로 말미암지 아니하고 깨지리라"는 문구를 통해 악인의 박해를 끝까지 참고 견뎌야 한다.

4 _ 본문에는 하나님이 우리가 어떤 사람이 되기를 바라시는지에 대한 암시가 가득 들어 있다.

1) 하나님은 우리가 말씀을 바르게 이해하기를 원하신다. 다니엘에게 예언을 잘 간직하라고 당부한 것에는 후세대가 말씀을 열심히 공부하고 바르게 이해하여 세상의 상황, 곧 하나님의 섭리를 깨닫고 적절하게 처신하라는 요구가 담겨 있다. "그러나 그날 후에 내가 이스라엘 집과 맺을 언약은 이러하니 곧 내가 나의 법을 그들의 속에 두며 그들의 마음에 기록하여 나는 그들의 하나님이 되고 그들은 내 백성이 될 것이라 여호와의 말씀이니라"(렘 31:33).

2) 하나님은 우리가 겸손하기를 원하신다. 본문에는 승승장구하던 알렉산더 대왕의 갑작스러운 죽음이 기록되어 있으며, 교만하고 교활하여 수

단과 방법을 가리지 않고 파괴를 일삼은 안티오커스 4세 에피파네스의 패
망이 기록되어 있다. 이에 우리는 겸손해야 한다. "그런즉 선 줄로 생각하
는 자는 넘어질까 조심하라"(고전 10:12).

3) 우리는 하나님의 절대주권을 명심해야 한다. 하나님은 세상의 권력
들을 자유롭게 사용하셔서 그분의 뜻을 펼치신다. 하나님은 그분의 선하
신 뜻에 따라서 나라를 일으키기도 하시고, 다른 나라를 사용하셔서 그 나
라를 망하게도 하신다. 모든 것이 하나님의 주권에 의해서 결정된다. "여
호와께서 그의 보좌를 하늘에 세우시고 그의 왕권으로 만유를 다스리시도
다"(시 103:19).

다니엘 _ 9장

일흔 이레를 기한으로 정하였나니

다니엘 9장은 다니엘의 기도와 그에 대한 하나님의 응답으로 주어진 계시이다. 다니엘은 유다 백성이 바벨론에 포로로 잡혀 온 것이 그들의 죄 때문이라는 통렬한 인식을 가지고 있었다. 이는 다니엘이 예레미야의 책을 읽고서 깨달은 것인데, 그는 이제 예레미야에게 주어진 예언이 성취될 때가 되었다는 사실을 알았다. 그래서 그는 하나님께 철저히 회개하면서 하나님의 긍휼을 구한다. 다니엘은 유다 백성을 대표하여 하나님께 기도하고 있으며, 따라서 유다 백성은 여기에 기록된 기도에 담긴 교훈을 배워야 하고, 다니엘과 같은 심정을 가지고 하나님께 나아가야 한다. 다니엘이 하나님께 기도를 드리자 하나님은 가브리엘을 보내셔서 말씀하신다.

다니엘 7장과 8장과 9장은 긴밀하게 연결되어 있다. 7장에서 예언되었던 내용은 뒤로 갈수록 구체적이 되며, 이에 따라 다니엘은 앞에서 몰랐던 것을 깨닫게 된다. 그리하여 하나님의 계시는 뒤로 갈수록 점점 진전된다. 7장과 8장은 메시아의 오심까지를 말했는데, 이제 살펴보겠지만, 9장에는 메시아의 오심과 그 이후에 일어날 일, 곧 예루살렘이 훼파되고 성전이 파괴되는 일을 언급한다. 그리고 7장과 8장에 적그리스도가 등장했지만, 9장에도 적그리스도가 등장하는데, 특히 그 적그리스도가 하나님이 정하신 때에 심판 받을 것이라고 예고된다. 9장은 세 부분으로 나뉜다. 1-2절은 배경이며, 3-19절은 다니엘의 기도이고, 20-27절은 하나님의 응답이다.

| 성경본문 |

9:1 메대 족속 아하수에로의 아들 다리오가 갈대아 나라 왕으로 세움을 받던 첫 해

9:2 곧 그 통치 원년에 나 다니엘이 책을 통해 여호와께서 말씀으로 선지자 예레미야에게 알려 주신 그 연수를 깨달았나니 곧 예루살렘의 황폐함이 칠십 년만에 그치리라 하신 것이니라

9:3 내가 금식하며 베옷을 입고 재를 덮어쓰고 주 하나님께 기도하며 간구하기를 결심하고

9:4 내 하나님 여호와께 기도하며 자복하여 이르기를 크시고 두려워할 주 하나님, 주를 사랑하고 주의 계명을 지키는 자를 위하여 언약을 지키시고 그에게 인자를 베푸시는 이시여

9:5 우리는 이미 범죄하여 패역하며 행악하며 반역하여 주의 법도와 규례를 떠났사오며

9:6 우리가 또 주의 종 선지자들이 주의 이름으로 우리의 왕들과 우리의 고관과 조상들과 온 국민에게 말씀한 것을 듣지 아니하였나이다

9:7 주여 공의는 주께로 돌아가고 수치는 우리 얼굴로 돌아옴이 오늘과 같아서 유다 사람들과 예루살렘 거민들과 이스라엘이 가까운 곳에 있는 자들이나 먼 곳에 있는 자들이 다 주께서 쫓아내신 각국에서 수치를 당하였사오니 이는 그들이 주께 죄를 범하였음이니이다

9:8 주여 수치가 우리에게 돌아오고 우리의 왕들과 우리의 고관과 조상들에게 돌아온 것은 우리가 주께 범죄하였음이니이다 마는

9:9 주 우리 하나님께는 긍휼과 용서하심이 있사오니 이는 우리가 주께 패역하였음이오며

9:10 우리 하나님 여호와의 목소리를 듣지 아니하며 여호와께서 그의 종 선지자들에게 부탁하여 우리 앞에 세우신 율법을 행하지 아니하였음이니이다

9:11 온 이스라엘이 주의 율법을 범하고 치우쳐 가서 주의 목소리를 듣지 아니하였으므로 이 저주가 우리에게 내렸으되 곧 하나님의 종 모세의 율법에 기록된 맹세대로 되었사오니 이는 우리가 주께 범죄하였음이니이다

9:12 주께서 큰 재앙을 우리에게 내리사 우리와 및 우리를 재판하던 재판관을 쳐서 하신 말씀을 이루셨사오니 온 천하에 예루살렘에서 일어난 일 같은 것이 없나이다

9:13 모세의 율법에 기록된 대로 이 모든 재앙이 이미 우리에게 내렸사오나 우리는 우리의 죄악을 떠나고 주의 진리를 깨달아 우리 하나님 여호와의 얼굴을 기쁘게 하지 아니하였나이다

9:14 그러므로 여호와께서 이 재앙을 간직하여 두셨다가 우리에게 내리게 하셨사오니 우리의 하나님 여호와께서 행하시는 모든 일이 공의로우시나 우리가 그 목소리를 듣지 아니하였음이니이다

9:15 강한 손으로 주의 백성을 애굽 땅에서 인도하여 내시고 오늘과 같이 명성을 얻으신 우리 주 하나님이여 우리는 범죄하였고 악을 행하였나이다

9:16 주여 구하옵나니 주는 주의 공의를 따라 주의 분노를 주의 성 예루살렘, 주의 거룩한 산에서 떠나게 하옵소서 이는 우리의 죄와 우리 조상들의 죄악으로 말미암아 예루살렘과 주의 백성이 사면에 있는 자들에게 수치를 당함이니이다

9:17 그러하온즉 우리 하나님이여 지금 주의 종의 기도와 간구를 들으시고 주를 위하여 주의 얼굴 빛을 주의 황폐한 성소에 비추시옵소서

9:18 나의 하나님이여 귀를 기울여 들으시며 눈을 떠서 우리의 황폐한 상황과 주의 이름으로 일컫는 성을 보옵소서 우리가 주 앞에 간구하옵는 것은 우리의 공의를 의지하여 하는 것이 아니요 주의 큰 긍휼을 의지하여 함이니이다

9:19 주여 들으소서 주여 용서하소서 주여 귀를 기울이시고 행하소서 지체하지 마옵소서 나의 하나님이여 주 자신을 위하여 하시옵소서 이는 주의 성과 주의 백성이 주의 이름으로 일컫는 바 됨이니이다

9:20 내가 이같이 말하여 기도하며 내 죄와 내 백성 이스라엘의 죄를 자복하고 내 하나님의 거룩한 산을 위하여 내 하나님 여호와 앞에 간구할 때

9:21 곧 내가 기도할 때에 이전에 환상 중에 본 그 사람 가브리엘이 빨리 날아서 저녁 제사를 드릴 때 즈음에 내게 이르더니

9:22 내게 가르치며 내게 말하여 이르되 다니엘아 내가 이제 네게 지혜와 총명을 주려고 왔느니라

9:23 곧 내가 기도를 시작할 즈음에 명령이 내렸으므로 이제 네게 알리러 왔느니라 너는 크게 은총을 입은 자라 그런즉 너는 이 일을 생각하고 그 환상을 깨달을지니라

9:24 네 백성과 네 거룩한 성을 위하여 일흔 이레를 기한으로 정하였나니 허물이 그치며 죄가 끝나며 죄악이 용서되며 영원한 의가 드러나며 환상과 예언이 응하며 또 지극히 거룩한 이가 기름 부음을 받으리라

9:25 그러므로 너는 깨달아 알지니라 예루살렘을 중건하라는 영이 날 때부터 기름 부음을 받은 자 곧 왕이 일어나기까지 일곱 이레와 예순두 이레가 지날 것이요 그 곤란한 동안에 성이 중건되어 광장과 거리가 세워질 것이며

9:26 예순두 이레 후에 기름 부음을 받은 자가 끊어져 없어질 것이며 장차 한 왕의 백성이 와서 그 성읍과 성소를 무너뜨리려니와 그의 마지막은 홍수에 휩쓸림 같을 것이며 또 끝까지 전쟁이 있으리니 황폐할 것이 작정되었느니라

9:27 그가 장차 많은 사람들과 더불어 한 이레 동안의 언약을 굳게 맺고 그가 그 이레의 절반에 제사와 예물을 금지할 것이며 또 포악하여 가증한 것이 날개를 의지하여 설 것이며 또 이미 정한 종말까지 진노가 황폐하게 하는 자에게 쏟아지리라 하였느니라 하니라

| 본문해설 |

배경 (1-2절)

9:1 메대 족속 아하수에로의 아들 다리오가 갈대아 나라 왕으로 세움을 받던 첫 해

9:2 곧 그 통치 원년에 나 다니엘이 책을 통해 여호와께서 말씀으로 선지자 예레미야에게 알려 주신 그 연수를 깨달았나니 곧 예루살렘의 황폐함이 칠십 년만에 그치리라 하신 것이니라

다니엘 9장은 "메대 족속 아하수에로의 아들 다리오가 갈대아 나라 왕으로 세움을 받던 첫 해"라는 문구로 시작된다(1절). 이러한 연대기 언급은 다니엘서 전반에 두루 나타나는 현상이다(참고 _ 1:1; 2:1; 7:1; 8:1; 10:1). 이는 다니엘서의 역사성을 강조하려는 의도에서 비롯된 것이며, 또한 후세대가 본문을 해석할 때 어떤 정황에서 해석해야 하는지를 안내해 주려는 목적을 가진다. 그런데 여기에 나오는 "아하수에로"(헬라어를 영어로 고쳐 읽어서 Xerxes라고 함)는 에스라 4장에 나오는 '아하수에로'(주전 485-405년), 곧 에스더 1장에 나오는 '아하수에로'와는 다른 인물이다. 당시에 아하수에로는 개인의 이름이 아니라 메대 나라의 왕 명칭이었다.

그렇다면 여기에 나오는 다리오는 누구인가? 5:31에는 "메대 사람 다리오가 나라를 얻었는데 그 때에 다리오는 육십이 세였더라"는 표현이 있다. 그런데 역사적으로 바벨론을 무너뜨린 사람은 고레스이다(참고 _ 사 44:28-45:1). 따라서 성경 기록에 모순이 있는 것처럼 보인다. 이에 다리오와 고레스가 어떤 관계에 있었는지를 파악할 필요가 있다. 많은 학자는 고레스가 다리오를 메대-바사의 통치자로 세웠다고 주장하지만, 이는 근거가 별로 없어서 받아들이기 어렵다. 오히려 다리오는 왕의 직명으로 보이며, 따라서 여기에 나오는 다리오와 바벨론을 무너뜨린 고레스를 같은 인물이라고 보는 것이 바람직하다(참고. 6:28의 해설).

"다리오가 갈대아 나라 왕으로 세움을 받던 첫 해"는 주전 539년이다.

이 해에 바벨론 왕 벨사살이 죽임을 당했기 때문에 이 환상은 8장의 환상
으로부터 약 12년이 흐른 뒤에 일어났음을 알 수 있다. 이때는 다니엘이
바벨론에 포로로 끌려오던 주전 605년으로부터 66년이 지나간 시점이다.
만일 다니엘이 14-15세에 바벨론에 도착했다면, 지금 그는 80-82세 정도
되었을 것이다. "갈대아 나라"라는 표현은 바벨론을 가리킨다. 하지만 바
벨론은 메대-바사에 의해서 멸망했기에, "갈대아 나라"라는 표현을 사용
한 것이 어색해 보인다. 따라서 이 말은 다리오가 갈대아 나라의 땅이었던
곳을 정복한 메대-바사의 왕이라는 뜻이다. 그리고 다리오가 왕으로 세움
을 받았다는 표현은 그가 하나님의 허락과 섭리로 왕이 되었다는 사실을
암시한다.

벨사살 왕을 기준으로 다니엘 5-9장의 연대기를 정리하면 다음과 같다.
5장은 벨사살 왕 마지막 해에 일어난 일을 다루고(주전 539년), 6장에 기록된
사건은 5:31을 참고할 때(참고 _ 5:31은 6장의 앞부분에 연결됨) 다리오가 나라를
얻은 바로 그해에 일어난 일이 분명하다(주전 539년). 그리고 7장부터는 연
대기가 달라지는데, 7장에 기록된 환상은 벨사살 원년에 일어난 일이고(주
전 553년), 8장에 나오는 환상은 벨사살 3년에 일어난 일이며(주전 551년), 9장
에 수록된 사건은 벨사살 마지막 해에 일어난 일이다(주전 539년).

그러므로 9장의 기사는 6장의 사건과 같은 시기에 일어난 일이라고 볼
수 있다. 6장에는 다니엘이 예루살렘을 향하여 열린 창문 앞에서 하루 세
번 기도하다가 사자 굴에 떨어져서 생명의 위협을 받았지만 하나님의 특
별한 돌보심으로 살아난 일이 기록되어 있는데, 9장에는 다니엘이 어떤 기
도를 드렸는지가 소상하게 기록되어 있다. 따라서 다니엘은 페르시아 제
국의 관리들이 기도하지 못하게 하는 위협 속에서 생명을 걸고 9장에 나오
는 기도를 드렸음을 알 수 있다. 즉 다니엘은 이스라엘의 회복과 유다 민

족의 앞날을 위해서 간절히 기도했던 것이다.

2절에서 다니엘은 "나 다니엘이 책을 통해 여호와께서 말씀으로 선지자 예레미야에게 알려 주신 그 연수를 깨달았나니"라고 말한다. 이것은 다니엘이 예레미야 25:1-14와 29:1-14에 수록된 예언을 연구했다는 뜻으로, 다니엘이 예레미야의 글을 정경으로 받아들였음을 보여준다. 다니엘이 바벨론에 포로로 끌려오던 주전 605년에 예레미야는 유다에서 활발하게 활동하고 있었다. 즉 그는 유다에서 유명한 인물이었고, 선지자로 인정되었다. 따라서 비록 당시에 다니엘은 어렸으나 총명했기에(바벨론에 포로로 잡혀 온 소년들은 모두 귀족이며 총명했음) 선지자 예레미야에 관하여 잘 알고 있었을 것이다.

특히 예레미야서에는 예레미야가 바벨론에 편지를 보냈다는 기록이 있다. 29:1에는 "선지자 예레미야가 예루살렘에서 이같은 편지를 느부갓네살이 예루살렘에서 바벨론으로 끌고 간 포로 중 남아 있는 장로들과 제사장들과 선지자들과 모든 백성에게 보냈는데"라는 표현이 있고, 29:10에는 "여호와께서 이와 같이 말씀하시니라 바벨론에서 칠십 년이 차면 내가 너희를 돌보고 나의 선한 말을 너희에게 성취하여 너희를 이곳으로 돌아오게 하리라"는 문구가 있으며, 29:25에는 "만군의 여호와 이스라엘의 하나님께서 이와 같이 말씀하여 이르시되 네가 네 이름으로 예루살렘에 있는 모든 백성과 제사장 마아세야의 아들 스바냐와 모든 제사장에게 글을 보내 이르기를"이라는 말이 있고, 29:28에는 "그가 바벨론에 있는 우리에게 편지하기를"이라는 언급이 있다. 따라서 다니엘은 바벨론에서 예레미야의 편지를 읽을 수 있었다.

다니엘은 예레미야를 통하여 주신 하나님의 말씀을 들은 후에 하나님의 뜻이 이루어지도록 기도한다. 그는 하나님이 성도의 기도를 들으시고 그 분의 뜻을 실행하신다는 사실을 잘 알고 있었다. 그래서 그는 집중하여 기 도한다. 다니엘 6:10에는 다음과 같은 언급이 있다. "다니엘이 이 조서에 왕의 도장이 찍힌 것을 알고도 자기 집에 돌아가서는 윗방에 올라가 예루 살렘으로 향한 창문을 열고 전에 하던 대로 하루 세 번씩 무릎을 꿇고 기도 하며 그의 하나님께 감사하였더라." 이것은 우리가 기도해야 할 필요성과 이유를 보여준다. 우리는 하나님의 계획이 기도를 통하여 실행된다는 사 실을 알고 항상 기도해야 하며, 때로는 집중해서 기도해야 한다.

"예루살렘의 황폐함이 칠십 년 만에 그치리라"는 말은 예레미야 25:11-12의 "이 모든 땅이 폐허가 되어 놀랄 일이 될 것이며 이 민족들은 칠십 년 동안 바벨론의 왕을 섬기리라 여호와의 말씀이니라 칠십 년이 끝나면 내 가 바벨론의 왕과 그의 나라와 갈대아인의 땅을 그 죄악으로 말미암아 벌 하여 영원히 폐허가 되게 하되"라는 말과, 예레미야 29:10의 "여호와께서 이와 같이 말씀하시니라 바벨론에서 칠십 년이 차면 내가 너희를 돌보고 나의 선한 말을 너희에게 성취하여 너희를 이곳으로 돌아오게 하리라"는 예언에 근거한다.

그렇다면 왜 하필 포로 기간이 70년인가? 이는 이스라엘의 잘못이 안식 년(일)을 지키지 않은 데 있었기 때문이다. 하나님은 율법에서 안식년을 지 키라고 명령하셨다. 레위기 25:4-5에는 "일곱째 해에는 그 땅이 쉬어 안식 하게 할지니 여호와께 대한 안식이라 너는 그 밭에 파종하거나 포도원을 가꾸지 말며 네가 거둔 후에 자라난 것을 거두지 말고 가꾸지 아니한 포도 나무가 맺은 열매를 거두지 말라 이는 땅의 안식년임이니라"는 계명이 있 고, 레위기 26:34-43에는 "너희가 원수의 땅에 살 동안에 너희의 본토가 황 무할 것이므로 땅이 안식을 누릴 것이라 … 내가 야곱과 맺은 내 언약과

이삭과 맺은 내 언약을 기억하며 아브라함과 맺은 내 언약을 기억하고 그 땅을 기억하리라 그들이 내 법도를 싫어하며 내 규례를 멸시하였으므로 그 땅을 떠나서 사람이 없을 때에 그 땅은 황폐하여 안식을 누릴 것이요 ...”라는 말씀이 있다.

이스라엘이 안식년을 어김으로 바벨론에 포로로 잡혀갔다는 언급은 역대하 36장에 잘 나와 있다. 역대하 36:5-7에는 여호야김이 하나님 여호와 보시기에 악을 행하므로 바벨론 왕 느부갓네살이 올라와서 그를 치고 그를 쇠사슬로 결박하여 바벨론으로 잡아가고 느부갓네살이 또 여호와의 전 기구들을 바벨론으로 가져다가 바벨론에 있는 자기 신당에 두었다는 기록이 있다. 그리고 역대하 36:17-20에는 “하나님이 갈대아 왕의 손에 그들을 다 넘기시매 ... 그가 바벨론으로 사로잡아가매 무리가 거기서 갈대아 왕과 그의 자손의 노예가 되어 바사국이 통치할 때까지 이르니라”는 말씀이 있다. 더욱이 역대하 36:21에는 “이에 토지가 황폐하여 땅이 안식년을 누림같이 안식하여 칠십 년을 지냈으니 여호와께서 예레미야의 입으로 하신 말씀이 이루어졌더라”라는 말씀이 있다. 그리고 역대하 36:22-23에는 “바사의 고레스 왕 원년에 여호와께서 예레미야의 입으로 하신 말씀을 이루시려고 여호와께서 바사의 고레스 왕의 마음을 감동시키시매 그가 온 나라에 공포도 하고 조서도 내려 이르되 바사 왕 고레스가 이같이 말하노니 하늘의 신 여호와께서 세상 만국을 내게 주셨고 나에게 명령하여 유다 예루살렘에 성전을 건축하라 하셨나니 너희 중에 그의 백성된 자는 다 올라갈지어다 ...”라는 언급이 있다.

그렇다면 안식년 규례는 어떤 의미를 가지는가? ‘안식’은 하나님이 세상을 만드신 후에 취하신 것이다(참고 _ 창 2:2-3). 하나님은 사람을 포함한 모든 피조물들과 더불어 영원한 안식에 들어가셨다. 이는 안식이 창조의 완성임을 가르쳐준다. 따라서 인생의 목표는 하나님의 안식을 누리는 것이다. 하나님은 아담에게 하나님이 만들어 놓으신 세상을 가꾸고 돌보면서 에덴 한 가운데 있는 생명나무를 바라보며 생명의 근원이신 구원자(메시아)를 사모하게 하셨고, 이를 통하여 더욱 깊이 안식을 향유하게 하셨다. 하지만 아담이 죄를 범함으로 이를 실패하자 하나님은 율법을 주시면서 안식일(안식년) 준수 계명을 주셔서 백성들이 안식일을 통하여 하나님과 교제할 수 있게 하셨다. 더욱이 그들은 안식일을 지킴으로 장차 하나님이 선물로 주실 영원한 안식을 기대하며 사모할 수 있었다. 따라서 안식일 준수계명은 하나님이 사람과 맺으신 언약을 대표한다. 사람은 안식일을 지킴으로 하나님께 순종하며 하나님과 교제할 수 있다. 그러나 이스라엘은 이것을 깨뜨림으로 하나님의 진노를 샀고 결국 바벨론에 포로로 끌려갔다.

그러면 포로기 70년은 언제부터 언제까지인가? 이 기간 설정에는 논란이 매우 많다. 어떤 학자들은 70년을 상징으로 본다. 즉 70년을 인간의 일생을 상징하는 기간이라고 주장하거나 실제 역사와 아무 관련이 없는 상징적인 숫자라고 말한다. 그러나 이 숫자는 실제 숫자이다. 예레미야의 예언과 다니엘의 기록을 살펴볼 때 70년을 실제 숫자로 보는 것이 타당하다. 하지만 70년은 역사적 사건과 정확히 일치하지 않으며 대략 들어맞는 숫자이다. 하나님은 안식년 7년의 10배인 70년을 포로 기간으로 정하심으로 안식년을 어긴 죄의 의미를 철저히 되새기게 하셨다. 그리고 이를 통하여 하나님과 이스라엘 사이에 맺어진 언약의 회복을 바라보게 하셨다.

어떤 학자들은 70년을 느부갓네살이 예루살렘을 완전히 정복하고 성전을 파괴한 주전 586년부터 스룹바벨의 지도로 예루살렘 성전 재건이 완료된 주전 515년까지라고 본다(참고 _ 스 6:15). 그들은 70년을 유다 백성이 포로로 잡혀 있었던 기간보다는 성전이 파괴된 때부터 재건된 때까지로 맞추어야 한다고 본다. 그러나 이는 예레미야 25:12의 "여호와의 말씀이니라 칠십 년이 끝나면 내가 바벨론의 왕과 그의 나라와 갈대아인의 땅을 그 죄악으로 말미암아 벌하여 영원히 폐허가 되게 하되"라는 예언과 모순된다. 예레미야는 바벨론이 패망함으로 70년이 끝날 것이라고 예언했는데, 바벨론은 주전 539년에 페르시아에 정복되었기에 주전 515년은 바벨론이 패망한 지 시간이 많이 지났을 때이다.

그러므로 예레미야가 예언한 포로기 70년을 예루살렘이 바벨론 왕 느부갓네살에 의해 패망하기 시작한 주전 605년(참고 _ 1:1-2, 여호야김 제3년)부터 페르시아 왕 고레스가 유대인의 포로 귀환을 명령한 주전 538년까지로 보는 것이 타당하다(참고 _ 대하 36:22-23, 스 1:1). 위에서 말했듯이, 예레미야 25:12에서 예레미야는 70년이 끝나면 하나님께서 바벨론의 왕과 그의 나라와 땅을 그 죄악으로 말미암아 벌하여 영원히 폐허가 되게 하실 것이라고 했다. 이 예언은 실제로 이루어졌는데, 주전 539년에 바벨론은 메대-페르시아 연합군에 의해 패망했다.

한편, 다니엘 1장은 "다니엘은 고레스 왕 원년까지 있으니라"는 언급으로 끝난다(참고 _ 1:21). 고레스 왕은 바사(페르시아)의 고레스 왕을 가리키는데, 그는 주전 539년에 왕이 되었기에 그의 "원년"은 주전 539년이다. 따라서 이 언급은 다니엘이 바벨론 포로기 전체기간인 70년을 살았다는 사실을 시사한다. 이제 바벨론 시대가 사라지고 페르시아 시대가 시작되었다. 따라서 다니엘은 예레미야의 예언을 받아들여서 하나님이 유다 백성을 자기 땅으로 돌려보내실 때가 되었음을 알고 간절히 기도한다. 그는 하나님의 뜻이 기도를 통해 이루어질 것을 믿었다.

다니엘의 기도 (3-19절)

9:3 내가 금식하며 베옷을 입고 재를 덮어쓰고 주 하나님께 기도하며 간구하기를 결심하고

9:4 내 하나님 여호와께 기도하며 자복하여 이르기를 크시고 두려워할 주 하나님, 주를 사랑하고 주의 계명을 지키는 자를 위하여 언약을 지키시고 그에게 인자를 베푸시는 이시여

9:5 우리는 이미 범죄하여 패역하며 행악하며 반역하여 주의 법도와 규례를 떠났사오며

9:6 우리가 또 주의 종 선지자들이 주의 이름으로 우리의 왕들과 우리의 고관과 조상들과 온 국민에게 말씀한 것을 듣지 아니하였나이다

9:7 주여 공의는 주께로 돌아가고 수치는 우리 얼굴로 돌아옴이 오늘과 같아서 유다 사람들과 예루살렘 거민들과 이스라엘이 가까운 곳에 있는 자들이나 먼 곳에 있는 자들이 다 주께서 쫓아내신 각국에서 수치를 당하였사오니 이는 그들이 주께 죄를 범하였음이니이다

9:8 주여 수치가 우리에게 돌아오고 우리의 왕들과 우리의 고관과 조상들에게 돌아온 것은 우리가 주께 범죄하였음이니이다 마는

9:9 주 우리 하나님께는 긍휼과 용서하심이 있사오니 이는 우리가 주께 패역하였음이오며

9:10 우리 하나님 여호와의 목소리를 듣지 아니하며 여호와께서 그의 종 선지자들에게 부탁하여 우리 앞에 세우신 율법을 행하지 아니하였음이니이다

9:11 온 이스라엘이 주의 율법을 범하고 치우쳐 가서 주의 목소리를 듣지 아니하였으므로 이 저주가 우리에게 내렸으되 곧 하나님의 종 모세의 율법에 기록된 맹세대로 되었사오니 이는 우리가 주께 범죄하였음이니이다

9:12 주께서 큰 재앙을 우리에게 내리사 우리와 및 우리를 재판하던 재판관을 쳐서 하신 말씀을 이루셨사오니 온 천하에 예루살렘에서 일어난 일 같은 것이 없나이다

9:13 모세의 율법에 기록된 대로 이 모든 재앙이 이미 우리에게 내렸사오나 우리는 우리의 죄악을 떠나고 주의 진리를 깨달아 우리 하나님 여호와의 얼굴을 기쁘게 하지 아니하였나이다

9:14 그러므로 여호와께서 이 재앙을 간직하여 두셨다가 우리에게 내리게
하셨사오니 우리의 하나님 여호와께서 행하시는 모든 일이 공의로우시나
우리가 그 목소리를 듣지 아니하였음이니이다

9:15 강한 손으로 주의 백성을 애굽 땅에서 인도하여 내시고 오늘과 같이 명
성을 얻으신 우리 주 하나님이여 우리는 범죄하였고 악을 행하였나이다

9:16 주여 구하옵나니 주는 주의 공의를 따라 주의 분노를 주의 성 예루살
렘, 주의 거룩한 산에서 떠나게 하옵소서 이는 우리의 죄와 우리 조상들의
죄악으로 말미암아 예루살렘과 주의 백성이 사면에 있는 자들에게 수치를
당함이니이다

9:17 그러하온즉 우리 하나님이여 지금 주의 종의 기도와 간구를 들으시고
주를 위하여 주의 얼굴 빛을 주의 황폐한 성소에 비추시옵소서

9:18 나의 하나님이여 귀를 기울여 들으시며 눈을 떠서 우리의 황폐한 상황
과 주의 이름으로 일컫는 성을 보옵소서 우리가 주 앞에 간구하옵는 것은
우리의 공의를 의지하여 하는 것이 아니요 주의 큰 긍휼을 의지하여 함이니
이다

9:19 주여 들으소서 주여 용서하소서 주여 귀를 기울이시고 행하소서 지체
하지 마옵소서 나의 하나님이여 주 자신을 위하여 하시옵소서 이는 주의 성
과 주의 백성이 주의 이름으로 일컫는 바 됨이니이다

3절의 "내가 금식하며 베옷을 입고 재를 덮어쓰고 주 하나님께 기도하
며 간구하기를 결심하고"라는 문구에 나오는 '금식', '베옷', '재', '기
도', '간구', '결심'이라는 용어는 다니엘이 얼마나 간절히 기도했는지를
보여준다. 그는 음식을 먹지 않고 기도했는데, 이는 생명을 걸어놓고 기도
했다는 뜻이다. 그리고 '베옷'과 '재'는 회개와 간절함을 상징한다. 앞에
서 언급했듯이, 다니엘은 예레미야의 예언을 통해 유다 백성이 포로로 잡
혀 와서 70년을 보낼 것이라는 사실을 깨달았다. 그리고 이제 70년이 찼을
때 그는 하나님이 정하신 기한이 되었다고 생각했다.

그렇다면 유다 백성이 언제 어떤 방식으로 예루살렘으로 돌아갈 수 있겠는가? 다니엘은 당시에 페르시아의 총리로서, 왕의 신뢰를 한 몸에 받았고, 따라서 왕에게 부탁해서 돌아가게 할 수도 있었다. 게다가 그는 이미 나이가 많아서(80대) 포로 귀환이 자신과 상관이 없다고 여겼을 수도 있다. 그러나 그는 하나님께 기도하면서 하나님의 역사를 기다린다. 그는 자기 민족을 위해 간절히 기도한다. 특히 다니엘의 기도에는 메시아의 오심을 바라보는 메시아 대망 사상이 내재해 있는데, 이는 하나님의 언약 회복이 메시아를 통해서 가능하기 때문이다. 그리고 이러한 메시아를 통한 언약 회복의 주제는 다니엘서 전반에 매우 강하게 드러나 있다.

더욱이 다니엘이 포로 귀환을 위하여 기도한 것은 예레미야가 바벨론 포로기 70년을 예언하는 문맥에 위치한 기도에 관한 권면을 읽고 실천한 것이다. 그는 예레미야 29:12-13의 "너희가 내게 부르짖으며 내게 와서 기도하면 내가 너희들의 기도를 들을 것이요 너희가 온 마음으로 나를 구하면 나를 찾을 것이요 나를 만나리라"는 말씀을 기억했다. 그는 하나님께 철저히 회개하며 기도하는 것이 유다 백성이 포로에서 귀환할 방법이라고 믿었다. 그런데 그가 유다 백성이 포로에서 풀려나 자기 땅으로 돌아갈 수 있도록 하나님께 기도한 것은 평소 하나님을 절대적으로 의존하며 기도해 왔기에 가능했다. 기도를 중요하게 여기지 않거나 생활 습관이 되어 있지 않은 사람은 막상 어려운 일을 만나도 기도하지 않는다.

4-19절의 기도는 다니엘이 예루살렘으로 향한 창문을 열고 하루에 세 번씩 무릎을 꿇고 기도한 내용이다(참고 _ 6:10). 그는 솔로몬의 언약 회복 기도를 근거로 삼아 이스라엘을 용서해 주시고 포로에서 귀환할 수 있게 해 달라고 기도했다(참고 _ 왕상 8:46-53; 6:10의 해설). 예레미야 29:10에는 "여호와께서 이와 같이 말씀하시느니라 바벨론에서 칠십 년이 차면 내가 너희를 돌

보고 나의 선한 말을 너희에게 성취하여 너희를 이곳으로 돌아오게 하리라"는 하나님의 약속이 기록되어 있다. 이에 다니엘은 하나님의 명확한 약속을 붙잡고 하나님과 이스라엘 사이에 맺어진 언약이 회복되며 그들이 본국으로 돌아가서 하나님을 잘 섬기기를 간절히 구했다.

그런데 다른 측면에서 볼 때 이러한 다니엘의 기도는 6장에서 그가 기도하지 못하도록 한 것이 유다 백성의 회복을 방해하려는 사탄의 역사임을 알게 해 준다. 6장에서 다니엘을 괴롭히고 그의 기도를 방해한 자들은 메대-바사의 고관들이었지만, 비록 그들이 알지 못했다 하더라도, 그 배후에는 분명히 사탄이 있었다. 사탄은 다니엘이 기도하지 못하게 하여 하나님의 약속이 이루어지지 못하게 하려고 메대-바사의 고관들을 사용했다. 하지만 다니엘은 하나님 앞에서 무엇이 중요한지를 알았기에 죽음의 위협에도 불구하고 이스라엘을 위하여 기도했다.

4-19절에 있는 다니엘의 기도는 네 부분으로 나누어진다. 1) 4절에서 다니엘은 하나님의 이름을 부르면서, 하나님을 사랑하고 하나님의 계명을 지키는 자를 위하여 하나님이 언약을 지키시는 분이라는 사실을 드러낸다. 2) 5-10절에서 그는 자신과 유다 백성의 죄를 자백하고 용서를 구하는데, 특히 그들이 선지자들을 통하여 하나님이 주신 경고의 말씀을 저버린 것을 회개한다. 3) 11-14절에서 그는 유다가 당하는 어려움이 하나님이 심판하신 결과임을 인지하며 하나님의 심판이 공의롭다는 사실을 인정한다. 4) 15-19절에서 그는 하나님이 긍휼을 베풀어주셔서 유다 백성이 자신들의 나라로 돌아갈 수 있게 해 달라고 기도하는데, 하나님이 과거에 이스라엘을 출애굽하게 하신 것처럼 이제 그들을 출바벨론하게 해 달라고 간절히 기도한다.

4절은 기도의 첫 번째 부분으로 하나님을 부르는 것이다. 다니엘은 하나님을 부를 때 "크시고 두려워할 주 하나님, 주를 사랑하고 주의 계명을 지키는 자를 위하여 언약을 지키시고 그에게 인자를 베푸시는 이시여"라고 한다. 바른 기도는 하나님에 대한 바른 인식에서 출발한다. 하나님은 크시고 두려워할 분이신데, 이는 하나님의 절대주권과 죄를 지은 자들에게 보여주시는 그분의 공의로움을 표시한다. "주를 사랑하고 주의 계명을 지키는 자를 위하여 언약을 지키시고 그에게 인자를 베푸시는 이시여"는 다니엘이 기도할 내용이 무엇인지를 보여준다. 여기서 '주를 사랑하는 것'과 '주의 계명을 지키는 것'은 같은 말이며, 하나님은 그러한 자를 위하여 언약을 지키시고 그에게 인자를 베풀어 주신다. 여기서 하나님이 언약을 지키신다는 말은 하나님이 시내산에서 이스라엘 백성과 맺으신 언약을 지키신다는 뜻이다(참고 _ 출 19-24장).

5-10절은 기도의 두 번째 부분으로 다니엘이 자신과 유다 백성의 죄를 자백하고 용서를 구하는 것이다. 여기서 다니엘은 "우리"라는 단어를 사용하여 백성들과 자신을 동일시한다. 사실 다니엘에게는 죄가 별로 없었으며 오히려 율법을 열심히 지켰다. 하지만 그는 자신을 유다 민족의 일원으로 여겨서 민족과 함께 범죄한 사람으로 간주한다. 5절의 "우리는 이미 범죄하여 패역하며 행악하며 반역하여 주의 법도와 규례를 떠났사오며"에서 다니엘은 "범죄하여 패역하며 행악하며 반역하여"라는 4개의 단어를 연속해서 사용하므로 유다 백성의 범죄를 강조한다.

6절에서 다니엘은 유다 백성이 주의 종 선지자들이 주의 이름으로 왕들과 고관과 조상들과 온 국민에게 말씀하신 것을 듣지 않은 사실을 회개한다. 즉 하나님께서 이미 유다 백성들의 죄악에 대하여 선지자들을 통해서 충분히 말씀하셨지만 그들은 듣지 않고 죄를 범했던 것을 뉘우친다. 이와 관련하여 예레미야 7:25-26에는 "너희 조상들이 애굽 땅에서 나온 날부터 오늘까지 내가 내 종 선지자들을 너희에게 보내되 끊임없이 보내었으나 너희가 나에게 순종하지 아니하며 귀를 기울이지 아니하고 목을 굳게 하여 너희 조상들보다 악을 더 행하였느니라"는 말씀이 있고, 예레미야 29:19에는 "여호와의 말씀이니라 너희들이 내 말을 듣지 않았기 때문이니라 내가 내 종 선지자들을 너희들에게 꾸준히 보냈으나 너희는 그들의 말을 듣지 않았느니라 여호와의 말씀이니라"는 말씀이 있다.

7절은 하나님께서 언약을 지키셨다는 것과 이스라엘이 언약을 지키지 않았다는 것을 대조한다. 이러한 대조는 '공의가 주께로 돌아가고 수치가 우리 얼굴로 돌아온다'라는 표현에 함축되어 있다. 다니엘은 하나님이 옳으신 분이라는 점을 명시하고, 그분의 심판이 공의롭다는 사실을 받아들인다. 6절에서 다니엘은 선지자들의 말을 듣지 않은 "우리의 왕들과 우리의 고관과 조상들과 온 국민"을 언급했는데, 7절에서도 여러 부류, 곧 "유다 사람들", "예루살렘 거민들", "이스라엘이 가까운 곳에 있는 자들이나 먼 곳에 있는 자들"을 언급한다. 여기서 "이스라엘이 가까운 곳에 있는 자들이나 먼 곳에 있는 자들"이란 표현은 '바벨론 지역에 사는 사람이나 그렇지 않고 멀리 다른 나라에 사는 사람'이라는 뜻이다. 그리고 "주께서 쫓아내신 각국에서"라는 표현은 유다 백성이 각 지역에 흩어져 사는 것이 심판의 결과임을 보여준다.

8절에서 다니엘은 6-7절에서 했던 말을 요약하여 반복한다. 다니엘은 6절에서 "주의 종 선지자들이 주의 이름으로 우리의 왕들과 우리의 고관과 조상들과 온 국민에게 말씀한 것"을 말했고, 7절에서 "수치는 우리 얼굴로 돌아옴이"와 더불어 "이는 그들이 주께 죄를 범하였음이니이다"라고 말했는데, 8절에서 이 둘을 합하여 "우리의 왕들과 우리의 고관과 조상들에

게 돌아온 것"과 더불어 "주여 수치가 우리에게 돌아오고"와 "우리가 주
께 범죄하였음이니이다"라고 말한다. 따라서 6-8절에서 다니엘이 모든 부
류가 모두 범죄했다고 반복해서 말하는 것은 하나님이 모든 부류에게 말
씀하셨다는 점과 모든 유다 백성이 똑같이 범죄했다는 점을 강조한다.

이어지는 9절에서 다니엘은 하나님께서 긍휼을 베푸시고 죄를 용서하
시는 분임을 말한다. 다니엘은 유다 백성이 죄를 뉘우치거나 악행보다 선
행을 더 행하면 죄가 사그라질 것이라는 생각을 일축한다. 오히려 다니엘
은 자신들의 죄가 용서를 받는 것이 오직 하나님의 긍휼하심에 달려 있다
고 믿는다. 그리고 10절에서 그는 과거에 모든 유다 백성이 하나님의 말씀
에 불순종한 사실을 언급하는데, 여기서 "여호와의 목소리", "그의 종 선
지자", "우리 앞에 세우신 율법"이라는 다양한 표현을 사용하여 하나님이
빈번하게 회개를 촉구하셨음에도 불구하고 회개하지 않은 완악함을 시인
한다.

11-14절은 기도의 세 번째 부분으로, 여기서 다니엘은 하나님의 공의로
운 심판을 인정한다. 11절에서 다니엘은 온 이스라엘이 주의 율법을 범하
고 치우쳐 가서 주의 목소리를 듣지 않았기 때문에 이 저주가 그들에게 내
렸다고 말한다. 특히 그는 하나님의 종 모세의 율법에 기록된 맹세대로 언
약을 어기는 자에게 임하는 저주를 언급한다(참고 _ 레 26:27-45, 신 28:15-68). 11
절의 "모세의 율법에 기록된 맹세대로 되었사오니"와 13절의 "모세의 율
법에 기록된 대로"라는 표현은 언약을 맺으면서 맹세하는 것과 연관된다.
따라서 다니엘은 언약의 엄중함을 강조하며, 유다 백성이 살길은 언약 안
으로 다시 들어가는 것임을 드러낸다.

12절의 "주께서 큰 재앙을 우리에게 내리사"라는 말은 예루살렘이 파괴

되고 유다 백성이 바벨론에 포로로 잡혀간 일을 의미한다. "우리와 및 우리를 재판하던 재판관을 쳐서 하신 말씀을 이루셨사오니"라는 말은 하나님이 선지자들을 통하여 주신 말씀의 성취를 가리킨다(참고 _ 9:6, 10). "재판관"이라는 용어는 모든 지도자를 뜻한다(참고 _ 9:6, 8). 그리고 "온 천하에 예루살렘에서 일어난 일 같은 것이 없나이다"라는 말은 그 사건이 얼마나 끔찍한 일인지를 강조한다. 이는 하나님의 선택을 받은 땅이 파괴되고 하나님의 백성이 포로로 잡혀간 일을 통하여 하나님의 명성이 훼손되었기 때문이다.

13절의 "모세의 율법에 기록된 대로 이 모든 재앙이 이미 우리에게 내렸사오나"라는 말은 유다 백성의 파멸이 언약을 어긴 데서 발생했다는 사실을 알려주며, 또한 그들이 율법에 기록된 온갖 재앙을 받고도 깨닫지 못하고 죄악을 뉘우치지 않았다는 사실을 드러낸다. 유다 백성은 왜 이런 일이 자신들에게 일어났는지를 생각해야 했지만, 그들은 열강의 권력 다툼에서 자신들이 밀려난 것으로 여김으로 눈에 보이는 현실에만 집착하여 그 현실 이면에 있는 하나님의 뜻을 깨닫지 못했다. 14절의 "여호와께서 이 재앙을 간직하여 두셨다가 우리에게 내리게 하셨사오니"라는 말은 하나님의 참으심을 반영하며, "우리의 하나님 여호와께서 행하시는 모든 일이 공의로우시나"라는 말은 그들이 하나님의 공의로운 심판에 근거하여 바벨론에 포로로 잡혀 와 있다는 사실을 보여준다.

그러므로 이 단락에서 다니엘이 기도한 내용은 선명하다. 그는 유다 백성이 하나님의 말씀에 불순종하고 죄를 범함으로 하나님과 맺은 언약을 깨뜨렸기 때문에 하나님의 공의로운 심판을 받아서 예루살렘이 파괴되고 유다 백성 중 상당수가 바벨론에 포로로 잡혀 왔다고 믿었다. 그리고 하나님께서 이런 일이 일어나기 전에 선지자들을 통하여 충분히 말씀하셨으나 그들이 듣지 않았음을 반성했다. 더욱이 그들이 하나님에게서 엄청난 심판을 받았음에도 불구하고 여전히 회개하지 않고 있다는 사실을 인지했다. 따라서 다니엘은 이 모든 사실을 기도에 담아서 하나님께 올려드리며, 동시에 유다 백성에게 그의 기도에 담긴 교훈을 깨달을 것을 요청한다.

15-19절은 기도의 마지막 부분으로, 여기서 다니엘은 하나님이 긍휼을 베풀어주시기를 간구한다. 따라서 그의 기도는 사죄를 요청하는 것에서 탄원하는 것으로 바뀐다. 15절의 "강한 손으로"라는 표현은 하나님의 전능하심을 상징한다(참고 _ 출 6:1, 신 5:15; 11:2). 다니엘은 하나님이 강력한 힘으로 이스라엘 백성을 이집트에서 인도하여 내신 일을 언급하는데, 당시에 이집트는 지금의 바벨론처럼 세계 최강대국이었다. 따라서 다니엘은 오래 전에 이스라엘을 출애굽하게 하신 하나님이 지금 그들을 출바벨론하게 하실 수 있음을 믿으면서 이 말을 한다.

더욱이 다니엘이 출애굽 사건을 말한 것은 이 기도가 시내산 언약을 배경으로 한다는 사실을 분명히 보여준다. 그리고 이러한 시내산 언약은 하나님이 일찍이 아브라함과 맺으신 언약에 기초한다(참고 _ 창 12:1-3). 특별히 다니엘은 출애굽 사건을 통하여 하나님이 열국에게서 명성을 얻으셨다는 사실을 말한다. 당시에 하나님이 이스라엘 백성을 출애굽 하게 하신 일은 주변 국가들에 하나님이라는 신의 이름과 힘을 알리는 계기가 되었다. 한편, 다니엘서에서 하나님의 명성에 관한 언급은 다니엘과 친구들을 통해서 하나님이 영광을 얻으신 일을 떠올리게 한다(참고 _ 2:46-47; 3:28-29; 4:1-3, 37; 6:25-27).

16절에서 다니엘은 "주여 구하옵나니 주는 주의 공의를 따라 주의 분노를 주의 성 예루살렘, 주의 거룩한 산에서 떠나게 하옵소서"라고 기도한

다. 여기서 "주의 성 예루살렘"과 "주의 거룩한 산"이라는 표현은 15절의
'주의 명성'과 관계가 있다. 17절에도 "주를 위하여"라는 문구가 있는데,
이것 역시 16절부터 이어지는 '주의 명성'과 연관된다. 다니엘은 하나님
의 백성들이 수치를 당하는 것은 이방 사람들이 하나님을 욕하는 계기가
된다는 사실을 근거로 삼아서 하나님께 구원을 요청한다. 이어지는 18절
도 같은 맥락에서 이해할 수 있는데, 여기서 다니엘은 "우리의 황폐한 상
황과 주의 이름으로 일컫는 성을 보옵소서"라고 한다. 그런데 그는 "우리
가 주 앞에 간구하옵는 것은 우리의 공의를 의지하여 하는 것이 아니요 주
의 큰 긍휼을 의지하여 함이니이다"라고 함으로 하나님의 용서를 구하는
근거를 하나님의 긍휼하심에 둔다. 이 말은 자신들이 패악해 있으며 어떠
한 노력으로도 회복을 꾀할 수 없지만, 하나님이 자비를 베푸셔서 용서해
주시면 가능하다는 생각을 내포한다.

19절에서 다니엘은 기도를 마친다. 그런데 여기에 나오는 문구들은 4-
18절에 기록된 기도를 요약한다. 다니엘은 "주여 들으소서 주여 용서하소
서 주여 귀를 기울이시고 행하소서 지체하지 마옵소서"라고 간청하는 말
을 연속해서 함으로 간절함을 드러낸다. 이것은 자신의 기도를 들어 주시
고, 유다 백성을 용서하시며, 이제 때가 찼으니 유다 백성을 바벨론에서 본
국으로 즉시 돌아가게 해 달라는 간구이다. "주 자신을 위하여 하시옵소
서"라는 말은 이 모든 일을 통해 '주의 명성'이 드러날 수 있게 해 달라는
뜻이다. 여기서 다니엘은 "주의 성", "주의 백성", "주의 이름"을 연속해서
말함으로 하나님과 유다 백성의 내밀한 관계를 강조한다.

다니엘의 기도 내용을 다시금 정리할 필요가 있다. 다니엘은 하나님이
이스라엘을 심판하신 것이 공의롭다는 사실을 인정한다. 그리고 그들이
바벨론에 포로로 잡혀 와 있는 것은 하나님과 맺은 언약을 깨뜨렸기 때문

이라는 점을 시인한다. 특히 그들이 70년 동안 바벨론에 포로로 잡혀 있는 것은 이스라엘 땅이 70년간 안식을 누리게 하는 것이라는 사실을 들어서 안식년으로 대표되는 하나님의 언약을 주목하게 만든다. 하지만 다니엘은 하나님이 이스라엘을 완전히 버리지 않으셨으며 하나님과 이스라엘이 여전히 언약 관계에 있다는 사실을 인지한다. 그래서 하나님이 유대인의 죄를 용서해 주시고 언약이 회복되게 해 달라고 간구한다. 더욱이 하나님이 이전에 이스라엘 백성을 이집트 땅에서 구원해 내심으로 명성을 얻으셨듯이, 이제 다시 하나님이 그분 자신을 위하여 이스라엘 백성을 바벨론에서 구원해 주시기를 간구한다.

하나님의 응답 (20-27절)

9:20 내가 이같이 말하여 기도하며 내 죄와 내 백성 이스라엘의 죄를 자복하고 내 하나님의 거룩한 산을 위하여 내 하나님 여호와 앞에 간구할 때

9:21 곧 내가 기도할 때에 이전에 환상 중에 본 그 사람 가브리엘이 빨리 날아서 저녁 제사를 드릴 때 즈음에 내게 이르더니

9:22 내게 가르치며 내게 말하여 이르되 다니엘아 내가 이제 네게 지혜와 총명을 주려고 왔느니라

9:23 곧 네가 기도를 시작할 즈음에 명령이 내렸으므로 이제 네게 알리러 왔느니라 너는 크게 은총을 입은 자라 그런즉 너는 이 일을 생각하고 그 환상을 깨달을지니라

9:24 네 백성과 네 거룩한 성을 위하여 일흔 이레를 기한으로 정하였나니 허물이 그치며 죄가 끝나며 죄악이 용서되며 영원한 의가 드러나며 환상과 예언이 응하며 또 지극히 거룩한 이가 기름 부음을 받으리라

9:25 그러므로 너는 깨달아 알지니라 예루살렘을 중건하라는 영이 날 때부터 기름 부음을 받은 자 곧 왕이 일어나기까지 일곱 이레와 예순두 이레가 지날 것이요 그 곤란한 동안에 성이 중건되어 광장과 거리가 세워질 것이며

9:26 예순두 이레 후에 기름 부음을 받은 자가 끊어져 없어질 것이며 장차

한 왕의 백성이 와서 그 성읍과 성소를 무너뜨리려니와 그의 마지막은 홍수에 휩쓸림 같을 것이며 또 끝까지 전쟁이 있으리니 황폐할 것이 작정되었느니라

9:27 그가 장차 많은 사람들과 더불어 한 이레 동안의 언약을 굳게 맺고 그가 그 이레의 절반에 제사와 예물을 금지할 것이며 또 포악하여 가증한 것이 날개를 의지하여 설 것이며 또 이미 정한 종말까지 진노가 황폐하게 하는 자에게 쏟아지리라 하였느니라 하니라

20-27절은 다니엘의 기도에 대한 하나님의 응답이다. 하나님께서는 천사 가브리엘을 보내셔서 말씀을 주신다. 이 단락은 두 부분으로 나뉘는데, 20-23절은 하나님이 가브리엘을 보내신 일을 기록하고, 24-27절은 가브리엘을 통하여 주어진 계시를 수록한다. 여기서 가브리엘은 다니엘이 기도한 내용보다 훨씬 많은 것을 알려준다. 비록 다니엘은 유다 백성이 하나님의 말씀을 순종하지 않아서 바벨론에 포로로 잡혀 왔다는 사실을 알고 백성들의 죄를 회개하며 하나님의 긍휼하심을 구했으나, 가브리엘은 앞으로 그들이 당할 매우 중요한 일을 가르쳐준다.

20절의 "내가 이같이 말하여 기도하며 … 간구할 때"라는 표현은 다니엘이 기도하고 있을 때를 가리킨다. 그리고 이러한 표현은 21절에도 "내가 기도할 때에"로 나와 있다. 다니엘은 "내 죄와 내 백성 이스라엘의 죄를 자복하고"라며 기도하는데, 이 문구는 다니엘이 4-19절에서 기도한 내용을 함축해서 표현한 것이다. 다니엘은 기도 대부분을 회개에 보냈다. "내 죄와 내 백성 이스라엘의 죄"라는 문구는 다니엘이 이스라엘의 대표자로서 기도한 것을 보여주며, "내 하나님의 거룩한 산"은 다니엘의 관심이 예루살렘 성전의 회복임을 알려준다(참고 _ 9:17).

21절에 다시 "내가 기도할 때에"라는 표현이 나오면서 가브리엘의 등장이 언급된다. 이것은 인간이 기도할 때에 하나님이 만나주신다는 사상을 함의한다. "이전에 환상 중에 본 그 사람 가브리엘"이라는 표현은 다니엘이 8:15-16에서 가브리엘을 만난 것을 의미한다. 즉 다니엘은 12년 전에 가브리엘을 만났는데 이제 다시 그를 만난다. 다니엘은 가브리엘에 대하여 "그 사람"이란 표현을 사용하는데, 이는 가브리엘이 그 전이나 지금이나 사람의 모습으로 나타났기 때문이다(참고 _ 8:16). "저녁 제사"란 매일 저녁과 아침에 드리는 제사 가운데 저녁 제사를 의미한다(참고 _ 8:11, 출 29:39). 이때 다니엘은 기도 시간을 가졌다(참고 _ 6:10, 스 9:4-5).

"가브리엘이 빨리 날아서"라는 문구의 "빨리 날아서"에 상응하는 히브리어 '므아프 삐아프'는 의미가 모호하다. 이 단어는 '빨리 날아서'로 번역될 수도 있고(참고 _ NIV 등 대부분의 영어성경: 'in swift flight'), '극도로 지쳐 있을 때'로 번역될 수도 있다(참고 _ NASB: 'in my extreme weariness'). '빨리 날아서'로 이해할 경우 가브리엘의 행동에 초점이 맞추어져 있지만, '극도로 지쳐 있을 때'로 이해할 경우 다니엘이 금식기도를 오래 해서 지친 것으로 볼 수 있다. 어느 것이 맞는지 결정하기가 어렵다. 하여튼 가브리엘은 저녁 제사를 드릴 때 즈음에 다니엘에게 이르렀다. 이는 하나님께서 다니엘이 기도하는 것을 아셨음을 시사한다. 하나님은 다니엘이 저녁과 아침에 제사 지내며 기도하는 것을 아셨고, 그 시간에 가브리엘을 보내셨다.

가브리엘은 다니엘에게 말하기를 "다니엘아 내가 이제 네게 지혜와 총명을 주려고 왔느니라"라고 한다(22절). "지혜와 총명"은 신적인 선물이다. 하나님이 다니엘에게 "지혜와 총명"을 주시려는 이유는 다니엘이 본 환상을 이해할 수 있게 하시려 함이다. 다니엘은 이미 꿈과 환상을 해석하는 특별한 재능을 하나님으로부터 받았다(참고 _ 1:17). 그리고 그는 생애 가운데 하나님의 거룩한 통찰을 받은 사람이었다. 그런데 이제 하나님은 그에게 더욱 큰 지혜와 총명을 주려고 하신다. 이는 다니엘이 경험하는 환상이 너무나도 중요하면서도 난해하기 때문이다.

23절의 "네가 기도를 시작할 즈음에 명령이 내렸으므로 이제 네게 알리러 왔느니라"는 말은 21절과 마찬가지로 하나님이 다니엘의 기도 시간을 알고 계셨음을 의미한다. 아울러 이 말에는 다니엘이 기도할 내용을 하나님이 알고 계셨다는 사실이 담겨 있다. 즉 다니엘이 평소에 무엇을 기도했는지를 하나님이 알고 계셨다는 것이다. 전지하신 하나님은 우리가 무엇을 구할지를 알고 계신다. 가브리엘은 다니엘에게 "너는 크게 은총을 입은 자라"고 말하는데, 이것은 10:11의 "큰 은총을 받은 사람 다니엘아"와 10:19의 "큰 은총을 받은 사람이여"와 같다. 다니엘은 하나님께 특별히 선택된 사람이며, 하나님의 특별한 은총을 받은 사람이다. 그는 유다 백성의 귀국(회복)을 위해서 사용되었고, 궁극적으로 메시아를 소개하고 안내하는 일을 했다.

"그런즉 너는 이 일을 생각하고 그 환상을 깨달을지니라"는 말은 이어지는 24-27절에 주어지는 계시를 바르게 이해하라는 뜻이다. 그런데 24-27절에 주어지는 계시는, 아래에서 다루겠지만, 다니엘이 7장과 8장에서 본 환상과 연관되어 있다. 7장과 8장의 환상은 다니엘 시대 이후에 일어날 일들에 관한 것이며, 이는 9:24-27에 있는 계시 역시 마찬가지이다. 7장과 8장에서 다니엘은 환상을 본 후에 천사에게서 해석을 들었지만, 완전히 이해하지 못했다. 그래서 그는 크게 번민했는데, 이제 9:24-27에서 주어지는 계시를 통하여 앞으로 일어날 일을 전체적으로 이해할 수 있게 될 것이다. 8장 이후 12년 만에 이런 일이 일어났다.

24-27절에는 하나님이 가브리엘을 통하여 주신 계시가 수록되어 있다. 이 부분은 다니엘서 전체에서 가장 난해하다. 당시 다니엘은 천사의 해설을 듣고 자세히 이해했겠지만, 오늘날 우리는 지혜와 지식이 짧아서 이해하기가 어렵다. 역사적으로 이 부분에 관하여 많은 주석가들이 해석을 시도했지만, 여전히 모든 난점을 극복한 만족스러운 견해가 나오지 않고 있다. 어떤 견해를 제시하더라도, 모든 의문에 답할 수 없으며 반론을 제기할 수 있다. 하지만 우리는 최상의 해석을 도출해야 하는데, 다니엘이 살던 시대의 사회-역사적 상황과 다니엘서 전체의 문맥과 사용된 단어의 용법 등을 충분히 고려하여 일관되고 논리적인 해석을 끌어내야 한다.

24절에서 천사는 "네 백성과 네 거룩한 성을 위하여"(for your people and your holy city)라고 말하는데, 이는 다니엘이 '이스라엘 백성과 예루살렘을 위하여' 기도했기 때문이다. "일흔 이레를 기한으로 정하였나니"에서 "일흔 이레"라는 표현의 의미를 파악하는 일은 대단히 힘들다. 그래서 이에 관하여 학자들의 논쟁이 끊이지 않고 있었으며, 아직 학계에서 만족스러운 결론을 끌어내지 못했다. '70이레'는 문자적으로 '칠십 일곱들'(seventy sevens)이다. 일단 70이레를 '70주간'(490일)으로 보는 것은 바람직하지 않다. 학자들 대부분이 이를 인정하지 않는다. 오히려 70이레를 '70년의 7회'(490년)로 보는 것이 바람직하다.

그런데 문제는 70이레, 곧 490년을 언제부터 언제까지로 볼 것인가이다. 이에 관하여 수많은 견해가 제시되었는데, 여기서는 대표적인 견해 두 가지를 소개하고, 우리의 견해를 말하겠다.

우선, 역사주의자들은 70이레를 70년의 7배로 계산하여 490년으로 본다. 그들의 견해를 세분하면 훨씬 다양하지만, 대체로 70이레(490년)를 바벨론 군대에 의해 예루살렘 성전이 무너진 주전 586년부터 유다 마카비가 안티오커스 4세 에피파네스에게 빼앗긴 성전을 다시 봉헌한 주전 164년 혹은 안티오커스 4세 에피파네스가 사망한 주전 163년까지라고 주장한다. 주전 586년부터 주전 164/163년은 정확하게 423/422년이지만, 그들은 490년이라는 숫자를 정확한 연대기 산출에 실패한 결과라고 생각한다. 이러한 견해는 그들이 다니엘서가 주전 2세기에 익명의 저자에 의해서 기록된 문서라고 주장하는 것과 맥을 같이 하는데, 그들은 저자가 그간에 일어난 모든 일을 알고 있었기에 예언의 형식을 빌어서 이 책을 기록했다고 주장한다.

그리고 26-27절에서 70이레가 7이레와 62이레와 1이레의 세 부분으로 나뉘는데, 첫 7이레(49년)는 주전 586년부터 유대인의 해방이 시작된 주전 538년까지이고, 이어지는 62이레(434년)는 성전 재건에 큰 역할을 한 대제사장 여호수아 혹은 예루살렘 재건을 지휘한 총독 스룹바벨 때인 주전 538년부터 안티오커스 4세 에피파네스에 의해서 대제사장 오니아스 3세(Onias III)가 죽임을 당한 주전 171년까지이며, 마지막 1이레(7년)는 안티오커스 4세 에피파네스가 박해를 시작한 주전 171년부터 안티오커스 4세 에피파네스가 박해를 마친 주전 164년 혹은 그가 사망한 주전 163년까지라고 주장한다. 또한, 이러한 해석에 따르면 25절의 "기름 부음을 받은 자"는 고레스 왕 혹은 여호수아이며, 26절의 "기름 부음을 받은 자"는 오니아스 3세이고, 27절의 "한 이레의 절반"(3년 반)은 박해가 극에 달했던 주전 167-164/163년이다.

다음으로, 미래주의자들의 견해를 살펴보겠다. 그들의 견해 역시 조금씩 다르게 제시되며, 각 견해는 난점을 노출한다. 그들은 70이레를 490년으로 보지만, 상징성이 다분히 있다고 본다. 그들은 70이레 예언이 매우 넓은 기간으로 확대된다고 주장한다. 그들은 70이레의 시작점을 다양하게 보아서, 다니엘이 포로로 잡혀간 주전 605년으로 보는 이들도 있고, 예루살렘이 완전히 패망한 주전 586년으로 보는 이들도 있으며, 고레스 왕이 유대인 귀환 칙령을 내린 주전 538년으로 보는 이들도 있다. 그리고 70이레가 마치는 지점을 그리스도의 초림 때까지로 보는 이들도 있고, 그리스도께서 세례 요한에게 세례를 받으시던 때까지로 보는 이들도 있으며, 예루살렘 성전이 로마군대에 의해서 파괴된 주후 70년까지로 보는 이들도 있고, 세상의 마지막 날에 예수 그리스도가 재림하시기 직전까지로 보는 이들도 있다.

또한 그들은 70이레의 시작 지점과 끝 지점을 어떻게 설정하느냐에 따라서 7이레(49년)와 62이레(434년)와 1이레(7년)의 구분을 다양하게 말한다. 여기서 대표적인 두 가지 견해를 말하겠다. 어떤 이들은 첫 7이레를 고레스가 칙령을 반포한 주전 538년부터 아닥사스다가 에스라에게(주전 458년) 혹은 느헤미야에게(주전 445년) 성전을 중건하라고 명령한 때까지로 보며, 62이레를 주전 450년 전후부터 그리스도의 초림 때까지로 보고, 마지막 1이레를 그리스도의 초림부터 예루살렘 성전이 파괴된 주후 70년까지로 본다. 하지만 어떤 이들은 첫 7이레를 주전 538년부터 그리스도의 초림까지로 보고, 62이레를 그리스도의 초림으로 시작되는 교회 시대 전체로 보며, 마지막 1이레를 그리스도의 재림 직전 종말의 때, 곧 적그리스도가 마지막 공격을 펼치는 때로 본다.

앞에서 언급했듯이, 신학 관점에 따라 70이레의 의미를 파악하고 그것을 역사에서 일어난 사건에 맞추는 것이 다르며, 심지어 같은 진영에 속해 있다고 하더라도 의견을 세분하면 너무 다양하기 때문에 이들의 견해를 일일이 찾아서 반박하는 것은 생산적이지 않고 더욱이 여기서 다루기에 적합하지도 않다. 오히려 우리의 견해를 적극적으로 제시하는 것이 옳다고 생각해서 다음과 같이 기술한다. 물론 우리의 견해가 완전하다고 주장하지는 않겠다. 이는 아직 신학자들이 이 부분의 해석에 있어서 만족스러운 결과를 보여주지 못했기 때문이다.

일단 70이레는 '70년의 7번', 즉 '70 곱하기 7'로 보아서 490년이다. 그러면 왜 '70년'과 '7'이라는 숫자가 나오는가? 바벨론의 포로 기간은 70년인데, 앞에서 언급했듯이, 이는 이스라엘 백성이 7년으로 대변되는 안식년을 범한 결과였다. 그래서 하나님은 유다 백성이 70년 동안 포로로 있게 하셨고, 그동안 이스라엘 땅이 안식을 취하게 하셨다. 하지만 그들이 70년간 포로 생활을 마치고 본국으로 돌아온다고 해서 문제가 해결되고 언약이 회복되는 것은 아니다. 필시 언약의 회복은 메시아가 오심으로 가능한데, 이것은 구약성경 전체가 일관되게 주장하는 것이다. 70이레는 이스라엘이 바벨론에서 포로로 잡혀 있던 70년의 일곱 배에 해당하는 긴 기간이다. 이스라엘은 70년을 7번이나 지난 시기가 되어서야 메시아의 오심을 경험하며 언약의 회복을 누릴 수 있을 것이다. 그리고 메시아의 오심은 진정한 안식을 가능하게 한다. 이렇게 성경 전체가 계시하는 구속사적 전제와 틀을 가지고 이 부분을 다루는 것이 유의미하다.

앞으로 논하겠지만, 70이레는 다니엘 시대 이후부터 메시아가 오실 때(초림)까지를 가리킨다. 천사는 70이레가 차면 일어나는 일을 "허물이 그치며 죄가 끝나며 죄악이 용서되며 영원한 의가 드러나며 환상과 예언이 응하며 또 지극히 거룩한 이가 기름 부음을 받으리라"라고 여섯 가지로 말한다. 이러한 여섯 가지는 크게 두 부분으로 나뉜다. 앞의 세 가지는 소극적인 것인데, '허물이 그침', '죄가 끝남', '죄악이 용서됨'이고, 뒤의 세 가지는 적극적인 것인데, '영원한 의가 드러남', '환상과 예언이 응함', '지

258 · 언약의 관점에서 본 다니엘서

극히 거룩한 이가 기름 부음을 받음' 이다. 그리고 "지극히 거룩한 이가 기름 부음을 받으리라"는 말은 메시아를 가리킨다(참고 _ 사 61:1).

요약하자면, 앞의 소극적인 세 가지는 하나님에게서 죄를 용서받는 것이며, 뒤의 적극적인 세 가지는 하나님의 의로운 목적이 성취되는 것이다. 여기에 기록된 모든 일은 누가 성취할 수 있으며, 언제 일어날 수 있는가? 이 모든 일은 오직 하나님이 하실 수 있다. 다니엘서 전반에 걸쳐서 드러나지만, 세상 나라는 일시적이며 죄악으로 가득 차 있으나, 하나님의 나라는 영원하고 의로 가득 차 있다. 그리고 하나님은 메시아를 보내셔서 구속의 일을 하게 하심으로 우리의 허물을 사하시고 하나님의 의를 획득할 수 있게 하신다. 더욱이 환상과 예언이 응한다는 말은 구약의 계시가 완전히 성취된다는 뜻인데, 이는 메시아의 오심으로 가능해진다.

가브리엘은 "예루살렘을 중건하라는 영이 날 때부터 기름 부음을 받은 자 곧 왕이 일어나기까지 일곱 이레와 예순두 이레가 지날 것이요"라고 말한다. "예루살렘을 중건하라는 영이 날 때부터"라는 표현은 70이레의 시작점이 언제인지를 보여준다. 상당수의 학자는 이때를 아닥사스다가 느헤미야에게 예루살렘 성을 중건하라고 명령한 주전 445년으로 본다(참고 _ 느 2:7-9). 하지만 주전 538년에 이스라엘 백성에 대한 귀환 명령이 내려졌고, 주전 536년에 1차 귀환이 이루어졌는데, 그로부터 100년이나 지난 시점에 단지 느헤미야에게 예루살렘을 중건하라는 명령이 내려졌다는 문구에 근거하여 주전 445년을 70이레의 시작점으로 보는 것은 어색하다.

이에 어떤 학자들은 "예루살렘을 중건하라는 영이 날 때"를 고레스가 칙령을 내려 유대인들의 귀환을 선포한 주전 538년이라고 주장한다. 주전 445년에 아닥사스다가 느헤미야에게 예루살렘을 중건하라는 명령을 내리기 이전에 예루살렘을 중건하라는 명령이 있었던 것으로 보인다. 이는 주전 515년에 예루살렘 성전이 재건되고 봉헌되었는데, 그와 더불어 도시를 재건했다고 보는 것이 합리적이기 때문이다. 주전 445년보다 70년 전에 살았던 학개는 백성들이 벽이 있는 집에 살고 있었던 사실을 말한다(참고_학 1:4). 그리고 이사야 44:28에는 고레스가 예루살렘을 중건할 것이라고 언급된 부분이 있고, 이사야 45:13에는 고레스가 하나님의 성읍을 건축할 것이라는 내용이 있다. 더욱이 다니엘서에서 "고레스 왕 원년"은 매우 중요하다. 1:21에 "다니엘은 고레스 왕 원년까지 있으니라"는 문구가 있다. 다니엘은 하나님이 유대인들의 해방이 선포되게 하신 그 해를 중요하게 여겨서 책의 앞부분에 자신이 고레스 왕 원년에 살아 있었다는 문구를 기록했다. 따라서 70이레의 시작점을 주전 538년으로 보는 것이 합당하다.

25절의 "기름 부음을 받은 자 곧 왕이 일어나기까지"라는 말은 24절의 "지극히 거룩한 이가 기름 부음을 받으리라"는 말과 연결된다. 이것은 모두 주전 6-4년경에 예수 그리스도가 오시는 것(초림)을 의미한다. 앞에서 말했듯이, 어떤 학자들은 24절의 거룩한 이가 기름 부음을 받을 것이라는 말과 25절과 26절의 기름 부음 받은 자를 다른 인물로 설정하고, 어떤 학자들은 이들을 왕이나 대제사장으로 이해하지만, 문맥상 이들은 동일 인물이며, 이사야 61:1의 "주 여호와의 영이 내게 내리셨으니 이는 여호와께서 내게 기름을 부으사 ..."를 참고할 때 그리스도가 분명하다. 그런데 어떤 학자들은 이 표현이 주후 25-30년 사이에 예수 그리스도가 세례 요한에게서 세례를 받고 메시아이신 것을 드러내신 일을 가리킨다고 주장하는데, 그런 주장을 완전히 무시할 수는 없으나, 어쨌든 여기서 말하고자 하는 요점은 그리스도의 오심이다.

천사는 "예루살렘을 중건하라는 영이 날 때부터 기름 부음을 받은 자 곧 왕이 일어나기까지 일곱 이레와 예순두 이레가 지날 것이요"라고 말한다. 이것은 주전 538년부터 주전 6-4년(그리스도의 탄생) 혹은 주후 25-30년(그리스도의 세례)까지가 "일곱 이레"(seven sevens, 49년)와 "예순두 이레"(sixty-two sevens, 434년)의 두 단계로 되어 있다는 뜻이다. 여기서 7이레와 62이레는 엄밀한 기간을 의미하기보다 70년과 70이레라는 숫자와 마찬가지로 상징성을 담고 있다. 즉 7이레는 비교적 짧은 기간이고, 62이레는 상대적으로 긴 기간이다. 먼저, 7이레는 첫 번째 단계인데, 이때는 고레스가 칙령을 내린 주전 538년부터 아닥사스다가 에스라에게(주전 458년) 혹은 느헤미야에게(주전 445년) 성전을 중건하라고 명령을 내린 때까지이다. 다음으로, 62이레는 두 번째 단계인데, 이때는 이스라엘 백성이 본국으로 귀환하여 성전과 성벽을 재건하던 때부터 그리스도가 태어나신 때 혹은 세례를 받으신 때까지이다.

"그 곤란한 동안에 성이 중건되어 광장과 거리가 세워질 것이며"라는 말은 유대인들이 바벨론에서 귀환한 후부터 메시아가 오시기까지 500년 가까운 기간에 어려움을 많이 겪을 것을 반영한다. 여기서 "그 곤란한 동안에"라는 말은 현실화되었는데, 역사적으로 이스라엘 백성들이 바벨론에서 이스라엘 땅으로 돌아왔을 때, 곧 느헤미야 시대에 팔레스타인에 어려운 일이 많이 일어났다. 이스라엘 백성들은 성전과 성소를 재건하는 과정에서 분열되었고, 외세로부터도 압박과 위협을 받았다. 더욱이 페르시아 이후에 그리스가 발흥하여 팔레스타인이 헬라화 되었으며, 이후에는 로마가 제국을 일으킴으로 이스라엘이 로마의 식민 지배를 받았다.

26절에는 "예순두 이레 후에 기름 부음을 받은 자가 끊어져 없어질 것이며"라는 언급이 있다. 이것은 예수 그리스도가 죽임을 당하시는 것을 의미한다. "장차 한 왕의 백성이 와서 그 성읍과 성소를 무너뜨리려니와"라는 말에서 "한 왕의 백성"은 로마의 왕 수하에 있는 백성을 가리키며, "그 성읍과 성소를 무너뜨리려니와"라는 말은 예루살렘과 성전이 파괴되는 것을 의미한다. 이것은 주후 70년에 로마 장군 티투스 베스파시아누스 (Titus Vespasianus)가 예루살렘을 침략하고 성전을 파괴한 사건으로 성취되었다. "그의 마지막은 홍수에 휩쓸림 같을 것이며"라는 문구에서 "그의"에 해당하는 히브리어 '웨킷초'는 '그리고 그것의 마지막'이다. 따라서 이것은 "한 왕의 백성"의 마지막이 아니라 '예루살렘의 마지막'이다. 그리고 "또 끝까지 전쟁이 있으리니 황폐할 것이 작정되었느니라"는 말은 이스라엘이 주후 135년에 완전히 멸망할 때까지 전쟁을 많이 겪었으나 결국 로마에 의해 황폐화되었다는 사실을 반영한다. 여기서 "작정되었느니라"는 말은 이스라엘의 패망이 하나님에 의해서 작정된 것임을 보여준다.

27절의 "그가 장차 많은 사람들과 더불어 한 이레 동안의 언약을 굳게 맺고"라는 문구는 다양한 해석을 낳았다. 먼저, 역사주의자들은 이것을 안티오커스 4세 에피파네스가 예루살렘의 헬라화된 유대인들과 언약을 맺는 것이라고 주장한다. 하지만 이는 문맥의 지지를 받지 못한다. 그래서 보수적인 학자들은 이것을 그리스도께서 하시는 일로 이해하여 그리스도가 백성들과 언약을 맺는 것이라고 주장하고, 이어지는 "제사와 예물을 금지할 것이며"라는 표현을 구약에 기록된 제사와 의식이 그리스도의 죽음과 부활로 끝났으며 더욱이 성전이 파괴되어서 눈에 보이는 성전이 없기에 제사를 지낼 필요가 없어진 것이라고 주장한다. 하지만 여기서 인칭대명사 "그"는 그리스도가 아니라 26절의 "한 왕의 백성", 곧 티투스이다. 그리고 그리스도께서 제사와 예물을 금지하는 기간은 "그 이레의 절반"(3년반)에 국한되지 않는다. 그리스도는 구속 사역으로 구약의 제사를 '영원히' 성취하셨다.

반면에 미래주의자들은 69이레와 마지막 1이레 사이에 큰 시간 간격이 있다고 주장한다. 그들은 26절의 "한 왕의 백성"을 세상의 마지막에 등장하여 활동할 적그리스도로 해석한다. 그리고 27절의 "그"를 적그리스도로 보면서, "그가 장차 많은 사람들과 더불어 한 이레 동안의 언약을 굳게 맺고"라는 문장을 적그리스도가 이스라엘 땅에 사는 유대인들과 언약을 맺는 것이라고 본다. 하지만 그들은 적그리스도가 "이레의 절반", 곧 3년 반이 지나면 언약을 파기하고 제사와 예물을 금지하고 성전을 모독할 것이라고 해석한다. 그들은 "한 이레 동안"을 예수 그리스도가 재림하시기 직전의 문자적 7년이라고 주장하면서 언약을 굳게 맺는다는 말을 적그리스도가 소위 '7년 대 환난' 기간에 많은 사람을 미혹하거나 위협하는 것이라고 말한다. 하지만 69이레와 마지막 1이레의 시간 간격을 그렇게 많이(최소한 2,000년) 둘 만한 근거가 없다. 더욱이 성경은 세상의 마지막 시점에 7년간 특별한 환난이 있을 것이라고 말하지도 않는다.

그러므로 문맥을 고려한 일관성 있는 해석이 필요하다. 문맥상 27절의 인칭대명사 "그"는 26절의 "한 왕의 백성"이며 그는 티투스 장군이 분명하다. 따라서 이것은 티투스가 횡포를 부리는 것을 묘사한 것이다. 그는 "한 이레" 동안 "언약"을 굳게 맺는데, 여기서 "한 이레"는 문자적인 7년이 아니라 70이레와 마찬가지로 상징적인 기간이다. 그리고 "언약을 굳게 맺고"라는 표현은 티투스가 자신에게 동조하는 세력들과 정치적 협약을 맺는 것이라고 볼 수 있다. 이제 그가 하는 일이 구체적으로 서술된다. "그가 그 이레의 절반에 제사와 예물을 금지할 것이며"라는 말은 처음에 잘해주는 것 같다가 나중에 배신하는 것을 의미한다. 특히 여기서 "그 이레의 절반"은 '3년 6개월'로서 7장의 "한 때와 두 때와 반 때"와 8장의 "1,150일"과 같은 기간으로 복음 대적과 성도 박해의 기간을 상징한다.

"포악하여 가증한 것이 날개를 의지하여 설 것이며"라는 말은 성전 지성소의 그룹들의 날개 위에 서는 것으로 성전을 모독하는 행위이다. 따라서 티투스가 하는 일은 7장의 로마에서 비롯된 작은 뿔과 8장의 안티오커스 4세 에피파네스가 상징하는 작은 뿔, 곧 적그리스도가 하는 일과 같다. 그리고 이것은 티투스가 적그리스도를 상징한다는 사실을 보여준다. "이미 정한 종말까지 진노가 황폐하게 하는 자에게 쏟아지리라 하였느니라"는 말은 하나님의 성전을 모독한 자에게 하나님의 심판이 있을 것이라는 뜻이다. 그런데 이것은 보편적인 원리를 제시한 것이다. 적그리스도의 횡포는 주후 1세기에만 있었던 것이 아니라 세상의 역사가 진행되는 동안 끊이지 않고 있다. 그러나 하나님이 정하신 심판의 때가 이르면 성소를 황폐하게 하고 성도를 박해한 자에게 하나님의 진노가 쏟아질 것이다.

이제 24-27절을 정리해 보자. 70이레는 유대인이 바벨론에서 귀환한 때부터 예수 그리스도가 세상에 오셨을 때(69이레)까지, 또한 예수님이 십자가에서 죽으시고 부활하시고 승천하신 후 로마인들이 주후 70년에 예루살렘을 파괴한 때(1이레)까지이다. 그러므로 70이레의 마지막 지점은 안티오커스 4세 에피파네스의 때가 아니며, 예수 그리스도가 재림하시는 때도 아니다. 중요한 것은 예수 그리스도의 오심과 그로 인해 발생하는 결과인데, 본문은 이를 여섯 가지로 제시한다. 그것은 '허물이 그침', '죄가 끝남', '죄악이 용서됨', '영원한 의가 드러남', '환상과 예언이 응함', 그리고 '지극히 거룩한 이가 기름 부음을 받음'이다. 이것은 철저히 그리스도적이다. 그리스도의 오심이 온전한 회복을 가능하게 한다. 그리스도 없이는 어떠한 성취도 없다.

이 장에서 가브리엘은 적그리스도의 활동과 그의 최후를 묘사한다. 적그리스도는 끊임없이 하나님의 나라가 이루어지는 것을 방해하려고 한다.

그는 유다 백성이 하나님과의 언약을 깨뜨려서 바벨론에 포로로 잡혀가게 했으며, 바벨론에서 유다 백성의 지도자였던 다니엘이 기도하지 못하게 했고, 유다 백성이 다시 귀환했어도 분열하게 하며, 외세의 침입과 간섭을 받게 해서 어려움에 빠지게 한다. 더욱이 그는 그리스도의 오심을 막으려고 헬라와 로마를 총동원하지만, 그리스도는 끝내 오신다. 그는 그리스도를 죽음에 이르게 하고, 성전을 모독하며, 신자들을 박해했으나, 하나님은 종말의 때에 그에게 진노가 쏟아지게 하셔서 그를 파멸시키신다.

| 본문이 우리에게 주는 교훈 |

1 _ 이 단락에서 우리는 다니엘이 기도하는 모습을 본다. 다니엘은 당시에 페르시아의 총리로서 왕의 신임을 한 몸에 받고 있었기에 왕에게 부탁하여 유다 백성이 귀환하게 할 수도 있었다. 하지만 그는 하나님께 기도하면서 하나님의 역사를 기다렸다. 이것이 믿음이다. 우리는 기도를 가장 중요하게 여겨야 한다. 우리 앞에 놓인 문제를 해결할 때 기도가 최우선이다. 기도를 행동보다 앞서지 않게 해야 한다. "오직 나는 여호와를 우러러보며 나를 구원하시는 하나님을 바라보나니 나의 하나님이 나에게 귀를 기울이시리로다"(미 7:7). 기도란 무엇인가? 기도는 하나님의 뜻이 이루어지는 방편이다. 즉 하나님이 계획을 세우신 것은 우리의 기도를 통하여 이루어진다. 따라서 우리는 하나님의 뜻에 맞게 기도해야 한다. "그를 향하여 우리가 가진 바 담대함이 이것이니 그의 뜻대로 무엇을 구하면 들으심이라 우리가 무엇이든지 구하는 바를 들으시는 줄을 안즉 우리가 그에게 구한 그것을 얻은 줄을 또한 아느니라"(요일 5:14-15).

2 _ 다니엘의 기도에서 가장 많은 비중을 차지한 것은 회개이다. 다니엘

은 하나님 앞에서 자신의 죄와 유다 백성의 죄를 회개했다. 그는 이스라엘이 망하고 백성들이 바벨론에 포로로 잡혀간 이유가 말씀에 순종하지 않았기 때문이라는 사실을 깨달았다. 이후에 느헤미야 역시 동일한 생각으로 회개했다. "이제 종이 주의 종들인 이스라엘 자손을 위하여 주야로 기도하오며 우리 이스라엘 자손이 주께 범죄한 죄들을 자복하오니 주는 귀를 기울이시며 눈을 여시사 종의 기도를 들으시옵소서 나와 내 아버지의 집이 범죄하여"(느 1:6). 오늘날 우리에게 일어나는 어려움의 원인은 무엇인가? 여러 원인이 있겠지만, 그 가운데 하나는 우리의 죄악이다. 하나님은 우리가 범죄하는 것을 묵과하지 않으신다. 하나님은 참으시다가 때가 되면 진노하신다. 그리고 하나님이 진노하시면 무서운 일이 벌어진다. 무엇보다도 죄를 지으면 하나님과의 교제가 막히는 괴로움을 당한다. "그 때에 그들이 여호와께 부르짖을지라도 응답하지 아니하시고 그들의 행위가 악했던 만큼 그들 앞에 얼굴을 가리시리라"(미 3:4). 그러므로 우리는 평소에 우리의 죄와 가정의 허물과 민족의 잘못을 철저하게 회개해야 한다.

3 _ 이 단락에서 우리는 다니엘이 나라와 민족을 사랑하는 사람이었음을 보게 된다. 다니엘은 머나먼 이국땅에 포로로 잡혀 왔으나 자기 나라와 민족의 앞날을 염려했고 하나님께 그들을 보호해 달라고 기도했다. 참으로 이스라엘을 향한 그의 사랑은 구구절절하다. 이러한 모습은 구약의 왕들과 선지자들에게도 많이 나타난다. 그들은 이스라엘을 위하여 기도하며 말씀을 전하고 온몸을 바쳐서 봉사했다. 특히 솔로몬 이후에 선지자들은 북 왕국 이스라엘과 남 왕국 유다에게 부지런히 말씀을 전했지만 그들이 말씀에 순종하지 않음으로 패망하는 것을 바라보며 안타까워했다. 우리도 다니엘과 선지자들처럼 나라와 민족을 사랑해야 한다. 우리는 나라와 민족을 위하여 기도해야 하며, 우리가 할 수 있는 일이 무엇인지를 찾아서 실천해야 한다.

4 _ 이 단락은 그리스도가 오심으로 모든 문제가 해결된다는 사실이 드러나 있다. 하나님은 이스라엘과 언약을 맺으러 하늘에서 땅으로 친히 내려오셨으며, 이스라엘과 맺으신 언약을 지키셨고, 심지어 이스라엘이 언약을 저버렸을 때도 그것을 회복시키려 하셨다. 그리고 그러한 하나님의 노력은 그리스도를 통하여 성취되었다. 24절의 "허물이 그치며 죄가 끝나며 죄악이 용서되며 영원한 의가 드러나며 환상과 예언이 응하며 또 지극히 거룩한 이가 기름 부음을 받으리라"는 말은 그리스도가 오셔서 하시는 일을 알려준다. 이것은 그리스도를 통해 이루어지는 안식의 결과이다. 그리스도는 우리에게 안식을 주시는 분이다. "수고하고 무거운 짐 진 자들아 다 내게로 오라 내가 너희를 쉬게 하리라"(마 11:28). 그리스도는 하나님과 사람 사이에 깨어진 관계를 회복시키실 수 있는 유일한 분이시다. 하나님과 우리 사이에 존재하는 큰 간격으로 인하여 온갖 문제가 발생한다. 그러므로 그리스도를 통하여 하나님께 나아가서 영원한 안식에 참여하는 것을 사모해야 한다.

다니엘 _ 10장

내가 네 말로 말미암아 왔느니라

다니엘 7-12장에는 네 개의 환상이 기록되어 있는데, 10-12장에 마지막 환상이 기록되어 있다. 7-12장에 기록되어 있는 네 개의 환상은 다니엘이 바벨론의 벨사살 왕 원년(주전 553년)부터 페르시아의 고레스 왕 3년(주전 536년) 사이에 받은 것이다. 7-12장에 기록된 환상의 시기는 흥미롭게도 각각 바벨론 왕과 페르시아 왕의 원년과 3년에 주어졌다. 7장의 환상은 바벨론의 벨사살 왕 원년에 주어진 것이고, 8장의 환상은 바벨론의 벨사살 왕 3년에 받은 것이며, 9장의 환상은 페르시아의 다리오(고레스) 왕 원년에 주어진 것이고, 10-12장의 환상은 페르시아의 고레스 왕 3년에 받은 것이다.

7-12장에 있는 환상의 내용을 간략히 살펴보자. 7장은 네 짐승의 환상을 다루는데, 이는 바벨론, 페르시아, 헬라, 로마를 가리킨다. 이 환상은 바벨론과 그 이후에 전개될 세계사의 내용을 포괄적으로 알려준다. 8장의 환상은 숫양과 숫염소에 관한 것인데, 이들은 각각 페르시아와 헬라를 가리킨다. 특히 하나님은 이 환상을 통하여 유다 민족에게 큰 어려움을 가져다줄 안티오커스 4세 에피파네스의 활동을 말씀하신다. 9장은 다니엘의 기도와

이에 따른 하나님의 응답으로서 70이레 계시를 소개한다. 이를 통해 유다 민족의 귀환에 관한 정보가 드러나며, 이후에 메시아가 오심으로 큰 복이 주어질 것이 알려지지만, 주후 70년에 예루살렘이 멸망할 것이라는 사실이 예고된다. 마지막으로 10-12장은 다니엘이 힛데겔 강가에서 21일간 금식 기도를 한 후에 받은 환상을 통한 계시이다. 여기서 하나님은 장차 이스라엘을 가운데 두고 헬라와 로마가 각축을 벌일 것을 말씀하신다. 10장은 11-12장의 '프롤로그'(prologue)이다.

| 성경본문 |

10:1 바사 왕 고레스 제삼년에 한 일이 벨드사살이라 이름한 다니엘에게 나타났는데 그 일이 참되니 곧 큰 전쟁에 관한 것이라 다니엘이 그 일을 분명히 알았고 그 환상을 깨달으니라

10:2 그 때에 나 다니엘이 세 이레 동안을 슬퍼하며

10:3 세 이레가 차기까지 좋은 떡을 먹지 아니하며 고기와 포도주를 입에 대지 아니하며 또 기름을 바르지 아니하니라

10:4 첫째 달 이십사일에 내가 힛데겔이라 하는 큰 강 가에 있었는데

10:5 그 때에 내가 눈을 들어 바라본즉 한 사람이 세마포 옷을 입었고 허리에는 우바스 순금 띠를 띠었더라

10:6 또 그의 몸은 황옥 같고 그의 얼굴은 번갯빛 같고 그의 눈은 횃불 같고 그의 팔과 발은 빛난 놋과 같고 그의 말소리는 무리의 소리와 같더라

10:7 이 환상을 나 다니엘이 홀로 보았고 나와 함께 한 사람들은 이 환상은 보지 못하였어도 그들이 크게 떨며 도망하여 숨었느니라

10:8 그러므로 나만 홀로 있어서 이 큰 환상을 볼 때에 내 몸에 힘이 빠졌고 나의 아름다운 빛이 변하여 썩은 듯하였고 나의 힘이 다 없어졌으나

10:9 내가 그의 음성을 들었는데 그의 음성을 들을 때에 내가 얼굴을 땅에 대고 깊이 잠들었느니라

10:10 한 손이 있어 나를 어루만지기로 내가 떨었더니 그가 내 무릎과 손바

닿이 땅에 닿게 일으키고

10:11 내게 이르되 큰 은총을 받은 사람 다니엘아 내가 네게 이르는 말을 깨닫고 일어서라 내가 네게 보내심을 받았느니라 하더라 그가 내게 이 말을 한 후에 내가 떨며 일어서니

10:12 그가 내게 이르되 다니엘아 두려워하지 말라 네가 깨달으려 하여 네 하나님 앞에 스스로 겸비하게 하기로 결심하던 첫날부터 네 말이 응답 받았으므로 내가 네 말로 말미암아 왔느니라

10:13 그런데 바사 왕국의 군주가 이십일 일 동안 나를 막았으므로 내가 거기 바사 왕국의 왕들과 함께 머물러 있더니 가장 높은 군주 중 하나인 미가엘이 와서 나를 도와 주므로

10:14 이제 내가 마지막 날에 네 백성이 당할 일을 네게 깨닫게 하러 왔노라 이는 이 환상이 오랜 후의 일임이라 하더라

10:15 그가 이런 말로 내게 이를 때에 내가 곧 얼굴을 땅에 향하고 말문이 막혔더니

10:16 인자와 같은 이가 있어 내 입술을 만진지라 내가 곧 입을 열어 내 앞에 서 있는 자에게 말하여 이르되 내 주여 이 환상으로 말미암아 근심이 내게 더하므로 내가 힘이 없어졌나이다

10:17 내 몸에 힘이 없어졌고 호흡이 남지 아니하였사오니 내 주의 이 종이 어찌 능히 내 주와 더불어 말씀할 수 있으리이까 하니

10:18 또 사람의 모양 같은 것 하나가 나를 만지며 나를 강건하게 하여

10:19 이르되 큰 은총을 받은 사람이여 두려워하지 말라 평안하라 강건하라 강건하라 그가 이같이 내게 말하매 내가 곧 힘이 나서 이르되 내 주께서 나를 강건하게 하셨사오니 말씀하옵소서

10:20 그가 이르되 내가 어찌하여 네게 왔는지 네가 아느냐 이제 내가 돌아가서 바사 군주와 싸우려니와 내가 나간 후에는 헬라의 군주가 이를 것이라

10:21 오직 내가 먼저 진리의 글에 기록된 것으로 네게 보이리라 나를 도와서 그들을 대항할 자는 너희의 군주 미가엘뿐이니라

| 본문해설 |

다니엘이 세 이레 동안 기도함 (1-3절)

> 10:1 바사 왕 고레스 제삼년에 한 일이 벨드사살이라 이름한 다니엘에게 나타났는데 그 일이 참되니 곧 큰 전쟁에 관한 것이라 다니엘이 그 일을 분명히 알았고 그 환상을 깨달으니라
> 10:2 그 때에 나 다니엘이 세 이레 동안을 슬퍼하며
> 10:3 세 이레가 차기까지 좋은 떡을 먹지 아니하며 고기와 포도주를 입에 대지 아니하며 또 기름을 바르지 아니하니라

1절은 10-12장의 내용 전체를 요약한 것으로 마치 '서론'(introduction)과 같다. 따라서 1절 이후에 2절 이하가 이어지는 것이 아니다. 즉 1절은 시간적으로 앞에 있는 것이 아니다. 이 구절에서 다니엘은 환상을 본 시기("바사 왕 고레스 제삼 년에")와 자신이 직접 환상을 보았다는 사실("벨드사살이라 이름한 다니엘에게 나타났는데")과 환상의 확실성("그 일이 참되니")과 환상의 내용("큰 전쟁에 관한 것이라")을 언급한다. 그리고 그는 "다니엘이 그 일을 분명히 알았고 그 환상을 깨달으니라" 라고 말함으로 환상의 신뢰성을 강하게 드러낸다.

"바사 왕 고레스 제삼 년에" 란 표현은 이 환상을 경험한 시기에 대한 언급이다. 이처럼 다니엘서의 각 장은 주로 시기에 대한 언급으로 시작된다(참고 _ 1:1; 2:1; 7:1; 8:1; 9:1). 고레스는 이사야 44:28과 45:1-4, 그리고 역대하 36:22-23; 에스라 1:1-4 등에 나온다. 그는 힘을 기르고 세력을 확장하는 가운데 주전 539년에 당시 가장 강력했던 나라인 바벨론을 정복했다. 그리고 그는 주전 538년에 유대인들에게 본국으로 귀환하라는 칙령을 내렸다.

고레스 왕 3년은 주전 536년이다. 9장의 환상(70이레에 관한 계시)이 고레스 원년인 주전 539년에 있었기에, 지금은 9장의 환상이 있은 지 3년이 지났다. 이때 다니엘은 80대 중반(85세 정도)의 고령이다.

그런데 1:21에 "다니엘은 고레스 왕 원년까지 있으니라"는 언급이 있다. 얼핏 보면 다니엘이 고레스 왕 원년까지 있었다는 말과 이 구절에서 그가 고레스 왕 3년에 이 환상을 보았다는 말은 모순되는 것 같다. 하지만 1:21은 다니엘이 고레스 왕 원년에 직급을 받아서 일하고 있었기에 유다 백성이 귀환하는 일에 일조했음을 암시하는 것이고, 여기서 그가 고레스 왕 3년에 환상을 보았다는 말은 그가 여전히 은퇴했든지 그렇지 않든지 간에 어떤 식으로든 활동하고 있다는 뜻이다(참고 _ 1:21의 해설). 따라서 1:21과 이 구절의 언급은 모순되지 않는다.

"한 일이 벨드사살이라 이름한 다니엘에게 나타났는데"라는 말은 다니엘에게 하나님의 계시가 임했다는 뜻이다. 하나님은 앞으로 일어날 일을 다니엘에게 보여주셨다. 다니엘은 "벨드사살이라 이름한 다니엘에게"라고 해서 자신의 바벨론식 이름을 덧붙이는데, 이것은 자신이 70년 전에 바벨론에 포로로 잡혀 온 바로 그 다니엘이라는 사실을 강조하기 위해서이다(참고 _ 4:8, 9, 18, 19; 5:12). "그 일이 참되니"라는 말은 반드시 일어날 일이라는 뜻이다. "큰 전쟁에 관한 것이라"는 표현은 하나님의 백성을 박해하는 전쟁이 일어날 것이라는 뜻으로, 11장 이하에 그 내용이 나온다.

"다니엘이 그 일을 분명히 알았고 그 환상을 깨달으니라"는 말은 7-9장에 기록된 경우와 차이를 보인다. 앞에서는 다니엘이 환상을 본 후에 의미를 몰랐지만 천사가 가르쳐주어서 알았는데, 여기서는 천사가 가르쳐 주기 전에 그 일을 알았고 환상을 깨달았다는 말은 어울리지 않는다. 그러나 앞에서 언급했듯이, 1절은 10-12장 전체를 요약한 것이다. 따라서 이것은 다니엘이 환상의 의미를 스스로 깨달았다는 뜻이 아니다. 오히려 이는 다니엘이 환상으로 본 것을 후에 천사가 설명해 주는데, 그의 설명을 듣고서야 그 의미를 분명히 깨달았다는 뜻이다.

당시에 유대 땅에서 일어난 일을 정리해 보자. 주전 538년에 고레스가 유대인 귀환 칙령을 내리자 유대인 무리 일부가 세스바살의 지휘 아래 예루살렘으로 돌아갔다(참고 _ 스 1:1-4, 11). 그리고 이스라엘 자손은 자신들의 땅에 도착하자마자 하나님께 번제를 드리려고 제단을 만들었다(참고 _ 스 3:1-3). 또한 그들은 성전을 중건하기 위한 공사를 시작했다(참고 _ 스 3:8-13). 그러나 성전 건축 소식을 듣고 사마리아 사람들이 와서 방해하는 바람에 건축이 중단되었다(참고 _ 스 4:1-24). 이로 인하여 이스라엘 땅에서는 극심한 혼란과 갈등이 생겼다.

이때 다니엘은 고향으로 돌아가지 않고 페르시아에 남아 있었다. 그는 아직 이곳에서 해야 할 일이 있다고 생각했다. 당시 고레스의 칙령으로 이스라엘 땅으로 돌아간 인원은 노비와 노래하는 남녀를 합쳐서 총 49,897명이었다(참고 _ 스 2:64-65 "온 회중의 합계가 사만 이천삼백육십 명이요 그 외에 남종과 여종이 칠천삼백삼십칠 명이요 노래하는 남녀가 이백 명이요"). 하지만 유대인들이 바벨론에 포로로 잡혀 와서 지낸 기간이 70년이기에 본토로 돌아간 인원은 매우 적은 셈이었다. 이에 다니엘은 더 많은 유대인이 고국으로 돌아갈 수 있도록 노력했으며, 또한 그가 페르시아에 있으면서 유대 땅을 위하여 무엇인가를 할 수 있을 것으로 생각하여 그곳에 남아 있었다. 더욱이 그는 고령이어서 고향으로 가는 것이 의미가 없다고 생각한 것 같다. 오히려 이곳에 머물면서 유대를 위해 일하는 것이 좋다고 여긴 것으로 보인다.

2-3절은 다니엘이 "세 이레" 동안 슬퍼하며 기도한 사실에 관한 언급이다. 앞에서 말했듯이, 이것은 1절 이후에 일어난 일이 아니다. 1절은 10-12장 전체를 요약한 진술이다. "그 때에 나 다니엘이 세 이레 동안을 슬퍼하며"라는 문구에서 "이레"는 9:24-27에 있는 '이레'의 용법과 달리 일반적인 의미의 '주간'(7일)을 가리킨다. 즉 9:24-27의 "일흔 이레"는 '70년의 7번'이라는 뜻으로 490년을 의미했지만, 여기서 "세 이레"는 3주간으로 21일을 뜻한다. 이는 13절에서 천상의 존재가 다니엘에게 오려고 할 때 바사 왕국의 군주가 "이십일 일 동안" 그를 막았다는 언급을 통해서도 잘 드러난다.

이때 다니엘은 슬퍼했다. 여기서 "슬퍼하며"는 분사형태로 되어 있어서 계속해서 슬퍼한다는 사실과 더불어 크게 슬퍼한다는 사실을 보여준다. 따라서 이 단어 하나에 다니엘의 감정이 잘 표현되어 있다. 그렇다면 다니엘은 무엇 때문에 슬퍼했는가? 이는 고국으로 돌아간 자기 민족에게 일어난 일 때문이다. 유다 백성들이 포로에서 해방되어 본토에 돌아갔지만, 포로로 잡혀 오지 않고 본토에 살고 있던 자들과 갈등이 생겼다. 게다가 앞에서 말했듯이, 당시 유다 땅에서 성전 중건 사업이 사마리아 사람들의 반대로 중단되었는데, 성전을 중건하는 일은 유대인들에게 가장 중요한 일이었기 때문이다. 성전은 하나님이 그들의 중심에 계시며 그들이 하나님을 섬기는 백성이라는 표시를 드러내는 일이었다. 그래서 성전을 세우는 일이 먼저 시행되어야 다른 모든 것이 따라오는데, 이 일이 중단되니 답답하고 슬펐던 것이다(참고_ 스 4장).

다니엘은 세 이레가 차기까지 좋은 떡을 먹지 아니하며 고기와 포도주를 입에 대지 아니하며 또 기름을 바르지 않았다(3절). 그는 1:8-16에서 뜻을 정하여 왕의 음식과 포도주를 먹지 않았는데, 이는 교육을 받는 특별한 기간(3년간)에 그런 음식을 먹지 않았다는 뜻이다. 이후에 그는 고기를 먹고 포도주를 마셨다. 하지만 그는 유대의 음식 규례에 따라서 먹었으며, 율법에 포도주는 금지되어 있지 않기에 마셨다. 따라서 3절은 다니엘이 건강을 해치지 않는 범위 안에서 최소한의 음식을 먹고 물을 마셨다는 뜻이다. 하지만 그는 80대 중반의 노령이기에 이것을 쉽게 할 수 없었을 것이다. "기름"이란 건조한 사막에서 피부를 보호하고 머리카락에 윤기가 나게 하는 것인데, 그것을 바르지 않았다는 것은 일절 외모를 다듬지 않았다는 뜻이다.

당시 유대인들에게 금식은 특이한 일이 아니었다. 원래 유대 전통에서는 40일 동안 금식하는 경우도 있었다(참고 _ 출 34:28, 왕상 19:8). 하지만 다니엘은 절박한 상황에서 애통해 하는 마음을 가지고 몸에 좋은 모든 것을 끊고 기도한다. 다니엘은 금식하며 기도함으로 이스라엘 백성들이 성전을 중건하고 성벽을 세우게 해 달라고 간구한다. 이는 다니엘이 원래 기도하는 사람이었으며, 어려운 일 앞에서 더욱 집중하여 기도한 적이 있기에 가능했다(참고 _ 6장, 9장). 다니엘은 하나님의 뜻이 이루어지는 과정에 신자의 기도가 필요하다는 사실을 알았기에 기도를 실천한다. 실로 하나님은 우리의 기도를 들으시고 그분의 뜻을 펼치시기를 기뻐하신다.

다니엘이 환상을 통해 그리스도를 봄 (4-9절)

10:4 첫째 달 이십사일에 내가 힛데겔이라 하는 큰 강 가에 있었는데
10:5 그 때에 내가 눈을 들어 바라본즉 한 사람이 세마포 옷을 입었고 허리에는 우바스 순금 띠를 띠었더라
10:6 또 그의 몸은 황옥 같고 그의 얼굴은 번갯빛 같고 그의 눈은 횃불 같고 그의 팔과 발은 빛난 놋과 같고 그의 말소리는 무리의 소리와 같더라

10:7 이 환상을 나 다니엘이 홀로 보았고 나와 함께 한 사람들은 이 환상은
보지 못하였어도 그들이 크게 떨며 도망하여 숨었느니라
10:8 그러므로 나만 홀로 있어서 이 큰 환상을 볼 때에 내 몸에 힘이 빠졌고
나의 아름다운 빛이 변하여 썩은 듯하였고 나의 힘이 다 없어졌으나
10:9 내가 그의 음성을 들었는데 그의 음성을 들을 때에 내가 얼굴을 땅에
대고 깊이 잠들었느니라

4절에서 다니엘은 환상을 본 시기와 장소를 언급한다. 이러한 언급은
자신이 본 환상이 허구나 허상이 아니라 실제임을 드러낸다. "첫째 달 이
십사 일에"라는 표현은 3주간 금식을 마친 뒤의 날짜이다. "첫째 달"은 정
월로서, 처음에 '아빕 월'이라고 불렀으나(참고 _ 출 13:4) 후대에 '니산 월'
이라고 불렀다(참고 _ 느 2:1). 아빕 월 14일은 유월절이며(참고 _ 출 23:15), 유월
절이 끝난 15-21일은 무교절이기에, 정월 24일은 무교절 이후 3일 쯤 된 날
이다. 유월절과 무교절은 이스라엘이 출애굽한 것을 기념하는 날이다. 따
라서 이 표현은 출바벨론 소망을 내재한다.

다니엘은 "힛데겔"이라 하는 큰 강가에 있었다(NASB: "I was by the bank of
the great river, that is, the Tigris"). 앞의 8:2에서는 다니엘이 수산 성에 있었다는
언급이 있는데, 당시에 그가 실제로 수산 성에 가서 환상을 보았는지 아니
면 환상 속에서 수산 성으로 이동했는지 분명하지가 않다(참고 _ 8:2의 해설).
하지만 여기서 그는 실제로(신체적으로) 힛데겔 강가에 있었다. 힛데겔은 창
세기에서 에덴동산과 함께 언급되는데, 티그리스(Tigris) 강을 가리킨다(참고
_ 창 2:14). 이 강은 바벨론 북쪽을 돌아 걸프 만으로 흘렀다. 지금 다니엘이
왜 이곳에 있는지는 분명하지 않다. 어쨌든 그는 강가에서 하나님께 기도
하고 있었을 것이다.

5-6절에서 다니엘은 놀라운 광경을 본다. "그때에 내가 눈을 들어 바라본즉"에 해당하는 히브리어 '와엣사 에트 에나이'는 눈을 위쪽으로 들어서 보았다는 뜻이다(NASB: "I lifted my eyes and looked"). 이것은 다니엘이 본 인물이 공중에 떠 있었음을 시사한다. 이 문구에 이어서 한글성경 개역개정판에는 번역되어 있지만, 히브리어 원문에는 '웨힌네'라는 단어가 있는데, 이는 '그리고 보라'는 뜻이다(참고. NASB: "and behold"). 이 단어는 자신의 놀라움을 표시하는 동시에 매우 특별한 존재가 등장한 것에 대해서 독자들의 주의를 요청한다.

다니엘은 환상 속에서 "한 사람"을 본다. 그는 "세마포 옷"을 입었는데, 히브리 전통에서 세마포는 제사장이 입는 옷이다(참고 _ 출 28장). 그리고 에스겔의 환상에서는 천상의 존재가 이런 옷을 입고 있다(참고 _ 겔 9:2-3, 11). 그리고 이 사람은 허리에 "우바스 순금 띠"를 띠었다. "우바스"는 '가장 좋은 금'을 가리키거나(참고 _ NIV: "the finest gold"), 아니면 품질 좋은 금이 나는 장소를 가리킨다(참고 _ NASB: "pure gold of Uphaz"; 렘 10:9). 따라서 이 사람이 세마포 옷을 입고 뛰어난 품질의 금으로 만든 띠를 띤 것은 그가 높은 권세와 강한 힘을 가진 고결한 신분의 사람임을 상징한다.

다니엘은 5절에서 환상 속에 나타난 사람의 의복을 표현했는데, 6절에서 그의 외모를 표현한다. "또 그의 몸은 황옥 같고 그의 얼굴은 번갯빛 같고 그의 눈은 횃불 같고 그의 팔과 발은 빛난 놋과 같고 그의 말소리는 무리의 소리와 같더라"는 문구는 그가 일반적인 이 세상의 사람이 아님을 보여준다. 필시 이러한 모습은 세상의 누구도 가지고 있지 않다. 이 사람은 천상의 존재이다(참고 _ 겔 1장). 그런데 그의 모습은 천사를 능가하며 압도하는 권위와 위엄을 지녔다. 더욱이 그의 모습은 요한계시록 1:13-16에 묘사된 그리스도와 유사하다. 따라서 그는 성육신하기 전의 그리스도가 분명하다.

한편, 다니엘 2-10장에는 그리스도가 다양하게 묘사된다. 2장에는 '손 대지 아니한 돌'로 표현되고(2:34-35, 44-45), 7장에는 '인자 같은 이'로 나오 며(7:13-14), 8장에는 '군대의 주재'(8:11)와 '만왕의 왕'(8:25)으로 언급되고, 9장에는 '기름 부음을 받은 자'(9:24-26)로 등장하며, 10장에는 '세마포 옷 을 입은 사람'(10:5-6)으로 묘사된다. 그리고 다니엘서 전반에는 천사들이 빈번히 출현하는데, 그들은 그리스도의 영광을 반영하며, 그리스도의 명 령을 받아서 활동한다. 우리가 지금까지 살펴본 것처럼, 다니엘서는 하나 님의 영원한 나라가 세워질 것이며, 하나님의 나라가 세워지는 길은 오직 메시아를 통해서라는 사실을 중요한 주제로 삼는다.

다니엘은 이 환상을 홀로 보았다고 말한다(7절). 그리스도가 힛데겔 강 가에서 다니엘에게 나타나셨을 때 주위에는 여러 사람이 있었다. 그들은 다니엘을 수행하던 사람들일 것이다. 하지만 다니엘과 함께한 사람들은 이 환상을 보지 못했고 단지 크게 떨며 도망하여 숨었다. 아마도 그들은 환상을 보지 못했지만, 무언가 특별한 느낌을 가졌을 것이며, 왠지 무서운 기분이 들었을 것이다. 그래서 그들은 크게 떨며 도망하여 숨었다. 이는 사도행전 9:1-7에서 사울(바울)이 다메섹으로 가는 도중에 예수님이 나타나 셨을 때, 사울은 예수님을 보았지만, 그와 동행하던 사람들은 예수님을 보 지 못했던 것과 같다.

8-9절은 환상을 본 다니엘의 반응이다. 다니엘은 다음과 같이 고백한다. "이 큰 환상을 볼 때에 내 몸에 힘이 빠졌고 나의 아름다운 빛이 변하여 썩 은 듯하였고 나의 힘이 다 없어졌으나"(8절). 다니엘은 이미 초자연적인 현 상을 많이 경험했고 그 후에 항상 힘이 빠지는 경험을 했다. 7:15에는 "나

다니엘이 중심에 근심하며 내 머리 속의 환상이 나를 번민하게 한지라"는 말이 있고, 7:28에는 "나 다니엘은 중심에 번민하였으며 내 얼굴빛이 변하였으나"라는 표현이 있으며, 8:27에는 "이에 나 다니엘이 지쳐서 여러 날 앓다가 일어나서"와 "내가 그 환상으로 말미암아 놀랐고"라는 말이 있다. 하지만 이번이 제일 강하다. 그는 "이 큰 환상을 볼 때에"라고 말하여 이전보다 강한 경험을 했음을 말한다. 그리고 그는 자기 몸에 힘이 빠졌다는 말을 두 번 반복한다. 게다가 "나의 아름다운 빛이 변하여 썩은 듯하였고"라고 말하는데, 이는 너무나 큰 충격을 받아서 피부가 죽은 사람의 피부처럼 되었다는 뜻이다.

9절의 "내가 그의 음성을 들었는데 그의 음성을 들을 때에 내가 얼굴을 땅에 대고 깊이 잠들었느니라"는 말은 거룩하고 정결하며 큰 위엄과 권세를 가진 천상적 존재를 만났을 때의 자연스러운 반응이다(참고 _ 8:17-18, 사 6:1-7). 다니엘은 지금 고령이며(80대 중반), 21일간 금식을 한 상태인데다 그리스도를 만나는 특별한 경험을 했기에 거의 탈진하다시피 했다. 죄 많은 인간이 절대적으로 거룩하신 하나님 혹은 그리스도를 만나는 것은 감당하기 힘든 일이다. 비록 다니엘은 오랫동안 하나님을 믿었고 많은 체험을 했으나 이렇게 가장 직접적으로 그를 만나지는 못했다. 이에 그는 너무나도 강렬한 체험 앞에 마치 죽은 사람처럼 되어 버렸다.

가브리엘이 다니엘을 방문함 (10-19절)

10:10 한 손이 있어 나를 어루만지기로 내가 떨었더니 그가 내 무릎과 손바닥이 땅에 닿게 일으키고
10:11 내게 이르되 큰 은총을 받은 사람 다니엘아 내가 네게 이르는 말을 깨닫고 일어서라 내가 네게 보내심을 받았느니라 하더라 그가 내게 이 말을

한 후에 내가 떨며 일어서니

10:12 그가 내게 이르되 다니엘아 두려워하지 말라 네가 깨달으려 하여 네 하나님 앞에 스스로 겸비하게 하기로 결심하던 첫날부터 네 말이 응답 받았으므로 내가 네 말로 말미암아 왔느니라

10:13 그런데 바사 왕국의 군주가 이십일 일 동안 나를 막았으므로 내가 거기 바사 왕국의 왕들과 함께 머물러 있더니 가장 높은 군주 중 하나인 미가엘이 와서 나를 도와 주므로

10:14 이제 내가 마지막 날에 네 백성이 당할 일을 네게 깨닫게 하러 왔노라 이는 이 환상이 오랜 후의 일임이라 하더라

10:15 그가 이런 말로 내게 이를 때에 내가 곧 얼굴을 땅에 향하고 말문이 막혔더니

10:16 인자와 같은 이가 있어 내 입술을 만진지라 내가 곧 입을 열어 내 앞에 서 있는 자에게 말하여 이르되 내 주여 이 환상으로 말미암아 근심이 내게 더하므로 내가 힘이 없어졌나이다

10:17 내 몸에 힘이 없어졌고 호흡이 남지 아니하였사오니 내 주의 이 종이 어찌 능히 내 주와 더불어 말씀할 수 있으리이까 하니

10:18 또 사람의 모양 같은 것 하나가 나를 만지며 나를 강건하게 하여

10:19 이르되 큰 은총을 받은 사람이여 두려워하지 말라 평안하라 강건하라 강건하라 그가 이같이 내게 말하매 내가 곧 힘이 나서 이르되 내 주께서 나를 강건하게 하셨사오니 말씀하옵소서

10-11절은 천사가 나타나서 다니엘을 강건하게 하는 장면이다. 이것은 8:18의 "그가 내게 말할 때에 내가 얼굴을 땅에 대고 엎드리어 깊이 잠들매 그가 나를 어루만져서 일으켜 세우며"와 유사하다. 10절에 등장하는 존재는 누구인가? 그는 5-6절에 나오는 그리스도가 아니다. 이는 13절에서 바사 왕국의 군주가 21일 동안 그를 막았다고 했는데, 그리스도가 오시는 과정에 그런 일은 절대 일어나지 않기 때문이다. 그리고 그는 미가엘도 아니다. 미가엘은 13절과 21절에 나오는데, 그는 10절에 나오는 천사를 도와주

기 때문이다. 따라서 그는 가브리엘이 분명하다. 가브리엘은 8:16과 9:21
에 나왔는데, 언제나 다니엘에게 하나님의 계시를 알려주었다.

"나를 어루만지기로 내가 떨었더니"라는 말은 가브리엘이 다니엘을 흔
들어 깨웠다는 뜻이다. 즉 가브리엘이 다니엘의 의식을 회복하게 해 주었
다는 뜻이다. "그가 내 무릎과 손바닥이 땅에 닿게 일으키고"라는 표현은
다니엘이 의식을 회복하고 일어나는 과정이 좀 길었음을 암시한다. 이에
한글성경 공동번역은 이 문구의 의미를 살려서 "누군가 흔들어 깨우기에
손으로 땅을 짚으며 무릎을 꿇고 일어나 앉으니"라고 번역했다. 가브리엘
이 다니엘을 깨웠지만, 다니엘은 바로 일어나지 못했다. 그는 노령인 데다
21일간 금식을 해서 몸에 힘이 다 빠진 상태였다. 게다가 그리스도를 만난
경험이 너무나 강렬했기에 지쳐서 기력을 바로 회복하지 못했다.

가브리엘은 다니엘을 향하여 "큰 은총을 받은 사람 다니엘아"라고 말한
다(11절; 참고 _ 10:19). 이 말은 9:23에 나오는 것으로 가브리엘이 3년 전에 다
니엘에게 했던 말이다. 다니엘서 전반에 걸쳐 언급되듯이, 다니엘은 하나
님에게서 큰 은총을 받은 사람이다. 지금 다니엘은 바벨론에 포로로 잡혀
와서 70년을 살고 있다. 은총을 받은 사람의 현실이 이럴 수 있겠는가? 하
지만 바벨론에서 그의 활약은 대단했다. 그는 바벨론과 페르시아의 탁월
한 지도자였고, 유다 백성의 신앙 버팀목이었다. 다니엘 덕분에 유다 백성
은 바벨론과 페르시아에서 신앙을 유지할 수 있었으며, 마침내 본국으로
귀환할 수 있었다.

가브리엘은 다니엘에게 "내가 네게 이르는 말을 깨닫고 일어서라 내가
네게 보내심을 받았느니라"라고 말한다. 가브리엘은 하나님의 보내심을
받아서 다니엘에게 왔다는 사실을 알려준다. 가브리엘이 다니엘에게 이르

는 말이란 앞으로 말할 내용인데, 10:12부터 12장까지에 나온다. 다니엘은 아직 정신과 육신이 온전히 강건해지지 않았으나 가브리엘이 말하자 떨며 일어선다. 이것은 다니엘이 환상을 통한 계시를 받을 준비가 되었음을 보여준다.

가브리엘은 "다니엘아 두려워하지 말라"고 말한다(12절). 이는 다니엘이 그리스도를 본 것으로 인한 두려움을 가졌기에 위로하는 것이다. 가브리엘은 자신이 다니엘에게 온 것이 그가 하나님께 기도한 것에 대한 응답이라고 말한다. 다니엘은 늘 기도하는 사람이었다. 2장에는 그가 느부갓네살의 환상을 해석하기 위해서 친구들에게 기도를 부탁하는 장면이 나왔고, 6장(특히 10절)에는 기도하면 사자 굴에 떨어져 죽을 것이라는 위협 앞에서도 그가 기도하는 모습이 나왔으며, 9장에는 그가 구체적으로 무엇을 간구했는지가 언급되어 있다. 이번에도 그는 하나님께 간절히 기도했고 이에 하나님은 그의 기도를 귀하게 여기셔서 응답하셨다.

"네 하나님 앞에 스스로 겸비하게 하기로"라는 말은 다니엘이 21일 동안 일체의 즐거움을 끊은 것을 반영한다. 이에 이 문구를 한글성경 공동번역은 "네 하느님 앞에서 고행을 시작하던"으로 번역했다. 다니엘은 오직 하나님만이 자기 민족을 구원해 주실 수 있다는 절박한 생각을 가지고 세상의 즐거움을 끊은 채 집중하여 기도했다. "첫날부터 네 말이 응답 받았으므로"라는 표현은 9:23의 "네가 기도를 시작할 즈음에"와 같은 말이다. 하나님은 다니엘의 기도하는 모습을 보셨다. 기도가 시작될 때 이미 하나님은 다니엘에게 응답하기로 결심하셨다. 하나님은 다니엘이 무엇을 구할지를 다 알고 계셨다. 중요한 것은 다니엘의 마음과 정성이었다.

"네 말이 응답 받았으므로 내가 네 말로 말미암아 왔느니라"는 말은 다니엘이 하나님께 올려드린 기도의 응답으로 가브리엘이 다니엘에게 왔음을 보여준다. 다니엘은 하나님이 주신 환상의 의미를 알고 싶었고, 하나님의 백성들이 맞이할 일을 알고 싶었다. 그는 하나님과 이스라엘 사이에 맺어진 언약이 회복되기를 간절히 원하여 기도했다. 이에 가브리엘은 하나님의 계시를 다니엘에게 가지고 왔다. 하나님은 다니엘의 간절함과 절박함, 그리고 약속의 말씀에 의지하여 하나님의 뜻이 이루어지기를 구하는 모습을 귀하게 보셨다. 오늘날 우리도 이런 자세로 기도해야 한다. 우리가 기도하기로 작정하면 하나님이 그때부터 우리에게 응답하실 준비를 하신다. 참으로 우리가 믿음을 가지고 끈기 있게 기도할 때 하나님은 응답해 주실 것이다.

그런데 가브리엘은 하늘에서 영적인 전쟁이 있어서 자신이 오는 것을 막음으로 응답이 지연되었다는 이야기를 한다(13절). 그는 "바사 왕국의 군주"(NASB: "the prince of the kingdom of Persia")가 21일 동안 자신을 막았다고 말한다. 여기서 "군주"(히브리어로 '사르')는 인간이 아니라 영적인 존재이다(참고 _ 한글성경 공동번역: "페르시아 호국신"). 이는 그 군주가 21일 동안 가브리엘을 막았다고 하는데, 인간이 천사를 막을 수는 없기 때문이다. 따라서 "바사 왕국의 군주"는 바사 왕국 위에 존재하는 마귀를 가리킨다. 곧 그는 페르시아의 배후에서 영향을 미치는 악한 영이다(참고 _ 사 24:21; 46:2; 렘 46:25).

가브리엘은 "가장 높은 군주 중 하나인 미가엘"이 와서 자신을 도와주었다고 말한다. 미가엘에 대해 "가장 높은 군주 중 하나"(NASB: "one of the chief princes")라고 표현한 것은 미가엘이 천사 중에서 매우 높은 위치에 있음을 알려준다. 21절에서 미가엘은 "너희의 군주"라고 되어 있고, 12:1에는 "큰 군주 미가엘"이라는 말이 있다. 그리고 신약성경에서 미가엘에 관해 말하는 부분은 다음과 같다. 유다서 1:9에는 "천사장 미가엘이 모세의 시체에 관하여 마귀와 다투어 변론할 때에 감히 비방하는 판결을 내리지 못하고 다만 말하되 주께서 너를 꾸짖으시기를 원하노라 하였거늘"이라는 말이 있고, 요한계시록 12:7에는 "하늘에 전쟁이 있으니 미가엘과 그의 사자들이 용과 더불어 싸울새 용과 그의 사자들도 싸우나"라는 언급이 있다.

그러므로 13절에 있는 가브리엘의 말은 다니엘이 3주간(21일) 금식하며 기도할 때 하나님께서 첫날에 다니엘의 기도를 들으시고 그 응답으로 천사를 보내셨지만, 페르시아를 다스리는 마귀가 방해했기에 그의 도착이 3주간 지체되었다는 뜻이다. 이러한 의미는 한글성경 공동번역의 "이리로 오는 길에 나는 페르시아 호국신에게 길이 막혀 이십일 일이나 지체해 있었다. 마침 일곱 수호신 가운데 한 분인 미가엘이 도우러 왔기에 나는 그를 거기 남겨두어 페르시아 호국신과 겨루게 하고는"이라는 번역을 통해서 잘 드러난다. 하지만 우리는 마귀가 어떤 식으로 가브리엘을 막았는지 모른다. 본문에는 단지 마귀가 막았다는 말만 나와 있다.

여기서 우리는 세상의 일에 연관된 하늘의 영적 전쟁이 있다는 사실을 알게 된다. 참으로 보이는 것이 전부가 아니라 보이지 않는 세상이 있다. 하지만 우리는 천사들의 본질과 위계질서, 마귀의 기원, 천사와 마귀의 싸움 등에 대해서 이성적으로 이해할 수 없다. 성경은 이에 대한 충분한 정보를 제공하지 않는다. 비록 외경이나 위경을 통해서 어느 정도 정보를 수집할 수 있으나 이 책들이 역사적 신빙성을 가지지 못하고 있어서 참고할 뿐이지 믿을 수 없다. 오로지 성경을 통해서만 교리를 구축해야 한다. 따라서 영적인 세력에 대해서 성경이 가르치는 정도까지만 알려고 해야지, 성경을 벗어나 그 이상을 알려고 하는 것은 바람직하지 않다.

가브리엘은 "이제 내가 마지막 날에 네 백성이 당할 일을 네게 깨닫게 하러 왔노라 이는 이 환상이 오랜 후의 일임이라"라고 말한다(14절). 여기서 "마지막 날"(NASB: "in the latter days")과 "오랜 후"(NASB: "the days yet future")는 같은 뜻이다. 이것은 비평학자들이 말하는 안티오커스 4세 에피파네스의 시대가 아니며, 세대주의자들이 말하는 세상의 종말도 아니다. 7-9장의 환상과 11장의 내용을 고려할 때, 이 시기는 이스라엘 백성이 직면할 대단히 중요한 기간에 일어날 일이며, 그 마지막 지점에는 메시아의 오심이 있다. 따라서 가브리엘은 다니엘 이후 이스라엘 민족, 그리고 나아가서 영적인 이스라엘이 당할 일을 보여주려고 한다.

가브리엘의 말에 대해서 다니엘은 다음과 같이 반응한다. "그가 이런 말로 내게 이를 때에 내가 곧 얼굴을 땅에 향하고 말문이 막혔더니"(15절). 다니엘은 어느 정도 기력을 회복했으나 아직도 연약한 상태이다. 그래서 그는 가브리엘의 말을 들을 때 얼굴을 땅에 향하고 말문이 막혔다고 진술한다. 이것은 다니엘의 육체적 연약함과 더불어 그가 느낀 두려움, 위압감, 무력감, 경외심 등을 반영한다. 특히 16절을 참고할 때, 다니엘은 천상의 존재를 보는 것 자체가 주는 충격을 받은 데다가, 앞으로 자기 민족에게 일어날 일을 보고서 크게 염려했다.

16절에서 다니엘은 가브리엘에 대하여 "인자와 같은 이"라고 말한다. 이는 가브리엘이 사람의 모습을 하고 나타났기 때문인데, 이것은 7:13-14에 나오는 '인자 같은 이'가 지칭하는 그리스도와 다르다. 가브리엘은 다니엘을 강건하게 한다. "내 입술을 만진지라"는 말은 다니엘이 말문이 막혔기에 입술을 만져서 말을 할 수 있게 해 주었다는 뜻인데, 가브리엘이 그를 보내신 하나님의 자비로움으로 다니엘을 대하는 모습이다(참고 _ 사 6:6-7). 다니엘은 가브리엘에게 "내 주여 이 환상으로 말미암아 근심이 내게 더

하므로 내가 힘이 없어졌나이다"라고 말한다. 다니엘은 5-6절의 특별한
존재, 곧 그리스도를 만났을 때 큰 충격을 받아서 몸에 힘이 다 빠져서 탈
진할 지경이었다(참고 _ 10:7-9).

다니엘은 이어서 "내 몸에 힘이 없어졌고 호흡이 남지 아니하였사오니
내 주의 이 종이 어찌 능히 내 주와 더불어 말씀할 수 있으리이까?"라고 하
면서 자신의 상태를 말한다(17절). 이것은 극심한 번뇌와 탈진으로 인해 대
화할 기운이 남아 있지 않다는 뜻이다. 그러자 가브리엘은 다시 다니엘을
만져서 강건하게 한다(18절). 여기서 "사람의 모양 같은 것 하나"라는 표현
은 16절의 "인자와 같은 이"와 같은 뜻이다. 이는 가브리엘이 사람의 모양
을 하고서 다니엘에게 나타났기 때문인데, 가브리엘이 사람처럼 생겼다는
뜻은 아니고, 사람에게 보이기 위해서 일시적으로 그런 형태를 취했다는
뜻이다. 천사는 영적인 존재이기에 육신을 가지고 있지 않다.

우리는 본문을 정확하게 이해하기 위하여, 10장에 등장하는 천상의 존
재들이 누구인지를 잘 알아야 한다. 즉 천상의 존재가 다니엘을 만지면서
강건하게 하는 경우가 10절과 16절과 18절에 세 번 나오는데, 이들이 모두
동일한 존재인지 아닌지를 알아야 한다는 것이다. 우선, 5-6절에 나오는
특별한 존재는 성육신하기 전의 그리스도이다. 다음으로, 10-15절에 나오
는 천상의 존재는 가브리엘이 분명하다. 그리고 16-17절에 나오는 "인자
와 같은 이" 역시 가브리엘인데, 어떤 이들은 7:13-14에 근거하여 그를 그
리스도라고 주장하지만, 만일 '인자'라는 단어를 모두 그리스도에게 적용
한다면 에스겔서나 다른 선지서들의 해석에 큰 혼란이 발생하기 때문에
그들의 주장을 받아들일 수 없다(참고 _ 7:13-14의 해설).

그렇다면 18절 이하에 나오는 "사람의 모양 같은 것 하나"는 누구인가?

그는 19절에서 다니엘을 향하여 "큰 은총을 받은 사람이여"라고 하는데, 이는 11절에서 가브리엘이 다니엘을 향하여 "큰 은총을 받은 사람 다니엘아"라고 한 것과 같다. 20절에서 그는 "내가 어찌하여 네게 왔는지 네가 아느냐?"라고 다니엘에게 말하는데, 이는 가브리엘이 11절의 "내가 네게 보내심을 받았느니라"는 말과 연관된다. 또한 20절에서 그는 "이제 내가 돌아가서 바사 군주와 싸우려니와"라고 말하는데, 이는 가브리엘이 13절에서 "바사 왕국의 군주가 이십일 일 동안 나를 막았으므로 내가 거기 바사 왕국의 왕들과 함께 머물러 있더니"와 연결된다. 그리고 그는 다니엘을 만지며 강건하게 하는데, 이는 가브리엘이 10절과 16절에서 다니엘을 만지며 강건하게 한 일과 같다. 마지막으로, 21절의 "나를 도와서 그들을 대항할 자는 너희의 군주 미가엘뿐이니라"는 말은 13절에서 가브리엘이 말한 "가장 높은 군주 중 하나인 미가엘이 와서 나를 도와 주므로"와 맥을 같이한다. 그러므로 18절의 존재는 지금 다니엘과 대화하는 가브리엘이다.

가브리엘은 다니엘을 향하여 다시금 "큰 은총을 받은 사람이여"라고 말한다(19절). 이것은 다니엘이 받은 복을 상기시켜준다(참고 _ 9:23; 10:11). 하나님은 다니엘을 특별히 선택하셔서 유다 백성을 위하여 일하게 하셨다. 참으로 다니엘은 유다 백성이 하나님의 용서를 받고 본토에 돌아가서 언약을 회복하는 데 크게 공헌했다. "큰 은총을 받은 사람이여 두려워하지 말라"는 말은 11절의 "큰 은총을 받은 사람"과 12절의 "두려워하지 말라"를 합한 것이다. "평안하라 강건하라 강건하라"는 말은 다니엘을 격려하는 것인데, 이는 다니엘이 11장 이하에서 들을 내용이 매우 충격적이기 때문이다.

가브리엘이 다니엘을 강건하게 하자 다니엘은 기력을 회복한다. 그리하여 "내가 곧 힘이 나서 이르되 내 주께서 나를 강건하게 하셨사오니 말쏨하옵소서"라고 말한다. 그간 다니엘은 몇 차례 천사가 만져줌으로 기력을 회복했으나 온전히 회복하지 못했다. 그러나 이제 그는 강건해졌다. 그래서 말씀을 들을 준비를 하게 된다. 그리하여 11장 이하에서 언급되는 매우 급박하면서도 위협적인 말씀을 들을 수 있게 된다. 여기서 가브리엘이 강건하라고 축복하는 것은 일차적으로 다니엘을 향한 것이지만, 또한 박해를 받는 유대 민족을 향한 것이고, 나아가서 이 글을 읽는 모든 세대의 모든 신자를 향한 것이다.

천상의 전쟁에 관한 언급 (20-21절)

> 10:20 그가 이르되 내가 어찌하여 네게 왔는지 네가 아느냐 이제 내가 돌아가서 바사 군주와 싸우려니와 내가 나간 후에는 헬라의 군주가 이를 것이라
> 10:21 오직 내가 먼저 진리의 글에 기록된 것으로 네게 보이리라 나를 도와서 그들을 대항할 자는 너희의 군주 미가엘뿐이니라

가브리엘은 다니엘에게 "내가 어찌하여 네게 왔는지 네가 아느냐?"라고 말한다(20절). 이것은 11절의 "내가 네게 보내심을 받았느니라"와 14절의 "이제 내가 마지막 날에 네 백성이 당할 일을 네게 깨닫게 하러 왔노라"와 연결된다. 가브리엘은 "이제 내가 돌아가서 바사 군주와 싸우려니와 내가 나간 후에는 헬라의 군주가 이를 것이라"고 말한다. 이것은 지상의 전쟁이 아니라 하늘의 전쟁을 뜻한다. 이에 한글성경 공동번역은 의미를 살려서 "나는 이제 곧 페르시아의 호국신과 싸워야 한다. 그리고 돌아서면 그리스 호국신이 달려들 것이다"라고 번역했다.

여기서 "군주"는 사탄 혹은 그가 부리는 수하의 영을 가리킨다(참고 _ 10:13의 해설). 따라서 "바사 군주"는 페르시아의 배후에 있으면서 페르시아에 영향을 미치는 악한 영이다. 페르시아는 유대 민족을 귀환하게 했으나 여전히 유대 민족에게 위협적이었다. 그리고 "헬라의 군주"는 헬라의 배후에 있으면서 헬라에게 영향을 미쳐 하나님의 나라가 확장되는 것을 방해하는 악한 마귀이다. 실제로 페르시아에 이어 헬라가 세상을 지배하면서 이스라엘을 많이 괴롭혀서 이스라엘에 큰 위기가 닥쳤다(참고 _ 11장). 결국, 이 말은 이어지는 11장이 바사와 헬라 이야기라는 점을 시사한다. 다니엘 8-9장은 페르시아와 헬라에 집중했는데, 이제 11장은 그 나라들의 이야기를 상세히 기록한다.

가브리엘은 "오직 내가 먼저 진리의 글에 기록된 것으로 네게 보이리라"라고 말한다(21절). 여기서 "진리의 글에 기록된 것"이란 다니엘서 자체가 아니다. 이것은 하나님이 계획하신 것을 의미한다(참고 _ 11:2). 즉 하나님의 작정과 섭리 하에 반드시 일어날 일을 뜻한다. 이처럼 가브리엘은 다니엘을 떠나기 전에 다니엘에게 하나님이 계획하신 것을 알릴 것이라고 말한다. 이것은 다니엘이 유다 민족의 장래를 위하여 간절히 기도한 것에 대한 하나님의 응답이다. 이에 하나님은 가브리엘을 통하여 유다 민족에게 일어날 일을 알려주시면서 비록 그들이 어려움을 겪겠지만 하나님이 그들을 지켜주실 것을 약속하신다.

가브리엘은 이어서 "나를 도와서 그들을 대항할 자는 너희의 군주 미가엘뿐이니라"고 말한다. 가브리엘은 13절에서 "그런데 바사 왕국의 군주가 이십일 일 동안 나를 막았으므로 내가 거기 바사 왕국의 왕들과 함께 머물러 있더니 가장 높은 군주 중 하나인 미가엘이 와서 나를 도와주므로"라고 말했다. 그런데 여기서 그는 바사와 헬라의 마귀들과 전쟁을 벌여야 하는데, 자신을 도와서 그들을 대항할 자가 미가엘뿐이라고 말한다. "너희의 군주 미가엘"이란 표현은 미가엘이 천사들의 우두머리 중 하나인데, 하나님의 백성들을 위하여 싸울 것을 뜻한다.

우리는 여기서 지상에서 전쟁이 일어나는데, 그것이 천상에서의 전쟁과 연결되어 있다는 사실을 알게 된다. 즉 하늘에서 전쟁이 일어난 결과가 지상에서 결과로 드러난다. 실로 보이는 것이 전부가 아니라 보이지 않는 세계가 있다. 마귀의 힘은 강력하다. 그리고 마귀의 조종을 받아 땅에서 활동하는 대적은 수효가 많다. 마귀의 조종과 힘을 받은 많은 자가 하나님과 하나님의 백성을 대적한다. 그들이 다수이며 강한 반면에, 오직 소수가 의로운 편에 있다. 하지만 하나님은 가브리엘이 미가엘의 도움을 받아서 대적자들과 싸우게 하신다. 따라서 하나님의 백성들은 안심해도 된다. 고난 중에 좌절하거나 두려워하지 말고 평안하며 강건해야 한다.

| 본문이 우리에게 주는 교훈 |

1 _ 우리는 본문에서 다니엘의 사명 의식을 보게 된다. 당시에 많은 유대인이 고국으로 돌아갔지만, 다니엘은 페르시아에 남아 있었다. 그가 남아 있는 이유는 더 많은 유대인을 본토로 돌아가게 하기 위해서이며, 페르시아가 이스라엘을 지원하는 데 역할을 감당하기 위해서이다. 다니엘 자신도 고국으로 돌아가고 싶었을 것이다. 그러나 그는 자신이 여기서 해야 할 일이 있음을 알았다. 이처럼 다니엘은 80대 중반의 노령에 고국으로 돌아가지 않은 채 많은 일을 하고 있다. 우리는 이 세상을 떠나기 전까지 해야 할 일이 있다는 사실을 알아야 한다. 역사적으로 수많은 위인이 나이가 들어서도 활발하게 활동했다는 것을 기억해야 한다. 평생을 살면서 다듬

은 완숙한 성품과 많은 경험은 주님의 일에 효과적으로 사용될 수 있다. 필시 나이뿐만 아니라 형편이 되지 않거나 재능이 없거나 시간이 없다고 하면서 아무것도 하지 않으려 하는 것은 바람직하지 않다. 바울은 다음과 같이 고백한다. "그러므로 우리가 낙심하지 아니하노니 우리의 겉사람은 낡아지나 우리의 속사람은 날로 새로워지도다"(고후 4:16). "전제와 같이 내가 벌써 부어지고 나의 떠날 시각이 가까웠도다 나는 선한 싸움을 싸우고 나의 달려갈 길을 마치고 믿음을 지켰으니 이제 후로는 나를 위하여 의의 면류관이 예비되었으므로 주 곧 의로우신 재판장이 그 날에 내게 주실 것이며 내게만 아니라 주의 나타나심을 사모하는 모든 자에게도니라"(딤후 4:6-8).

2 _ 다니엘은 세 이레 동안을 슬퍼하며 금식하면서 기도했다. 그는 자신의 문제가 아니라 민족의 문제로 이토록 절박하게 기도했다. 그는 바벨론에서 고국으로 돌아간 유대인들과 그곳에 살고 있던 사람들 사이에 갈등이 일어난 것과 같은 유대인들끼리 갈등을 겪은 것과 성전 재건 사업이 중단된 것을 듣고 안타까워했다. 더욱이 그는 7-9장에서 본 환상들을 통하여 유대 민족의 앞날에 많은 어려움이 있을 것을 알았기에 슬퍼했다. 이에 그는 금식하며 기도했다. 우리는 여러 사안을 앞에 두고 간절히 기도해야 한다. 금식하면서 기도해야 한다. 어떤 것보다 기도가 우선이다. 주님의 사람들은 모두 기도하는 사람들이었다. "나는 하나님께 부르짖으리니 여호와께서 나를 구원하시리로다 저녁과 아침과 정오에 내가 근심하여 탄식하리니 여호와께서 내 소리를 들으시리로다"(시 55:16-17). "하나님이여 주는 나의 하나님이시라 내가 간절히 주를 찾되 물이 없어 마르고 황폐한 땅에서 내 영혼이 주를 갈망하며 내 육체가 주를 앙모하나이다 내가 주의 권능과 영광을 보기 위하여 이와 같이 성소에서 주를 바라보았나이다"(시 63:1-2).

3 _ 다니엘이 21일간 간절히 기도했을 때 어떤 일이 일어났는가? 그리스도가 나타나셨다. 모든 문제의 해결자이신 그리스도가 나타나셨다는 것은 다니엘의 기도가 응답되고 문제가 해결되었다는 뜻이다. 그리스도의 나타나심과 더불어 가브리엘이 나타났다. 12절에서 가브리엘은 "다니엘아 두려워하지 말라 네가 깨달으려 하여 네 하나님 앞에 스스로 겸비하게 하기로 결심하던 첫날부터 네 말이 응답 받았으므로 내가 네 말로 말미암아 왔느니라"고 말했다. 주님은 사랑과 은혜가 풍성하신 분이며, 한없이 자비로우신 분이다. 주님은 우리를 강건하게 하시고 보호하시며, 모든 일을 선하게 섭리하시고 주장하신다. 주님은 우리를 지극히 사랑하셔서 우리가 기도할 때 우리에게 오셔서 평안함과 강건함을 주신다. 이 사실을 믿고 하나님께 간절히 기도해야 한다. 특별히 기도에 있어서 인내가 필요하다. 꾸준히 기도해야 한다. 하나님의 뜻에 맞지 않아서 응답되지 않는 경우가 있다. 아직 때가 되지 않아서 응답되지 않을 때가 있다. 이미 응답되었으나 깨닫지 못하는 경우도 있다. 따라서 실망하지 말고 계속 기도하라.

4 _ 이 단락에는 영적인 전쟁에 관한 언급이 있다. 우리는 세상 역사의 배후에 영적인 전쟁, 곧 천상의 싸움이 있다는 사실을 알아야 한다. 지상의 흥망성쇠의 배후에는 천상 세계의 투쟁이 있다. 하늘에서 전쟁이 일어난 결과가 지상에서 결과로 드러난다. 우리는 한계를 가진 사람이어서 하늘의 전쟁에 참여할 수 없다. 하지만 우리는 이 세상에서 악한 영적 세력들과 싸워서 이겨야 한다. 악한 영들은 우리를 기도하지 못하게 한다. 우리를 수많은 죄와 허물에 빠지게 한다. 우리를 갈라놓으려고 온갖 노력을 다한다. 게으름, 음란, 속이는 것, 돈 문제 등으로 우리를 공격한다. 이에 바울은 말한다. "우리의 씨름은 혈과 육을 상대하는 것이 아니요 통치자들과 권세들과 이 어둠의 세상 주관자들과 하늘에 있는 악의 영들을 상대함이라"(엡 6:12). 필시 영적인 싸움은 이미 그리스도의 오심으로 인하여 일방

적인 승리로 끝났다. 그리스도께서 십자가 위에서 "다 이루었도다"라고 하시고, 이후 죽음에서 부활하신 순간에 승리가 확정되었다. 따라서 그리스도 안에 있는 우리는 승리한 사람들이다. 영적인 전투에서 승리는 이미 확보된 것이므로 어떤 의미에서 우리는 그 열매를 따 먹기만 하면 된다. 중단하지 말고 계속해서 기도하며, 말씀으로 단단히 무장하여 영적인 전쟁에서 승리해야 한다.

다니엘 _ 11장
그의 종말이 이르리니

다니엘 10-12장은 하나의 단위(unit)로 묶인다. 11장은 10장에 이어지는데, 10장보다 더 진전된 계시를 보여준다. 10장에서 가브리엘은 바사(페르시아) 군주와 싸울 것과 헬라(그리스) 군주와 싸울 것을 말했는데(특히 10:13, 20-21), 이는 11장에서 바사와 헬라 이야기가 나온다는 사실을 암시한다. 다른 측면에서 보자면, 10장은 천상에서 벌어지는 천사와 마귀 사이의 전쟁에 관하여 말했지만, 11장은 지상에서 일어나는 물리적인 전쟁을 말한다. 그리고 천상의 전쟁 결과가 지상의 전쟁 결과가 된다. 11장은 앞으로 일어날 일을 대단히 상세하고 구체적으로 서술한다. 가브리엘은 하나님의 작정에 근거한 미래의 일을 다니엘에게 알려준다.

11장에 예언된 내용은 페르시아의 패망, 헬라의 정복 전쟁, 시리아와 이집트 사이의 전쟁, 그리고 안티오커스 4세 에피파네스의 악행 등이다. 여기에 기록된 예언은 역사에서 실제로 일어났지만, 어떤 부분은 실제 역사적 사건과 일치시키기가 쉽지 않다. 그래서 11장에 나오는 예언적 언급을 역사적으로 성취된 것으로 받아들이되, 특정한 사건이나 상황에 지나치게 한정하여 적용할 것이 아니라, 유연하고 개방적인 관점에서 이해할 필요가 있다. 특히 35절 이하의 언급은 특정한 사건에 적용하기가 어렵다. 오히려 이 부분은 세상 역사 가운데 일어나는 일반적이고 보편적인 원리와 현상으로 보아야 한다.

| 성경본문 |

11:1 내가 또 메대 사람 다리오 원년에 일어나 그를 도와서 그를 강하게 한 일이 있었느니라

11:2 이제 내가 참된 것을 네게 보이리라 보라 바사에서 또 세 왕들이 일어날 것이요 그 후의 넷째는 그들보다 심히 부요할 것이며 그가 그 부요함으로 강하여진 후에는 모든 사람을 충동하여 헬라 왕국을 칠 것이며

11:3 장차 한 능력 있는 왕이 일어나서 큰 권세로 다스리며 자기 마음대로 행하리라

11:4 그러나 그가 강성할 때에 그의 나라가 갈라져 천하 사방에 나누일 것이나 그의 자손에게로 돌아가지도 아니할 것이요 또 자기가 주장하던 권세대로도 되지 아니하리니 이는 그 나라가 뽑혀서 그 외의 다른 사람들에게로 돌아갈 것임이라

11:5 남방의 왕들은 강할 것이나 그 군주들 중 하나는 그보다 강하여 권세를 떨치니 그의 권세가 심히 클 것이요

11:6 몇 해 후에 그들이 서로 단합하리니 곧 남방 왕의 딸이 북방 왕에게 가서 화친하리라 그러나 그 공주의 힘이 쇠하고 그 왕은 서지도 못하며 권세가 없어질 뿐 아니라 그 공주와 그를 데리고 온 자와 그를 낳은 자와 그 때에 도와 주던 자가 다 버림을 당하리라

11:7 그러나 그 공주의 본 족속에게서 난 자 중의 한 사람이 왕위를 이어 권세를 받아 북방 왕의 군대를 치러 와서 그의 성에 들어가서 그들을 쳐서 이기고

11:8 그 신들과 부어 만든 우상들과 은과 금의 아름다운 그릇들은 다 노략하여 애굽으로 가져갈 것이요 몇 해 동안은 그가 북방 왕을 치지 아니하리라

11:9 북방 왕이 남방 왕의 왕국으로 쳐들어갈 것이나 자기 본국으로 물러가리라

11:10 그러나 그의 아들들이 전쟁을 준비하고 심히 많은 군대를 모아서 물이 넘침 같이 나아올 것이며 그가 또 와서 남방 왕의 견고한 성까지 칠 것이요

11:11 남방 왕은 크게 노하여 나와서 북방 왕과 싸울 것이라 북방 왕이 큰 무리를 일으킬 것이나 그 무리는 그의 손에 넘겨 준 바 되리라

11:12 그가 큰 무리를 사로잡은 후에 그의 마음이 스스로 높아져서 수만 명을 엎드러뜨릴 것이나 그 세력은 더하지 못할 것이요

11:13 북방 왕은 돌아가서 다시 군대를 전보다 더 많이 준비하였다가 몇 때 곧 몇 해 후에 대군과 많은 물건을 거느리고 오리라

11:14 그 때에 여러 사람이 일어나서 남방 왕을 칠 것이요 네 백성 중에서도 포악한 자가 스스로 높아져서 환상을 이루려 할 것이나 그들이 도리어 걸려 넘어지리라

11:15 이에 북방 왕은 와서 토성을 쌓고 견고한 성읍을 점령할 것이요 남방 군대는 그를 당할 수 없으며 또 그가 택한 군대라도 그를 당할 힘이 없을 것이므로

11:16 오직 와서 치는 자가 자기 마음대로 행하리니 그를 당할 사람이 없겠고 그는 영화로운 땅에 설 것이요 그의 손에는 멸망이 있으리라

11:17 그가 결심하고 전국의 힘을 다하여 이르렀다가 그와 화친할 것이요 또 여자의 딸을 그에게 주어 그의 나라를 망하게 하려 할 것이나 이루지 못하리니 그에게 무익하리라

11:18 그 후에 그가 그의 얼굴을 바닷가로 돌려 많이 점령할 것이나 한 장군이 나타나 그의 정복을 그치게 하고 그 수치를 그에게로 돌릴 것이므로

11:19 그가 드디어 그 얼굴을 돌려 자기 땅 산성들로 향할 것이나 거쳐 넘어지고 다시는 보이지 아니하리라

11:20 그 왕위를 이을 자가 압제자를 그 나라의 아름다운 곳으로 두루 다니게 할 것이나 그는 분노함이나 싸움이 없이 몇 날이 못 되어 망할 것이요

11:21 또 그의 왕위를 이을 자는 한 비천한 사람이라 나라의 영광을 그에게 주지 아니할 것이나 그가 평안한 때를 타서 속임수로 그 나라를 얻을 것이며

11:22 넘치는 물 같은 군대가 그에게 넘침으로 말미암아 패할 것이요 동맹한

왕도 그렇게 될 것이며

11:23 그와 약조한 후에 그는 거짓을 행하여 올라올 것이요 소수의 백성을 가지고 세력을 얻을 것이며

11:24 그가 평안한 때에 그 지방의 가장 기름진 곳에 들어와서 그의 조상들과 조상들의 조상이 행하지 못하던 것을 행할 것이요 그는 노략하고 탈취한 재물을 무리에게 흩어 주며 계략을 세워 얼마 동안 산성들을 칠 것인데 때가 이르기까지 그리하리라

11:25 그가 그의 힘을 떨치며 용기를 다하여 큰 군대를 거느리고 남방 왕을 칠 것이요 남방 왕도 심히 크고 강한 군대를 거느리고 맞아 싸울 것이나 능히 당하지 못하리니 이는 그들이 계략을 세워 그를 침이니라

11:26 그의 음식을 먹는 자들이 그를 멸하리니 그의 군대가 흩어질 것이요 많은 사람이 엎드러져 죽으리라

11:27 이 두 왕이 마음에 서로 해하고자 하여 한 밥상에 앉았을 때에 거짓말을 할 것이라 일이 형통하지 못하리니 이는 아직 때가 이르지 아니하였으므로 그 일이 이루어지지 아니할 것임이니라

11:28 북방 왕은 많은 재물을 가지고 본국으로 돌아가리니 그는 마음으로 거룩한 언약을 거스르며 자기 마음대로 행하고 본토로 돌아갈 것이며

11:29 작정된 기한에 그가 다시 나와서 남방에 이를 것이나 이번이 그 전번만 못하리니

11:30 이는 깃딤의 배들이 이르러 그를 칠 것임이라 그가 낙심하고 돌아가면서 맺은 거룩한 언약에 분노하였고 자기 땅에 돌아가서는 맺은 거룩한 언약을 배반하는 자들을 살필 것이며

11:31 군대는 그의 편에 서서 성소 곧 견고한 곳을 더럽히며 매일 드리는 제사를 폐하며 멸망하게 하는 가증한 것을 세울 것이며

11:32 그가 또 언약을 배반하고 악행하는 자를 속임수로 타락시킬 것이나 오직 자기의 하나님을 아는 백성은 강하여 용맹을 떨치리라

11:33 백성 중에 지혜로운 자들이 많은 사람을 가르칠 것이나 그들이 칼날과 불꽃과 사로잡힘과 약탈을 당하여 여러 날 동안 몰락하리라

11:34 그들이 몰락할 때에 도움을 조금 얻을 것이나 많은 사람들이 속임수로 그들과 결합할 것이며

11:35 또 그들 중 지혜로운 자 몇 사람이 몰락하여 무리 중에서 연단을 받아 정결하게 되며 희게 되어 마지막 때까지 이르게 하리니 이는 아직 정한 기

한이 남았음이라

11:36 그 왕은 자기 마음대로 행하며 스스로 높여 모든 신보다 크다 하며 비상한 말로 신들의 신을 대적하며 형통하기를 분노하심이 그칠 때까지 하리니 이는 그 작정된 일을 반드시 이룰 것임이라

11:37 그가 모든 것보다 스스로 크다 하고 그의 조상들의 신들과 여자들이 흠모하는 것을 돌아보지 아니하며 어떤 신도 돌아보지 아니하고

11:38 그 대신에 강한 신을 공경할 것이요 또 그의 조상들이 알지 못하던 신에게 금 은 보석과 보물을 드려 공경할 것이며

11:39 그는 이방신을 힘입어 크게 견고한 산성들을 점령할 것이요 무릇 그를 안다 하는 자에게는 영광을 더하여 여러 백성을 다스리게도 하며 그에게서 뇌물을 받고 땅을 나눠 주기도 하리라

11:40 마지막 때에 남방 왕이 그와 힘을 겨룰 것이나 북방 왕이 병거와 마병과 많은 배로 회오리바람처럼 그에게로 마주 와서 그 여러 나라에 침공하여 물이 넘침 같이 지나갈 것이요

11:41 그가 또 영화로운 땅에 들어갈 것이요 많은 나라를 패망하게 할 것이나 오직 에돔과 모압과 암몬 자손의 지도자들은 그의 손에서 벗어나리라

11:42 그가 여러 나라들에 그의 손을 펴리니 애굽 땅도 면하지 못할 것이니

11:43 그가 권세로 애굽의 금 은과 모든 보물을 차지할 것이요 리비아 사람과 구스 사람이 그의 시종이 되리라

11:44 그러나 동북에서부터 소문이 이르러 그를 번민하게 하므로 그가 분노하여 나가서 많은 무리를 다 죽이며 멸망시키고자 할 것이요

11:45 그가 장막 궁전을 바다와 영화롭고 거룩한 산 사이에 세울 것이나 그의 종말이 이르리니 도와 줄 자가 없으리라

| 본문해설 |

페르시아의 패망과 그리스의 발흥 (1-4절)

11:1 내가 또 메대 사람 다리오 원년에 일어나 그를 도와서 그를 강하게 한
일이 있었느니라
11:2 이제 내가 참된 것을 네게 보이리라 보라 바사에서 또 세 왕들이 일어
날 것이요 그 후의 넷째는 그들보다 심히 부요할 것이며 그가 그 부요함으
로 강하여진 후에는 모든 사람을 충동하여 헬라 왕국을 칠 것이며
11:3 장차 한 능력 있는 왕이 일어나서 큰 권세로 다스리며 자기 마음대로
행하리라
11:4 그러나 그가 강성할 때에 그의 나라가 갈라져 천하 사방에 나누일 것이
나 그의 자손에게로 돌아가지도 아니할 것이요 또 자기가 주장하던 권세대
로도 되지 아니하리니 이는 그 나라가 뽑혀서 그 외의 다른 사람들에게로
돌아갈 것임이라

1절에서 가브리엘은 "메대 사람 다리오 원년에" 있었던 일을 말한다.
"메대 사람 다리오 원년"은 주전 539년이다. 그런데 이러한 시간 언급은
11장과 하나의 단원으로 취급되는 10:1의 "바사 왕 고레스 제삼 년에"라는
언급과 어울리지 않는 것처럼 보인다. 하지만 이 두 언급은 모순되지 않는
다. 우선, 다리오와 고레스는 동일인이다(참고 _ 5:31의 해설). 그리고 10:1은
다니엘이 10-12장의 환상을 고레스 3년에 보았다는 뜻이며, 11:1에서 가브
리엘은 다리오 원년에 일어났던 일을 말한다. 즉 가브리엘은 과거(3년 전)에
자신이 행했던 일을 언급한다.

가브리엘은 "내가 또 메대 사람 다리오 원년에 일어나 그를 도와서 그를
강하게 한 일이 있었느니라"라고 말하는데, 여기서 "그"란 미가엘이다. 즉

이 말은 '가브리엘이 미가엘을 도와서 강하게 했다' 는 뜻이다. 이렇게 볼 수 있는 근거는 10:21에 미가엘이 나온다는 사실에 있다. 따라서 미가엘이 가브리엘을 돕는 경우가 있지만(참고 _ 10:13, 21), 가브리엘이 미가엘을 돕는 경우도 있음을 알 수 있다. 즉 가브리엘과 미가엘이 힘을 합쳐서 하나님이 지시하신 일을 수행하는 것이다. 그러면 가브리엘이 1절에서 다리오 왕 원년에 있었던 일을 말하는 이유는 무엇인가? 그것은 2절 이하에 나오는 내용이 다리오 왕 원년에 일어난 일과 연관되기 때문이다.

이제 다리오 왕 원년에 가브리엘이 미가엘을 도와서 그를 강하게 했던 일이 무엇인지를 살펴보자. 다리오 왕 원년에 일어난 일은 무엇인가? 다니엘서에서 다리오 왕 원년에 일어난 일은 6장과 9장에 기록되어 있다. 당시에 유다 민족에게 매우 중대한 일이 일어났다. 다리오는 강력한 힘으로 바벨론을 비롯한 주변 국가를 점령했으며, 외부 세력이 자신을 침범하지 못하게 했고, 다니엘을 신망해서 그에게 높은 자리를 주었다. 그리고 다니엘은 사자 굴에 떨어진다는 위협에도 불구하고 기도했으며, 다니엘은 사자 굴에 떨어졌지만 죽지 않았고, 오히려 다니엘을 모함한 자들이 사자 굴에 떨어져 죽었으며, 그 결과로 페르시아에서 하나님 종교가 인정을 받았다. 이후에 다리오는 유다 백성에게 호의를 베풀어서 그들이 본토로 귀환할 수 있도록 칙령을 내렸다. 따라서 다리오 원년은 유다 민족의 70년 포로 생활이 끝나는 변곡점이 되었다.

이에 바벨론이 멸망하고 페르시아가 흥기하며, 다리오가 다니엘을 신뢰하고, 유대인들에게 호의를 베푼 배후에 가브리엘과 미가엘의 활동이 있었다는 사실이 명확히 드러난다. 즉 역사가 자연스럽게 흘러가는 것처럼 보이지만 그 배후에는 천상 세계의 활동과 쟁투가 있었다는 사실이 알려진다. 더욱이 여기에는 또 다른 중요한 교훈이 담겨 있는데, 곧 하나님께서 이방 군주를 사용하셔서 하나님의 뜻을 이루신다는 사실이다. 하나님 은 택하신 백성을 통하여 뜻을 이루시지만, 때로는 그분의 주권과 의지에 따라서 믿지 않는 사람과 심지어 사물도 사용하신다.

2절은 바사(페르시아)에 관한 계시이다. 가브리엘은 "이제 내가 참된 것 을 네게 보이리라"고 말하는데, 이 말은 반드시 일어날 일을 보이겠다는 뜻이다. 이것은 10:21의 "진리의 글"을 반영한 표현이다. 필시 하나님께서 계획하시고 작정하신 일은 반드시 일어난다. "보라 바사에서 또 세 왕들이 일어날 것이요"라는 말은 고레스 왕 이후에 일어날 페르시아의 세 왕들을 가리키는데, 이들은 캄비세스(Cambyses, 주전 530-522년)와 스메르디스(Pseudo-Smerdis, 주전 522년)와 다리우스 1세 히스타스페스(Darius I Hystaspes, 주전 522-486 년)이다.

가브리엘은 세 왕을 말한 후에 "넷째"를 구별해서 말한다. 물론, 실제로 는 이들 외에 여러 왕이 더 있으나 여기에는 중요한 왕 네 명만 언급된다. 가브리엘은 "넷째는 그들보다 심히 부요할 것이며 그가 그 부요함으로 강 하여진 후에는 모든 사람을 충동하여 헬라 왕국을 칠 것이며"라고 말한다. 여기서 넷째 왕이란 크세르크세스 1세(Xerxes I, 주전 486-465년)이다. 그는 에 스더서에 나오는 아하수에로(Ahasuerus) 왕으로서 페르시아 제국을 강대한 나라가 되게 했다. 그는 주전 481년에 헬라(그리스)를 침공하기 시작했으나, 주전 480년 살라미스(Salamis) 해전에서 대패했다.

3-4절은 헬라(그리스)에 관한 계시이다. 가브리엘은 "장차 한 능력 있는 왕이 일어나서 큰 권세로 다스리며 자기 마음대로 행하리라"고 말한다(3 절). 페르시아가 막강한 힘으로 헬라를 쳤으나 헬라에서는 "한 능력 있는 왕"이 일어난다. 그는 알렉산더 대왕(주전 336-323년)인데, 그는 헬라 역사상

가장 큰 권세를 가지고 다스렸고 자기가 하고 싶은 대로 행했다. 주전 331
년에 알렉산더 대왕은 페르시아 왕국을 정복했다. 그래서 8장의 환상에 등
장한 숫양(메대-바사)과 숫염소(헬라)의 싸움이 알렉산더 대왕에 의하여 숫염
소(헬라)의 승리로 종료되었다.

가브리엘은 이어서 "그러나 그가 강성할 때에 그의 나라가 갈라져 천하
사방에 나누일 것이나 그의 자손에게로 돌아가지도 아니할 것이요 또 자
기가 주장하던 권세대로도 되지 아니하리니 이는 그 나라가 뽑혀서 그 외
의 다른 사람들에게로 돌아갈 것임이라"라고 말한다(4절). 알렉산더 대왕
에게는 두 아들이 있었으나, 그들이 아버지의 왕위를 이어받지는 못했다.
다리오의 딸 바사인(Barsine)에게서 낳은 헤르쿨즈(Hercules)는 알렉산더가
죽은 후에 폴리스페르콘(Polysperchon)에 의해서 암살당했다. 그리고 다른
아들은 알렉산더라는 이름을 가졌는데 록사나(Roxana)에 의해서 암살당했
다. 그래서 주전 323년에 알렉산더 대왕이 죽은 후 헬라 제국은 알렉산더
대왕의 아들이 아니라 그의 수하에 있던 네 명의 장군에 의해 분할되었다.

알렉산더 사후에 헬라가 네 나라로 분리된다는 말은 7:6의 "그 후에 내
가 또 본즉 다른 짐승 곧 표범과 같은 것이 있는데 그 등에는 새의 날개 넷
이 있고 그 짐승에게 또 머리 넷이 있으며 권세를 받았더라"와 8:8의 "숫염
소가 스스로 심히 강대하여 가더니 강성할 때에 그 큰 뿔이 꺾이고 그 대신
에 현저한 뿔 넷이 하늘 사방을 향하여 났더라"에 이미 예언되었지만 여기
서 다시 예언된다. 네 나라는 다음과 같다. 카싼데르(Cassander)는 그리스와
마케도니아를 차지했고, 리시마쿠스(Lysimachus)는 트라케와 소아시아 대부
분을 다스렸으며, 셀류커스 1세 니카토르(Seleucus I Nicator)는 시리아 북쪽과
바벨론과 메소포타미아를 지배했고, 프톨레마이우스 1세 소테르(Ptolemy I
Soter)는 시리아 남쪽과 이집트와 팔레스타인을 통치했다.

남방 왕과 북방 왕의 전쟁 (5-20절)

11:5 남방의 왕들은 강할 것이나 그 군주들 중 하나는 그보다 강하여 권세를 떨치리니 그의 권세가 심히 클 것이요

11:6 몇 해 후에 그들이 서로 단합하리니 곧 남방 왕의 딸이 북방 왕에게 가서 화친하리라 그러나 그 공주의 힘이 쇠하고 그 왕은 서지도 못하며 권세가 없어질 뿐 아니라 그 공주와 그를 데리고 온 자와 그를 낳은 자와 그 때에 도와 주던 자가 다 버림을 당하리라

11:7 그러나 그 공주의 본 족속에서 난 자 중의 한 사람이 왕위를 이어 권세를 받아 북방 왕의 군대를 치러 와서 그의 성에 들어가서 그들을 쳐서 이기고

11:8 그 신들과 부어 만든 우상들과 은과 금의 아름다운 그릇들은 다 노략하여 애굽으로 가져갈 것이요 몇 해 동안은 그가 북방 왕을 치지 아니하리라

11:9 북방 왕이 남방 왕의 왕국으로 쳐들어갈 것이나 자기 본국으로 물러가리라

11:10 그러나 그의 아들들이 전쟁을 준비하고 심히 많은 군대를 모아서 물이 넘침 같이 나아올 것이며 그가 또 와서 남방 왕의 견고한 성까지 칠 것이요

11:11 남방 왕은 크게 노하여 나와서 북방 왕과 싸울 것이라 북방 왕이 큰 무리를 일으킬 것이나 그 무리는 그의 손에 넘겨 준 바 되리라

11:12 그가 큰 무리를 사로잡은 후에 그의 마음이 스스로 높아져서 수만 명을 엎드러뜨릴 것이나 그 세력은 더하지 못할 것이요

11:13 북방 왕은 돌아가서 다시 군대를 전보다 더 많이 준비하였다가 몇 때 곧 몇 해 후에 대군과 많은 물건을 거느리고 오리라

11:14 그 때에 여러 사람이 일어나서 남방 왕을 칠 것이요 네 백성 중에서도 포악한 자가 스스로 높아져서 환상을 이루려 할 것이나 그들이 도리어 걸려 넘어지리라

11:15 이에 북방 왕은 와서 토성을 쌓고 견고한 성읍을 점령할 것이요 남방 군대는 그를 당할 수 없으며 또 그가 택한 군대라도 그를 당할 힘이 없을 것이므로

11:16 오직 와서 치는 자가 자기 마음대로 행하리니 그를 당할 사람이 없겠
고 그는 영화로운 땅에 설 것이요 그의 손에는 멸망이 있으리라
11:17 그가 결심하고 전국의 힘을 다하여 이르렀다가 그와 화친할 것이요 또
여자의 딸을 그에게 주어 그의 나라를 망하게 하려 할 것이나 이루지 못하
리니 그에게 무익하리라
11:18 그 후에 그가 그의 얼굴을 바닷가로 돌려 많이 점령할 것이나 한 장군
이 나타나 그의 정복을 그치게 하고 그 수치를 그에게로 돌릴 것이므로
11:19 그가 드디어 그 얼굴을 돌려 자기 땅 산성들로 향할 것이나 거쳐 넘어
지고 다시는 보이지 아니하리라
11:20 그 왕위를 이을 자가 압제자를 그 나라의 아름다운 곳으로 두루 다니
게 할 것이나 그는 분노함이나 싸움이 없이 몇 날이 못 되어 망할 것이요

5-20절은 남방 왕국(이집트)과 북방 왕국(시리아)에 관한 계시이다. 알렉산
더 대왕 사후에 일어난 주요 두 왕국은 이집트를 중심으로 세력을 구축한
프톨레미 왕국과 시리아를 중심으로 세력을 구축한 셀류커스 왕국이었다.
이들 두 나라는 '거룩한 땅' 혹은 '영화로운 땅'으로 일컬어지는 이스라
엘을 사이에 두고 엎치락뒤치락하면서 각축을 벌였다. 따라서 이들의 동
향에 따라 이스라엘은 큰 영향을 받았다. 그런데 여기에 나오는 인물이 누
구를 가리키는지, 그리고 여기에 언급된 사건이 언제 일어난 것인지를 파
악하기가 쉽지 않다. 더욱이 이것들을 역사적으로 대입시키는 일은 성경
자체로 안 되고 성경 외적인 문헌을 동원해야 가능하다.

5절에서 가브리엘은 남방의 왕과 북방의 왕에 관하여 언급한다. 먼저
그는 남방의 왕에 관하여 말한다. 여기서 "남방"이란 이집트를 가리킨다.
그리고 한글성경 개역개정판에 "왕들"로 번역되어 있는 히브리어 단어
'멜레크'는 단수형이기에 한 명의 '왕'이라고 번역되어야 한다. 이 왕은
프톨레미 1세 소테르(주전 323-285년)이다. 가브리엘은 그가 강할 것이라고

말하는데, 이는 프톨레미 1세 소테르가 이른 시기에 강해질 것이라는 뜻이다. 그는 알렉산더 대왕 밑에서 대단히 유능하고 용맹한 장군이었는데, 알렉산더가 죽은 후 남쪽 나라 이집트에서 프톨레미 왕조를 세웠다.

가브리엘은 이어서 북방의 왕에 관하여 말한다. 여기서 북방의 왕은 "그 군주들 중 하나"라고 표현되었다. 이 말은 '프톨레미 1세 소테르의 장군 중 하나'라는 뜻이다. 이 북방 왕은 셀류커스 1세 니카토르(Seleucus I Nicator, 주전 311-280년)이다. 그는 알렉산더 대왕이 다스리던 때 프톨레미 1세 소테르보다 낮은 직급에 있었다. 알렉산더 사후에 그는 바벨론을 다스렸는데, 소아시아를 지배하던 안티고누스(Antigonus)에 의하여 밀려나는 바람에 이집트로 피했다가 그곳에서 프톨레미 1세 소테르의 장군이 되었다. 하지만 그는 주전 312년에 프톨레미 1세 소테르의 도움으로 가자 전투(battle of Gaza)에서 안티고누스를 무찌르고 자신이 이전에 다스리던 바벨론을 차지했다. 이후 그는 시리아와 바벨론과 메소포타미아 지역의 왕이 되었다. 그는 알렉산더 사후에 생성된 나라 중 가장 큰 나라를 이루었다.

간략히 정리하자면, 알렉산더가 죽은 후에 생성된 네 나라 중 가장 강력한 두 나라는 프톨레미 1세 소테르(주전 323-282년)가 세운 나라와 셀류커스 1세 니카토르(주전 312-281년)가 세운 나라였다. 그들은 각각 이집트와 시리아를 중심으로 세력을 굳혀 나갔다. 프톨레미 왕조(주전 323-30년)는 이집트가 로마에 의해서 정복될 때까지 다스렸고, 셀류커스 왕조(주전 311-63년)는 수리아가 품페이우스 장군에 의해서 정복될 때까지 다스렸다. 그리고 그들 가운데 팔레스타인이 있었다. 그들은 팔레스타인을 차지하려고 끊임없이 경쟁했다. 그리하여 팔레스타인에 살고 있던 유대인들은 두 강대국의 틈바구니에서 많은 어려움을 겪었다.

6절에서 가브리엘은 몇 해 후에 남방 왕(이집트)과 북방 왕(시리아)이 서로 단합했으나 얼마 가지 않아 깨어진 일을 말한다. 당시 프톨레미 왕국과 셀류커스 왕국 사이에 갈등이 있었다. 하지만 주전 250년경 프톨레미 2세 필라델푸스(Ptolemy II Philadelphus, 주전 285-246년)는 자기 딸 베레니케(Berenice)를 북방 왕 안티오커스 2세 테오스(Antiochus II Theos, 주전 261-246년, 셀류커스 1세의 손자)에게 아내로 주어서 화친을 맺으려 했다. 이때 조건은 베레니케의 아들 중에서 셀류커스의 왕조를 계승한다는 것이었다.

이에 안티오커스 2세 테오스는 본처 라오디케(Laodice)와 이혼하고 베레니케와 결혼했다. 하지만 얼마 지나지 않아서 안티오커스 2세 테오스는 베리니케와 이혼하고 다시 본처 라오디케를 데리고 왔다. 그 후에 라오디케는 안티오커스 2세 테오스와 베레니케와 그녀가 낳은 아기와 이집트에서 온 시중들을 죽였다. 그런데 이 시기에 마침 라오디케의 아버지도 죽었다. 그래서 라오디케는 자기 아들 셀류커스 2세 칼리니쿠스(Seleucus II Callinicus, 주전 246-227년)를 왕국의 왕으로 세웠다. 그리하여 남방 왕과 북방 왕의 동맹은 깨어지고 말았다.

7-9절은 남방 왕이 북방 왕국을 공격한 사건이다. 7절의 "그 공주의 본족속에게서 난 자 중의 한 사람"이란 베레니케의 남동생 프톨레미 3세 유에르게테스 1세(Ptolemy III Euergetes I, 주전 246-221년)를 가리킨다. 그는 프톨레미 2세 필라델푸스의 뒤를 이어 왕이 되었다. 프톨레미 3세 유에르게테스 1세는 그의 누이 베레니케의 복수를 위해 셀류커스 왕국을 침공하여 시리아의 수도인 안디옥을 정복했다. 그리고 그는 시리아의 신전에서 값비싼 기물을 노략질하여 이집트로 가져갔다(8절). 8절 마지막 문구인 "몇 해 동안은 그가 북방 왕을 치지 아니하리라"는 말은 주전 244-242년에 북방 왕국과 남방 왕국의 갈등이 소강상태였던 것을 가리킨다. 9절의 "북방 왕이

남방 왕의 왕국으로 쳐들어갈 것이나 자기 본국으로 물러가리라"는 말은 주전 242년에 셀류커스 2세 칼리니쿠스(주전 246-226년)가 이집트를 쳐들어 갔으나 크게 패하고 자기 나라로 돌아간 일을 의미한다.

10-13절은 북방 왕이 남방 왕국을 공격한 사건이다. 북방 왕이 남방 왕국을 공격했지만 패하고 자기 나라로 돌아가자 이번에는 북방 왕의 아들들이 전쟁을 준비하고 많은 군대를 모아서 남방 왕의 견고한 성을 친다(10절). 이것은 주전 226년에 셀류커스 2세 칼리니쿠스가 죽은 후 그의 아들들 셀류커스 3세 케라우누스(Seleucus III Ceraunus, 주전 226-223년)와 안티오커스 3세 대왕(Antiochus III the Great, 주전 223-187년)이 프톨레미 왕국과 전쟁을 벌인 것을 의미한다. 이에 남방 왕은 크게 노하여 나아와서 북방 왕과 싸운다(11절). 이는 주전 217년에 라피아(Raphia)에서 남방 왕 프톨레미 4세 필로파테르(Ptolemy IV Philopater, 주전 221-204년)가 북방 왕 안티오커스 3세와 전쟁을 벌였고, 이때 프톨레미 4세 필로파테르가 크게 이겨서 팔레스타인과 시리아 남부지역을 차지한 일을 뜻한다.

하지만 프톨레미 4세 필로파테르의 승리는 오래가지 못한다. 그는 마음이 스스로 높아져서 수만 명을 엎드러뜨렸으나 그의 세력이 더하지 못한다(12절). 북방 왕은 돌아가서 다시 군대를 전보다 더 많이 준비하였다가 몇 년 후에 대군과 많은 물건을 거느리고 온다(13절). 이는 북방 왕 안티오커스 3세는 세력을 길러서 영토를 점점 확장하면서 소아시아 지역과 아시아 지역 일부를 점령하고, 주전 200년에 그는 요단강 근처에 있는 바니아스(Banias)에서 스코파스(Scopas)가 이끄는 이집트 군대를 대파하고 팔레스타인을 차지한 일을 예언한 것이다.

주전 204년에 남방 왕 프톨레미 4세 필로파테르가 알 수 없는 이유로 죽자, 프톨레미 5세 에피파네스(Ptolemy V Epiphanes, 주전 204-181년)가 왕위를 계승했다. 하지만 이때 나라가 약화되었는데, 이는 그가 아버지의 뒤를 이어 왕이 된 나이가 겨우 6살이었기 때문이다. 이에 남방 왕국 이집트는 빈번하게 침략을 받았다. 이러한 사실은 14절에 반영되어 있다. "그 때에 여러 사람이 일어나서 남방 왕을 칠 것이요"라는 말은 안티오커스 3세와 동맹을 맺은 자들이 이집트를 침공한 것을 가리킨다. 그리고 "네 백성 중에서도 포악한 자가 스스로 높아져서 환상을 이루려 할 것이나 그들이 도리어 걸려 넘어지리라"라는 말은 일부 유대인들이 안티오커스 3세와 동맹을 맺고 이집트 공격에 동참한 것을 뜻한다. 당시 일부 유대인들은 북방 왕과 동맹하여 남방 왕을 치면서 자신들의 정치 세력화를 꾀하려고 했지만 실패했다.

15-16절은 주전 198년에 북방 왕이 이스라엘을 점령한 일을 가리킨다. 15절의 "북방 왕은 와서 토성을 쌓고 견고한 성읍을 점령할 것이요"라는 말에서 "북방 왕"은 안티오커스 3세이고, "토성을 쌓고"란 공격하고자 하는 성과 비슷한 높이의 성을 흙으로 쌓아서 성을 공략하는 전술을 사용한 것을 뜻하며, "견고한 성읍"은 시돈(Sidon) 성을 가리킨다. "남방 군대는 그를 당할 수 없으며"라는 말은 남방 왕국의 군대가 안티오커스 3세를 당할 수 없다는 뜻이다. 그리고 "그가 택한 군대라도 그를 당할 힘이 없을 것이므로"라는 말은 남방 왕국의 정예부대라도 그를 당해낼 힘이 없다는 뜻이다.

16절의 "오직 와서 치는 자가 자기 마음대로 행하리니 그를 당할 사람이 없겠고"라는 말은 북방 왕의 힘이 대단히 강력해서 누구도 당해낼 수 없다는 뜻이다. 그리고 "그는 영화로운 땅에 설 것이요 그의 손에는 멸망이 있으리라"는 말에서 "영화로운 땅"이란 이스라엘을 가리키는데(참고.

11:41), 안티오커스 3세가 이스라엘을 정복한 것을 뜻한다. 이때로부터 주전 165년 마카비에 의한 독립운동이 일어나기까지 이스라엘은 셀류커스 왕조의 영향 아래에 있었다.

17절은 남방 왕과 북방 왕의 화친 조약에 관한 언급이다. 17절의 "그가 결심하고 전국의 힘을 다하여 이르렀다가 그와 화친할 것이요"라는 말은 뜻이 모호하다. 이에 한글성경 공동번역의 도움을 빌리는 것이 좋은데, 여기에는 "그는 남국 왕의 전 영토를 점령할 마음으로 화친하려는 것처럼 꾸며"라고 되어 있다. "여자의 딸을 그에게 주어"라는 말은 주전 193년에 안티오커스 3세가 자신의 딸 클레오파트라(Cleopatra, 율리우스 카이사르와 마르쿠스 안토니우스에 연관된 클레오파트라가 아님: 이 여인은 여왕 클레오파트라로서 주전 69-30년에 살았던 인물)를 프톨레미 5세 에피파네스에게 정략적으로 주어서 결혼하게 한 일을 의미한다. 안티오커스 3세는 그의 딸 클레오파트라를 이집트에 보내서 이집트에 영향을 미치려 했다. 하지만 클레오파트라는 아버지의 편에 서지 않고 남편 프톨레미 5세 에피파네스의 편에 섰다.

18-19절은 안티오커스 3세가 눈을 돌려서 다른 나라를 공격한 일에 관한 언급이다. 18절의 "그 후에 그가 그의 얼굴을 바닷가로 돌려 많이 점령할 것이나"라는 말은 안티오커스 3세가 바닷가 지역에서 승리한 것을 의미한다. 그는 주전 192년에 그리스 본토와 소아시아 일부를 공격했다. 하지만 이 일로 그는 로마와 갈등을 겪었다. "한 장군이 나타나 그의 정복을 그치게 하고 그 수치를 그에게로 돌릴 것이므로"라는 말은 주전 191년에 안티오커스 3세가 로마의 장군 루시우스 스키피오 아시아티쿠스(Lucius Scipio Asiaticus)에게 대패한 일을 뜻한다.

19절의 "그가 드디어 그 얼굴을 돌려 자기 땅 산성들로 향할 것이나 거

처 넘어지고 다시는 보이지 아니하리라"는 말은 한글성경 공동번역에 "그
는 자기 나라 요새로 피하려고 발길을 돌리다가 실패한 채 영원히 망하고
말 것이다"라고 되어 있다. 로마는 안티오커스 3세의 영토 중 타우루스
(Taurus) 서쪽을 차지했으며, 안티오커스 3세는 로마에 많은 조공을 바쳤다.
그리고 이때 그는 자기 아들이자 나중에 왕이 되어 안티오커스 4세 에피파
네스(Antiochus IV Epiphanes)라는 이름을 가질 이를 로마에 볼모로 보냈다. 안
티오커스 3세는 주전 187년에 로마에 갚을 막대한 패전 배상금을 갚으려
고 엘리마이스(Elymais)에 있는 '벨의 사원'(the temple of Bel)을 침범하여 약
탈하려다가 성난 군중에게 잡혀서 죽었다("보이지 아니하리라").

20절은 안티오커스 3세의 후계자에 관한 언급이다. "그 왕위를 이을 자
가 압제자를 그 나라의 아름다운 곳으로 두루 다니게 할 것이나"라는 말은
안티오커스 3세의 아들 셀류커스 4세 필로파테르(Seleucus IV Philopater, 주전
187-175년)가 왕이 되었을 때 일어난 일을 의미한다. 당시에 로마는 셀류커
스 4세 필로파테르에게 막대한 조공을 바칠 것을 요구했으며, 이에 그는
로마에 갚아야 할 조공을 마련하기 위해서 "압제자"(셀레오쿠스의 재무장관)
헬리오도루스(Heliodorus)를 파견하여 백성들에게 많은 세금을 부과했다.

여기서 "아름다운 곳"이란 예루살렘을 의미하는데, 셀류커스 4세 필로
파테르는 예루살렘 성전을 침공하여 값비싼 성전 기물과 자금 등을 훔치
려 했지만 무서운 꿈을 꾸었고 계획을 철회했다(참고 _ 마카비하 3:7-40). "그는
분노함이나 싸움이 없이 몇 날이 못 되어 망할 것이요"라는 말은 그가 전
쟁터에서 죽은 것이 아니라는 점을 뜻한다. 주전 175년에 셀류커스 4세 필
로파테르는 재무장관 헬리오도루스에 의해서 독살당했다. 당시 로마에 볼
모로 잡혀 있던 안티오커스 4세 에피파네스가 풀려났는데, 이때 헬리오도
루스가 안티오커스 4세 에피파네스의 사주를 받아서 셀류커스 4세 필로파

테르를 독살했을 가능성이 있다.

안티오커스 4세 에피파네스 (21-35절)

11:21 또 그의 왕위를 이을 자는 한 비천한 사람이라 나라의 영광을 그에게 주지 아니할 것이나 그가 평안한 때를 타서 속임수로 그 나라를 얻을 것이며

11:22 넘치는 물 같은 군대가 그에게 넘침으로 말미암아 패할 것이요 동맹한 왕도 그렇게 될 것이며

11:23 그와 약조한 후에 그는 거짓을 행하여 올라올 것이요 소수의 백성을 가지고 세력을 얻을 것이며

11:24 그가 평안한 때에 그 지방의 가장 기름진 곳에 들어와서 그의 조상들과 조상들의 조상이 행하지 못하던 것을 행할 것이요 그는 노략하고 탈취한 재물을 무리에게 흩어 주며 계략을 세워 얼마 동안 산성들을 칠 것인데 때가 이르기까지 그리하리라

11:25 그가 그의 힘을 떨치며 용기를 다하여 큰 군대를 거느리고 남방 왕을 칠 것이요 남방 왕도 심히 크고 강한 군대를 거느리고 맞아 싸울 것이나 능히 당하지 못하리니 이는 그들이 계략을 세워 그를 침이니라

11:26 그의 음식을 먹는 자들이 그를 멸하리니 그의 군대가 흩어질 것이요 많은 사람이 엎드러져 죽으리라

11:27 이 두 왕이 마음에 서로 해하고자 하여 한 밥상에 앉았을 때에 거짓말을 할 것이라 일이 형통하지 못하리니 이는 아직 때가 이르지 아니하였으므로 그 일이 이루어지지 아니할 것임이니라

11:28 북방 왕은 많은 재물을 가지고 본국으로 돌아가리니 그는 마음으로 거룩한 언약을 거스르며 자기 마음대로 행하고 본토로 돌아갈 것이며

11:29 작정된 기한에 그가 다시 나와서 남방에 이를 것이나 이번이 그 전번만 못하리니

11:30 이는 깃딤의 배들이 이르러 그를 칠 것임이라 그가 낙심하고 돌아가면서 맺은 거룩한 언약에 분노하였고 자기 땅에 돌아가서는 맺은 거룩한 언약을 배반하는 자들을 살필 것이며

11:31 군대는 그의 편에 서서 성소 곧 견고한 곳을 더럽히며 매일 드리는 제사를 폐하며 멸망하게 하는 가증한 것을 세울 것이며

11:32 그가 또 언약을 배반하고 악행하는 자를 속임수로 타락시킬 것이나 오직 자기의 하나님을 아는 백성은 강하여 용맹을 떨치리라

11:33 백성 중에 지혜로운 자들이 많은 사람을 가르칠 것이나 그들이 칼날과 불꽃과 사로잡힘과 약탈을 당하여 여러 날 동안 몰락하리라

11:34 그들이 몰락할 때에 도움을 조금 얻을 것이나 많은 사람들이 속임수로 그들과 결합할 것이며

11:35 또 그들 중 지혜로운 자 몇 사람이 몰락하여 무리 중에서 연단을 받아 정결하게 되며 희게 되어 마지막 때까지 이르게 하리니 이는 아직 정한 기한이 남았음이라

21-35절은 안티오커스 4세 에피파네스에 관한 계시이다. 21-24절은 안티오커스 4세 에피파네스가 북방 왕국의 왕위에 등극한 일과 북방 지역에서 세력을 키운 일에 관한 언급이다. 21절의 "또 그의 왕위를 이을 자는 한 비천한 사람이라"는 말은 안티오커스 4세 에피파네스(Antiochus IV Epiphanes, 주전 175-164년)를 가리킨다. 그는 8장에서 "작은 뿔"로 묘사되었으며, 굉장히 강력하고 잔혹한 존재로 표현되었다. 여기서 "비천한 사람"이란 존엄하지 않은 사람 혹은 존경받을 만하지 않은 사람이라는 뜻이다. 실제로 그의 인격은 비천했다.

"속임수로 그 나라를 얻을 것이며"라는 말은 안티오커스 4세 에피파네스가 합법적인 왕위 계승자가 아니었음을 시사한다. 원래 셀류커스 4세 필로파테르가 죽으면 그의 아들 데메트리우스 1세 소테르(Demetrius I Soter)가 왕위를 계승해야 했다. 하지만 셀류커스 4세 필로파테르는 자기 아들 데메트리우스 1세 소테르를 안티오커스 4세 에피파네스 대신 로마에 볼모로 잡혀 있게 했다. 이때 셀류커스 4세 필로파테르가 살해당했으며, 시리아로

돌아온 안티오커스 4세 에피파네스는 사람들을 속이고 옳지 않은 책략을 써서 왕위를 차지했다.

22절은 안티오커스 4세 에피파네스가 많은 군대와 동맹한 왕을 이긴다는 뜻이다. "넘치는 물 같은 군대가 그에게 넘침으로 말미암아 패할 것이요"(NASB: "The overflowing forces will be flooded away before him and shattered")라는 말은 많은 군대가 안티오커스 4세 에피파네스에 의해서 패망한다는 뜻이다. "동맹한 왕도 그렇게 될 것이며"라는 말은 안티오커스 4세 에피파네스가 동맹한 왕과 약조를 깨고 공격한다는 뜻이다. 22절은 한글성경 공동번역을 통해서 그 의미를 쉽게 파악할 수 있다. "그는 맞서는 세력을 하나하나 부수어 물리치고 마침내 계약으로 세운 수령마저 죽일 것이다."

23절은 안티오커스 4세 에피파네스가 자기와 동맹을 맺은 자들을 하나하나 속여가면서 세력을 확장한 사실을 알려준다. 여기서 "소수의 백성을 가지고 세력을 얻을 것이며"라는 표현은 그가 시리아 일부 백성을 데리고 큰 승리를 거두었음을 의미한다. 24절은 안티오커스 4세 에피파네스의 교활함을 묘사한다. "그가 평안한 때에 그 지방의 가장 기름진 곳에 들어와서"라는 말은 안티오커스 4세 에피파네스가 평화로운 때에 왕위를 차지한 것과 북방 왕궁의 가장 비옥한 지역을 공격한 일을 의미한다. "그의 조상들과 조상들의 조상이 행하지 못하던 것을 행할 것이요"라는 말은 그가 남을 속이는 일에 굉장히 탁월했다는 점을 암시한다.

"그는 노략하고 탈취한 재물을 무리에게 흩어 주며"라는 말은 군사들의 환심을 사려고 전리품을 군사들에게 나누어준 일을 가리킨다. "산성들을 칠 것인데"라는 말은 대적들의 요새를 공격한 것을 의미하고, "때가 이르기까지 그리하리라"는 말은 하나님이 정하신 때가 이를 때까지 그런 일을 계속한다는 뜻이다. 그러므로 21-24절은 북방 지역에서 안티오커스 4세 에피파네스가 왕위를 찬탈하고 세력을 키운 이야기를 기록하고 있다. 이제 그는 북방에서 세력을 키웠기에 남방을 침략하여 세력을 더욱 확장하려고 할 것이다.

25-28절은 안티오커스 4세 에피파네스가 주전 169년에 이집트를 첫 번째로 침공한 일에 관한 기록이다. 25절의 "그가 그의 힘을 떨치며 용기를 다하여 큰 군대를 거느리고 남방 왕을 칠 것이요"라는 말은 안티오커스 4세 에피파네스가 남방 왕 이집트의 프톨레미 6세 필로메테르(Ptolemy VI Philometer, 주전 181-145년)를 침공하여 제압한 것을 의미한다. "남방 왕도 심히 크고 강한 군대를 거느리고 맞아 싸울 것이나 능히 당하지 못하리니"라는 말은 북방 왕의 힘이 너무 강하기에 남방 왕이 강한 군대를 거느리고 맞선다 하더라도 이기지 못할 것이라는 뜻이다. "이는 그들이 계략을 세워 그를 침이니라"는 말은 안티오커스 4세 에피파네스가 탁월한 전략가이자 속임수를 잘 쓰는 자이기 때문에 도저히 당해낼 수 없다는 뜻이다. 당시에 안티오커스 4세 에피파네스가 남방 왕국을 침공한 사실은 마카비상 1:17-19에 구체적으로 기록되어 있다. "그는 대군을 거느리고 병거, 코끼리, 기병, 큰 함대를 앞세워 이집트로 쳐들어 가서 이집트 왕 프톨레매오를 공격하였다. 프톨레매오는 많은 사상자를 내고 도망쳐 버렸다. 안티오커스는 이집트의 여러 요새도시들을 점령하고 많은 전리품을 빼앗았다."

26절의 "그의 음식을 먹는 자들이 그를 멸하리니"라는 말은 한글성경 공동번역에 "한 식탁에서 먹던 사람들이 그를 거꾸러뜨리려고 할 것이며"로 번역되어 있다. 이것은 프톨레미 6세 필로메테르의 부하들(책사들)인 율라에우스(Eulaeus)와 레나에우스(Lenaeus)의 배신을 의미한다. 그들은 프톨레미 6세 필로메테르를 부추겨서 시리아 지역을 공격하게 만들었는데, 이것은 속임수였다. 이로 인하여 프톨레미 6세 필로메테르는 안티오커스 4세 에피파네스의 포로가 되었다. "그의 군대가 흩어질 것이요 많은 사람이 엎드러져 죽으리라"는 말은 프톨레미 6세 필로메테르의 군사가 이 전투에서 많이 죽는다는 사실을 의미한다.

27절의 "이 두 왕이 마음에 서로 해하고자 하여 한 밥상에 앉았을 때에 거짓말을 할 것이라"는 말은 프톨레미 6세 필로메테르와 안티오커스 4세 에피파네스가 서로에게 호의를 베푸는 척 하지만 속으로는 서로를 해하고자 한다는 점을 보여준다. 여기서 "거짓말을 할 것이라"는 말은 애초부터 서로 약속을 지킬 마음이 없었다는 뜻이다. 그들은 거짓말을 했고, 서로 이용할 생각만 했다. "일이 형통하지 못하리니 이는 아직 때가 이르지 아니하였으므로 그 일이 이루어지지 아니할 것임이니라"는 말은 하나님이 작정하신 때가 이르지 않았기에 그들의 의도가 이루어지지 않았다는 뜻이다(참고_11:24의 "때가 이르기까지 그리하리라").

당시 상황을 간략히 정리해 보자. 프톨레미 6세 필로메테르가 시리아를 침공하여 안티오커스 4세 에피파네스와 싸우다가 패하여 시리아 옥에 갇힌다. 그리고 이집트의 왕좌는 프톨레미 6세의 형제 프톨레미 7세 유에르게테스 2세 피스콘(Ptolemy VII Euergetes II Physcon)이 차지한다. 이에 안티오커스 4세 에피파네스는 프톨레미 6세 필로메테르를 다시 이집트의 왕으로 세워주겠다고 제안하는데, 이는 이집트에 대한 자신의 지배권을 확장하려는 속셈에서였다. 그리고 프톨레미 6세 필로메테르는 이집트에서 자기 대신 왕이 된 프톨레미 7세 유에르게테스 2세 피스콘을 제거하고 자신이 다시 이집트의 왕이 되기 위하여 안티오커스 4세와 동맹을 맺는다.

그리하여 안티오커스 4세 에피파네스는 프톨레미 6세 필로메테르와 함께 이집트를 공격하는데, 이집트 전역을 점령하는 데는 실패하고 단지 멤피스를 차지한다. 그리고 안티오커스 4세 에피파네스는 프톨레미 6세 필로메테르를 멤피스의 왕으로 세운다. 이때 프톨레미 7세는 알렉산드리아를 다스리고 있었는데, 그는 그 지역을 계속 다스린다. 하지만 프톨레미 6세 필로메테르는 안티오커스 4세 에피파네스와 맺은 동맹을 파기하고 그를 이집트에서 몰아내기 위하여 프톨레미 7세 유에르게테스 2세 피스콘과 공조한다. 그리하여 프톨레미 6세와 프톨레미 7세는 힘을 합쳐서 이집트를 공동으로 다스린다.

28절의 "북방 왕은 많은 재물을 가지고 본국으로 돌아가리니"라는 말은 북방 왕 안티오커스 4세 에피파네스가 이집트에서 많은 재물을 약탈하여 본국으로 돌아가는 것을 의미한다. 그리고 "그는 마음으로 거룩한 언약을 거스르며 자기 마음대로 행하고 본토로 돌아갈 것이며"라는 말은 그가 본국으로 돌아가는 길에 예루살렘에 들러서 악행을 저지른 것을 뜻한다. 여기서 "거룩한 언약을 거스르며"라는 말은 하나님이 유대와 맺은 언약을 거슬렀다는 뜻으로 성전을 멸시하고 모독한 일을 의미한다(참고 _ 11:30).

마카비상 1:20-24에는 당시 상황이 다음과 같이 기록되어 있다. "백사십삼년에 이집트를 쳐부순 안티오커스는 돌아오는 길에 대군을 이끌고 이스라엘로 가서 예루살렘으로 쳐들어갔다. 그는 무엄하게도 성전 깊숙이 들어가서 금제단, 등경과 그 모든 부속물, 제사 상, 술잔, 그릇, 금향로, 휘장, 관 등을 약탈하고 성전 정면에 씌웠던 금장식을 벗겨 가져갔다. 또 금, 은은 물론 값비싼 기물들을 빼앗고 감추어두었던 보물들을 찾아내는 대로 모두 약탈하였다. 그는 이 모든 것을 차지하고 많은 사람을 죽인 다음, 오만 불손한 욕설을 남기고 자기 나라로 돌아갔다." 그리고 그 결과는 마카비상 1:25-28에 기록되어 있다. "이스라엘 방방곡곡에는 큰 슬픔이 넘쳐,

지도자와 원로들이 탄식을 하고 처녀 총각들은 기운을 잃었으며, 여인들의 아름다움은 간 곳이 없었다. 신랑들은 슬픔에 잠기고 신부는 신방에 앉아서 탄식만 하였다. 온 땅은 주민들의 슬픔으로 초상집같이 되었고 야곱의 집은 온통 수치로 뒤덮였다."

29-35절은 안티오커스 4세 에피파네스가 주전 167년에 이집트를 두 번째로 침략한 일과 이 과정에서 이스라엘을 탄압한 일을 기록한다. 29절의 "작정된 기한에"라는 말은 모든 것이 하나님의 작정에 속해 있음을 시사한다. 주전 167년에 안티오커스 4세 에피파네스는 다시 이집트를 침략한다. 하지만 그는 이전처럼 성공하지 못한다. 그가 실패한 이유는 프톨레미 6세 필로메테르와 그의 형제 프톨레미 7세 유에르게테스 2세 피스콘이 화해하고 힘을 합쳐서 이집트를 다스리면서 안티오커스 4세 에피파네스를 이집트에서 몰아냈기 때문이다.

30절의 "이는 깃딤의 배들이 이르러 그를 칠 것임이라"는 말에서 "깃딤의 배들"이란 로마 함대를 가리킨다. "깃딤"은 '구브로'(키프로스)를 의미하는데, 당시에 이 단어는 일반적으로 로마를 일컫는 용어였다. 로마 함대가 이 전쟁에 참전한 것은 프톨레미 형제가 로마 군대에 지원을 요청했기 때문이다. 로마 함대는 이집트를 도와서 안티오커스 4세 에피파네스를 물리쳤다. 당시에 로마 함대의 수장은 가이우스 폴리우스 레나스(Gaius Popilius Laenas)였다. 이에 안티오커스 4세 에피파네스는 낙심과 좌절 속에 본국으로 돌아갔다.

그런데 이 구절에서 "그가 낙심하고 돌아가면서 맺은 거룩한 언약에 분노하였고"라는 말은 28절에서와 마찬가지로 그가 자기 나라로 돌아가는 길에 이스라엘에 들러서 분풀이를 한 것을 의미한다. 그리고 "자기 땅에 돌아가서는 맺은 거룩한 언약을 배반하는 자들을 살필 것이며"라는 말은 안티오커스 4세 에피파네스가 시리아에 돌아가서 유대의 변절자들에게 상을 내린다는 뜻이다. 즉 대제사장 메넬라오스를 비롯하여 유대의 전통을 버리고 헬레니즘 정책을 지지하는 유대인들에게 호의를 베푼다는 뜻이다.

여기서 우리는 "거룩한 언약"이라는 용어가 사용된 사실을 주목해야 한다. 가브리엘은 28절과 30절에서 안티오커스 4세 에피파네스가 "거룩한 언약"을 모독했다는 표현을 사용한다. 따라서 그는 안티오커스 4세 에피파네스의 행위를 단지 한 민족에 대한 박해로 보는 것이 아니라 하나님과 그분의 백성이 맺은 언약을 파괴하는 행위로 해석한다. 이것은 다니엘서 전반에 걸쳐서 나오는 사탄의 목표와 맥을 같이 한다. 다니엘 1장에서 유다 백성이 포로로 잡혀가고 바벨론의 문화에 동화되도록 강요당한 일과 2-6장에서 다니엘과 친구들이 신앙의 절개를 지키다가 목숨을 잃을 수 있었던 일과 7장 이하에서 세상의 악한 세력들과 그들로 상징되는 적그리스도가 활동하는 일은 모두 언약을 파괴하려는 행동이었다. 이에 하나님은 다니엘과 친구들에게 지혜와 은총을 주시고, 하늘에서 가브리엘과 미가엘이 악한 영들에 대적하여 싸우게 하심으로 하나님의 언약이 보존되게 하셨다. 특별히 하나님은 메시아가 오심으로 언약이 회복된다는 사실을 말씀하심으로 다니엘과 유대인들에게 소망이 있게 하셨다.

31절의 "군대는 그의 편에 서서 성소 곧 견고한 곳을 더럽히며 매일 드리는 제사를 폐하며 멸망하게 하는 가증한 것을 세울 것이며"라는 말은 주전 167년에 안티오커스 4세 에피파네스가 군대를 예루살렘에 보내어서 한 일이다(참고 _ 마 24:15, 막 13:14). 이때 일어난 일이 마카비상 1:29-64에 자세히 기록되어 있다. 그들은 성전에 제우스 상을 세웠고, 제단에 돼지와 부정한

동물들을 희생 제물로 바쳤다. 32절의 "그가 또 언약을 배반하고 악행하는 자를 속임수로 타락시킬 것이나"라는 말은 유대인 변절자들에 관한 언급이다. 이들은 안티오커스 4세 에피파네스에게 속아서 언약을 배반하고 악을 행했다. "오직 자기의 하나님을 아는 백성은 강하여 용맹을 떨치리라"는 말은 언약을 지킨 백성이 죽음을 택하는 것을 암시한다(참고 _ 마카비상 1:62-63).

33절의 "백성 중에 지혜로운 자들이 많은 사람을 가르칠 것이나 그들이 칼날과 불꽃과 사로잡힘과 약탈을 당하여 여러 날 동안 몰락하리라"는 말은 유대인들 가운데 언약을 지킨 자들이 백성들에게 성경을 가르쳐서 죽음을 택하자고 격려한 일을 시사한다. 34절의 "그들이 몰락할 때에 도움을 조금 얻을 것이나"라는 말은 유대인들이 마카비를 중심으로 독립운동을 전개한 일을 가리킨다. 그리고 "많은 사람들이 속임수로 그들과 결합할 것이며"라는 말은 많은 사람이 마카비의 독립운동에 가담한 것은 나중에 변절자로 몰려서 처단 당할까봐 두려워서 한 것이며 기꺼이 한 것이 아니라는 사실을 보여준다.

35절의 "또 그들 중 지혜로운 자 몇 사람이 몰락하여 무리 중에서 연단을 받아 정결하게 되며 희게 되어 마지막 때까지 이르게 하리니 이는 아직 정한 기한이 남았음이라"는 말은 지도자들이 고난을 겪는 모습을 보고 사람들이 단련을 받고 용기를 내어서 독립운동에 합류하는 것을 뜻한다. 여기서 "마지막 때"란 '항쟁이 끝나는 때'이며, 세대주의자들이 주장하는 '세상의 마지막 때'가 아니다. 그리고 "아직 정한 기한이 남았음이라"는 말은 하나님이 정하신 때가 아직 남았다는 뜻이다. 결국, 이 전쟁은 주전 164년에 안티오커스 4세 에피파네스로부터 성전을 찾아서 봉헌하고, 주전 163년에 그가 전쟁 중에 죽음으로 끝난다.

안티오커스 4세 에피파네스와 적그리스도 (36-45절)

11:36 그 왕은 자기 마음대로 행하며 스스로 높여 모든 신보다 크다 하며 비상한 말로 신들의 신을 대적하며 형통하기를 분노하심이 그칠 때까지 하리니 이는 그 작정된 일을 반드시 이룰 것임이라

11:37 그가 모든 것보다 스스로 크다 하고 그의 조상들의 신들과 여자들이 흠모하는 것을 돌아보지 아니하며 어떤 신도 돌아보지 아니하고

11:38 그 대신에 강한 신을 공경할 것이요 또 그의 조상들이 알지 못하던 신에게 금 은 보석과 보물을 드려 공경할 것이며

11:39 그는 이방신을 힘입어 크게 견고한 산성들을 점령할 것이요 무릇 그를 안다 하는 자에게는 영광을 더하여 여러 백성을 다스리게도 하며 그에게서 뇌물을 받고 땅을 나눠 주기도 하리라

11:40 마지막 때에 남방 왕이 그와 힘을 겨룰 것이나 북방 왕이 병거와 마병과 많은 배로 회오리바람처럼 그에게로 마주 와서 그 여러 나라에 침공하여 물이 넘침 같이 지나갈 것이요

11:41 그가 또 영화로운 땅에 들어갈 것이요 많은 나라를 패망하게 할 것이나 오직 에돔과 모압과 암몬 자손의 지도자들은 그의 손에서 벗어나리라

11:42 그가 여러 나라들에 그의 손을 펴리니 애굽 땅도 면하지 못할 것이니

11:43 그가 권세로 애굽의 금 은과 모든 보물을 차지할 것이요 리비아 사람과 구스 사람이 그의 시종이 되리라

11:44 그러나 동북에서부터 소문이 이르러 그를 번민하게 하므로 그가 분노하여 나가서 많은 무리를 다 죽이며 멸망시키고자 할 것이요

11:45 그가 장막 궁전을 바다와 영화롭고 거룩한 산 사이에 세울 것이나 그의 종말이 이르리니 도와 줄 자가 없으리라

36-45절은 안티오커스 4세 에피파네스의 행적과 더불어 그가 적그리스도를 상징한다는 사실을 보여준다. 따라서 이 부분을 적그리스도에 관한 계시라고 볼 수 있다. 이미 이 책에서 여러 번 말했듯이, 적그리스도는 그리스도를 대적하는 자로서 모든 시대에 다양한 형태로 존재한다. 즉 그는

마지막 시대에만 등장하는 것이 아니다. 지금까지 드러난 적그리스도의 특징을 간략히 서술하자면, 성전을 모독하고, 제사를 폐지하며, 율법을 버리게 만들고, 백성을 이간질시켜서 자신의 편을 확보한다. 그리하여 언약의 회복을 가져올 메시아의 오심을 방해한다.

가브리엘은 36-39절에서 안티오커스 4세 에피파네스의 행적을 요약하고, 40-45절에서 안티오커스 4세 에피파네스가 상징하는 적그리스도에 관하여 말한다. 즉 가브리엘은 안티오커스 4세 에피파네스의 활동을 모티프로 삼아서 적그리스도가 하는 일을 드러낸다. 여기에 묘사된 적그리스도의 특징은 다니엘서 전반에 걸쳐 드러난 것과 일치한다. 그는 메시아가 이 땅에 오지 못하게 저지하면서, 더 나아가 백성들이 하나님 대신에 자신을 섬기게 만든다.

먼저, 36-39절에 기록된 안티오커스 4세 에피파네스에 관한 진술을 살펴보자. 36절의 "그 왕은 자기 마음대로 행하며 스스로 높여 모든 신보다 크다 하며 비상한 말로 신들의 신을 대적하며 형통하기를 분노하심이 그칠 때까지 하리니"라는 말은 안티오커스 4세 에피파네스의 교만과 오만을 의미한다. 그리고 "이는 그 작정된 일을 반드시 이룰 것임이라"는 말은 그의 등장과 성격이 하나님의 작정 안에 있다는 뜻으로 하나님이 허락하시지 않고는 어떠한 일도 일어날 수 없다는 사실을 보여준다. 필시 다니엘서에서 하나님의 작정은 매우 중요한 주제이다.

37절의 "그가 모든 것보다 스스로 크다 하고 그의 조상들의 신들과 여자들이 흠모하는 것을 돌아보지 아니하며 어떤 신도 돌아보지 아니하고"라는 말은 안티오커스 4세 에피파네스가 자신을 신으로 여기게 만든 일을 가리킨다. 실제로 그는 자신에게 '에피파네스'라는 별명을 붙였는데, 이는 '나타난'이라는 뜻으로, 자신을 '세상에 나타난 신'으로 숭배하게 만들려는 의도를 가진 것이다. 한편, 어떤 이들은 "여자들이 흠모하는 것을 돌아보지 아니하며"라는 문구를 그가 여자를 좋아하지 않고 남자를 좋아한 동성애자였다는 증거라고 주장하는데, 그가 실제로 그랬을 가능성이 있긴 하지만, 이 문구 자체가 그런 뜻을 가지고 있지는 않다.

38-39절은 안티오커스 4세 에피파네스의 주된 관심사를 보여준다. 38절의 "그 대신에 강한 신을 공경할 것이요"라는 표현은 군사력을 의미한다. 즉 그는 군사력을 가장 높은 자리에 두어서 거의 신격화했다. 그리고 "또 그의 조상들이 알지 못하던 신에게 금 은 보석과 보물을 드려 공경할 것이며"라는 표현은 군사력을 배양하기 위해서 돈을 쏟아부은 것을 뜻한다.

39절의 "그는 이방신을 힘입어 크게 견고한 산성들을 점령할 것이요"라는 문구는 한글성경 공동번역이 의미를 잘 살려서 "그 외국신을 위하는 자들을 요새의 수비대로 배치할 것이다"로 번역하였다. "무릇 그를 안다 하는 자에게는 영광을 더하여 여러 백성을 다스리게도 하며"라는 말은 자신을 숭배하고 따르는 자들에게 영토를 다스리게 한다는 뜻이다. "그에게서 뇌물을 받고 땅을 나눠 주기도 하리라"는 말은 그가 돈을 좋아하여 돈을 받고서 땅을 나누어준다는 뜻이다. 결국, 이 구절은 안티오커스 4세 에피파네스가 전쟁하고 정복하는 일에 관심을 가졌다는 사실을 보여준다. 그는 군사력을 키워서 영토를 확장하고, 물질을 차지하며, 야욕을 성취하는 일에 큰 관심이 있었다.

40-45절은 안티오커스 4세 에피파네스의 생애와 일치하지 않는다. 이 표현들을 어떠한 역사적 상황에 적용해야 할지 판단하기가 쉽지 않다. 이에 학자들은 여러 가지 해석을 내놓았지만 아직 일치된 결론에 이르지 못

했다. 11장에서 가브리엘은 북방 왕과 남방 왕의 갈등, 암투, 화해, 속임수, 전쟁을 말했고, 이로 인해 북방 왕과 남방 왕 사이에 있던 유대인들이 고난을 겪은 것을 말했는데, 40-45절에서 그것들을 모티프로 삼아서 세상의 패권자들과 적그리스도가 하나님의 백성들을 괴롭히는 것을 언급한다. 특히 여기서 가브리엘은 안티오커스 4세 에피파네스의 속성과 활동을 반영하여 적그리스도의 보편적인 속성과 활동을 말한다. 곧 이 세상에서 적그리스도가 복음과 교회와 성도를 박해하는 일반적인 상황을 언급한다.

40절은 "마지막 때에"라는 말로 시작한다. 미래주의자들은 이것을 그리스도의 재림 직전이라고 주장하지만 그렇게 볼 근거가 충분하지 않다. 오히려 7장 이하를 고려할 때 이것은 그리스도께서 재림하시기 전까지의 오랜 기간을 포괄한다. 곧 교회 시대를 의미한다. "남방 왕이 그와 힘을 겨룰 것이나 북방 왕이 병거와 마병과 많은 배로 회오리바람처럼 그에게로 마주 와서 그 여러 나라에 침공하여 물이 넘침같이 지나갈 것이요"라는 말은 안티오커스 4세 에피파네스가 가졌던 강력한 힘을 묘사하면서 그것이 상징하는 적그리스도의 강력한 힘을 강조한다. 적그리스도는 강력한 힘을 가지고 있어서 누구든지 이길 수 있다.

41절의 "그가 또 영화로운 땅에 들어갈 것이요"에서 "영화로운 땅"은 이스라엘을 가리킨다. 이것은 16절에서 북방 왕 안티오커스 3세가 이스라엘을 침략한 것을 모티프로 삼는데, 이 구절에서는 적그리스도가 영적 이스라엘인 교회를 박해하는 것을 의미한다. "많은 나라를 패망하게 할 것이나"라는 말은 적그리스도의 승승장구를 뜻한다. "오직 에돔과 모압과 암몬 자손의 지도자들은 그의 손에서 벗어나리라"는 말은 당시에 에돔과 모압과 암몬이 이스라엘의 대적들이면서 시리아의 정책을 지지하는 나라들이었기에 많은 나라(세력, 사람)가 적그리스도에 의해서 패망할 때 적그리스도를 지지하고 하나님의 백성을 대적한 자들은 적그리스도에게 공격당하지 않는다는 사실을 뜻한다. 그들은 같은 편이기 때문에 서로 협력한다.

42절의 "그가 여러 나라들에 그의 손을 펴리니 애굽 땅도 면하지 못할 것이니"라는 문구는 적그리스도가 여러 나라를 정복하는데, 심지어 고대에 강력했던 이집트로 상징되는 강한 세력들조차도 피하지 못한다는 뜻이다. 이것은 적그리스도의 힘이 매우 강하고 활동 범위가 굉장히 넓다는 사실을 시사한다. 그는 지배력을 전 세계로 확장하는데, 어떤 세력도 그를 피할 수 없다. 실제로 적그리스도는 세상의 모든 사람, 국가, 정치, 경제, 문화 등을 이용하여 자신의 일을 수행한다. 그는 모든 분야에 영향을 미치며, 모든 수단을 사용한다.

43절의 "그가 권세로 애굽의 금 은과 모든 보물을 차지할 것이요"라는 말은 과거에 안티오커스 4세 에피파네스가 이집트를 공격하여 보물을 가져갔듯이 적그리스도가 강대한 나라들을 공격하고 그들에게서 값비싼 물건들을 훔쳐 가서 군사력과 경제력을 모두 강화할 것이라는 뜻이다. 그리하여 적그리스도의 힘은 더욱 강력해질 것이다. "리비아 사람과 구스 사람이 그의 시종이 되리라"는 말은 리비아와 구스가 이집트 주변국으로서 이집트가 정복될 때 같이 정복된 것을 예로 들어 적그리스도가 많은 영역을 침범하고 그들을 종으로 삼는 것을 뜻한다.

44절의 "그러나 동북에서부터 소문이 이르러 그를 번민하게 하므로"라는 말은 일차적으로 안티오커스 4세 에피파네스가 당했던 일인데, 그는 시리아 동북 지역의 파르티아와 아르메니아가 반란을 일으켰다는 예상하지 못한 소식을 듣고 번민했다. 이에 가브리엘은 그러한 사실을 모티프로 사용하여 전혀 생각하지도 않았던 일로 적그리스도가 번민하는 것을 말한다. "그가 분노하여 나가서 많은 무리를 다 죽이며 멸망시키고자 할 것이요"라는 말은 적그리스도가 자신을 번민하게 하는 세력을 죽이고 멸망시키려 하는 모습을 보여준다. 따라서 이것은 적그리스도의 패악성과 잔혹성과 악랄함을 보여준다. 적그리스도는 참으로 무자비한 존재이다.

이제 45절에서 가브리엘은 적그리스도의 궁극적 목표와 최후를 말한다. "그가 장막 궁전을 바다와 영화롭고 거룩한 산 사이에 세울 것이나"라는 말은 적그리스도가 지중해와 예루살렘 성전 산 사이에 자신의 거점을 세울 것이라는 뜻이다. 적그리스도는 거주할 장소를 만들고 자리를 잡을 것인데, 그가 거주하는 곳은 영화롭고 거룩한 곳, 즉 하나님이 계시는 곳이다. 이것은 그가 하나님의 자리에 자신을 올려놓을 것이라는 뜻이다. 따라서 적그리스도의 궁극적 목표가 드러난다. 그는 하나님이 되고 싶어 한다. 이에 관해 바울은 다음과 같이 말한다. "그는 대적하는 자라 신이라고 불리는 모든 것과 숭배함을 받는 것에 대항하여 그 위에 자기를 높이고 하나님의 성전에 앉아 자기를 하나님이라고 내세우느니라"(살후 2:4).

가브리엘은 마지막으로 다음과 같이 말한다. "그의 종말이 이르리니 도와 줄 자가 없으리라." 이것은 적그리스도의 최후에 관한 말이다. 7장 이하에서 줄곧 언급된 대로 적그리스도는 예수 그리스도의 오심으로 종말을 맞을 것이다. 여기서 예수 그리스도의 오심이란 초림과 재림을 모두 의미한다. 예수님이 초림 하셨을 때 사탄과 그를 따르는 적그리스도는 치명타를 입었다. 하지만 예수님의 재림으로 그들은 최후를 맞을 것이다. 실제로 예수님의 초림 이후에 사탄과 적그리스도는 근근이 버티면서 복음을 대적하고 교회를 박해했다. 하지만 예수님의 재림으로 그들은 완전히 멸망할 것이다. 이에 관해 바울은 다음과 같이 말한다. "그 때에 불법한 자가 나타나리니 주 예수께서 그 입의 기운으로 그를 죽이시고 강림하여 나타나심으로 폐하시리라"(살후 2:8).

| 본문이 우리에게 주는 교훈 |

1 _ 이 단락에는 하나님의 작정이라는 주제가 강하게 드러나 있다. 세상의 나라가 흥하고 망하는 것은 힘의 역학관계나 국제정세의 변화나 우연에 따른 것이 아니다. 그 배후에는 하나님의 작정과 허락이 있다. 하나님은 그분의 선하신 뜻에 따라 세상을 움직이신다. 그러므로 유다 백성이 어려움을 당하는 것은 하나님의 뜻과 계획에 따른 것이었다. 오늘날 성도들역시 어려움을 당할 때 하나님이 허락하셨기에 이런 어려움을 만났다는사실을 알아야 한다. 비록 우리가 다 이해하지 못할지라도 하나님은 그분의 선하신 뜻에 따라 그분의 자녀들에게 다양한 상황을 허락하신다. 하나님의 작정에 관한 지식은 우리에게 위로를 주며, 하나님의 뜻 앞에 겸손하게 엎드리게 하고, 하나님의 도우심을 바라보게 한다. 하나님은 절대적인힘으로 세상을 다스리시며 뜻을 펼치신다는 사실을 반드시 기억하기 바란다. 이에 관한 시편 저자의 고백을 들어보자. "여호와께서 그의 보좌를 하늘에 세우시고 그의 왕권으로 만유를 다스리시도다"(시 103:19). "오직 우리하나님은 하늘에 계셔서 원하시는 모든 것을 행하셨나이다"(시 115:3).

2 _ 우리는 이 단락에서 페르시아와 헬라의 흥망을 목격하며, 이집트와시리아의 치열한 각축을 바라본다. 그런데 그들이 겪은 일은 지나간 것이아니다. 그것은 역사적으로 이 세상에서 반복하여 벌어지는 일을 반영한다. 사람들은 끊임없이 다투고 갈등하며, 때로는 화해하다가도 곧 약속을깨뜨린다. 자신의 성공과 이익을 위하여 속임수를 쓰는 일을 마다하지 않는다. 실로 사람들은 불법과 탐욕과 성취를 위하여 무슨 짓이라도 한다.

오늘날 자신을 위하여 다른 사람을 해치는 일이 얼마나 빈번하게 일어나며, 자기 집단의 이익을 위하여 다른 이들의 주권과 재산을 침탈하는 일이 얼마나 자주 발생하는가? 그러므로 우리는 이 세상의 잔혹함과 냉정함을 본받지 말아야 한다. 오로지 힘과 돈에 최고의 가치를 부여하고 이를 가지기 위해서 수단과 방법을 가리지 않는 세상의 풍조를 따르지 말아야 한다. 바울은 다음과 같이 말했다. "아무도 비방하지 말며 다투지 말며 관용하며 범사에 온유함을 모든 사람에게 나타낼 것을 기억하게 하라"(딛 3:2). 그리고 베드로는 다음과 같이 말했다. "너희가 이방인 중에서 행실을 선하게 가져 너희를 악행한다고 비방하는 자들로 하여금 너희 선한 일을 보고 오시는 날에 하나님께 영광을 돌리게 하려 함이라"(벧전 2:12).

3 _ 안티오커스 4세 에피파네스는 영화롭고 거룩한 땅 이스라엘을 침략하여 하나님의 성전을 모독했으며, 성전의 기물을 훔쳐 갔고, 제사를 폐지했으며, 하나님의 백성들을 박해하고 죽였다. 그리하여 하나님의 명성은 땅에 떨어졌으며, 하나님의 백성들은 엄청난 어려움을 겪었다. 그런데 그의 모습은 적그리스도가 이 세상에서 하는 악행을 상징한다. 적그리스도의 정체는 다니엘서 후반부에 강하게 드러나는데, 그가 가진 가장 뚜렷한 특성은 거짓말하고 속이는 것이다. 그는 다른 사람을 교묘하게 속이며 이용하고 부리다가 적당한 때에 버린다. 이 세상에는 적그리스도의 모양과 형태를 가진 사람이나 세력이 많이 존재한다. 그들은 때로 드러나지만 때로 드러나지 않는다. 더욱이 자신도 자신이 하는 짓을 모른다. 잠언 19:9에는 "거짓 증인은 벌을 면하지 못할 것이요 거짓말을 뱉는 자는 망할 것이니라" 라는 말씀이 있으며, 에베소서 4:14에는 "이는 우리가 이제부터 어린 아이가 되지 아니하여 사람의 속임수와 간사한 유혹에 빠져 온갖 교훈의 풍조에 밀려 요동하지 않게 하려 함이라" 는 말씀이 있다. 우리는 베드로의 경고를 반드시 새겨들어야 한다. "그러나 백성 가운데 또한 거짓 선지자들

이 일어났었나니 이와 같이 너희 중에도 거짓 선생들이 있으리라 그들은
멸망하게 할 이단을 가만히 끌어들여 자기들을 사신 주를 부인하고 임박
한 멸망을 스스로 취하는 자들이라"(벧후 2:1).

4 _ 이 단락의 마지막 부분에는 적그리스도의 최후가 언급되어 있다.
"그의 종말이 이르리니 도와줄 자가 없으리라"(45절). 적그리스도는 굉장
히 강한 힘으로 세력을 확장해 나간다. 아무도 그의 적수가 될 수 없다. 그
는 군사력과 경제력을 모두 갖추었다. 하지만 하나님이 정하신 때가 되면
그의 종말이 있을 것이다. 그리고 그를 도와줄 자가 아무도 없을 것이다.
비록 그는 세상에 많은 세력을 수하로 두었으나 주님이 그를 심판하시는
날에는 철저히 혼자이다. 필시 그리스도의 오심을 통하여 그는 멸망한다.
그리스도의 초림을 통하여 그의 힘은 이미 많이 약화되었다. 그리고 언젠
가 있을 그리스도의 재림을 통하여 그는 완전히 패망할 것이다. 다음의 말
씀을 기억해야 한다. "여호와를 대적하는 자는 산산이 깨어질 것이라 하늘
에서 우레로 그들을 치시리로다 여호와께서 땅 끝까지 심판을 내리시고
자기 왕에게 힘을 주시며 자기의 기름 부음을 받은 자의 뿔을 높이시리로
다 하니라"(삼상 2:10). "내가 악인의 큰 세력을 본즉 그 본래의 땅에 서 있는
나무 잎이 무성함과 같으나 내가 지나갈 때에 그는 없어졌나니 내가 찾아
도 발견하지 못하였도다"(시 37:35-36). "그러나 두려워하는 자들과 믿지 아
니하는 자들과 흉악한 자들과 살인자들과 음행하는 자들과 점술가들과 우
상 숭배자들과 거짓말하는 모든 자들은 불과 유황으로 타는 못에 던져지
리니 이것이 둘째 사망이라"(계 21:8).

다니엘 _ 12장

너는 가서 마지막을 기다리라

이제 우리는 다니엘서의 마지막 장에 이르렀다. 다니엘 10-12장은 하나의 단위(unit)로서 다니엘이 고레스 왕 3년(주전 536년)에 본 환상을 담고 있다. 10-11장에는 페르시아를 정복한 헬라가 이스라엘에 어떤 영향을 미치는지가 언급되어 있으며, 특히 안티오커스 4세 에피파네스의 활동과 그가 상징하는 적그리스도의 활동이 기술되어 있다. 이제 12장에는 지금까지 거론되었던 주제가 요약되는 동시에 이에서 더 나아가 세상의 마지막에 일어날 일이 언급된다. 그래서 다니엘서의 마지막 장은 인류의 역사를 망라하면서 적그리스도가 하나님의 백성에게 끊임없이 환난을 주겠지만 하나님께서 택하신 자들을 반드시 구원하실 것이라는 사실을 말한다. 특별히 이 단락에는 그리스도께서 다니엘에게 나타나서서 친히 말씀을 주시는 모습이 기록되어 있다. 그리스도께서는 다니엘을 격려하시며, 그에게 사명을 주신다.

| 성경본문 |

12:1 그 때에 네 민족을 호위하는 큰 군주 미가엘이 일어날 것이요 또 환난이 있으리니 이는 개국 이래로 그 때까지 없던 환난일 것이며 그 때에 네 백성 중 책에 기록된 모든 자가 구원을 받을 것이라

12:2 땅의 티끌 가운데에서 자는 자 중에서 많은 사람이 깨어나 영생을 받는 자도 있겠고 수치를 당하여서 영원히 부끄러움을 당할 자도 있을 것이며

12:3 지혜 있는 자는 궁창의 빛과 같이 빛날 것이요 많은 사람을 옳은 데로 돌아오게 한 자는 별과 같이 영원토록 빛나리라

12:4 다니엘아 마지막 때까지 이 말을 간수하고 이 글을 봉함하라 많은 사람이 빨리 왕래하며 지식이 더하리라

12:5 나 다니엘이 본즉 다른 두 사람이 있어 하나는 강 이쪽 언덕에 섰고 하나는 강 저쪽 언덕에 섰더니

12:6 그 중에 하나가 세마포 옷을 입은 자 곧 강물 위쪽에 있는 자에게 이르되 이 놀라운 일의 끝이 어느 때까지냐 하더라

12:7 내가 들은즉 그 세마포 옷을 입고 강물 위쪽에 있는 자가 자기의 좌우 손을 들어 하늘을 향하여 영원히 살아 계시는 이를 가리켜 맹세하여 이르되 반드시 한 때 두 때 반 때를 지나서 성도의 권세가 다 깨지기까지이니 그렇게 되면 이 모든 일이 다 끝나리라 하더라

12:8 내가 듣고도 깨닫지 못한지라 내가 이르되 내 주여 이 모든 일의 결국이 어떠하겠나이까 하니

12:9 그가 이르되 다니엘아 갈지어다 이 말은 마지막 때까지 간수하고 봉함할 것임이니라

12:10 많은 사람이 연단을 받아 스스로 정결하게 하며 희게 할 것이나 악한 사람은 악을 행하리니 악한 자는 아무것도 깨닫지 못하되 오직 지혜 있는 자는 깨달으리라

12:11 매일 드리는 제사를 폐하며 멸망하게 할 가증한 것을 세울 때부터 천이백구십 일을 지낼 것이요

12:12 기다려서 천삼백삼십오 일까지 이르는 그 사람은 복이 있으리라

12:13 너는 가서 마지막을 기다리라 이는 네가 평안히 쉬다가 끝날에는 네 몫을 누릴 것임이라

| 본문해설 |

다니엘서의 주제를 요약함 (1-4절)

12:1 그 때에 네 민족을 호위하는 큰 군주 미가엘이 일어날 것이요 또 환난
이 있으리니 이는 개국 이래로 그 때까지 없던 환난일 것이며 그 때에 네 백
성 중 책에 기록된 모든 자가 구원을 받을 것이라
12:2 땅의 티끌 가운데에서 자는 자 중에서 많은 사람이 깨어나 영생을 받는
자도 있겠고 수치를 당하여서 영원히 부끄러움을 당할 자도 있을 것이며
12:3 지혜 있는 자는 궁창의 빛과 같이 빛날 것이요 많은 사람을 옳은 데로
돌아오게 한 자는 별과 같이 영원토록 빛나리라
12:4 다니엘아 마지막 때까지 이 말을 간수하고 이 글을 봉함하라 많은 사람
이 빨리 왕래하며 지식이 더하리라

1절은 하나님이 미가엘을 통하여 그분의 뜻을 수행하신다는 사실과 하
나님의 백성들이 사탄의 부하인 적그리스도를 통해 환난을 받는다는 사실
과 그럼에도 불구하고 하나님의 백성 중 책에 기록된 모든 자가 구원을 받
는다는 사실이 언급되어 있다. 그런데 다니엘서는 하나님의 백성들이 말
씀에 불순종하고 언약을 파기하여 바벨론의 포로로 잡혀갔으나 하나님이
택하신 백성들을 절대로 버리지 않으시고 구원하신다는 사실을 말하는 책
이다. 따라서 1절에 드러난 하나님의 보호, 백성들의 환난, 하나님의 구원
이라는 주제는 다니엘서 전체의 주제를 함축한다.

"그때에"는 11:40의 "마지막 때에"를 가리킨다. 따라서 이것은 11:40-
45(혹은 11:36-45)의 사건이 일어나는 때를 뜻한다. 그렇다면 여기서 "그때
에"는 언제인가? 이것은 11:40-45의 사건이 일어나는 시기를 언제로 보느

나에 따라서 달라진다. 역사주의자들은 11:40-45의 사건을 안티오커스 4세 에피파네스가 유대 민족에게 악행을 저지르는 때라고 본다. 반면에 미래주의자들은 11:40-45의 사건을 세상의 마지막 시대에 일어날 일로 본다. 그러나 우리는 앞에서 11:36-39를 안티오커스 4세 에피파네스의 악행을 요약한 것이며, 11:40-45를 그의 악행을 모티프로 삼아서 모든 시대에 다양한 형태로 존재하는 적그리스도의 활동을 묘사한 것이라고 보았다. 따라서 "그때에"란 다니엘 시대부터 세상의 마지막 시점까지를 포괄한다고 볼 수 있다.

"네 민족을 호위하는 큰 군주 미가엘이 일어날 것이요"라는 문구는 10-12장이 하나의 단위로 묶인다는 사실을 확인시켜 준다. 미가엘은 10:13에 처음 나오며, 10:21에 언급되었는데, 여기에 다시 나온다. 미가엘은 하나님의 구원계획을 이루기 위해서 일하며, 하나님의 백성들을 호위하고, 하나님의 계획을 방해하는 사탄의 무리와 싸운다. 이것은 하나님의 구원역사가 진행되는 동안 보편적으로 일어나는 일이다. 비록 우리는 보이는 것만 보지만 보이지 않는 넓은 세계가 있음을 알아야 한다. 필시 천상에서는 천사들과 마귀들의 치열한 영적 전쟁이 있다.

"또 환난이 있으리니 이는 개국 이래로 그때까지 없던 환난일 것이며"라는 문구는 해석하기가 쉽지 않다. 역사주의자들은 이것을 안티오커스 4세 에피파네스가 이스라엘 백성들을 박해한 일이라고 주장한다. 반면에 미래주의자들은 이것을 적그리스도가 세상의 마지막에 신자들을 박해하는 '대 환난'이라고 생각한다. 그런데 예수님은 마태복음 24:21에서 "이는 그때에 큰 환난이 있겠음이라 창세로부터 지금까지 이런 환난이 없었고 후에도 없으리라"고 말씀하심으로 다니엘 12:1을 인용하셨다. 마태복음 24장은 주후 70년에 있었던 예루살렘 성전 파괴에 관한 언급을 담고 있다.

따라서 예수님은 주전 2세기에 안티오커스 4세 에피파네스가 성전을 모독한 일을 모티프로 삼아서 주후 70년에 일어난 로마 군대의 성전 파괴를 말씀하신 것이다. 따라서 이 문구를 주전 2세기에 안티오커스 4세 에피파네스가 성전을 모독하고 이스라엘 백성들에게 큰 어려움을 준 것을 가리키는 것으로 보는 것이 바람직하다.

안티오커스 4세 에피파네스는 성전을 모독했고, 율법을 던져 버렸으며, 제사를 폐지했고, 이스라엘 백성들을 극심하게 박해함으로 메시아가 오시는 길을 차단하여 하나님의 구원계획을 방해하였다. 성전이 모독을 받고 무너진다는 것은 이스라엘 백성들에게 무엇보다도 큰 시련("개국 이래로 그때까지 없던 환난")이다. 성전은 이스라엘의 중심이자 모든 것인데 그것이 무너진다는 것은 그들의 존재 의의가 사라진다는 뜻이다. 더욱이 성전의 파괴는 사람을 하나님과 만나지 못하게 하는 일이 되며, 이것은 하나님 나라의 종말을 고하는 사건이 된다. 따라서 이 문구는 안티오커스 4세 에피파네스가 성전을 모독한 일을 모티프로 사용하여 적그리스도가 영적 이스라엘인 교회에 주는 큰 환난을 가리키는 것이다.

"그때에 네 백성 중 책에 기록된 모든 자가 구원을 받을 것이라"는 표현은 하나님의 구원에 관한 언급이다. 그런데 미래주의자들은 여기서 "네 백성"을 이스라엘 민족 가운데 신실한 자들이라고 주장한다. 그들은 이 구절에 근거하여 세상의 마지막에 유대인들의 대거 회심이 있을 것이라고 생각한다. 하지만 지금 가브리엘은 다니엘 시대 이후 수백 년간의 역사를 모티프로 삼아서 인류에게 보편적으로 일어나는 일을 말하고 있기에 이 구절의 "네 백성"을 혈육 상의 이스라엘 민족으로 보는 것은 적절하지 않다. 오히려 이들을 영적인 이스라엘인 '성도들'로 보아야 한다. 그리고 여기서 "책"은 10:21에 언급된 "진리의 글"이 아니며, 7:10에 나오는 하나님의 심판을 위해 사용된 "책"도 아니다. 이것은 '생명책'이다. 하나님께서 구원하시기로 예정하신 사람들의 이름이 이 책에 기록되어 있다.

2절은 세상의 마지막 때에 일어날 일이다. 성경은 직선론적 역사관을 말한다. 즉 성경은 역사에 시작이 있으며, 역사가 진행되다가, 언젠가 역사에 마지막이 이른다는 사실을 말한다. 1절에서 가브리엘은 인류 역사가 진행되는 모든 때에 적그리스도가 다양한 방식으로 하나님의 백성을 괴롭히지만, 하나님이 천사를 동원하여 그분의 백성을 보호하시며, 궁극적으로 생명책에 이름이 기록된 모든 사람을 구원하신다는 사실을 알려주었다. 이렇게 가브리엘은 인류의 역사를 망라한 후에 이제 2절에서 세상의 마지막 시대에 일어날 일을 언급한다.

가브리엘은 "땅의 티끌 가운데에서 자는 자 중에서 많은 사람이 깨어나"라고 말한다. "땅의 티끌 가운데에서 자는 자"라는 말은 죽은 자를 가리킨다(참고 _ 창 3:19, 욥 20:11). 그리고 "많은 사람이 깨어나"라는 문구는 부활을 의미한다. 그런데 죽은 자는 '모두' 부활하기에 여기서 "많은 사람"이라는 단어가 사용될 것이 아니라 '모든 사람'이라는 단어가 사용되어야 하는데, 가브리엘은 일부러 '모든'이라는 단어를 사용하지 않고 "많은"이라는 단어를 사용한다. 이것은 다니엘 시대의 박해와 이후에 있을 박해에 "많은 사람"이 죽을 것이기에 그들을 상기시키려는 의도를 가진다. 따라서 가브리엘은 '모든 사람'의 부활을 무시하거나 배제하지 않는다.

사람이 부활한 후에는 두 갈래로 나누어진다. 먼저, "영생을 받는 자"가 있다. 이들은 생명책에 이름이 기록된 자들이다. 다음으로, "수치를 당하여서 영원히 부끄러움을 당할 자"가 있다. 이들은 생명책에 이름이 기록되어 있지 않은 자이다. 이들은 영원한 형벌을 받는 자들이다. 그런데 가브리엘은 영생을 받는 자에 대해서는 간략하게 서술하지만, 영벌을 받는 자에 대해서는 조금 길게 서술한다. 즉 "수치를 당하여서 영원히 부끄러움을 당할 자도 있을 것이며"라고 하여 "수치"와 "영원한 부끄러움"을 말한다. 이것은 강조를 위한 것이다. 하나님께서 최후 심판을 하실 때 이들의 행위를 모두 드러내심으로 이들은 수치를 받을 것이고 영원한 부끄러움에 처할 것이다.

3절은 1-2절의 결론이다. 가브리엘은 역사가 진행되다가 어느 날 종말이 이르고, 하나님의 판결이 있어서 영생을 얻을 자와 영벌을 얻을 자로 나누어지기 때문에 이 구절에서 우리가 현세를 어떻게 살아야 하는지를 말한다. "지혜 있는 자"란 하나님의 지혜를 받은 자를 의미한다. 그는 하나님의 은혜로 구원을 받은 자이며 하나님의 말씀에 근거하여 살아가므로 지혜롭다고 인정받은 자이다. 그는 "궁창의 빛과 같이 빛날 것"이다. 이것은 하늘에서 반짝이는 별을 가리키는데, 대단히 영광스러운 상태를 뜻한다. "많은 사람을 옳은 데로 돌아오게 한 자"라는 말은 "지혜 있는 자"란 말과 병행되면서 진전된다. 이 말은 자신에게 지혜가 있는데 그것에서 그치지 않고 그 지혜로 많은 사람에게 영향을 미쳐서 그들을 하나님께로 돌아오게 한 자를 의미한다. 가브리엘은 그러한 사람이 "별과 같이 영원토록 빛나리라"고 말한다. 이 말은 "궁창의 빛과 같이 빛날 것이요"와 같은 뜻이다. 이것은 하나님의 값지고 영원한 보상을 암시한다.

이 구절은 우리가 세상을 살면서 교육과 전도(선교)에 힘써야 한다는 사실을 일깨워준다. 어렵고 힘든 시기에 말씀을 배워서 지혜롭게 되고 다른 사람을 훈련을 시켜서 든든하고 견실한 신앙을 가지게 하는 일은 매우 중요하다. 특히 적그리스도의 박해와 미혹 앞에서 주님의 백성들이 배교하거나 변절하지 않도록 말씀 교육을 잘 해야 한다. 나아가서 신자들은 자신들의 공동체가 구원을 받고 성장하는 데서 만족할 것이 아니라, 낯선 지역이나 나라로 가서 모르는 민족에게 복음을 전하는 일에도 힘써야 한다. 그래서 더욱 많은 신실한 신자들이 생기기를 소망해야 한다. 하나님이 이스라엘과 맺은 언약은 육신적 이스라엘에 국한되지 않는다. 하나님은 세상의 모든 사람을 대상으로 언약을 체결하셨으며 그들이 언약을 지키기를 바라신다.

4절은 1-3절에 기록된 내용과 관련하여 다니엘에게 당부한 것이다. 가브리엘은 "다니엘아 마지막 때까지 이 말을 간수하고 이 글을 봉함하라"고 말한다. 이 말은 9절에 다시 나와서 강조된다. 여기서 "마지막 때"란 1절의 "그때에"와 마찬가지로 다니엘 시대부터 계속되는 때이다. 그리고 "이 말"이란 좁게는 10:1-12:3을 가리키지만 넓게는 다니엘서 전체를 뜻한다. 다니엘은 후세대를 위하여 자신이 본 환상을 기록하여 "간수"하고 "봉함"해야 한다. 그런데 "간수"하라는 말과 "봉함"하라는 말은 안전하게 잘 보존하라는 뜻이다. 즉 가브리엘이 전한 말을 아무도 모르게 봉해서 보관하라는 뜻이 아니라 내용이 훼손되거나 왜곡되지 않은 채 후손에게 전수되게 하라는 뜻이다. 따라서 이 말은 많은 사람이 다니엘서를 읽어야 하고 적용해야 한다는 사실을 내재한다.

가브리엘은 "많은 사람이 빨리 왕래하며 지식이 더하리라"고 말한다. 한글성경 개역개정판에 "빨리"로 번역된 히브리어 단어 '예쇼테투'(원형은 '슈트')는 '빨리'라는 뜻을 가지지 않고 '부지런히' 혹은 '이리저리' 정도의 의미를 가진다(참고. NASB: "back and forth"). 따라서 이 말은 많은 사람이 다니엘이 기록한 책(다니엘서)을 읽은 후에 문제의 원인이 무엇인지를 파악하고 대책을 마련하려고 이리저리 부산하게 움직일 것이라는 뜻이다. 이에 한글성경 공동번역은 의미를 살려서 "많은 사람들이 읽고 깨쳐 잘 알게

되는 날이 올 것이다. 그러나 갈팡질팡하는 사람도 많을 것이다"라고 번역
했다. 결국, 4절은 선교의 사명을 일깨워준다. 다니엘은 하나님의 계시를
기록해서 우리에게 전수해 주었다. 이제 우리는 기록되어 전수된 계시를
더욱 많은 사람에게 전달해 주어야 한다.

　결국, 1-4절은 인류 역사 전체를 망라하면서 세상의 마지막에 일어날 일
까지를 다룬다. 여기에는 다니엘서 전체에 드러난 주제가 종합되어 있다.
즉 하나님이 천사를 통하여 자신의 백성들을 지켜주신다는 사실, 적그리
스도가 하나님의 백성들에게 환난을 준다는 사실, 그리고 하나님이 택하
신 자들을 반드시 구원하신다는 사실이 언급되어 있다. 또한 여기에는 모
든 사람이 죽으나 부활할 것이라는 사실, 영원한 생명과 영원한 형벌, 교육
과 선교의 사명이 드러나 있다. 따라서 1-4절은 하나의 완전한 단락이 되
어서 하나님의 구속사, 즉 복음을 집약한다.

　특히 여기에는 적그리스도의 악행이 암시되어 있다. 적그리스도는 사
탄의 수하로 있으면서 사탄의 일을 대행한다. 적그리스도는 모든 시대에
다양한 형태로 존재한다. 다니엘이 활동하던 시대에 이미 적그리스도가
있었다. 그리고 유다 민족이 포로에서 돌아와 성전을 재건하고 새로운 출
발을 하려고 할 때도 적그리스도가 활동했다. 그리고 적그리스도는 안티
오커스 4세 에피파네스로 등장하여 가장 큰 악행을 저질렀다. 그런데 이러
한 적그리스도의 행동 배후에는 메시아의 오심을 방해하여 하나님의 언약
이 회복되지 못하게 하려는 의도가 담겨 있다.

　그러나 하나님의 계획은 성취되어서 마침내 예수 그리스도가 탄생하셨
다. 이에 사탄의 부하인 적그리스도는 아기 예수님을 죽이려 했으나 뜻을
이루지 못하자 예수님의 생애 가운데 많은 고난과 배신과 방해를 주었고

결국 십자가에 못 박혀 죽으시게 하였다. 하지만 예수님은 사흘 만에 부활하시고 40일 후에 승천하심으로 하나님의 구원계획을 성취하셨다. 그러자 적그리스도는 주후 70년에 예루살렘 성전을 파괴하여 유다 백성을 흩어지게 하였다. 이로 인해 유대인들은 오랫동안 나라를 잃었다. 그리하여 적그리스도의 계획은 성공하는 듯 보였다.

하지만 이러한 일은 유대인의 물리적(혈육적) 한계를 깨뜨리고 범세계적(영적) 적용을 가능하게 했다. 이제 더 이상 유대인은 이스라엘 땅에 살고 있는 사람들이 아니며 이스라엘 백성의 피를 물려받은 민족도 아니다. 이제 유대인은 그리스도를 통하여 구원받아 하나님의 자녀가 된 모든 사람이다. 이후에 하나님은 신자들의 공동체인 교회를 세우시고 복음을 온 세상에 전파하게 하셔서 하나님의 나라가 확장되게 하셨다. 그리고 우리는 복음을 더욱 널리 전파하여 하나님의 나라가 더욱 확장되게 해야 하는 사명을 받았다.

이 모든 일이 다 끝나리라 (5-12절)

12:5 나 다니엘이 본즉 다른 두 사람이 있어 하나는 강 이쪽 언덕에 섰고 하나는 강 저쪽 언덕에 섰더니
12:6 그 중에 하나가 세마포 옷을 입은 자 곧 강물 위쪽에 있는 자에게 이르되 이 놀라운 일의 끝이 어느 때까지냐 하더라
12:7 내가 들은즉 그 세마포 옷을 입고 강물 위쪽에 있는 자가 자기의 좌우 손을 들어 하늘을 향하여 영원히 살아 계시는 이를 가리켜 맹세하여 이르되 반드시 한 때 두 때 반 때를 지나서 성도의 권세가 다 깨지기까지이니 그렇게 되면 이 모든 일이 다 끝나리라 하더라
12:8 내가 듣고도 깨닫지 못한지라 내가 이르되 내 주여 이 모든 일의 결국이 어떠하겠나이까 하니

12:9 그가 이르되 다니엘아 갈지어다 이 말은 마지막 때까지 간수하고 봉함할 것임이니라

12:10 많은 사람이 연단을 받아 스스로 정결하게 하며 희게 할 것이나 악한 사람은 악을 행하리니 악한 자는 아무것도 깨닫지 못하되 오직 지혜 있는 자는 깨달으리라

12:11 매일 드리는 제사를 폐하며 멸망하게 할 가증한 것을 세울 때부터 천이백구십 일을 지낼 것이요

12:12 기다려서 천삼백삼십오 일까지 이르는 그 사람은 복이 있으리라

1-4절에서 가브리엘은 다니엘에게 다니엘서 전체에 함의된 주제를 집약적으로 전해주었다. 그는 세상의 역사를 망라하며 종말을 아우르는 계시를 주었다. 이제 5-12절에는 네 명의 인물이 등장하여 대화를 나눈다. 이 단락에 등장하는 인물은 다니엘과 두 명의 천상의 존재와 세마포 옷을 입은 자이다. 그들의 대화는 지금까지 거론된 주제를 심화하여 적용한다.

5절에 두 천상의 존재가 등장한다. "다른 두 사람이 있어"라는 말은 다른 두 명의 천상의 존재들, 곧 천사들이 등장했다는 뜻이다. 그런데 문장 자체로 보아서는 지금까지 다니엘과 함께 있으면서 계시를 전해 주었던 가브리엘이 사라지고, 그 대신에 두 천사가 등장했는지, 아니면 이들 중 한 명이 가브리엘이고, 다른 한 명은 알려지지 않은 천사인지 파악하기가 어렵다. "하나는 강 이쪽 언덕에 섰고 하나는 강 저쪽 언덕에 섰더니"라는 문구는 두 천사가 힛데겔강(티그리스강) 이쪽과 저쪽에 서 있다는 뜻이다. 다니엘은 10장에서부터 이 순간까지 힛데겔강가에 있었다(4절: "첫째 달 이십사일에 내가 힛데겔이라 하는 큰 강가에 있었는데").

6절에 또 다른 존재가 등장한다. 그는 "세마포 옷을 입은 자"이다. 두 명

의 천사들 중에 하나가 "세마포 옷을 입은 자" 곧 "강물 위쪽에 있는 자"에게 말한다. 여기서 "세마포 옷을 입은 자"는 10:5-6에 나온 자로서 성육신하기 전의 그리스도이다(참고 _ 10:5-6의 해설). 그리스도는 "강물 위쪽에 있는 자"로 표현되는데, 이는 그분이 강 위쪽 공중에 떠 있는 상태임을 암시한다. 따라서 그리스도는 초월적인 존재이며 신적인 존재임이 드러난다. 이제 드러나지만, 그분은 역사를 주관하시는 분으로서 역사가 어떻게 진행되며 역사 가운데 언제 어떤 일이 일어날지를 소상히 알고 계신다. 이에 천사가 그분에게 질문하고, 다니엘도 그분에게 질문한다.

천사는 그리스도에게 "이 놀라운 일의 끝이 어느 때까지냐?"라고 묻는다. 이것은 10:1-12:3에 기록된 예언이 실현될 때가 언제인지를 묻는 것이다. 10:1-12:3에 기록되어 있는 내용은 다음과 같다. 바벨론이 쇠락함, 페르시아가 홍기하여 바벨론을 정복함, 헬라가 발흥하여 페르시아를 정복함, 헬라가 네 개의 나라로 분열됨, 남방 왕국과 북방 왕국 사이에 전쟁이 일어남, 안티오커스 4세 에피파네스가 등장하여 유다 백성이 큰 환난을 겪음, 주후 70년에 예루살렘이 정복되고 성전이 파괴됨, 적그리스도가 복음을 대적하고 신자들을 박해하는 일이 역사상 보편적으로 일어남, 적그리스도가 종말을 맞음, 죽음과 부활, 영원한 생명과 영원한 형벌.

7절은 천사의 질문에 대한 그리스도의 대답이다. 그리스도는 다음과 같은 몸짓을 취하신다. "자기의 좌우 손을 들어 하늘을 향하여 영원히 살아 계시는 이를 가리켜 맹세하여 이르되." 좌우 손을 들어서 하늘을 향하여 맹세하는 것은 엄숙함과 장엄함을 상징하며(참고 _ 창 14:22), "영원히 살아 계시는 이"는 하나님을 뜻한다. 따라서 그리스도는 하나님을 향하여 엄숙히 맹세하신다. 모세 율법에 따르면, 누군가 증언을 하거나 맹세를 할 때 2명 이상의 증인이 있어야 한다(참고 _ 신 17:6; 19:15). 따라서 여기에 천사 2명이 있는 것은 그들이 증인의 임무를 수행한다는 사실을 암시한다. 그리스도는 천사들을 증인으로 세워 놓고 엄숙하게 맹세하신다.

그리스도의 맹세는 "반드시 한 때 두 때 반 때를 지나서 성도의 권세가 다 깨지기까지이니 그렇게 되면 이 모든 일이 다 끝나리라"는 것이다. "한 때 두 때 반 때"는 7:25의 "한 때와 두 때와 반 때"에 이미 나왔는데, 7장에서는 작은 뿔로 상징되는 적그리스도가 성도들을 박해하는 기간인 동시에 하나님이 정해 놓으신 기간을 상징했다. 따라서 여기서도 이 표현은 박해의 때인 동시에 정해진 때를 의미한다. "한 때 두 때 반 때"는 '3년 반'으로 느부갓네살이 심판을 받은 '일곱 때'의 절반이다(참고 _ 4:16). 따라서 "한 때 두 때 반 때"는 그렇게 길지 않은 기간이기에 어려움이 있더라도 조금만 더 참으라는 격려를 내포한다(참고 _ 7:25의 해설).

"성도의 권세가 다 깨지기까지"라는 말은 적그리스도가 하나님의 백성을 박해하고 탄압하여 성도들의 힘이 다 빠질 때까지를 뜻한다(참고 _ NASB: "as soon as they finish shattering the power of the holy people"). 따라서 이것은 적그리스도의 공격이 만만치 않음을 암시한다. "이 모든 일이 다 끝나리라"는 말은 6절의 "이 놀라운 일의 끝이 어느 때까지냐?"에 연결된다. 앞에서 언급했듯이, "이 놀라운 일", 즉 "이 모든 일"은 적그리스도의 맹렬한 박해와 하나님의 분명한 보호를 의미한다. 적그리스도가 성도들을 박해해서 성도들이 많이 지치면 세상의 종말이 온다. 이때 하나님은 성도들을 구원하시고 사탄과 적그리스도를 심판하신다.

다니엘은 "세마포 옷을 입은 자"로부터 들었으나 깨닫지 못한다(8절). 이는 그가 들은 내용이 너무나 깊고 난해했기 때문이다. 그래서 꿈과 환상을 해석하는 데 특별한 재능을 가진 다니엘이라도 다 이해하지 못한다(참고 _ 1:17). 이에 그는 "내 주여 이 모든 일의 결국이 어떠하겠나이까?"라고 묻는다. 이것은 6절에서 천사가 세마포 옷을 입은 자에게 물은 "이 놀라운 일의 끝이 어느 때까지냐?"와 같은 물음이다. 그런데 이러한 다니엘의 질문은 그리스도가 계속해서 말씀하시는 계기가 된다. 따라서 그의 질문은 수사학적 장치(rhetorical device)가 된다.

다니엘의 질문에 그리스도는 "다니엘아 갈지어다 이 말은 마지막 때까지 간수하고 봉함할 것임이니라"라고 말씀하신다(9절). "다니엘아 갈지어다"라는 말은 더 이상 묻지 말고 하던 일을 계속하라는 뜻이다. 이것은 '더 이상 알려고 하지 말라'는 뜻을 내재한다. 하나님이 알려주신 계시는 다니엘 자신의 때에 일어나지 않을 것이며 먼 훗날에 일어날 것이기에 다니엘 자신이 다 이해하지 못해도 괜찮다. "이 말은 마지막 때까지 간수하고 봉함할 것임이니라"는 말은 4절과 같다. 그리스도는 다니엘이 이 예언을 다 이해할 수가 없기 때문에 간수하고 봉함하라는 명령을 내린다. 앞에서 말했듯이, 간수하고 봉함하라는 말은 남들에게 보여주지 말라는 뜻이 아니다. 오히려 이 말은 내용이 손상되거나 변경되지 않도록 잘 보존하라는 뜻이다. 그래서 나중에 이 예언의 말씀이 널리 알려지게 하라는 뜻이다.

그리스도는 사람들이 연단을 받을 때 보이는 반응을 말씀하신다. 이것은 다니엘의 질문에 대한 답변이 아니지만 어려운 일을 당할 때 바르게 처신하라는 당부이다. "많은 사람이 연단을 받아 스스로 정결하게 하며 희게 할 것이나 악한 사람은 악을 행하리니 악한 자는 아무것도 깨닫지 못하되 오직 지혜 있는 자는 깨달으리라"(10절). 우선, 여기서 많은 사람이 연단을 받는다는 말은 무슨 뜻인가? 역사주의자들은 이것을 안티오커스 4세 에피파네스 때 일어날 일로 본다. 반면에 미래주의자들은 이것을 세상의 종말에 있을 소위 '대 환난' 때 유대인들이 대거 돌아오는 것으로 이해한다. 그러나 이것은 역사상 일반적인 현상으로 적그리스도가 하나님의 백성들을 박해하는 상황에서 발생하는 일이다.

사람들이 연단을 받을 때 보이는 두 가지 반응은 무엇인가? 어떤 사람은 연단을 받아 정결하게 하며 희게 할 것이고 지혜가 있어서 깨달을 것이다. 그러나 악한 사람은 계속해서 악을 행할 것인데 악한 사람은 아무것도 깨닫지 못할 것이다(참고 _ 한글성경 공동번역: "그 동안 많은 사람들이 단련을 받아 깨끗해져서 빛날 것이다. 악한 사람들은 끝내 눈이 열리지 않아 악한 짓을 계속하겠지만 슬기로운 지도자들은 눈이 열려 환하게 알 것이다"; NASB: "Many will be purged, purified and refined, but the wicked will act wickedly; and none of the wicked will understand, but those who have insight will understand").

11-12절은 10절의 부수적인 언급이다. 10절에는 연단을 받은 사람이 정결해지기를 바라는 소망이 담겨 있는데, 여기에는 연단을 잘 견디라는 권면이 나온다. 따라서 이 구절들을 7절의 "반드시 한 때 두 때 반 때를 지나서 성도의 권세가 다 깨지기까지이니 그렇게 되면 이 모든 일이 다 끝나리라"와 같은 맥락에서 이해할 수 있다. 11절의 "매일 드리는 제사를 폐하며 멸망하게 할 가증한 것을 세울 때부터"라는 문구는 안티오커스 4세 에피파네스의 행동을 상기시킨다(참고 _ 9:27; 11:31). 그리고 "천이백구십 일을 지낼 것이요"라는 말은 안티오커스 4세 에피파네스가 유대인을 박해한 3년 반(1,260일)에다 30일을 더한 것인데, 이것은 적그리스도의 활동 기간이 긴 것처럼 느껴지는 것을 반영한 것이다(참고 _ 7:25). 따라서 이 구절은 적그리스도의 박해 기간이 길어 보이고 주님의 재림 시기가 지연되는 것 같아도 참고 견뎌야 한다는 사실을 주지시킨다.

12절의 "기다려서 천삼백삼십오 일까지 이르는 그 사람은 복이 있으리라"는 말도 11절과 같은 맥락에서 이해할 수 있다. 그런데 11절에는 1,290일이 나왔는데, 12절에는 1,335일이 나온다. 11절의 1,290일과 12절의 1,335일은 모두 정확한 기간이 아니라 상징적인 기간으로 적그리스도의 활동 기간과 연관되어 있다(참고 _ 8:14의 해설). 1,335일은 1,290일에다 45일을 더한 것이다. 따라서 기간이 더욱 늘어난다. 그러면 왜 12절에는 1,290일에 45일이 더해진 1,335일이 나오는가? 이는 적그리스도가 활동하는 기간인 1,290일이 지나고 얼마 지나지 않아서 하나님의 심판이 있다는 것을 인지시켜 주기 위해서이다.

"기다려서 ... 이르는 그 사람은 복이 있으리라"는 말은 주님의 재림이 지연되는 것 같더라도 끝까지 박해를 참고 견디면서 하나님의 구원을 기다리는 사람에게 복이 있을 것이라는 뜻이다. 여기서 "기다려서"라는 말은 일차적으로 유다 민족이 이스라엘 땅으로 돌아가서 메시아의 오심(초림)을 기다리는 것을 의미한다. 이스라엘에서 메시아가 태어나시면 하나님이 이스라엘과 맺으신 언약이 회복되며, 하나님이 약속하신 구원이 실현된다. 따라서 유다 백성들은 그리스도가 오실 때까지 적그리스도가 맹렬하게 박해하고 유혹하더라도 참고 기다려야 한다.

그러나 나아가서 "기다려서"라는 말은 모든 시대의 모든 성도가 메시아의 다시 오심(재림)을 기다리는 것을 의미한다. 그리스도가 태어나셔서 공생애를 보내시고 십자가를 통해 구속을 이루신 이후에 오랜 기간 동안 교회 시대가 펼쳐진다. 이때 적그리스도는 교회를 폐쇄하고 성도들을 무너뜨리기 위해서 온갖 노력을 기울인다. 하지만 그리스도가 다시 오시면 회복된 언약의 결실이 드러나며, 적그리스도가 불과 유황으로 타는 못에 떨어지고, 새 하늘과 새 땅이 임한다. 따라서 신자들은 그리스도께서 이 땅에 다시 오시는 날을 인내하면서 기다려야 한다.

너는 가서 마지막을 기다리라 (13절)

12:13 너는 가서 마지막을 기다리라 이는 네가 평안히 쉬다가 끝날에는 네 몫을 누릴 것임이라

이제 그리스도는 다니엘에게 마지막으로 말씀하신다. "너는 가서 마지막을 기다리라 이는 네가 평안히 쉬다가 끝 날에는 네 몫을 누릴 것임이라"(13절). "너는 가서 마지막을 기다리라"는 말은 죽음을 기다리는 뜻이다. 그리스도는 다니엘이 곧 죽을 것이라고 알려주신다. 다니엘은 그동안 많은 일을 했다. 그리고 그는 지금 80대 중반의 고령이기에 이 땅에서 살수 있는 날이 얼마 남지 않았다. 이제 곧 그는 평안히 쉴 것이다. 필시 성도의 죽음은 슬픔이나 불행이 아니다. 성경은 성도의 죽음을 귀하고 복된 것이라고 말한다. "그의 경건한 자들의 죽음은 여호와께서 보시기에 귀중한 것이로다"(시 116:15). "또 내가 들으니 하늘에서 음성이 나서 이르되 기록하라 지금 이후로 주 안에서 죽는 자들은 복이 있도다 하시매 성령이 이르시되 그러하다 그들이 수고를 그치고 쉬리니 이는 그들의 행한 일이 따름이라 하시더라"(계 14:13).

"네가 평안히 쉬다가 끝 날에는 네 몫을 누릴 것임이라"는 말은 다니엘이 죽었다가 세상의 종말이 되면 부활할 것이라는 뜻이다(참고 _ 12:2). 그리스도는 죽음에서 부활하심으로 우리의 부활의 근거가 되셨다. 이에 바울은 "그러나 이제 그리스도께서 죽은 자 가운데서 다시 살아나사 잠자는 자

들의 첫 열매가 되셨도다"라고 말했다(고전 15:20). 실로 그리스도의 오심은 신자의 부활을 보증한다. 그리고 그리스도의 다시 오심은 신자의 부활을 실현한다. 그리스도가 다시 오시는 날에 다니엘은 다른 그리스도인들과 함께 영광스럽게 부활할 것이다. "주께서 호령과 천사장의 소리와 하나님의 나팔 소리로 친히 하늘로부터 강림하시리니 그리스도 안에서 죽은 자들이 먼저 일어나고 그 후에 우리 살아남은 자들도 그들과 함께 구름 속으로 끌어 올려 공중에서 주를 영접하게 하시리니 그리하여 우리가 항상 주와 함께 있으리라"(살전 4:16-17).

| 본문이 우리에게 주는 교훈 |

1 _ 이 단락에서 우리가 가장 먼저 접하는 주제는 하나님께서 택하신 자들의 이름을 생명책에 적어 놓으셨으며, 그 책에 이름이 기록된 자를 반드시 구원하신다는 사실이다. 가브리엘은 세상에 환난이 오고 미혹이 있어도 하나님이 택하셔서 생명책에 이름이 기록된 자들을 한 명도 빠짐없이 구원하실 것이라고 말한다. 이렇게 택함을 받은 자가 반드시 구원을 받는다는 것을 '성도의 견인'이라고 한다. 성도의 구원이 보증되는 이유는 성도 자신이 신실해서가 아니다. 사람은 연약하여 믿음을 끝까지 지킬 수가 없다. 성도는 박해 앞에서 배교할 수 있으며 유혹 앞에서 넘어질 수 있다. 오히려 성도의 구원 보증은 하나님의 변하지 않는 사랑과 언약을 신실하게 지키시는 성품에 있다. 하나님은 약속을 반드시 지키시는 분이며 결정하신 일을 후회하지 않는 분으로서 구원하기로 작정하신 모든 사람을 반드시 구원하신다.

2 _ 3절의 "지혜 있는 자는 궁창의 빛과 같이 빛날 것이요 많은 사람을

옳은 데로 돌아오게 한 자는 별과 같이 영원토록 빛나리라"는 말씀은 우리 자신의 사명을 상기시켜 준다. 우리는 적그리스도가 미혹하고 박해하는 세상에 살고 있지만, 하나님의 말씀을 잘 받아들이고 순종함으로 지혜 있는 사람이 되어야 한다. 아울러 우리는 자신을 훈련하는 데서 그치는 것이 아니라 많은 사람을 옳은 데로 돌아오게 하는 일에 힘써야 한다. 필시 의로운 사람은 많은 사람을 옳은 데로 돌아오게 하지만, 악한 사람은 많은 사람을 악한 데로 빠지게 한다. 특히 세상의 마지막이 될수록 적그리스도의 활동은 더욱 맹렬할 것이기에 더욱 이런 일에 힘써야 한다. 바울은 다음과 같이 말한다. "거역하는 자를 온유함으로 훈계할지니 혹 하나님이 그들에게 회개함을 주사 진리를 알게 하실까 하며 그들로 깨어 마귀의 올무에서 벗어나 하나님께 사로잡힌 바 되어 그 뜻을 따르게 하실까 함이라"(딤후 2:25-26). 오늘날 교육과 선교의 사명은 아무리 강조해도 지나치지 않다. 우리는 다니엘서의 마지막 장에 이러한 주제가 있는 것을 의미심장하게 받아들여야 한다.

3 _ 이 단락에는 하나님의 계시를 잘 보관하고 보존해야 한다는 주제가 내재되어 있다. 4절에서 가브리엘은 "다니엘아 마지막 때까지 이 말을 간수하고 이 글을 봉함하라"고 말했다. 그리고 9절에서 그리스도는 "다니엘아 갈지어다 이 말은 마지막 때까지 간수하고 봉함할 것임이니라"고 말씀하셨다. 여기서 간수하고 봉함하라는 말은 남들이 보지 못하게 하라는 뜻이 아니다. 오히려 이 말은 내용이 손상되거나 변경되지 않게 잘 보존하여 많은 사람이 읽을 수 있게 하라는 뜻이다. 이것은 다니엘서를 보존하여 후세에 전수하라는 의미이지만, 나아가서 구약성경과 신약성경 전체를 보존하고 전수하라는 뜻으로 받아들일 수 있다. 우리는 성경의 보존과 전수에 심혈을 기울여야 한다. 성경은 하나님의 귀중한 선물이다. 우리는 성경을 통하여 하나님을 알 수 있고, 믿음을 가질 수 있으며, 더욱 견실한 신자로

성장할 수 있다. 그래서 성경은 우리의 자양분이다. 참으로 우리는 성경을 통하여 무럭무럭 자란다. 이에 바울은 다음과 같이 말했다. "모든 성경은 하나님의 감동으로 된 것으로 교훈과 책망과 바르게 함과 의로 교육하기에 유익하니 이는 하나님의 사람으로 온전하게 하며 모든 선한 일을 행할 능력을 갖추게 하려 함이라"(딤후 3:16-17).

　4. 다니엘서의 마지막은 다니엘의 마지막으로 채워져 있다. 그리스도는 다니엘에게 "너는 가서 마지막을 기다리라"고 하셨다. 이것은 죽음을 의미한다. 그리고 이어서 그리스도는 죽음을 '평안히 쉬는 것'으로 표현하셨다. 성경은 성도의 죽음을 안타까운 일이나 불행한 일로 보지 않는다. 물론 사랑하는 사람의 죽음은 우리에게 큰 슬픔을 안겨다 준다. 하지만 그리스도께서 이 땅에 다시 오시면 죽음에서 부활하여 다시 만날 것이다. 따라서 죽음은 잠시 보지 못하는 것이지 영원히 이별하는 것이 아니다. 이에 그리스도는 다니엘을 향하여 "끝 날에는 네 몫을 누릴 것임이라"라고 말씀하심으로 그리스도가 재림하시는 날에 그가 부활할 것이라고 하셨다. 그러므로 신자의 죽음을 슬퍼하지 말아야 한다. 우리는 부활을 소망하면서 승리해야 한다. 그리스도가 다시 오시는 날에 우리는 모두 부활하여 새 하늘과 새 땅에서 주님과 함께 영원히 살 것이다. "보라 내가 너희에게 비밀을 말하노니 우리가 다 잠 잘 것이 아니요 마지막 나팔에 순식간에 홀연히 다 변화되리니 나팔 소리가 나매 죽은 자들이 썩지 아니할 것으로 다시 살아나고 우리도 변화되리라 이 썩을 것이 반드시 썩지 아니할 것을 입겠고 이 죽을 것이 죽지 아니함을 입으리로다 이 썩을 것이 썩지 아니함을 입고 이 죽을 것이 죽지 아니함을 입을 때에는 사망을 삼키고 이기리라고 기록된 말씀이 이루어지리라"(고전 15:51-54).

성구 색인